DAS WOHNMOBIL REISEBUCH
DEUTSCHLAND

Die schönsten Campingziele entdecken

Highlights, Traumrouten und Aktivitäten

DAS WOHNMOBIL REISEBUCH

DEUTSCHLAND

Die schönsten Campingziele entdecken
Highlights, Traumrouten und Aktivitäten

Eva Becker
Britta Mentzel
Michael Moll
Axel Pinck
Barbara Rusch

BRUCKMANN

INHALTSVERZEICHNIS

Die Basteibrücke bei Rathen ist ein berühmtes Fotomotiv. Stellplatz an der Mündung der Harle in die Nordsee. Weinbau wird am Main bei Triefenstein betrieben. In St. Peter-Ording kann man mit dem Wohnmobil den Strand befahren. Rostock zeigt sich zur blauen Stunde romantisch. Der Felsturm der »Langen Anna« ragt einsam vor Helgoland in den Himmel (v.l.n.r.).

Der Nordosten

Die Mitte

INHALTSVERZEICHNIS

Der Süden

Hinter der Figur des Jakobspilgers ragt der Dom zu Speyer auf. Bei Urach im Schwarzwald leuchtet der Morgennebel. Noch relativ junger Stellplatz in Ulm. Stellplatz mit Karwendelblick in Mittenwald. Am Museumsufer am Main reicht der Blick in Frankfurts City. Die Walhalla thront bei Donaustauf über der Donau (v.l.n.r.).

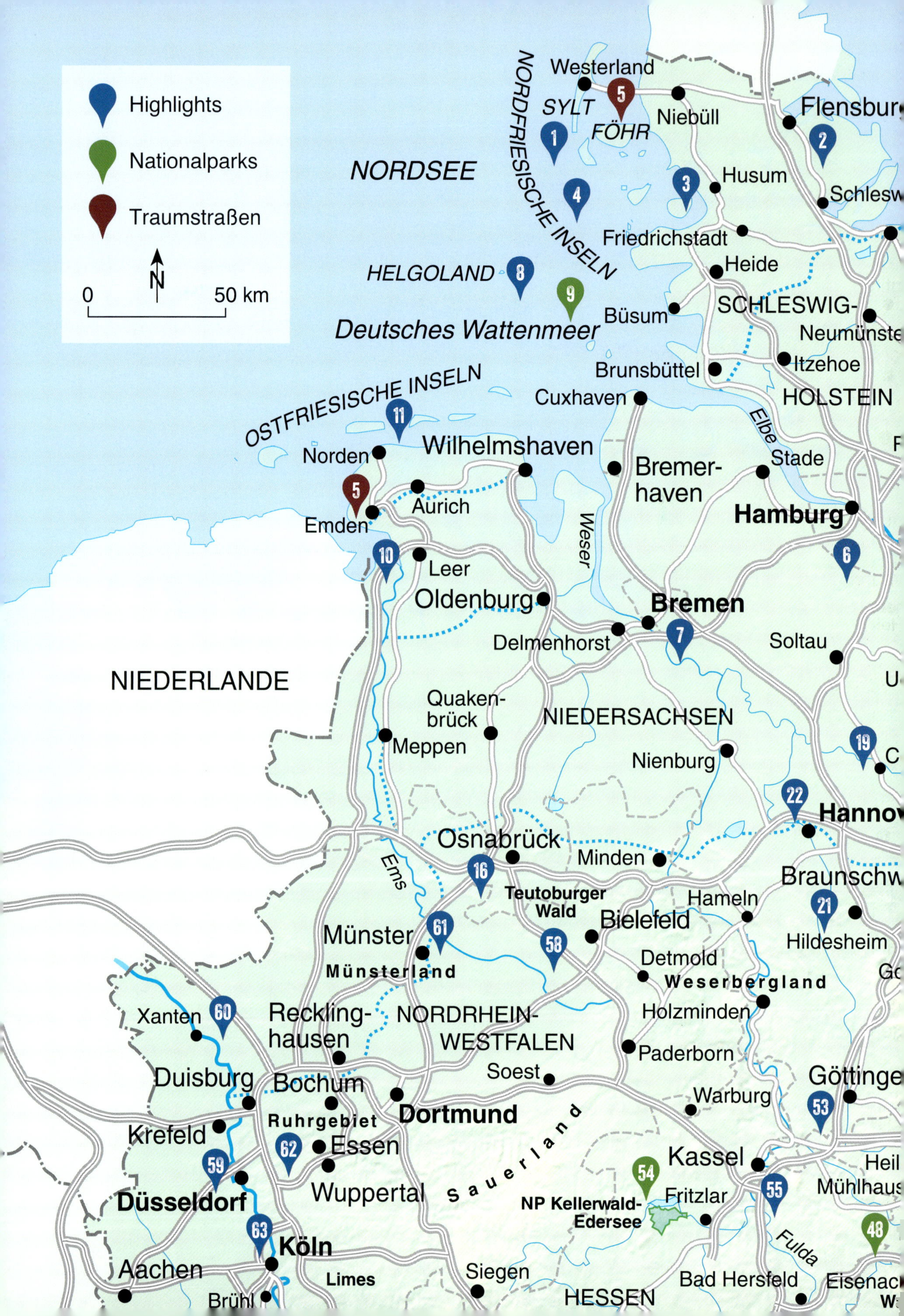

Highlights
Nationalparks
Traumstraßen
N
0
50 km
NORDSEE
NORDFRIESISCHE INSELN
Westerland
SYLT
FÖHR
Niebüll
Flensburg
Husum
Schleswig
Friedrichstadt
Heide
HELGOLAND
Büsum
SCHLESWIG-
Neumünster
Deutsches Wattenmeer
Itzehoe
Brunsbüttel
HOLSTEIN
Cuxhaven
OSTFRIESISCHE INSELN
Elbe
Norden
Wilhelmshaven
Bremer-
haven
Stade
Aurich
Emden
Hamburg
Weser
Leer
Oldenburg
Bremen
Delmenhorst
Soltau
NIEDERLANDE
Quaken-
brück
NIEDERSACHSEN
Meppen
Nienburg
Hannover
Osnabrück
Minden
Ems
Teutoburger
Wald
Braunschweig
Hameln
Bielefeld
Münster
Hildesheim
Detmold
Münsterland
Weserbergland
Xanten
Reckling-
hausen
NORDRHEIN-
WESTFALEN
Holzminden
Paderborn
Duisburg
Bochum
Soest
Göttingen
Warburg
Krefeld
Ruhrgebiet
Dortmund
Essen
Sauerland
Kassel
Wuppertal
Düsseldorf
NP Kellerwald-
Edersee
Fritzlar
Mühlhausen
Fulda
Köln
Aachen
Limes
Siegen
Bad Hersfeld
Eisenach
Brühl
HESSEN
1
2
3
4
5
6
7
8
9
10
11
16
19
21
22
48
53
54
55
58
59
60
61
62
63

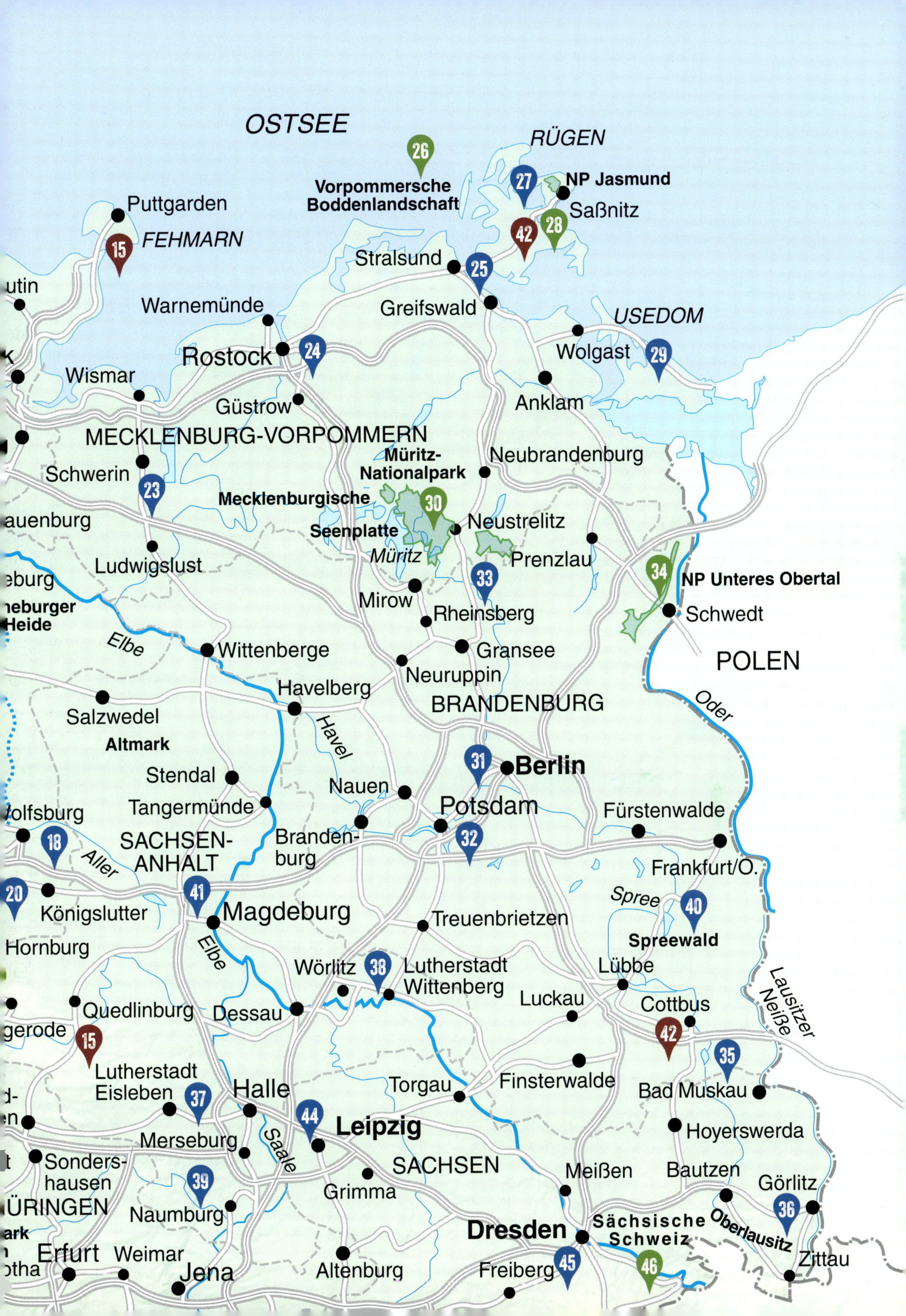
OSTSEE
RÜGEN
NP Jasmund
Saßnitz
Vorpommersche Boddenlandschaft
Puttgarden
FEHMARN
Stralsund
Greifswald
USEDOM
Warnemünde
Rostock
Wolgast
Wismar
Güstrow
Anklam
MECKLENBURG-VORPOMMERN
Müritz-Nationalpark
Neubrandenburg
Schwerin
Mecklenburgische Seenplatte
Neustrelitz
Müritz
Prenzlau
Ludwigslust
Mirow
Rheinsberg
NP Unteres Obertal
Schwedt
Elbe
Wittenberge
Gransee
POLEN
Neuruppin
Havelberg
Oder
Salzwedel
BRANDENBURG
Altmark
Havel
Stendal
Berlin
Nauen
Tangermünde
Potsdam
Fürstenwalde
SACHSEN-ANHALT
Branden-burg
Aller
Frankfurt/O.
Magdeburg
Spree
Königslutter
Treuenbrietzen
Spreewald
Hornburg
Elbe
Wörlitz
Lutherstadt Wittenberg
Lübbe
Luckau
Cottbus
Lausitzer Neiße
Quedlinburg
Dessau
Lutherstadt Eisleben
Torgau
Finsterwalde
Bad Muskau
Halle
Leipzig
Hoyerswerda
Merseburg
Saale
SACHSEN
Meißen
Bautzen
Görlitz
Sonders-hausen
Grimma
Naumburg
Sächsische Schweiz
Oberlausitz
Dresden
Erfurt
Weimar
Jena
Altenburg
Freiberg
Zittau

Düsseldorf
Wuppertal
Köln
Kassel
Fritzlar
Mühlhaus
Fulda
Eisenach
Siegen
Bad Hersfeld
Aachen
Brühl
Limes
Bonn
Marburg
Alsfeld
Bad Münstereifel
Westerwald
Hachenburg
Lahn
HESSEN
Mei
Wetzlar
Gießen
Fulda
BELGIEN
Rhein
Limburg
Eifel
Koblenz
Bad Nauheim
Rhön
Prüm
Cochem
Taunus
Limes
Bad Kissing
Loreley
Frankfurt
RHEINLAND-PFALZ
Traben-Trarbach
Wiesbaden
Aschaffenburg
Mainz
Messel
Lohr
LUXEMBURG
Mosel
NP Hunsrück-Hochwald
Darmstadt
Main
Trier
Idar-Oberstein
Erbach
Worms
Lorsch
SAARLAND
Tauber
Kaiserslautern
Saarlouis
Heidelberg
Speyer
Rothenburg ob der Tauber
Pirmasens
Saarbrücken
Pfälzerwald
Heilbronn
Annweiler
Maulbronn
Limes
Schwäbisch Hall
Neckar
FRANKREICH
Karlsruhe
Aalen
Stuttgart
Baden-Baden
Schwäbische Alb
Highlights
Tübingen
Geislingen
Offenburg
Nationalparks
Reutlingen
Ulm
Breisgau
Hornberg
Schwarzwald
Traumstraßen
Rhein
BADEN-WÜRTTEMBERG
Biberach
Freiburg
0
50 km
N
Tuttlingen
Memmingen
Feldberg 1483 m
Singen
Ravensburg
Wangen
Lörrach
Konstanz
REICHENAU
Bodensee
Lindau
Allgäu
SCHWEIZ
Breitachklamm
59
63
54
55
48
52
64
66
77
57
51
65
56
67
75
70
79
78
72
71
91
69
81
73
95
80
76
68
77
74
83
82
84
85
87
86
88
89
86
109
90
106

Sondershausen
Naumburg
Grimma
SACHSEN
Meißen
Bautzen
Görlitz
Dresden
Sächsische Schweiz
Oberlausitz
Erfurt
Weimar
Jena
Altenburg
Freiberg
Zittau
Chemnitz
Gera
Zwickau
Erzgebirge
Saalfeld
Annaberg-Buchholz
Plauen
Frankenwald
Vogtland
Kronach
Hof
Königsberg
TSCHECHIEN
Bayreuth
Marktredwitz
Bamberg
Forchheim
Fränkische Alb
Weiden
Erlangen
Nürnberg
Amberg
Feucht
Cham
Großer Arber 1456 m
Altmühl
Regensburg
Zwiesel
Bayerischer Wald
Nationalpark Bayerischer Wald
Straubing
Eichstätt
Deggendorf
Ingolstadt
Passau
Harburg
Isar
Donau
Landshut
Augsburg
Freising
BAYERN
Dachau
Altötting
München
Burghausen
Wasserburg
Inn
Starnberg
Chiemsee
Rosenheim
Traunstein
Fünfseenland
Freilassing
Chiemgau
Bad Tölz
Berchtesgaden
Pfaffenwinkel
Watzmann 2713 m
ÖSTERREICH
Garmisch-Partenkirchen
39
52
36
45
46
50
49
47
93
92
96
99
100
102
101
94
98
103
108
104
105
109
107
111
110
95

Das fränkische Rothenburg ob der Tauber gilt als Inbegriff einer romantischen mittelalterlichen Stadt (oben). An der Mündung der Harle in die Nordsee steht man direkt am Wasser (rechts oben). In der Eifel reift der Wein hoch über dem Ahrtal (rechts unten).

EIN ELDORADO FÜR CAMPER

Deutschland im Wohnmobil erkunden

Deutschland ist schon seit langer Zeit ein beliebtes Reiseland. Kein Wunder, hat es doch von der rauen See bis hin zur alpinen Landschaft fast alles zu bieten, was die Natur hergibt. Dazwischen erstrecken sich aber auch noch jede Menge von Menschenhand geschaffene Sehenswürdigkeiten mit viel Kultur, Architektur und vor allen Dingen Campingmöglichkeiten.

Nicht erst seit der Coronakrise boomt der Campingtourismus, auch wenn das Virus seinen Beitrag dazu geleistet hat, dass noch mehr Wohnmobile und Wohnwagen auf Deutschlands Straßen unterwegs sind und zu den mannigfaltigen Campingplätzen und Wohnmobilstellplätzen des Landes reisen. Aber wirklich verwundert sein kann man darüber nicht. Die Vielfalt der möglichen Reiseziele ist immer wieder erstaunlich und oft kann man auf den Stellplätzen Camper hören, die sich untereinander über verschiedene Örtlichkeiten austauschen. Da wird dann empfohlen, abgeraten und informiert. Die Sehenswürdigkeiten spielen dabei gar nicht immer so eine große Rolle. Oft geht es um die Übernachtungsangebote in den jeweiligen Städten und Orten. Und hier ist Deutschland ein Big Player. Kaum ein anderes Land in Europa ist so wohnmobilfreundlich und bietet so viele Stellplätze, die nicht irgendwo weit außerhalb der Stadt liegen, sondern einen angenehmen Besuch mit abendlichem Stadtrundgang ermöglichen oder nah an einer Freizeiteinrichtung bzw. in der Natur gelegen sind. Die Nordseeküste ist ein schönes Beispiel, denn kaum ein Sielort in Ostfriesland hat nicht mindestens eine Campingmöglichkeit im Angebot. Manche bieten dabei sogar direkt vom Fahrersitz aus besten Blick auf das Meer. Auch an der nordfriesischen Küste muss man nicht lange suchen, bis man entweder einen Campingplatz oder einen Wohnmobilstell-

Die Deutsche Alpenstraße kann man sowohl im Sommer als auch im Winter erleben.

platz gefunden hat. Die Bandbreite ist dabei groß und reicht vom einfachen Parkplatz, auf dem man laut Beschilderung übernachten darf, bis hin zum komfortablen Stellplatz mit eigenem Wasser- und Stromanschluss oder sogar einer überdachten Entsorgungsstation wie in Friedrichstadt.

Auch die etwas weniger raue Ostseeküste zwischen Flensburg und Ahlbeck weiß mit Campingplätzen und top ausgestatteten Stellplätzen zu punkten. Modernste Technik wie eine Einfahrt durch Kennzeichenerfassung mit anschließendem Check-in an einem Touchdisplay auf dem Stellplatz in Grömitz lassen außerdem hoffen, dass Deutschland in digitalen Angelegenheiten doch nicht ganz so schlecht dasteht, wie oft behauptet wird. Natürlich trifft auch beim Thema Camping in Deutschland die bewährte Aussage zu, wo Licht ist, da ist auch Schatten. Die Landeshauptstädte Hannover und München sind unrühmliche Ausnahmen, wenn es um Wohnmobiltourismus geht. Wie gut, dass es so viele Alternativen gibt. Celle mit seinem Schloss und seiner sehenswerten Fachwerkaltstadt hat erst vor wenigen Jahren einen sehr großen Stellplatz fertiggestellt, der vom ersten Tag an die Herzen der Wohnmobilisten eroberte. Zugegeben, mit der Beliebtheit sinkt an manchen Tagen die Chance, noch eine freie Stellfläche ergattern zu können. Das gilt insbesondere, wenn große Städte und Ballungsgebiete in der Nähe liegen und es die Einwohner am Wochenende nach draußen zieht. Da kann es sich durchaus auch mal lohnen, ein Stückchen weiter zu fahren. Templin hat beispielsweise auch einen modernen Wohnmobilstellplatz, liegt aber in der Uckermark und hat dadurch etwas weniger Zulauf. Dabei befindet sich der Platz direkt an einer Therme, in der man sich nach der Ankunft gleich mal sportlich betätigen kann.

Damit steht die Stadt im nördlichen Brandenburg aber nicht allein. Thermen und Schwimmbäder befinden sich oftmals in Stellplatznähe oder bieten sogar eigene Campingmöglichkeiten an. Wie praktisch – morgens erkundet man auf dem Rad die Landschaft, am Nachmittag schlendert man durch die Ortschaft und am Abend zieht man noch im Bad nebenan seine Bahnen. Langeweile ist beim Campingurlaub definitiv ein Fremdwort. Manch einer nutzt die Campingziele daher

als Ausgangspunkt, um eine Region Deutschlands näher kennenzulernen. Mitten rein in den Harz zum Beispiel, das Wohnmobil abstellen und die Wanderwerge im Mittelgebirge auf Schusters Rappen erkunden, bevor man abends in der herrlichen Altstadt von Wernigerode einkehrt oder am nächsten Morgen die Harzer Schmalspurbahn besteigt, um sich entspannt auf den Brocken bringen zu lassen. Und da wären wir wieder bei der eingangs erwähnten Vielfalt. Nach dem beispielhaften mehrtägigen Campingaufenthalt im Harz reist man vielleicht weiter in das nicht weit entfernte Weserbergland. Auch hier lässt es sich wandern, aber der Schwerpunkt liegt sicherlich auf Radtouren entlang des Flussufers. Oder man entscheidet sich für eine Schiffstour, um die vielen kleinen Ortschaften im Wesertal zu erkunden. An Wohnmobilstellplätzen und Campingplätzen mangelt es zwischen Rinteln und Hann. Münden ganz sicher nicht. Flusstäler sind ohnehin eine beliebte Möglichkeit, seinen Campingurlaub zu verbringen. An vorderster Stelle steht dabei die Mosel. Kaum ein Campingfahrzeug, das nicht schon mal am Moselufer zwischen Trier und Koblenz unterwegs gewesen ist. Die Dichte an Stellplätzen und Campingplätzen im Moseltal ist außerordentlich und wird allenfalls von der Nordseeküste übertroffen. Und auch hier gilt, dass man direkt von der eigenen Parzelle auf das Wasser blicken kann, während die Boote und Schiffe nur wenige Meter vor der Motorhaube verkehren.
Es müssen aber nicht immer Berge, Seen oder Flüsse sein. Auch in vermeintlich flacheren Regionen, wie zum Beispiel dem Münsterland, gibt es jede Menge zu entdecken. Zahlreiche Schlösser lassen sich auf den vielen gut ausgebauten Radwegen und in ruhiger Lage erkunden, wenn man das Wohnmobil auf einem der großzügig angelegten Stellplätze abstellt. Darüber hinaus hat Deutschland aber auch Landschaften zu bieten, die so ganz anders sind als woanders in der Republik. Die Sächsische Schweiz bzw. das Elbsandsteingebirge sind beispielsweise einmalig im Land. Hier schlängelt sich die Elbe von der tschechischen Grenze kommend in Richtung Norden und umfließt eindrucksvolle Tafelberge, wie es sie sonst nirgends gibt. Diese lassen sich natürlich von Wanderern besteigen, während Radler am Elbradweg auf ihre Kosten kommen. Wer es mit dem Sport nicht ganz so genau nimmt, entscheidet sich hier vielleicht lieber für ein Ausflugsschiff und lässt sich nach Dresden bringen, um die Altstadt genauer unter die Lupe zu nehmen. Wie praktisch, dass

Publikumsmagneten: Rügens Schloss Granitz (oben). Auf der Hamburger Hallig haben Schafe Vorrang (unten).

Struppen, die Bastei und das abzweigende Kirnitzschtal verschiedene Campingmöglichkeiten bereithalten.
Je weiter man in Deutschland nach Süden reist, umso mehr hügelige Landschaft wird man kennenlernen. Genussvolles Campen kann man im Thüringer Wald, im Erzgebirge, im Schwarzwald oder im Bayerischen Wald wunderbar mit zahlreichen Naturerlebnissen kombinieren. Und dazwischen liegen immer wieder Flusstäler wie der Main oder die Donau, in denen kaum eine sehenswerte Stadt ohne Campingangebot zu finden ist. Und so manche Ortschaft liegt weder in den Bergen noch an größeren Flüssen und ist dennoch äußerst beliebt. Sogar zahlreiche Touristen aus Fernost kommen zum Beispiel nach Rothenburg ob der Tauber, zum Glück ohne Wohnmobil. Aber selbst wenn, dann würden sie ebenfalls nur wenige Meter von der begehbaren Altstadtmauer ihr vierrädriges Nachtlager auf dem dortigen Wohnmobilstellplatz aufschlagen.
Deutschland hat aber auch noch etwas ganz anderes zu bieten, womit man Tourismus und Mobilität kombinieren kann. Die zahlreichen touristischen Straßen wie die Deutsche Fehnroute, die Deutsche Alleenstraße oder die Deutsche Märchenstraße sind ein gutes Mittel, um nicht nur eine einzelne Region zu besuchen, sondern sie mit dem Wohnmobil abzufahren und sich gemächlich von Ort zu Ort zu begeben. Auf der Deutschen Alpenstraße reist man auf diese Weise vom Bodensee durch das hügelige Allgäu mit bestem Blick auf die Alpenkette bis in das Berchtesgadener Land. Wohnmobilstellplätze in Pfronten, Nesselwang und Mittenwald ermöglichen einen herrlichen Campingurlaub in den Bergen. So übernachtet man in Garmisch-Partenkirchen am Fuße des höchsten Berges Deutschlands, der Zugspitze, und in Oberstdorf parkt man sein Wohnmobil in Wandernähe zum Haldenwanger Eck, dem südlichsten Zipfel des Landes.
Zwischen Nordseeküste und Alpengipfel gibt es also für den Camperfreund so viel zu entdecken und zu bereisen, dass man das in einem einzelnen Urlaub gar nicht schaffen kann. Genießen Sie die Landschaft, die Städte, das Essen und die vielen Campingmöglichkeiten am Wasser, in den Bergen und auf dem Land.
Michael Moll

Beim Frühstück auf dem Wohnmobilstellplatz in Lahnstein schaut man auf das Schloss Stolzenfels (unten). So ruhig und romantisch zeigt sich die legendäre Hafeneinfahrt von Lindau am Bodensee mit Deutschlands südlichstem Leuchtturm nur am frühen Morgen oder am Abend (rechts).

DER NORDEN

Inseln, Hanse und sanfte Brisen

Die Hansestädte prägen den Norden Deutschlands, ob Hamburg mit dem berühmten Hafen und der nicht minder berühmten Binnenalster (links) oder Bremen, dessen Wahrzeichen der Roland ist (oben). Gleich hinter dem Deich übernachtet man auf dem Stellplatz in Reußenköge (unten).

1 TRAUMINSEL MIT FRIESENFLAIR – SYLT

Sandstrand, Kultur und kulinarische Genüsse

Ein 40 Kilometer langer Sandstrand erstreckt sich von Norden bis zum Süden der Nordseeinsel Sylt, die schon seit mehr als 100 Jahren zu den beliebtesten Urlaubszielen Deutschlands gehört. Daneben gibt es friesische Kultur und Geschichte, viel Natur am Wattenmeer, attraktive Spitzenrestaurants und ein aufregendes Nachtleben zu entdecken.

Schon seit Mitte des 19. Jahrhunderts wissen Urlauber das Meer, die Landschaften und die gesunde Luft von Sylt zu schätzen. Damals gehörte die größte nordfriesische Insel, wie der Rest Schleswig-Holsteins, noch zum Einflussbereich des dänischen Königreiches.

Zu einem Drittel ist Sylt von Sand bedeckt. Wanderdünen, vom Westwind vorangetrieben, begruben einst ganze Dörfer unter unaufhaltsamen Sandmassen. Die sandige Dünenlandschaft ist heute überwiegend mit Strandhafer bepflanzt und steht unter Naturschutz.

Vom Ellenbogen bis zur Odde

Lange Strandspaziergänge, Sonnen, Entspannen, Lesen, Ballspielen und auch das prickelnde Brandungsbad in der Nordsee gehören zu den populären Urlaubsvergnügungen auf Sylt. Und spätestens, wenn die Sonne abends spektakulär im Meer versinkt, ist klar, warum die lang gestreckte nördlichste Insel Deutschlands jedes Jahr auch zu den Lieblingszielen von 850 000 anderen Urlaubern gehört.

Rund 10 000 Strandkörbe bieten Schutz vor Sonne und Wind, die meisten konzentrieren sich an den Strandzugängen von Westerland, Wenningstedt und Kampen. Deren Bars, Restaurants oder Saunen, wie das »Samoa Seepferdchen« und die »Sansibar« südlich von Rantum, die Strandpromenade von Westerland mit ihrer Musikmuschel, »Wonnemeyer« oder »Gosch« am Kliff von Wenningstedt oder Kampens »La Grande Plage« gehören zu den beliebtesten Inseltreffpunkten.

Strandspaziergänge der besonderen Art kann man ganz im Norden und an der Südspitze, dem »Kap Horn« Sylts, unternehmen. »Ellenbogen« nennt sich die einsame sandige Landzunge, die sich noch nördlich

Ein Schiff auf dem Weg nach Föhr – Blick auf Hörnum ganz im Süden von Sylt (unten). Mit einem schmalen Van findet man auch einen Stellplatz direkt in den Dünen (rechts oben). Volkstümlich geht es bei »Gosch« in List zu, der »nördlichsten Fischbude Deutschlands« (rechts unten).

Rösti-
STATIO

Begrüßungskomitee: die »Grünen Riesen« am Bahnhof von Westerland (oben). Hinter den Dünen findet man auf Sylt verschiedene Stellplätze im Grünen, wie hier auf dem Campingplatz Wenningstedt (unten). Der »Mühlenhof« ist ein traditionell reetgedecktes Friesenhaus (rechts oben). Beste Bedingungen beim Windsurf World Cup vor Westerland (rechts unten).

von List und der Bucht Königshafen erstreckt. Die private Dünenlandschaft steht unter Naturschutz und ist für Spaziergänger frei zugänglich. Das Schwimmen im Meer ist hier wegen tückischer Strömungen überwiegend verboten, aber allein die meist einsame Strandwanderung bis zur Spitze des Hakens mit Blick auf die dänische Insel Rømø ist schon etwas Besonderes. Hörnumer Odde nennt sich die Landzunge ganz im Süden, die anders als ihr Pendant im Norden durch Stürme und Wasserströmungen immer mehr an Substanz verliert. Vorbei am Leuchtturm und mit Blick auf die Nordfriesischen Nachbarinseln Föhr und Amrum, lassen sich hier auf einer Bootstour mit etwas Glück Robben und Schweinswale ausmachen. Zu den Robbenbänken laufen regelmäßig Ausflugsdampfer vom Hörnumer Hafen aus.

Von Westerland an der Nordseeküste sind es rund 20 Kilometer bis zum nördlichen List, etwa genauso weit wie an die Südspitze des Eilands bei Hörnum. Der Hindenburgdamm, der Sylt seit 1927 ganz im Inselosten über eine Eisenbahntrasse mit dem Festland verbindet, ist von Westerland rund 15 Kilometer entfernt.

Naturparadies im Norden

Große Inselflächen stehen seit Langem unter Naturschutz. Zwischen Westerland und Hörnum gedeihen in feuchtmoorigen Dünentälern seltene Pflanzen wie der fleischfressende Sonnentau. Allein 600 Schmetterlingsarten flattern im Sommer durch Sylts Lüfte. Sie laben sich auch am Nektar der Heide, die auf dem leicht erhöhten Geestrücken weitflächig gedeiht.

Imposant sind das Rote Kliff mit seiner von Wind und Wellen gebeutelten Abbruchkante zwischen Wenningstedt und Kampen sowie das zwei Kilometer lange Morsum Kliff im ruhigeren Inselosten. Entlang der zusammengeschobenen Erdschichten passieren Besucher dort während eines Kurzrundgangs rund zehn Millionen Jahre Erdgeschichte.

Zugvögel legen auf der größten nordfriesischen Insel zu Hunderttausenden auf ihrem Weg vom Norden Skandinaviens oder Russlands in den warmen Süden und auf ihrer Rückreise eine Rast ein: im Rantumer Becken und im Königshafen bei List oder in anderen Marschgebieten auf der Insel.

Von Friesen und Fremden

Seit 700 n. Chr. leben Friesen auf Sylt und vielen anderen Inseln der deutschen und niederländischen Nordseeküste. Ihre Kultur wird

auf Sylt von der »Söl'ring Foriining«, dem größten Heimatverein Schleswig-Holsteins, gehegt und gepflegt. Mehr als 2500 Sylter engagieren sich in der Vereinigung, die auch das Altfriesische Haus und das benachbarte Sylter Heimatmuseum in Keitum, den »Denghoog« in Wenningstedt sowie die Vogelkoje nördlich von Kampen betreut. Vor allem im Osten, zwischen Keitum und Morsum, wird noch Inselfriesisch als Umgangssprache gesprochen.

Seit mehr als 150 Jahren kommen Urlaubsgäste auf die Insel. Zunächst angezogen von der klaren Luft und dem Reizklima, später auch vom (hüllenlosen) Bad in der Nordsee. Zu den vielen Inselbesuchern zählten von Beginn des Fremdenverkehrs an immer wieder mehr oder weniger prominente Zeitgenossen. Die Sozialistin Rosa Luxemburg gehörte dazu und der Schriftsteller Thomas Mann, sein Kollege Max Frisch, der Boxer Max Schmeling, die Schauspielerin Marlene Dietrich ebenso wie die Verleger Peter Suhrkamp, Ernst Rowohlt und Axel Springer. In den 1960er-Jahren erwarb sich vor allem Kampen den Ruf eines Sündenbabels mit wilden Strandfeten bei Buhne 16 mit Gunter Sachs oder Udo Jürgens. Die heutige Szene ist etwas weniger mondän; Schlagersänger und verblasste Sportgrößen halten sich an ihren Kelchen mit dem Sylter Modegetränk, Champagner-Bier, fest.

Genuss zu jeder Jahreszeit

Sylt hat sich zu Deutschlands kulinarischer (Strand-)Hochburg entwickelt. Wo früher Schweinskopfsülze zu einem Krug Warmbier serviert wurde, rühren heute Sterneköche in ihren Töpfen und exzellente Restaurants servieren internationale Gerichte. Dazu kommt frischer Fisch, vor allem von den Inselmatadoren Blum und Gosch, die Imbisse und Restaurants in mehreren Orten unterhalten. Vor allem in der sommerlichen Hochsaison kann es auf Sylt voll werden; dann sind die Inselherbergen, vom Luxusresort bis zur einfachen Pension, ebenso wie die mehr als 10 000 Strandkörbe zwischen Westerland und Kampen gut belegt. Auch zwischen Weihnachten und Neujahr, wenn hin und wieder der Ostwind die Insel mit Frost überzieht, hat Sylt Saison.

STELL- UND CAMPINGPLÄTZE

CAMPINGPLATZ KAMPEN

Möwenweg 4, 25999 Kampen, campen-in-kampen.de, GPS: 54.950241, 8.335691. Da es in List auf Sylt keinen Campingplatz gibt, ist dies der nördlichste Campingplatz Deutschlands, umgeben von herrlicher Dünenlandschaft in der Nähe des Roten Kliffs.

TOP ★ ERLEBNISSE

★ RADELN AN DER INSELBAHN

Man glaubt es kaum, aber Sylt bietet mehr als 200 Kilometer Radwege. Wer will, kann das gesamte Eiland von Nord nach Süd durchqueren und dabei der Trasse der stillgelegten Inselbahn folgen. Außerdem schlägt die Touristinfo mehrere Rundtouren auf Sylt vor.

★ WANDER-KLASSIKER

Der acht Kilometer lange Weg rund um das Rote Kliff gilt als eine der spektakulärsten Routen der Nordsee. Die Strecke beginnt an Kampens Sturmhaube, führt über die Uwedüne durch die Heide und am Klippenrand entlang. Ab dem Strandzugang 31 geht es über Lattenwege und viele Stufen bis zum Wennigstedter Strand. Der Rückweg ist leicht: Immer am Wasser bleiben!

★ DER NÖRDLICHSTE PUNKT

Bei einer gemütlichen Strandwanderung gelangt man zum nördlichsten Punkt Deutschlands. Hier genießt man nicht nur den Blick auf die Nachbarinsel Rømø in Dänemark, sondern auch auf so manchen Seehund. Wer in List übernachtet, kann außerdem damit beginnen, Stempel im Zipfelpass zu sammeln. Es fehlen dann nur noch Aufenthalte in den anderen Zipfeln Deutschlands: Görlitz, Oberstdorf und Selfkant.

Weitere Informationen
sylt.de, westerland.de, insel-sylt.de

Hinter den blühenden Rapsfeldern ragt die Windmühle von Unewatt an der Flensburger Förde auf (oben). Vom Flensburger Hafen reicht der Blick auf die St.-Jürgen-Kirche (rechts).

2 ENTSPANNT AN DER GRENZE – FLENSBURG

Hoch im Norden ist Deutschland ziemlich dänisch

Im innersten Winkel der Förde macht es sich Flensburg seit rund 900 Jahren gemütlich. Für die Gründung der Stadt waren Handelswege über Land entscheidend, eine »berauschende« Karriere zu See erlebte sie erst später. Ausgerechnet in der einstigen Rum-Metropole werden die »Punkte« von Deutschlands angesäuselten Autofahrern verwaltet.

Vornehm und mit stolz aufragendem Schornstein rauscht die alte Lady über das Wasser. Der Rauch, den die »Alexandra« auf ihrer großen Fahrt über die Flensburger Förde ausstößt, lässt altmodisches Fernweh aufkommen. Dank liebevoller Pflege ist der über 100 Jahre alte Salondampfer als das letzte seegehende Passagierdampfschiff Deutschlands wie eh und je eisern einsatzbereit.

Die »Alexandra« ist in Flensburgs historischem Hafen zu Hause, wo sie sich mit der motorisierten »Gesine« die Brücke teilt. Nebenan riecht es in der Museumswerft nach Holz und Teer, dort liegen klassische Yachten und die romantischen Segelschiffe des Museumshafens vor Anker. Im Herzen des historischen Hafens erzählt das Schifffahrtsmuseum vor der Kulisse der hübschen Altstadt kurzweilig von Flensburgs Seefahrtsgeschichte, seinen Reedern und Kaufleuten, von Kapitänen, Schiffen und Werften, vom Westindienhandel – und von dessen grausamer Schattenseite, der Sklaverei.

... und 'ne Buddel voll Rum

Das Museum ist im alten Zollpackhaus an der Schiffbrücke untergebracht, in dem noch in den 1960er-Jahren Zollbeamte Rumfässer überprüften. Flensburgs große Zeit als Europas Rum-Metropole war damals jedoch schon vorbei, die erlebte es im 18. und 19. Jahrhundert. Aus dieser strahlenden Epoche stammen im Zentrum reizende Gänge und Straßenzüge, prächtige Patrizierhäuser am Holm und malerische Handelshöfe in der Roten Straße.

Wer vom Schifffahrtsmuseum auf der »Rum- & Zuckermeile« durch die Innenstadt bummelt, entdeckt alte Zuckersiedereien, Kaufmannshäuser und Stätten der Rum-Produktion. Hansen, Asmussen – die Namen sind auch heute klangvoll, aber für Flens-

burg nicht mehr relevant. Produzierten hier einst Dutzende Destillerien edlen Rum und Rum-Verschnitt, brennen als traditionelle Rum-Häuser heute nur noch Johannsen und Braasch vor Ort.

Die Kapitäne und reichen Bürger, die meist mit der Seefahrt ihr Geld verdienten, zog es im 19. Jahrhundert auf Jürgensby, wo sie in schnieken Häusern auf den Hafen blickten, der sich damals noch als ein bedeutenderes Tor weit zur Welt öffnete. Heute ist die Förde das Revier der Wassersportler, wenngleich die Flensburger Werft ein wichtiger Arbeitgeber ist und im Hafen auch immer noch Handelsschiffe anlegen. Damals brachten sie ihre Waren bevorzugt aus Dänisch-Westindien, bis Flensburg 1864 von Dänemark an Preußen überging.

Das Wasserschloss Glücksburg spiegelt sich in der Flensburger Förde (oben). Johannsen ist eine der letzten Rum-Manufakturen der Stadt (unten). Rund um Nordermarkt und Marienkirche bietet Flensburgs Altstadt reges Leben (rechts oben). Kämpfen wie die Wikinger in Haithabu (rechts unten).

Dänische Mischung

Dänisch war Flensburg schon, als sein erster Siedlungskern um das Jahr 1100 im heutigen Stadtteil Johannis entstand, ein wenig älter war das östlich gelegene Adelby. Händler und Fischer lebten hier an der Kreuzung zweier großer Handelsstraßen: des Ochsenweges, der vom dänischen Viborg bis nach Wedel bei Hamburg verlief, und eines der Angelbowege, die Nordfriesland mit der Halbinsel Angeln verbanden. 1128 erhielten die Siedler mit St. Johannis eine Kirche, deren gotisches Gewölbe aus dem 15. Jahrhundert Peter Lykt wie einen Paradiesgarten mit einem stilisierten Rankenwerk ausmalte. Größer und prächtiger ist die Marienkirche aus dem späteren 12. Jahrhundert. Ein Renaissance-Altar und die reich verzierte Kanzel sind Stiftungen aus dem späten 16. Jahrhundert und zeigen, welchen Reichtum Flensburger Bürger vor den Zerstörungen des Dreißigjährigen Krieges anhäufen konnten.

Dänisch spielt in Flensburg heute noch eine wichtige Rolle, immerhin gehören rund 20 Prozent der 88 000 Einwohner der dänischen Minderheit an. Hier gibt es dänische Kindergärten, eine dänische Schule und mit dem »Flensborg Avis« sogar eine dänische Tageszeitung. Dänisch wird an den Schulen als Fremdsprache unterrichtet und ist im öffentlichen Leben allgegenwärtig. Der dänische Kulturverein Grænseforeningen (Grenzverein) hat seinen Sitz im 1725 erbauten Flensborghus in der Norderstraße. Die lässigste dänisch-deutsche Kulturintegration brachten wohl die Frauen aus der Region zustande, die auf der »Alexandra« und anderen Schiffen Anfang des 20. Jahrhunderts auf Butterfahrten zum zollfreien Einkaufen auf der Förde zwischen Deutsch-

land und Dänemark hin- und herschipperten. Mit einer Dauerkarte ausgestattet, die »partout« – also immer – galt, wurden sie zu Petuh-Tanten, die »Petuh« schnackten. Auf der »Alexandra« werden noch heute Fahrten mit Petuh-Unterhaltungsprogramm angeboten. Dabei geht es sprachlich völlig drunter und drüber, ist doch das Petuh ein Mix aus Hoch- und Plattdeutsch, Hoch- und Niederdänisch. Vereinfacht ausgedrückt, benutzt man deutsche Wörter, die dänische Grammatik und Satzstellung, verschleift das »G« zum »Ch« und stellt ein scharfes »S« voran. Würde diese Flensburger Mundart aussterben, lautete auf Petuh der Kommentar: »Is dat Ssünde!« – »Das ist aber schade!«

Gott gebe Glück mit Frieden

In Flensburg kann man es entspannt angehen, dröge ist es in der Universitätsstadt schon dank der vielen Studenten jedoch nicht. Wenn das Wetter mitspielt, kann man an einem der vielen Strände baden gehen und sich im Sand sonnen. Von Wassersleben aus ist man in ein paar Minuten nach Dänemark geschwommen, vom Strand Solitüde aus ist es ein Katzensprung nach Glücksburg. Glücksburg ist tatsächlich die nördlichste Stadt Deutschlands – schneller zum dänischen Nachbarn kommt man aber von Flensburg aus, weil man nicht um die halbe Förde herumfahren muss. In Glücksburg warten nicht nur weitere Strände und Wassersportmöglichkeiten, sondern auch das Renaissanceschloss Glücksburg. Herzog Johann der Jüngere ließ es Ende des 16. Jahrhunderts erbauen und nannte es nach seinem Wahlspruch, der noch heute über dem Eingangsportal wünscht: »Gott gebe Glück mit Frieden – GGGMF«. In Glücksburg residierten Herzöge und dänische Könige und obwohl es ein wenig abseits steht, spielte es im Europa der Monarchien eine zentrale Rolle. Dank geschickter Heiratspolitik gelang es einem Glücksburger Herzog, der als Christian IX. 1863 bis 1906 als dänischer König regierte, dass das Haus Glücksburg von Russland bis England so ziemlich mit jedem europäischen Königs- oder Fürstenhaus verwandtschaftlich verbandelt ist. Auch eine Kunst.

STELL- UND CAMPINGPLÄTZE

WOHNMOBILSTELLPLATZ CITTI-PARK

Langberger Weg 4, 24941 Flensburg, citti-park-flensburg.de, GPS: 54.774006, 9.394416. Etwas ungewöhnliche Lage in einem Gewerbegebiet. Der Platz wird oft von Skandinavienreisenden auf der Durchfahrt genutzt und befindet sich gleich gegenüber eines großen Einkaufszentrums. Strom sowie Ver- und Entsorgung sind vorhanden.

TOP ★ ERLEBNISSE

★ ES LEBEN DIE WIKINGER!

Mit Haithabu und Danewerk stehen seit dem Sommer 2018 zwei weitere Stätten Schleswig-Holsteins auf der Welterbeliste der UNESCO. In der Wikingersiedlung Haithabu verdeutlichen einige Nachbauten, wie die Gebäude des expansiven Volks aussahen, das dort am Haddebyer Noor seine südlichste Siedlung gründete. Das Wikingermuseum zeigt die prägnantesten der mehr als 12 000 Fundstücke. Danewerk heißen die dänischen Befestigungsanlagen, die seit dem frühen Mittelalter in mehreren Bauabschnitten entstanden. Der markanteste sichtbare Teil ist die Waldemarsmauer aus dem 12. Jahrhundert, eine Ziegelsteinmauer, die sich über dreieinhalb Kilometer hinzog.

★ AUSFLUG NACH DÄNEMARK

Warum nicht mal mit dem Fahrrad einen kurzen Trip nach Dänemark unternehmen? Entlang der Bucht gelangt man über Wassersleben nach Niehuus. Hier überquert man die Grenze auf Kopfsteinpflaster und erhält Informationen, wie man sich einst mit einem Untertagetelefon von Land zu Land unterhielt.

Weitere Informationen
flensburg-tourismus, haithabu.de

3 STURMGEBOREN – HUSUM

Licht und Farbe in Nordfriesland

Als Theodor Storm seinen Heimatort Husum in seinem Gedicht Die Stadt verewigte, hatte er einige berufliche Schwierigkeiten zu bewältigen. Vielleicht beschrieb er ihn darin deshalb ausgerechnet als »Du graue Stadt am Meer«. Möglicherweise hadert das Stadtmarketing heute ein wenig mit Husums Beinamen »graue Stadt«, denn tatsächlich erfreut das »Tor zur Halligwelt« mit Farben und Licht.

Die »Grote Mandränke«, das »große Ertrinken«, war eine katastrophale Sturmflut, deren mächtige Wellen im Jahr 1362 Nordfrieslands Küste so umformten, dass das kleine Dorf Husembro auf einmal direkt am Meer lag. Damit waren die Weichen für die Entwicklung der Siedlung neu gestellt: Aus Husembro wurde die Hafenstadt Husum. Für Dänemark, das in Streit mit der Hanse lag, war der aufstrebende Hafen von enormer Bedeutung und Husum erlebte bis Mitte des 17. Jahrhunderts eine goldene Zeit. In diese Epoche fällt auch der Bau des Schlosses vor Husum, das 1577 bis 1582 für Herzog Adolf I. außerhalb der Stadtmauern errichtet wurde. Heute hat sich die Stadt so ausgedehnt, dass der prächtige Renaissancebau auf der Schlossinsel mitten in Husum steht.

Das lila Blütenwunder des Nordens

Das Schloss ist der beste Beweis, dass Storms »graue Stadt« durchaus Farbe zu bieten hat. Selbst bei »Schietwetter« wirkt im Frühjahr das lila Blütenwunder des Nordens: ein Meer aus rund fünf Millionen Krokusblüten, die den Schlosspark in ein farbenprächtiges Blumenmeer verwandeln. Die verwilderten Blumen breiten sich im Schlosspark schon seit Jahrhunderten aus; warum sie ursprünglich eingeführt wurden, weiß man heute nicht mehr. Vielleicht sollte aus den Blüten Safran als Färbemittel oder Gewürz gewonnen werden, doch in diesem Fall war die Enttäuschung vorprogrammiert. Für den zarten Blütenteppich zeichnet in Husum der Crocu neapolitanus verantwortlich, Safran kann man aber nur aus *Crocus sativus* gewinnen.

Husums alten Hafen säumen bunte Häuser (unten). An der Dockkoogspitze, direkt am Deich, liegt der Campingplatz Regenbogen (rechts oben). Friedrichstadts Marktplatz säumen holländische Häuser (rechts unten).

Maler, Dichter, Puppenspieler

Der Schlosspark mit den riesigen Bäumen ist auch jenseits der Krokusblüte attraktiv und im Schloss bewundern Besucher die Ausstattung aus dem 18. Jahrhundert, genießen Konzerte und erfreuen sich an moderner Kunst. Die Landschaft, die Farben und das klare Licht des Nordens haben schon immer Künstler nach Husum und in die Region gezogen. In Seebüll, von Husum gut 50 Kilometer Richtung dänische Grenze entfernt, lebte ab 1930 der expressionistische Maler Emil Nolde, dem die Farben stets »ein Glück« und Ausdrucksmittel waren. Dort können das ehemalige Wohnhaus mit Werken des Künstlers und der von Nolde gestaltete Garten besichtigt werden.

Im Schloss entführt das Poppenspäler Museum in die Kunst des Puppentheaters. Der Name ist natürlich eine Reminiszenz an Theodor Storms Novelle *Pole Poppenspäler*. Der Dichter kam 1817 in Husum zur Welt und ist dort noch sehr präsent. Gleich beim Binnenhafen, wo in den angrenzenden Straßen die schönen alten Giebelhäuser der Kapitäne und Kaufleute aus dem 18. und 19. Jahrhundert stehen, ist in der Wasserreihe sein ehemaliges Wohnhaus in ein Museum umgewandelt.

Stadt am Meer

Nicht weit entfernt kann man sich im NordseeMuseum Storms Märchen Der kleine Häwelmann auch auf Dänisch, Plattdeutsch und Friesisch anhören – all diese Sprachen sind in Husum und der Region beheimatet. Das Museum widmet sich dem historischen Alltag an der Nordseeküste, wo die Menschen immer mit den gewaltigen Kräften des Meeres zu kämpfen hatten. Dessen einmalige Gezeitenlandschaft kann man bei einem Wattspaziergang im Nationalpark Schleswig-Holsteinisches Wattenmeer erkunden und seine köstlichen Früchte im malerischen Hafen direkt von den bunten Krabbenkuttern naschen. Dort starten auch die Schiffstouren zu den Halligen, ins Watt und zu den Seehundbänken. Beim Hafen spürt zudem das Schifffahrtsmuseum über 1000 Jahren Schifffahrtsgeschichte nach und hat eine weltweit einmalige Besonderheit zu bieten: das rund 400 Jahre alte Uevelsbüller Wrack, das mit einer Lösung aus mehr als 100 000 Kilogramm Zucker konserviert wurde und deshalb auch »Zuckerschiff« heißt.

STELL- UND CAMPINGPLÄTZE

WOHNMOBILSTELLPLATZ HUSUM (LOOF'S WOHNMOBILHAFEN)

Porrenkoogsweg, 25813 Husum, GPS: 54.474542, 9.042674. Rund 30 Stellflächen, zum Teil recht eng, hinter einem Firmengelände. Optisch nicht sehr ansprechend, aber in das Zentrum von Husum sind es nur wenige Gehminuten. Ver- und Entsorgung vorhanden. Ganzjährig geöffnet. Der Stellplatz gehört zum nahe gelegenen Fischrestaurant.

TOP ★ ERLEBNISSE

★ EFAHRRADAUSFLUG NACH NORDSTRAND

Die Halbinsel Nordstrand bietet sich geradezu an, mit dem Fahrrad erkundet zu werden. Über die Nordseestraße gelangt man zum langen Damm, auf dem man parallel zum Naturschutzgebiet bis an die Küste fährt. Besonders empfehlenswert ist eine Runde auf dem Deich rund um Nordstrand.

★ KRÖNUNG MIT KROKUS

Seit 2018 pfeift Husum auf die traditionelle Erbfolge und präsentiert Mitte März auch einen Krokusblütenkönig. Die jährlich neu gekürte Majestät eröffnet das Festwochenende rund um Schloss und Blumenmarkt; die eigentlichen Stars aber sind die kleinen Frühlingsblüher, die den Schlosspark in ein violettes Farbmeer tauchen.

★ LUST AUF EINE INSEL?

Ab Nordstrand legen Ausflugsschiffe ab, die für eine Tagestour auf die Inseln Amrum, Pellworm, Sylt oder Föhr fahren. Auch die einzige Hochseeinsel Deutschlands, Helgoland, ist ab Nordstrand erreichbar. Schiffe fahren zudem zur Hallig Hooge, während man die Hallig Südfall bei einem Ausflug mit der Pferdekutsche durch das Wattenmeer genießt.

Weitere Informationen
husum.de, friedrichstadt.de

Auf der größten Hallig, Langeneß, reicht der Blick über die Salzwiesen zu einer Warft und über das Meer (oben). Zur Hallig Südfall geht es per Pferdewagen durchs Watt (rechts unten). Im Frühjahr rasten Tausende Ringelgänse auf den Halligen (rechts oben).

4 TRÄUME IM MEER – DIE HALLIGEN

Auf den Marschinseln im Wattenmeer heißt es regelmäßig »Land unter«

Sollte der Meeresspiegel durch die Klimaerwärmung ansteigen, werden diese Inseln irgendwann gänzlich verschwunden sein. Nasse Füße bekommen Mensch und Tier dort jedoch heute schon, wenn die Flut besonders hoch aufläuft. Die Rede ist nicht von den Malediven, sondern von den Halligen vor Schleswig-Holsteins Nordseeküste.

Theodor Storm gelang ein zart-poetischer – und gern zitierter – Vergleich: Für ihn lagen die Halligen »wie Träume« im Nebel auf dem Meer. Von oben gesehen, stechen die kleinen Inseln im graubraunen Wattenmeer vor Schleswig-Holsteins Nordseeküste wie Oasen in der Wüste hervor, deren kräftigem Grün im Sommer der Strandflieder einen lila Anstrich verpasst. Der Wüstenvergleich hinkt allerdings insofern, als weltweit kaum eine Landschaft so von Leben strotzt wie das amphibische Wattenmeer, in dem Land und Wasser eine einzigartige Verbindung eingehen.

Prekäre Existenzen

Die Halligen sind kleine Marschinseln, die in der sich ständig verändernden Landschaft des Wattenmeeres vor einigen Jahrhunderten entstanden und heute zum Biosphärengebiet Schleswig-Holsteinisches Wattenmeer und Halligen gehören. Nicht eingedeicht oder nur durch einen kleinen Sommerdeich geschützt, sind sie den Kräften des Meeres ausgesetzt und führten stets ein prekäres Dasein. Wellen und Wattströme verändern die Umrisse der Inseln, die bei Sturmfluten regelmäßig überflutet werden. Sie »laufen blank«, wie ihre Bewohner sagen, und so manche Hallig ist aus dem Land-Unter nicht mehr aufgetaucht.

Wenn die Wellen bei Sturmflut über die flachen Inseln schlagen, ziehen sich Mensch und Tier in die Häuser und Ställe auf den kleinen Warften zurück. Die aufgeschütteten Hügel mit den flachen Böschungen ragen einige Meter über den Wiesen der Inseln auf, die ringsum im stürmischen Meer versinken. Fast surreal wirken dann die Bilder einer aufgewühlten Wasseroberfläche, aus der

einzelne Häuser auf winzigem Raum wie Stationen im Niemandsland aufragen. Bei der katastrophalen Sturmflut von 1962 stürzten einige alte Bauernhäuser auf den Halligen ein; aus dieser Erfahrung heraus wurden die Häuser auf den Inseln mit Schutzräumen im Obergeschoss ausgestattet, die über Betonstützen tief im Boden verankert sind. Sicherheit in diesen Zufluchtsstätten bieten zudem Strom- und Wasserleitungen. Letztere sind eine Errungenschaft aus den 1960er-Jahren, als die bewohnten Halligen an das Süßwassernetz des Festlands angeschlossen wurden.

Kleine Inseln – große Welt

Vor Schleswig-Holsteins Küste sind nur zehn Halligen verblieben, von denen drei gänzlich unbewohnt sind. Doch zeigen alte Karten und bestätigen Überlieferungen, dass es früher weitaus mehr dieser kleinen Inseln gab. Habel misst als kleinste nur 3,6 Hektar und darf als strenges Naturschutzgebiet nicht betreten werden, die größte ist die besiedelte Hallig Langeneß mit einer Fläche von 956 Hektar.

STELL- UND CAMPINGPLÄTZE

CAMPINGPLATZ AMRUM

Inselstraße 125, 25946 Wittdün auf Amrum, camping-amrum.de, GPS: 54.629425, 8.366326. Mitten in den Dünen gelegener Campingplatz zwischen Wittdün und Süddorf, nahe dem Amrumer Leuchtturm. Aufgrund der Insellage ist eine vorherige Reservierung sinnvoll.

Hooge, die zweitgrößte und sicherlich bekannteste Hallig, ist immerhin 574 Hektar groß, besitzt mehr als 100 Bewohner auf zehn Warften, eine Kirche, Schule, WLAN und zählt jährlich rund 90 000 Tagesbesucher und 46 000 Übernachtungen.

»Mein Gott, was is de Welt doch grot; un et gifft ok noch en Holland!«, ließ Theodor Storm in seiner Novelle Eine Halligfahrt eine Halligbewohnerin bei ihrem Besuch auf dem Festland ausrufen. Doch bieten die winzigen Inseln nicht nur ihren Bewohnern eine Heimat, sondern zudem ihren Besuchern die einzigartige Erfahrung, wie man ohne Netz und doppelten Boden in einer gewaltigen Naturlandschaft sein Leben gestaltet – jenseits der perfekten deutschen Infrastruktur mit Ärzten und Apotheken, Supermärkten und Restaurants in nächster Nähe. Nicht immer ging dies früher gut aus; auf Südfall beispielsweise kamen in Sturmfluten im 17. und 19. Jahrhundert fast alle Bewohner um. Heute lebt hier nur noch im Sommer der Vogelwart, der in den von Prielen durchzogenen Salzwiesen die zahllosen Zug- und Brutvögel beobachtet. Als Besucher darf man dieses Vogelparadies nur mit Genehmigung im Rahmen von Führungen betreten.

Auf Süderoog dagegen freuen sich die Bewohner über Besuch, denn auf der 60 Hektar großen Insel lebt nur ein junges Paar von Bio-Landwirtschaft. Auf ihrer – passenderweise – herzförmigen Insel bieten die beiden einen ganz besonderen Service: In ihrer guten Stube kann man sich ganz zünftig das Jawort geben.

TOP ★ ERLEBNISSE

★ STRANDWANDERUNG

Einer der schönsten Amrumer Wanderwege führt genau über die breiteste Ausdehnung des Kniepsands. Die 13-Kilometer-Tour beginnt an der Kniepsandhalle und geht über den Nebeler Strand immer am Wasser entlang zur Norddorfer Aussichtsplattform. Von dort schlängelt sich der Rückweg über die Vogelkoje Meerarm und zwei Aussichtsdünen.

★ AUF DEM MEERESBODEN UNTERWEGS

Die Halligen erlebt man am besten bei einer Wattwanderung, für die man sich aus Sicherheitsgründen einem erfahrenen Wattwanderer anvertraut. So kann man zum Beispiel durch den Schlick zwischen der Hallig Hooge und der Insel Pellworm wandern.

★ RINGELGANSBUFFET

Bevor sie gen Norden nach Sibirien oder Richtung Süden nach England oder Frankreich fliegen, machen die Ringelgänse auf den Halligen im Frühjahr und Herbst Station. Auf den Wiesen fressen sie sich den Reiseproviant an und lassen sich dabei aus nächster Nähe zusehen. Halliggemeinden, Naturschutzverbände und der Nationalpark Wattenmeer bieten Ringelganstage mit Führungen an.

Weitere Informationen
halligen.de, amrum.de, westerhever-nordsee.de, ringelganstage.de

5 ENTLANG DER NORDSEE

Von Emden nach Sylt

Eine Wohnmobilreise lebt einerseits von der Schönheit der Strecke, andererseits von der Attraktivität ihrer Ziele. Zwischen den Niederlanden und Dänemark geht beides: Strand, Watt und Meer sind ganz in der Nähe und die Fahrt führt durch die grünen Marschen Nord- und Ostfrieslands und zu den blühenden Obstbäumen des Alten Landes. Urbane Höhepunkte markieren Hamburg und Bremen.

Wenn man den Wohnmobilstellplatz am Hafen von Emden verlässt, hat man schon nach wenigen Fahrminuten eine Auswahl an Stell- und Campingplätzen, die sich wie Perlen an einer Schnur aufreihen. Entlang der Störtebekerstraße genießt man die Zwillingsmühlen von Greetsiel, die Seehundstation in Norddeich, die Abfahrtshäfen zu den Ostfriesischen Inseln und das Buddelschiffmuseum in Neuharlingersiel. An Campingangeboten gibt es unterwegs wirklich keinen Mangel.

Von Wilhelmshaven bis Bad Zwischenahn Gleich neben der Südpromenade flankieren die Wohnmobilstellplätze das Deutsche Marinemuseum und den Fliegerdeich mit seinen zahlreichen Einkehrmöglichkeiten. Etwas landeinwärts steuert man das Wohnmobil nach Bad Zwischenahn. Der stadteigene See, das Zwischenahner Meer, heißt auch die »Perle des Ammerlands«. Er spiegelt eine liebliche Umgebung mit Wiesen und Weiden mit alten, ausladenden Bäumen.

Von Bad Zwischenahn bis Bremen Wenn man sich in Bad Zwischenahn nicht wenigstens die Rügenwalder Mühle angeschaut hat, dann sollte man sich wenigstens Zeit nehmen, um in der Region Grünkohl zu verspeisen. Oldenburg bezeichnet sich selbst als Kohltourhauptstadt. Das bedeutet, der Grünkohl wird nicht nur gegessen, die Mahlzeit wird zelebriert und meistens mit Kohlfahrten kombiniert. Zum Abschluss des Tages flaniert man durch die engen Gassen im Bremer Schnoorviertel, nachdem man das Wohnmobil zentral am Kuhhirten in Bremen abgestellt hat.

Von Bremen bis Stade Tja, die Qual der Wahl. Bereist man die Wurster Nordseeküste und legt man einen Zwischenstopp an der Doppelschleuse in Bremerhaven ein, um später die »Platte« in Cuxhaven kennenzulernen oder steuert man das Wohnmobil über Bremervörde gen Osten, wo man in Himmelpforten beinahe dem Weihnachtsmann begegnet? Den Vörder See in Bremervörde kann man ganz nebenbei wunderbar vom Stellplatz aus umrunden, während man die Innenstadt von Stade vom modernen Stellplatz am Rande der Stadt schnell zu Fuß erreicht.

Von Stade bis Hamburg Der Weg über die B73 durchs Alte Land stellt eine schön-entschleunigte Variante zur Autobahn dar. Der Apfelanbau wird hier großgeschrieben und man sollte zwischenzeitlich vom Wohnmobil auf den Fahrradsattel wechseln, um diesen aus nächster Nähe und in Ruhe zu erleben. Noch entspannter geht es aber am Elbufer zu, wo man von weiteren Stellplätzen ziemlich gemütlich auf die dicken Pötte blickt, die zwischen der Hansestadt und der Nordsee verkehren.

Von Hamburg bis Friedrichstadt
Die Millionenmetropole verlässt man ebenfalls mit einer Reise entlang der Elbe, dieses Mal jedoch auf der nördlichen, der schleswig-holsteinischen Seite. Beim ehemaligen Kernkraftwerk Brokdorf übernachtet man direkt neben dem Deich und unternimmt eine Radtour zur tiefsten Landstelle Deutschlands. In Brunsbüttel blickt man den Frachtschiffen auf dem Nord-Ostsee-Kanal hinterher und bei St. Peter-Ording kann man mit dem Wohnmobil sogar einen Strand befahren, bevor man die überdachte Ver- und Entsorgungsstation in Friedrichstadt benutzt.

Von Friedrichstadt bis Sylt Nordstrand bietet ebenfalls einen wunderbaren Wohnmobilstellplatz, auf dem man sich fast auf einer Insel wähnt. Über einen Damm gelangt man wieder zum eigentlichen Festland. Selbst die Hamburger Hallig ist zu Fuß oder mit dem Fahrrad erreichbar. Praktischerweise ist der Wohnmobilstellplatz gleich hinter dem Deich und ein idealer Ausgangspunkt. Deiche wechseln mit Weideland, Kooge mit Marschen, es geht vorbei an Nordseebädern und Naturschutzgebieten, etwa dem 1200 Hektar großen Hauke-Haien-Koog. Ausflüge ohne Wohnmobil führen auf die anderen Halligen und in die Weiten des Nationalparks Schleswig-Holsteinisches Wattenmeer, am sichersten im Rahmen einer Wattführung. Föhr ist wiederum mit dem Wohnmobil erreichbar und bietet sogar einen Mix aus Camping- und Wohnmobilstellplatz. Während es auf dem Festland nun etwas spärlicher mit den Übernachtungsangeboten aussieht, lockt die nördlichste deutsche Insel natürlich noch mit weiteren Campingplätzen, teilweise direkt an den Dünen.

Wo Schafe grasen, kann man nur Entspannung erwarten. In diesem Fall am Elbdeich von Brokdorf (rechts)

STELL- UND CAMPINGPLÄTZE

1 NORDSEECAMP NORDDEICH
Deichstraße 21, 26506 Norden, nordsee-camp.de, GPS: 53.604674, 7.139582

2 WOHNMOBILSTELLPLATZ NORDSEEBLICK
Am Nordseestrand 1, 26553 Dornum, GPS: 53.679081, 7.478509

3 CAMPINGPLATZ BENSERSIEL
Bensersiel Oldendorf, 26427 Esens, GPS: 53.675204, 7.565314

4 WOHNMOBILSTELLPLATZ HARLESIEL
Am Harlesiel 20, 26409 Wittmund, GPS: 53.709610, 7.809040

5 WOHNMOBILHAFEN AN DER OSTDÜNE
26434 Wangerland-Hooksiel, GPS: 53.640608, 8.040138)

6 STELLPLATZ SCHLEUSENINSEL
Schleusenstraße 43, 26382 Wilhelmshaven, wohnmobilstellplatz-wilhelmshaven.de, GPS: 53.515492, 8.152061

7 WOHNMOBILSTELLPLATZ AM BADEPARK
Am Badepark, 26160 Bad Zwischenahn, GPS: 53.186760, 8.000489

8 REISEMOBILSTELLPLATZ AM KUHHIRTEN
Kuhhirtenweg, 28201 Bremen, stellplatz-bremen.de, GPS: 53.065234, 8.818272

9 BBG WOHNMOBILSTATION
Fresenburg 8, 27432 Bremervörde, bvr-bbg.de, GPS: 53.495260, 9.151006

10 WOHNMOBILSTELLPLATZ AM SCHIFFERTOR
Schiffertorsstraße 21, 21682 Stade, GPS: 53.602480, 9.466545

11 WOHNMOBILSTELLPLATZ ELBEPARK BUNTHAUS HAMBURG
Moorwerder Hauptdeich 33, 21109 Hamburg, elbepark-bunthaus.de

12 WOHNMOBILSTELLPLATZ BROKDORF
Dorfstraße 53/54, 25576 Brokdorf, GPS: 53.864390, 9.316671

13 WOHNMOBILSTELLPLATZ CUXHAVEN
Cassen-Eils Straße, 27472 Cuxhaven, GPS: 53.875421, 8.703256

14 CAMPING WESSELBURENERKOOG
Dammstraße 1, 25764 Wesselburenerkoog, camping-wesselburenerkoog.de, GPS: 54.246355, 8.840873

15 REISEMOBILHAFEN ST. PETER-ORDING
Ketelskoog, Sankt Peter-Ording, reisemobilhafen-spo.de, GPS: 54.308802, 8.635758

16 WOHNMOBILSTELLPLATZ FRIEDRICHSTADT
Halbmond 5, 25840 Friedrichstadt, wohnmobilstellplatz-friedrichstadt.de, GPS: 54.371874, 9.087416

17 SÖRENSEN WOHNMOBILSTELLPLATZ FÖHR
Sörensen, Strunwai 16, 25938 Utersum, GPS: 54.715947, 8.401507

Panoramablick mit Michel, Elbphilharmonie und Hafen an der Elbe (oben) und italienisches Flair bei den Alsterarkaden vis-à-vis vom Rathaus (rechts oben). Abends drängen sich unternehmungslustige Partygänger durch die Große Freiheit auf St. Pauli (rechts unten).

6 DIE PERLE AN DER ELBE – HAMBURG

Die schönste Stadt der Welt

Das Hoch im Norden, Tor zur Welt oder heißes Pflaster im kühlen Norden? Die Metropole am Wasser mit ihren genau 2479 Brücken über Elbe, Alster, Nebenflüsse und Kanäle hat viele Kosenamen. Für die meisten Hamburger ist sie einfach die schönste Stadt der Welt. Hamburg bietet große und kleine Kunst, Sehenswürdigkeiten und viel Grün.

Irgendwann zwischen 810 und 830 n. Chr. wurde die Hammaburg an der Mündung der Alster in den Elbstrom erbaut. Sie schützte den Handelsweg über die Elbe und eine kleine Ansiedlung, die bald ein Missionszentrum für den Norden bildete.

Heute zählt die Freie und Hansestadt Hamburg, wie sie sich seit 1819 nennt, rund 1,8 Millionen Einwohner. In der gesamten Metropolregion, die von Cuxhaven bis Lübeck und von Dithmarschen bis zum Heidekreis reicht, leben etwa fünf Millionen Menschen. Hamburg ist eine Stadt von Gewerbe und Handel, von Medien und Kultur, mit dem größten deutschen Hafen und dem zweitgrößten in Europa. Hier gibt es Handelsgiganten, Versicherungen, Banken, Reedereien, die größte Kupferhütte Europas, IT-Unternehmen, Werbeagenturen und ein Shopping-Angebot, für das Kunden bis aus Skandinavien anreisen. In Hamburg ist außerdem Spitzentechnologie zu Hause: Das Airbus-Werk in Finkenwerder macht die Hansestadt zum drittgrößten Flugzeugbau-Standort der Welt, und im Teilchenbeschleuniger DESY erforschen Wissenschaftler die Grundbausteine der Materie.

Mehrmals im Jahr feiert Hamburg sich selbst, beim Kirschblütenfest, dem Alstervergnügen und den Cruise-Days mit einem Dutzend Kreuzfahrtriesen. Im Mai steigt eines der größten Hafenfeste der Welt, bei dem sich rund eine Million Schaulustige Konzerte, Feuerwerke, die Windjammerparade der Großsegler und das Ballett der Hafenschlepper nicht entgehen lassen.

NOTAR

ASTRA
Große Freiheit
Nr.7
www.grossefreiheit-nr7.de
Das
Tanzlokal
grossefreiheit-nr7.de
TABLE
DANCE
DOLLHOUSE
DOLLHOUSE D
G@LERIE
GROSSE FREI

Entspannung pur mit Blick auf den Hafen bietet der Elbstrand bei Övelgönne. Seit mehr als 80 Jahren gehört die frühere Landgemeinde zum Hamburger Vorort Othmarschen.

Kunst und Kommerz in der City

In der Innenstadt sind Handel und Kultur seit jeher zu Hause. Die Mönckeberg- und die parallele Spitaler Straße, der Neue Wall, die Großen Bleichen und der Jungfernstieg sowie die überdachten Einkaufspassagen mit exklusiven Läden locken Shopaholics an. Hier sind alle Designerlabels in hoher Dichte vertreten und zahlreiche Passagen bieten selbst bei schlechtem Wetter ungetrübtes Einkaufsvergnügen.

Mittendrin zeigt sich das repräsentative, im Stil des Historismus 1897 errichtete Rathaus der Stadt vom Trubel ungerührt. Das Kontorviertel erstreckt sich von der Mönckebergstraße bis zum Hafen. Die wuchtigen Bürogebäude aus dunkel gebranntem Klinker mit Staffelgeschossen, Dekorelementen und Terrakottaskulpturen sind erst vor rund 100 Jahren entstanden, nachdem die Stadt ein dicht bebautes Elendsquartier, in dem eine Cholera-Epidemie ausgebrochen war, komplett hatte abreißen lassen. Unter diesen markanten Gebäuden der Reeder und Kaufleute ragt das wie ein scharf geschnittener Schiffsbug gestaltete Chilehaus heraus, es steht seit 2015 auf der Weltkulturerbe-Liste der UNESCO.

Mehrere Theater und Kunstmuseen zeigen Kultur auf Weltniveau: allen voran das Deutsche Schauspielhaus und das Thalia Theater mit überregional beachteten Produktionen. Die Hamburger Kunsthalle mit der dazugehörigen Galerie der Gegenwart für zeitgenössische Kunst residiert in einem auffälligen kubusförmigen Bau. Mit rund 200 000 Besuchern im Jahr gehört das Museum für Kunst und Gewerbe zu den führenden Design-Museen in Europa. Kunstmeile nennt sich die Kette von Museen und Galerien, die sich von hier bis zum Hafen entlangzieht und einstige Markthallen zu Kulturtempeln umfunktioniert hat.

Der Hafen, das Tor zur Welt

Eigentlich ist das gebogene Nikolaifleet der erste Hafen Hamburgs. Hier legten im Mittelalter die Frachtsegler an. Deichstraße und Cremon, rechts und links des Wasserweges, gehören zu den ältesten erhaltenen Gebäude-Ensembles mit Kaufmannsspeichern aus dem 16. und 17. Jahrhundert.

Hafenrundfahrten kommen in den bei Ebbe trockenfallenden Fleeten nicht vorbei. Die starten an den St. Pauli Landungsbrücken, wo sich Möwen in der Luft um Brotstückchen balgen und man bereits die immerhin noch 130 Kilometer entfernte Nordsee zu spüren meint. Eine Kette von Pontons, schwimmenden Plattformen, dient als Anleger für die zahlreichen Hafenfähren, Rundfahrtdampfer, Barkassen und Schlepper. Man erreicht sie durch Torbögen in dem vor gut 100 Jahren errichteten, 200 Meter langen Empfangsgebäude der St. Pauli Landungsbrücken, das mit seinen grauen Tuffsteinmauern und grünen Kupferdächern ebenso wie der sich anschließende Kuppelbau des alten Elbtunnels längst unter Denkmalschutz steht.

Der Hafen kann auf eine 1000-jährige Tradition zurückblicken. In Europa wird er, zumindest was den Umschlag betrifft, nur von Rotterdam übertroffen. Rund 13 000 Schiffe löschen hier im Jahr ihre Ladung, von riesigen Containerschiffen von 300 Meter Länge bis zu kleinen Küstenmotorschiffen. Hoch automatisierte Containerbrücken be- und entladen die mehrstöckig gestapelten Container in Hochgeschwindigkeit. Schließlich ist die Liegezeit an den Kais teuer. Waren früher die Routen über den Atlantik die Rennstrecke der Frachter, ist es heute das Asiengeschäft, das für Auslastung und Zuwachsraten sorgt. Sowohl für China als auch für Japan gilt der Hamburger Hafen als wichtiges Einfallstor nach Kontinentaleuropa, was Städtepartnerschaften Hamburgs mit Shanghai und Osaka unterstreichen.

Große Pötte und elegante Vögel

Zum Hafen gehören auch Werften, obwohl die beste Zeit des Schiffsbaus in Deutschland vorbei zu sein scheint. Blohm & Voss, die letzte der Großwerften, hat sich auf die Konstruktion privater Luxus-Großjachten sowie die Reparatur und Überholung von Schiffen spezialisiert. Wer Glück hat, kann in dem 351 Meter langen Trockendock Elbe 17, das den Landungsbrücken und dem Fischmarkt gegenüberliegt, Kreuzfahrtriesen wie die »Queen Mary II« oder Containerschiffe wie die 347 Meter lange »Sovereign Maersk« bestaunen.

Gleichfalls am Südufer der Elbe, bei Finkenwerder, breitet sich das Airbus-Werksgelände aus, das sich bis zum Obstanbaugebiet des Alten Landes erstreckt. In großen Hallen werden die Flugzeugmodelle A 318 bis A 321 endmontiert, und auch der teure und prestigeträchtige Riesenvogel A 380 erhielt in Hamburg seine Innenausstattung, bis die Produktion Anfang des Jahres 2019 aus wirtschaftlichen Gründen eingestellt wurde.

Mit etwas Glück findet man auch mit einem größeren Wohnmobil einen Parkplatz am Straßenrand (oben). Aufregung pur auf dem Fischmarkt am Sonntagmorgen (unten).

Häuser mit Elbsicht. Das Treppenviertel von Blankenese gehört zu den teuersten Wohnlagen Hamburgs (oben). Entspannte Stimmung im Szeneviertel St. Georg (unten). In der Hafencity liegen Büros und Wohnungen (rechts oben). Das markante Chilehaus ist Welterbestätte (rechts unten).

Hamburg als Zwischenstation, als Tor vor allem in die Neue Welt, zeigt die »Auswandererwelt Ballinstadt«. Rund fünf Millionen Menschen aus Deutschland und den Ländern Osteuropas machten sich zwischen 1850 und 1934 mit Auswandererschiffen von Hamburg auf ins große Abenteuer, um in Baltimore oder New York einen neuen Anfang zu wagen.

St. Pauli und die Reeperbahn

Die sentimentale Seemannsromantik hat eine lange Geschichte. Liebeshungrige Matrosen haben bei den kurzen Liegezeiten gar keine Zeit mehr für einen St.-Pauli-Besuch, wie ihn noch Hans Albers »Auf der Reeperbahn nachts um halb eins ...« besingt. Doch die »geile Meile« von Udo Lindenberg ist auch heute nicht verwaist. An guten Wochenenden ziehen insgesamt rund 200 000 Amüsierwillige über den Kiez, besuchen Musicals, Theateraufführungen und Auftritte international bekannter Live-Bands in den zahlreichen Musikklubs. Auch Striptease-Bars und käufliche Liebe gibt es noch, doch in Zeiten des Internets erscheint manch erotische Bühnenshow als geradezu liebenswert altmodisch. Nostalgisch ist auch das Panoptikum, ein Wachsfigurenkabinett, in dem Besucher Prominenten von James Dean bis Lena Meyer-Landrut in aller Ruhe tief in die Augen schauen können. Nicht weit vom früheren »Starclub« an der Großen Freiheit, Auftrittsort vieler Pop- und Rockidole von Chuck Berry bis Cream, liegt der wie eine riesengroße Schallplatte geformte Beatles-Platz. Silhouetten aus Edelstahl erinnern an die Hamburger Zeit der »Fab Four«, die allein 90 Mal auf der Bühne des Starclubs standen.

Die neuen Szeneviertel

Das Heiligengeistfeld, eine zehn Hektar große Ausstellungsfläche zwischen Wallringanlagen und dem Stadion des FC St. Pauli, ist im Frühjahr, Sommer und Winter jeweils vier Wochen lang Schauplatz des »Hamburger Doms«. Mehr als 250 Aussteller installieren Riesenräder, Achterbahnen und andere Fahrgeschäfte. Über 100 Essensstände versorgen die zusammen mehr als zehn Millionen Besucher auf dem größten Volksfest des Nordens.

Auf der gegenüberliegenden Seite der Feldstraße beginnt das Karolinenviertel, eines der neuen Szenequartiere der Stadt, in dem viele junge Modedesigner ihre neuen Kollektionen ausstellen und verkaufen. Hierher, wie ins benachbarte Schanzenviertel oder nach Ottensen im weiter westlich gelegenen Altona, sind viele jüngere Leute gezogen, hier leben Künstler und Kreative, Fotografen,

Autoren, Musiker oder Modedesigner neben vielen »normalen« Menschen aus allen Erdteilen. Auch die »Rote Flora«, ein seit 1989 von autonomen Gruppen besetztes ehemaliges Konzert- und späteres Kaufhaus, ist ins Schanzenviertel integriert und gehört inzwischen zur lokalen Folklore. In mehreren der sanierten Gebäude des ehemaligen Schlachthofes sind inzwischen Restaurants von TV-Köchen, eine Kaffeerösterei, Schallplattenlabels oder Klubs mit Live-Musik zu Hause.

STELL- UND CAMPINGPLÄTZE

WOHNMOBILSTELLPLATZ ELBEPARK BUNTHAUS

Moorwerder Hauptdeich 33, 21109 Hamburg, elbepark-bunthaus.de, GPS: 53.461705, 10.062905. Ruhiger Stellplatz direkt an der Elbe, wo sich der Fluss in Süderelbe und Norderelbe aufteilt. Außerhalb der Stadt gelegen, aber mit dem Bus und der S-Bahn ist man in rund einer halben Stunde am Hauptbahnhof oder an den St. Pauli Landungsbrücken. Die große Anzahl an Stellplätzen verteilt sich auf mehrere Bereiche innerhalb des Areals, die sich sowohl im Innenhof der Anlage als auch direkt am Elbufer befinden.

CAMPING BUCHHOLZ

Kieler Straße 374, 22525 Hamburg, camping-buchholz.de, GPS: 53.590066, 9.930959. Kleiner und enger Campingplatz mitten in einem Wohngebiet von Hamburg-Stellingen. Mit dem ÖPNV oder dem Fahrrad gelangt man gut in das Zentrum.

Rund um die Außenalster

Hamburg ist zwar urban, zeigt aber auch viel Natur. Rund um die Außenalster, dem schon 1235 zu einem See aufgestauten Alsterflüsschen inmitten der Stadt, ist dies besonders gut zu sehen. »Planten un Blomen«, der zu einem Landschaftspark umgestaltete frühere Botanische Garten, der Alsterpark von Pöseldorf, der Hayns Park in Eppendorf oder der weitläufige Stadtpark, der sich von Winterhude mit Planetarium, Sportanlagen, Liegewiesen, Rosengarten, Freilichtbühne und Stadtparksee bis nach Barmbek erstreckt, sind Treffpunkte der Stadtbewohner. Sie kommen in die Grünanlagen, um sich entweder sportlich zu betätigen – zu laufen, Boule und Fußball zu spielen – oder einfach beim Grillen oder Sonnenbaden zu entspannen.

Wer jenseits der Elbbrücken nach Harburg in den Süden der Stadt, nach Bergedorf ganz im Osten oder nach Blankenese im Westen fährt, kann feststellen, dass Hamburg nicht nur Stadt, sondern auch ein Bundesland ist. Erst 1936/37 wie andere Gebiete Preußens Hamburg angegliedert, haben sich die Gemeinden ihren eigenen Charakter bewahrt. Dabei zeigt der Westen mit der noblen Elbchaussee, einer neun Kilometer langen Prachtstraße zwischen Altonaer Rathaus und dem schicken Treppenviertel von Blankenese, mit seinen weitläufigen Parks, angesehenen Feinschmeckerrestaurants und repräsentativen Reeder- und Kaufmannsanwesen die Schokoladenseite der Stadt.

TOP ★ ERLEBNISSE

★ HARBURGS BERGWANDERUNG

Das mit den Bergen mag bei Erhebungen von maximal 120 Metern übertrieben klingen, aber zwei Stunden Zeit beansprucht die Wanderung vom Bahnhof Neuwiedenthal durchaus. Zu den bestiegenen Gipfeln gehören der 60 Meter hohe Scheinberg, der 65 Meter hohe Falkenberg und die Hügelgräber aus der Steinzeit, bevor es durchs Fischbeker Trockental zum »Alten Schafstall« geht.

★ HAFENRUNDFAHRT

Ob nun der Transatlantikliner Queen Mary 2, eines der Mein-Schiff-Kreuzfahrtschiffe oder imposante Containerschiffe angelegt haben: Den besten Eindruck erhält man dabei vom Boot aus, und zwar bei einer der vielen Hafenrundfahrten, die zwischen den Landungsbrücken von St. Pauli und den Containerterminals angeboten werden.

★ MIT DEM RAD UNTER DER ELBE

Der Alte Elbtunnel ist definitiv einen Besuch wert – entweder bei einem kleinen Spaziergang oder auf dem Fahrradsattel. Hinab in die Tiefe geht es nämlich mit dem Fahrstuhl und dann mit ganz besonderer Atmosphäre durch ein historisches Tunnelbauwerk.

Weitere Informationen
hamburg.de,
hamburg-tourism.de,
hafencity.de

7 DIE STADTMUSIKANTEN GRÜSSEN – BREMEN

Bürgerstolz und Baukultur

Das kleinste deutsche Bundesland hat seit dem Mittelalter seine Unabhängigkeit bewahrt. Bremens »gute Stube« ist der Marktplatz mit Rathaus und Roland, Symbolen für Bürgerstolz und Souveränität. Dort befinden sich die wichtigsten Sehenswürdigkeiten der Hansestadt, zu der mit Bremerhaven noch eine Trabantenstadt an der Wesermündung gehört.

Erstaunlich klein stehen sie da, die »Bremer Stadtmusikanten«. Esel, Hund, Katze und Hahn stehen als Bronzeskulptur übereinander am Rathaus. »Gemeinsam sind wir erfolgreich«, scheinen sie den Passanten zuzurufen, auch gegenüber vermeintlich stärkeren Autoritäten. Ganz blank sind die Vorderbeine des Esels von zahllosen Händen gescheuert, denn wer dem Esel das Bein reibt, dem sei ein Wunsch gewährt, so will es die Legende. Wichtig ist, mit beiden Händen zu reiben. Sonst handelt es sich nur um zwei Esel, die einander die Hand reichen, schmunzeln die Bremer.

Der Marktplatz: die Bremer Mitte

Das vor rund 700 Jahren errichtete und im 17. Jahrhundert mit einer Fassade im Stil der Weserrenaissance versehene Rathaus am Marktplatz gehört zusammen mit dem Bremer Roland zum Weltkulturerbe der UNESCO. Der Baumeister Lüder von Bentheim (um 1555–1613) erhielt um 1600 den Auftrag, die Fassade neu zu gestalten. Elf Arkaden gliedern den unteren Teil der Front, das Dach zieren drei Giebel. Die obere Rathaushalle gehört zu den schönsten Festsälen Bremens. Von der Decke hängende Schiffsmodelle weisen auf die maritime Orientierung der Stadt hin. Der über fünf Meter hohe Bremer Roland vor dem Rathaus hält schon seit 1404 sein blankes Schwert in der Hand, bereit, die Freiheit der Stadt gegenüber Adel und Kirchenfürsten zu verteidigen. Sein Schild mit dem Adler ist Symbol für den Schutz der Reichsfreiheit.

Märchenskulptur »Bremer Stadtmusikanten« mit Hintersinn: Nur gemeinsam sind wir stark (unten). Marktplatz mit Rathaus: Architekturkleinod und UNESCO-Welterbe im Zentrum (oben rechts). Bremer Dom: Mit dem Bau der doppeltürmigen romanischen Kirche wurde im 11. Jahrhundert begonnen (unten rechts).

Der Bremer Roland wacht seit über 600 Jahren am Marktplatz der Hansestadt (unten). Wie ein futuristisches Schiff: das Klimahaus in Bremerhaven (oben). Der Stellplatz an der Doppelschleuse ist komplett von einem Deich umgeben (rechts oben). Sturmmöwe im Anflug (rechts unten).

Patrizierhäuser gruppieren sich um den Marktplatz, die Handelskammer und das Haus der Bremischen Bürgerschaft. Nach Westen schließt der doppeltürmige Bremer Dom den Platz ab. Fast 1000 Jahre liegt der Baubeginn des St.-Petri-Doms zurück, der im 13. Jahrhundert gotisch umgestaltet wurde. Wer die 265 Stufen des knapp 100 Meter hohen Nordwestturms emporsteigt, wird mit einem Panoramablick über die Stadt belohnt. Zu den besonderen Dom-Schätzen gehören bischöfliche Gewänder aus mittelalterlichen Grabstätten. Mehrere im Bleikeller ausgestellte Mumien aus dem 15. bis 18. Jahrhundert scheinen selbst an der Luft nicht zu verwesen. Das bronzene Bremer Taufbecken aus dem 13. Jahrhundert im Kircheninneren zeigt in einer langen Reihe Jesus, seine Apostel, die Propheten und Engel.

Nur rund 100 Meter ist die Böttcherstraße lang und doch gehört sie mit ihrer besonderen Architektur und den originellen Geschäften zu Bremens bekanntesten Attraktionen. An der Verbindungsgasse vom Markt zur Weser betrieben einst Fass- und Zubermacher ihr Handwerk. Der Bremer Kaffeefabrikant Ludwig Roselius ließ von 1923 bis 1937 Häuser aus Back- und Sandstein mit Anklängen an den Art-déco-Stil und architektonischen Zitaten niederdeutscher Baukultur errichten. Von hier sind es nur wenige Schritte bis zur Weser, zu den Cafés und Biergärten entlang der Weserpromenade Schachte. Die Nachbauten historischer Schiffe erinnern daran, dass bis zum 18. Jahrhundert an dieser Stelle Schiffe in See stachen.

Auch das Schnoorviertel erzählt von alten Zeiten. Wie Perlen auf einer »Schnoor« reihen sich in Bremens ältestem Quartier die schmalen Häuser (15./16. Jahrhundert) aneinander. In den Kunstgewerbe- und Antiquitätenlädchen sowie bei den Gold- und Silberschmieden lassen sich originelle Stücke erstehen, Cafés und Restaurants laden zu Pausen ein.

Bremens Museums-Highlights

Bis zum 17. Jahrhundert schützten die Bremer ihre reiche Stadt mit einer Befestigungsanlage, die zudem ein gezackter Wassergraben sicherte. Noch heute umgeben die Wallanlagen fast die komplette Altstadt und auch der Wassergraben ist rechts der Weser erhalten. Inzwischen dienen die Anlagen jedoch der Erholung, mit gepflegten Landschaftsgärten, in denen auch die alte Wallmühle am Herdentor, die letzte Windmühle auf Bremer Stadtgebiet, eine neue Bestim-

mung als Café gefunden hat. Die Kunsthalle in den Wallanlagen lohnt besonders wegen ihrer exzellenten Sammlung von Werken aus der Worpsweder Malerkolonie und des Expressionismus einen Besuch.
Weiter im Norden kann man im Überseemuseum am Bahnhofsplatz über den Tellerrand schauen: Entstanden aus Mitbringseln von Seereisen bremischer Kaufleute und Missionare, informiert es heute über soziale Aspekte des Lebens in Entwicklungs- und Schwellenländern. Das ungewöhnliche und attraktive »Science Center Universum« zeigt, dass Museen zugleich informativ und kurzweilig sein können. Hier simuliert ein Erdbebenraum Erdstöße unterschiedlicher Intensität, lässt ein Riesengong Schallwellen und ein Turm der Lüfte die Kraft des Windes erspüren.
Wenn Freimarkt ist, gelten in Bremen andere Gesetze. Seit bald 1000 Jahren feiern die Bremer ihr ältestes Volksfest in der zweiten Oktoberhälfte. Aus einem Verkaufsmarkt ohne einengende Zunftregeln ist im Lauf der Zeit ein Vergnügungsfest geworden, bei dem sich der nostalgische »Kleine Freimarkt« auf dem Marktplatz mit dem »Großen Freimarkt« auf der Bürgerweide mit seinen Fahrgeschäften und Essensbuden ergänzt.

STELL- UND CAMPINGPLÄTZE

WOHNMOBILSTELLPLATZ AM KUHHIRTEN

Kuhhirtenweg, 28201 Bremen, stellplatz-bremen.de, GPS: 53.064994, 8.818713. Rund 70 Stellflächen inklusive Strom und Sanitärgebäude. Ver- und Entsorgung sind selbstverständlich auch vorhanden. Die Stellflächen befinden sich unter dichtem Baumbestand, daher ist der Satellitenempfang stark eingeschränkt und es werden feste Antennenanschlüsse angeboten.

Die Dependance am Meer

Mit mehr als 100 000 Einwohnern selbst eine Großstadt, gehört Bremerhaven zu Bremen und bildet gemeinsam mit der Weserstadt ein eigenes Bundesland. Der Nordseehafen liegt 60 Kilometer flussabwärts von Bremen an der Wesermündung. Neue Attraktionen entlang der Hafenkante machen Bremerhaven auch unabhängig von der großen Schwester zum interessanten Ausflugsziel. Neben dem Deutschen Auswandererhaus ist das abends dekorativ beleuchtete Klimahaus Bremerhaven ein Besuchermagnet. In dem wie ein Schiffsrumpf gestalteten Gebäude können Besucher die Lebensbedingungen in verschiedenen Klimazonen nachempfinden, von –6 Grad in der Antarktis-Station bis 25 Grad im Niger-Kabinett.
Das »Atlantic Hotel Sail City« am Weserufer ähnelt äußerlich dem »Burj al Arab« in Dubai. Im Deutschen Schifffahrtsmuseum zwischen Außenweser und Altem Hafen sind historische Schiffe ausgestellt, darunter eine restaurierte Hansekogge von 1380. Sinnenfroh geht es im Schaufenster Fischereihafen zu. Die frühere Fischpackhalle IV des Fischereihafens gewährt Einblicke in die maritime Welt.

TOP ★ ERLEBNISSE

★ DER SCHÖNE AUSFLUG

Über acht Kilometer und etwa drei Stunden führt der Wanderweg von der Storchenstation am Sachsenheim in Verden durchs Halsetal. Er passiert die Allee der 4500 Steine im Sachsenhain – sie erinnern an 4500 sächsische Edelleute, die Karl der Große 782 hingerichtet haben soll. Eine andere Station auf der waldreichen Strecke ist der Verdener Brunnen, der für sein heilsames Wasser berühmt ist.

★ PENDELN MIT DEM RAD

Konditionsstarke Radfahrer werden ihre Freude haben, dem Radweg am Unterlauf der Weser zu folgen und von Bremen nach Bremerhaven oder umgekehrt zu radeln. Knapp 70 Kilometer und vier Stunden Fahrzeit sollte man einplanen. Dafür kann man aber mit der Regionalbahn ganz bequem wieder zurückfahren.

★ WANDERN ZUM AUSSICHTURM

Südlich von Bremerhaven lockt das Naturschutzgebiet Luneplate mit einer einfachen Wanderung entlang der Weser zu einem Aussichtsturm, von dem aus man einen Blick auf die hiesige Vogelwelt erlebt.

Weitere Informationen
bremen-tourismus.de

8 INSEL MIT FAHRSTUHL – HELGOLAND

Der Fels in der Brandung

Rund 60 Meter ragt Helgolands Plateau aus rotem Sandstein aus der Nordsee empor. Die meisten der etwa 300 000 Besucher pro Jahr kommen mit Seebäderschiffen vom gut 60 Kilometer entfernten Festland. Von kleinen Börtebooten werden sie an Land gebracht.

Grün ist das Land, rot ist die Kant, weiß ist der Strand, das sind die Farben von Helgoland«, so lautet die kürzeste Charakterisierung des markanten Felsens. Der längste Spaziergang auf der nur zwei Quadratkilometer großen Nordseeinsel in der Deutschen Bucht dauert eine Stunde, dann ist Helgoland auf dem Klippenrandweg umrundet. Ganz im Westen erhebt sich, durch Wellenbrecher geschützt, der Felsturm der »Langen Anna«, eine Säule aus rotem Sandstein.
In den Klippen des Plateaus nisten Trottellummen, die Pinguinen ähneln. Per Fahrstuhl oder Treppenweg ist das grüne Unterland Helgolands schnell erreicht. Hier leben die meisten der rund 1300 Insulaner. Zu den berühmtesten gehörte Autor James Krüss (1926–1997), der mit Timm Thaler viele Kin-

Blauer Himmel, glitzerndes Meer und der rote Buntsandstein – so sieht ein idealer Tag auf Helgoland aus (rechts). Sicher ist die Mutter des Kegelrobbenbabys nur gerade auf Fischfang (rechts oben).

derherzen eroberte. Ein Museum erinnert an den Geschichtenerzähler.

Schnäppchen und viel Natur

Tagestouristen finden in den bunten früheren »Hummerbuden« noch immer zollfreie Waren für Schnäppchenkäufe. Naturliebhabern und Ruhebedürftigen bietet die Insel ein Idyll mit Meeresvögeln, Kegelrobben und Seehunden. Im Schauaquarium leben Rochen, Seewölfe und andere Meerestiere. Eine Dünenfähre legt zur benachbarten Badedüne ab und ein Naturlehrpfad informiert über Flora und Fauna. chleswig-holsteinische Herzöge, der dänische König, Deutsche und Engländer herrschten zeitweise über Helgoland, das seit 1890 zum Deutschen Reich gehörte. Nach dem Zweiten Weltkrieg übte hier die britische Luftwaffe Bombenabwürfe, bis die Insel Schleswig-Holstein zugesprochen wurde. 1952 begannen die ersten Bewohner mit dem Wiederaufbau.

INFO: helgoland.de

STELL- UND CAMPINGPLÄTZE

CAMPINGPLATZ NORDSEE

Dithmarscher Straße 41, 25761 Büsum, camping-nordsee.de, GPS: 54.137626, 8.844347. Großer Campingplatz im Westen der Stadt, nur wenige Schritte von der Familienlagune Perlenbucht entfernt. 48 Stellflächen sind extra für Wohnmobiltouristen ausgewiesen. Ende März bis Mitte Oktober geöffnet. Gute Ausgangslage für die Fähre nach Helgoland.

TOP ★ ERLEBNISSE

★ KLIPPENWEG

Die Runde über die Nordseeinsel Helgoland ist absolut verlauf-sicher: Sie führt vom Hafen aus über den Klippenrandweg bis zum Blick auf die Lange Anna und wieder zurück. Auf maximal fünf Kilometer lässt sich der Weg strecken, doch sehr viel mehr als zwei Stunden wird man kaum unterwegs sein – es sei denn, Picknick-Pausen unterbrechen die Wanderung.

★ VOGELFELSEN

Auf den Bundsandsteinfelsen der 47 Meter hohen Langen Anna trauen sich nur die Seevögel: Basstölpel, Trottellumme und Dreizehenmöwe brüten hier. Besucher müssen sich mit dem Blick auf Deutschlands berühmtesten Brandungspfeiler begnügen und sollten dabei auch die Kurze Anna beachten, die einst fest mit dem Oberland verbunden war.

★ SANDINSEL

Ursprünglich bildeten Helgoland und die Düne eine Insel, doch Sturmfluten und steter Kalkabbau trennte die Kalkklippe vor fast 300 Jahren ab. Hier befinden sich der Flughafen und der bewachte Südstrand. Der Nordstrand dagegen dient den Kegelrobben im Winter als Kinderstube.

Weitere Informationen
nordseetourismus.de

9 NATIONALPARK WATTENMEER

Genau genommen gibt es den Nationalpark Wattenmeer nur in seinen drei Teilen, dem schleswig-holsteinischen, dem hamburgischen und dem niedersächsischen – und allein ersterer ist der größte Nationalpark Deutschlands. Über einen faszinierenden, durchweg verborgenen Lebensraum.

TOP ★ FIVE

★ Anschaulich
Im Multimar-Wattforum in Tönning, dem größten Infozentrum des schleswig-holsteinischen Nationalparks, simuliert ein Gezeitenbecken Ebbe und Flut.

★ Zugeflogen
Auf der unbewohnten Düneninsel Scharhörn in der Helgoländer Bucht legen Hunderttausende Zugvögel Station ein.

★ Preiswürdig
Das wohl modernste unter den Welterbe-Besucherzentren ist der Holzkubus am Sahlenburger Strand bei Cuxhaven.

★ Historisch
Das Land Wursten war im 13. und 14. Jahrhundert Bauernrepublik. Der Name leitet sich von Wurten her – Erdhügeln.

★ Kraftraubend
Sonst ziehen sie nur die Wattwagen, aber beim Duhner Wattrennen treten die starken Pferde beim weltweit einzigen Rennen auf dem Meeresgrund gegeneinander an.

Den Strand im Rücken, die Knöchel im Watt schaut der Nordsee-Urlauber ins Leere, scheinbar: Denn in der Schlickschicht zu seinen Füßen, im von der Ebbe zeitweilig freigelegten Meeresboden, tobt das Leben. Insgesamt 10 000 Arten von Einzellern und Pilzen bevölkern das Watt, in jedem Kubikmeter tummeln sich Tausende von Krebsen, Kieselalgen, Würmern und Schnecken – heute wie seit gut 7000 Jahren; so erdgeschichtlich jung ist das Wattenmeer. Die Kleinlebewesen ziehen jede Menge höher entwickelte Arten an – etwa an die zwölf Millionen Zugvögel, aber auch viele Dauergäste. Das größte Säugetier ist der Seehund, der größte Meeresbewohner der Schweinswal, bis zu 2000 Insektearten bevölkern die Salzwiesen zwischen Watt und Land. Alle Wattbewohner und -anrainer haben sich perfekt an ihren salzigen Lebensraum angepasst. Vom Norden Schleswig-Holsteins bis zum Dollart an der holländischen Grenze erstrecken sich die drei Nationalparks, die seit 2009 zum Weltnaturerbe gehören.

1 Königshafen Sylts einzige größere Bucht, benannt nach dem dänischen König Christian IV. Nördlich davon bildet der Lister Ellenbogen einen natürlichen Deich, hinter dem zahlreiche Seevögel ein ideales Brutrevier finden. Vom Ellenbogenberg bietet sich ein schöner Blick, auch auf Deutschlands »Nordkap«.

2 Kampener Vogelkoje Hier hat ein kleiner Wald Fuß fassen können, in dem Weiden, Erlen und Moorbirken kauern. In einem der wertvollsten Biotope der Insel leben das federleichte Wintergoldhähnchen und andere Tier-Raritäten.

In Deutschland gibt es nur einen Strand, den man mit dem Wohnmobil befahren kann: Willkommen in St. Peter-Ording.

3 Morsum-Kliff Als Pendant zum Roten Kliff nahe Westerland erlaubt das Bunte Kliff bei den Morsumer Hügelgräbern einen Einblick in die Erdgeschichte: Zehn Millionen Jahre sind hier in voller Farbpracht aufgefächert.

4 Amrum Was auf Sylt nicht funktioniert hat, ist den Amrumern gelungen: die Aufforstung. Mitten über die Bilderbuchinsel zieht sich ein Waldgürtel, nach Osten schließen sich Wiesen, Koppeln und das Watt an, Richtung Westen der Dünengürtel und der breite Kniepsand.

5 Nieblum Das Goting-Kliff auf Föhr lässt Rückschlüsse auf die vorletzte Eiszeit zu – ist aber stark den Elementen ausgesetzt. Inzwischen schützen Strandaufspülungen das kostbare geologische Fenster. Die einzige Steilküste auf Föhr erreicht bis zu neun Meter Höhe.

6 Hallig Hooge Nur die aufgeschütteten Warften schützen die Hallig-Bewohner vor Sturmfluten – ihre Salzwiesen, in denen rund 250 Tierarten leben, stehen dann längst unter Wasser.

7 Stollberg Mit seinen 44 Metern hat er den Namen verdient: Der Stollberg überragt ganz Nordfriesland und gestattet einen schönen Panoramablick.

8 St. Peter-Ording Sandstrände wie der einen Kilometer breite Rochelsand haben Seltenheitswert an der Deutschen Bucht – das erklärt die Beliebtheit des Seebads an der Westspitze der Halbinsel Eiderstedt. Andere ökologisch wertvolle Lebensräume stellen die Salzwiesen, der Dünengürtel und der Wald dar.

9 Eidersperrwerk Auslöser für das Jahrhundertbauwerk war die Sturmflut von 1962, die auch entlang der Eidermündung große Schäden anrichtete. Durch das Sperrwerk schnitt man den Eider-Trichter ab und verkürzte die Küstenlinie auf 4,6 Kilometer. Zum Ausgleich für diesen starken Eingriff in die Natur entstand das Naurschutzgebiet Katinger Watt.

STELLPLÄTZE

WOHNMOBILSTELLPLATZ AM AMSINCK-HAUS VOR DER HAMBURGER HALLIG

25821 Reußenköge, GPS: 54.615192, 8.871646. Einfacher Wohnmobilstellplatz direkt am Deich mit Zugang zum Damm zur Hamburger Hallig. Bezahlt wird auf Vertrauensbasis und mittels Briefumschlag, wenn das Amsinck-Haus geschlossen ist. Ansonsten erfolgt die Bezahlung im Amsinck-Haus. Während der Öffnungszeiten kann man Dusche, Toilette sowie Waschmaschine nutzen und sein Abwasser entsorgen.

WOHNMOBILSTELLPLATZ BÜSUM

Dr.-Martin-Bahr-Straße 5, 25761 Büsum, wohnmobiluebernachtungsplatz.de, GPS: 54.129308, 8.869742. Sehr großer Stellplatz für rund 100 Fahrzeuge in zentraler Lage. Strom, WLAN sowie Ver- und Entsorgung vorhanden. Ganzjährig geöffnet.

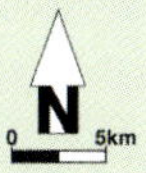

Anfahrt Auf der A23 Hamburg–Heide und der B5 zum Nationalparkzentrum in Tönning, dann nach Niebüll und zur Insel Sylt; die Inseln sind mit Fährschiffen, Sylt ist per Autozug von Niebüll aus erreichbar.

Lage Vor der Westküste Schleswig-Holsteins, zwischen Elbmündung und dänischer Grenze.

Höchste Erhebung Stollberg (44 m)

Gründung 1985, seit 2005 als UNESCO-Biosphärenreservat

Information Nationalparkamt, Schlossgarten 1, 25861 Tönning

Internet nationalpark-wattenmeer.de

STELLPLÄTZE

WOHNMOBILSTELLPLATZ CUXHAVEN

Cassen-Eils-Straße, 27472 Cuxhaven, GPS: 53.875239, 8.703092. Sehr großer gepflasterter Platz für mehr als 100 Fahrzeuge. Bekannt ist der Platz unter Wohnmobilisten als »die Platte«. Der Blick von den mittleren Stellplätzen aus auf die Elbe oder den Hafen ist in der Regel durch die Wohnmobile in der ersten Reihe versperrt. Ver- und Entsorgung vorhanden.

10 Hohe Lieth Der Geestrücken von 30 Meter Höhe markiert einerseits das landseitige Ende des Nationalparks Hamburgisches Wattenmeer und andererseits das Aufeinandertreffen von Meer und dem 315 Hektar großen Wernerwald.

11 Neuwerk Die Insel im Zentrum des Nationalparks Hamburgisches Wattenmeer, ist nach dem Leuchtturm benannt – dem ältesten Profanbau an der Küste. Entstanden vor 1310, hatte das höchste Gebäude der Nordseeküste viele Funktionen: als Vorposten gegen Seeräuber, als Leuchtfeuer und als Zufluchtsstätte vor Sturmfluten. Auf den Salzwiesen vor dem nur zu einem Drittel eingedeichten Neuwerk gedeihen Strandastern und Strandnelken.

12 Borkum Westland mit dem Naturschutzgebiet Greune Stee und Ostland samt dem Tüskendörsee bilden die größte und westlichste der Ostfriesischen Inseln. Der See besteht schon seit den 1970er-Jahren; er ist ein starker Anziehungspunkt sowohl für Lachmöwen als auch für Säbelschnäbler und Rotschenkel.

13 Juist Im Mündungstrichter der Ems gelegen, haben die Sturmfluten der langen und schmalen Insel arg zugesetzt. Der Hammersee, der größte See der Ostfriesischen Inseln, entstand nach der Petriflut 1651. Der Meerwasserdurchbruch wurde mit der Zeit zugeschüttet und der Salzgehalt des Sees nahm ab: Heute ist der Hammersee ein Süßwassersee mit Schilf.

14 Norderney Ursprünglich für militärische Zwecke angelegt, dient der Südstrandpolder nun als Vogelreservat: zwischen Röhrichten, Dickicht und an den Ufern der Teiche fühlen sich Austernfischer, Silbermöwen und Brandgänse wohl.

15 Greetsiel Der einzige Hafenort an der Leybucht blickt auf 650 Jahre Geschichte zurück. Er ist heute vor allem für seine Krabbenkutter, das »Hohe Haus« und die Zwillingsmühlen aus den Jahren 1706 und 1856 bekannt. Im Norden der Leybucht lebt die größte Säbelschnäblerkolonie Mitteleuropas.

Über den Dünen von Langeoog zeichnet sich ein idealer Tag für Strandspaziergänge ab.

Die bequeme Alternative zum Fußmarsch durchs Watt: eine Kutschfahrt, wie hier vor der autofreien Insel Spiekeroog.

STELLPLÄTZE

WOHNMOBILSTELLPLATZ AN DER DOPPELSCHLEUSE

An der Neuen Schleuse 6, 27570 Bremerhaven, GPS: 53.532162, 8.575893. Stellplatz für fast 50 Fahrzeuge mitten im Hafengebiet, mit entsprechender Optik und eventuell auch der dazugehörigen Geräuschkulisse. Sanitärgebäude sowie Strom, Wasser und Entsorgungsmöglichkeiten gegeben. Nur 20 Minuten Fußweg in das Stadtzentrum.

WOHNMOBILHAFEN NORDDEICH

Dörper Weg 18a, 26506 Norden-Norddeich, GPS: 53.601875, 7.135831. Große Fläche für rund 100 Fahrzeuge, die jedoch stellenweise recht eng beieinander stehen müssen. Entsorgungsmöglichkeit, Strom und WLAN vorhanden. Günstige Lage zum Besuch des Erlebnisbads Ocean Wave und der Seehundaufzuchtstation.

16 Dornumersiel Das Prinzip buten un binnen wird hier deutlich: draußen Watt und Inseln, drinnen die grünen Marschen. Genau an der Grenze liegt Dornumersiel mit seinen zwei Burgen. Die kleinere Osterburg zählt zu den schönsten Wasserschlössern Frieslands.

17 Langeoog Die »lange Insel« zieht zweierlei Spezies an: Vögel aller Art vom Alpenstrandläufer bis zur Trauerente und Vogelbeobachter. Letztere legen gern eine Pause im kreisrunden »Café Pudding« ein, das über einem Bunker entstanden ist, oder besuchen das kleine Inselmuseum im Alten Leuchtturm.

18 Spiekeroog Woran es anderen Inseln mangelt, Spiekeroog hat es im Überfluss: Sand. So erstrecken sich zwischen Badestrand und Ostbake niedrige Dünen und Flugsandfelder. Die Insel ist relativ waldreich – hier wachsen krüppelige Eichen, Kiefern, Erlen, Ebereschen und Zitterpappeln. Einen grünen Farbtupfer setzen die Krähenbeerheiden.

19 Wangerooge Der bedeutendste Naturraum der Insel heißt Westgroden: In seinem salzfreien Boden wurzeln sogar Orchideen. Auf den Salzwiesen vor den Deichen blühen dagegen Strandaster und Strandflieder. Die größte Fläche auf der zweitkleinsten bewohnten Ostfriesischen Insel beansprucht jedoch der Strand.

20 Sehestedter Außendeichsmoor Direkt am Vogelparadies Jadebusen liegt noch vor dem Deich ein einzigartiges Naturdenkmal: das einzige Außendeichsmoor der Welt. Weil seine Torfschichten bei Sturmfluten auf den Wellen treiben, wird es auch »Schwimmendes Moor« genannt. Von der Deichkrone von Sehestedt aus lässt es sich bewundern.

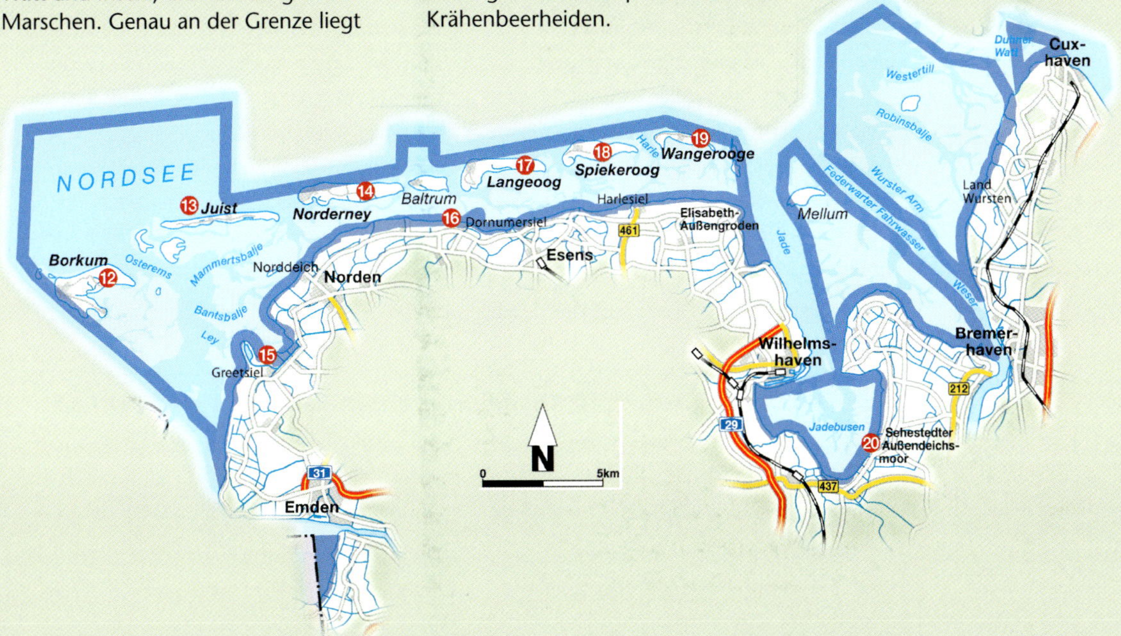

Die Greetsieler Windmühlen sind ein Wahrzeichen Ostfrieslands (oben). In Leer fährt ein Ausflugsschiff am Rathaus und der barocken Historischen Waage vorbei (rechts).

10 ZWISCHEN MEER UND MOOR – OSTFRIESLAND

Das Meer und die Seefahrt spielten hier stets die erste Geige

Im dicht bevölkerten Deutschland ist Ostfriesland eine der wenigen dünn besiedelten Oasen. Nicht einmal eine halbe Million Menschen lebt in der gut 3000 Quadratkilometer großen Region. Zwischen der Nordsee, die das Leben hier seit jeher prägte, und den einst großen Mooren im Hinterland erstreckt sich eine Landschaft, die nicht zuletzt durch ihre wunderbare Weite beeindruckt.

Der Name kann schon irritieren: Ostfriesland liegt im äußersten Nordwesten Deutschlands und grenzt im Osten an den Landkreis Friesland, womit Ostfriesland westlicher als Friesland liegt … Es geht aber auch einfacher: Ostfriesland ist der östliche Teil der Landschaft Friesland, die sich an der Nordseeküste von Schleswig-Holstein bis weit in die Niederlande hinein erstreckt, und bildete bis ins 18. Jahrhundert das Fürstentum Ostfriesland. Der heutige Landkreis Friesland gehörte dagegen nicht zu Ostfriesland, sondern zum Oldenburger Land, liegt aber natürlich auch auf der ostfriesischen Halbinsel, die sich zwischen Dollart und Jadebusen erstreckt. »In Ostfriesland«, heißt es, »kann man schon montags sehen, wer sonntags zu Besuch kommt.« Es ist ein bretterebener, windiger Landstrich mit Rapsfeldern und satten Weiden, auf denen es sich die berühmten schwarz- und rotbunten Friesen-Kühe gut gehen lassen. Leuchttürme, historische Windmühlen und moderne Windräder bilden auffällige Landmarken und im Süden ragt der Kugelberg als höchste Erhebung des ostfriesischen Festlands »sagenhafte« 18,60 Meter in die Höhe. Hätte man nicht schon vor 1000 Jahren begonnen, an der Küste große Deiche zu bauen, würden große Gebiete der Region regelmäßig von der Nordsee überflutet. Das Meer prägt das Land und hat es im Lauf der Zeiten immer wieder verändert. Durch Sturmfluten im 14. und 15. Jahrhundert entstand auch der Dollart, als das Wasser in das Land einbrach und Dörfer überschwemmte. Seitdem hört man der Sage zufolge an Land

HAFENMUSIK

Das Auricher Schloss aus dem 19. Jahrhundert ist heute der Sitz verschiedener Behörden. Im Schlossbezirk besaß der legendäre Häuptling Focko Ukena im 15. Jahrhundert eine Burg.

die Sturmglocken der versunkenen Ortschaft Torum läuten, wenn der Nordweststurm im Dollart das Meer aufwühlt. Durch Eindeichungen hat man dem Meer wieder einen Teil des Landes abgewonnen. Über die Deiche, Polder und die Polderfürsten, wie die reichen Bauern genannt wurden, die Tier- und Pflanzenwelt der Region erzählt das Dollartmuseum in Bunden – ein paar mehr Sagen gibt es dort auch zu hören.

Eine Stadt setzt ganz auf den Handel

Wo die Ems den Dollart erreicht, erstreckt sich flussaufwärts an der Mündung der Leda die Stadt Leer. Dank seiner verkehrsgünstigen Lage ist es das »Tor Ostfrieslands«, wie es die großen Lettern am 50 Meter hohen Wasserturm weithin sichtbar verkünden.
Die Lage war wohl immer günstig gewesen, denn Menschen lebten auf dem heutigen Stadtgebiet schon vor knapp 5000 Jahren. Später wurden hier Waren bis aus dem römischen Reich gehandelt. Das heutige Leer entstand ab dem 7. Jahrhundert auf einer Warft, ab dem Hochmittelalter gewann die Siedlung an wirtschaftlicher Bedeutung und im 14. und 15. Jahrhundert als Sitz des Häuptlings Focko Ukena politisches Gewicht. Der Hafen und der Handel spielten stets die entscheidende Rolle in der Stadt. Leers Hafen ist über Leda und Ems mit der Nordsee verbunden.
Hier legen nicht nur große Frachtschiffe an, sondern auch die Jachten von Freizeitkapitänen in der Marina. Historische Schiffe verströmen im Museumshafen gleich bei der barocken Historischen Waage von 1714 nostalgisches Flair. Schräg gegenüber steht das imposante alte Rathaus mit den prächtigen Wand- und Deckenmalereien im Inneren und dem markanten Turm, der die Silhouette der Stadt prägt. Dass Leer auf eine überaus erfolgreiche Geschichte als Handelsstadt zurückblickt, wird spätestens bei einem Bummel durch die Altstadt klar, im Teemuseum von Bünting, in den klassizistischen Häusern in der Brunnenstraße oder im barocken Haus Samson, in dem ein Museum ostfriesische Wohnkultur präsentiert. Eine lange Handelstradition verkörpert aber auch der Gallimarkt, der bereits seit 1508 abgehalten wird. Im Oktober locken der Galli-Viehmarkt und Ostfrieslands größtes Volksfest rund 500 000 Besucher an.

Durchs Fehnland

So, wie man der Nordsee im Mittelalter durch den Deichbau das Land abrang, begann man ab dem 17. Jahrhundert die großen Moore zu erschließen, die sich hinter dem Marschland im Landesinneren erstreckten. Schnurgerade Kanäle wurden gezogen, die zur Entwässerung und als Wasserwege für die Kähne dienten, mit denen der gestochene Torf transportiert wurde. Bei Eversmeer hat sich die ursprüngliche Moorlandschaft mit Woll- und Pfeifengräsern, Binsen und Moorweiden noch erhalten und kann auf einem Bohlenweg und einem Lehrpfad erkundet werden. Hier erstreckt sich auch das Ewige Meer, das mitten auf dem Festland natürlich kein Meer, sondern Deutschlands größter Hochmoorsee ist.

Ostfrieslands erste Kolonie in einem Fehn, wie Moore hier genannt werden, war 1633 Großefehn. Das typische Siedlungsmuster der Fehnkolonien lässt sich teils noch deutlich erkennen. Wie Perlen reihen sich die Häuser entlang des Kanals, dahinter ziehen sich kleine, schmale Grundstücke. Auf diesen »Moorhufen« stachen die Siedler Torf und betrieben später etwas Anbau. Die flache Fehnlandschaft rund um Großefehn ist mit ihren Kanälen, romantischen Holländerwindmühlen, Wildblumenwiesen und satten Weiden ein beliebtes Ausflugsziel und ideal zum Radeln und Reiten. Wer sich für Ostfrieslands Fehnkolonien, das harte Leben der Fehntjer, wie die Siedler hießen, und die Segel- und Treidelschiffe auf den Kanälen interessiert, ist im Fehnmuseum Eiland in Westgroßefehn bestens aufgehoben. Zwischen Ewigem Meer und Großefehn liegt Aurich oder Auerk, wie es im ostfriesischen Platt heißt, das noch gut die Hälfte der Bevölkerung in der Region spricht. Hier befand sich ab 1561 die Residenz des Adelsgeschlechts Cirksena, das knapp 300 Jahre die Grafen und Fürsten Ostfrieslands stellte, bis die Region 1744 an Preußen fiel. Die Cirksena bauten in Aurich eine Burg im heutigen Schlossbezirk, wo schon die Häuptlinge der tom Broks und der legendäre Focko Ukena ihren Häuptlingssitz hatten. Heute steht hier das weiße Auricher Schloss, das um 1852 im Tudorstil erbaut wurde.

Aurich ist heute nicht mehr Residenzstadt, doch Sitz der Ostfriesischen Landschaft. Einst die Ständevertretung der Ritter, Bauern und Bürger, fördert sie heute Kultur und Bildung in der Region. In ihrem schönen Neorenaissancehaus ist Ostfrieslands größte wissenschaftliche Bibliothek untergebracht. Die Landschaft besteht schon seit rund 500 Jahren, Aurichs Geschichte reicht aber noch viel weiter zurück. Wo heute die klassizistische Lambertikirche steht, befand sich

Die Abelitz fließt im Südbrookmerland zwischen Aurich und Emden durch eine weite Moorlandschaft (oben). Im Emdener Hafen liegt das Museumsfeuerschiff vor dem beleuchteten Rathaus (unten).

schon im 9. Jahrhundert eine Siedlung. Und gut 5000 Jahre alt ist die jungsteinzeitliche Megalithanlage in Tannenhausen, die aufwendig rekonstruiert wurde. Die Fundstücke aus dem Großsteingrab sind im Historischen Museum in der Alten Kanzlei aus dem 16. Jahrhundert ausgestellt.

Ostfrieslands Tor zur Welt

Ist Leer Ostfrieslands Tor, so ist Emden Ostfrieslands Tor zur Welt. Ostfrieslands größte Stadt zählt rund 50 000 Einwohner und liegt an der Emsmündung gleich beim Dollart. Seitdem Emden als Handelsort um das Jahr 800 gegründet wurde, spielt sein Seehafen eine wesentliche Rolle. Hier legen die Fähren nach Borkum ab und werden jährlich Millionen Tonnen Fracht umgeschlagen. Machte früher einen Großteil der Ladungen Kohle aus dem Ruhrgebiet aus, sind es heute vornehmlich Kraftfahrzeuge, aber auch Windenergieanlagen – denn der ewige Wind Ostfrieslands spielt auch in der modernen Wirtschaft eine wichtige Rolle.

Vom Binnenhafen führt der Ratsdelft tief in das Stadtzentrum und lässt der Museumshafen das Herz von Schiffsromantikern aufgehen. An der Delfttreppe legen Ausflugsboote an, mit denen man auch durch die rund 150 Kilometer langen Grachten der Stadt schippern kann. Hier steht das Rathaus, dessen prachtvoller Vorgänger aus dem 16. Jahrhundert im Zweiten Weltkrieg zerstört wurde. Der Neubau beherbergt heute das sehenswerte Ostfriesische Landesmuseum. Von der alten reichen Schönheit der Handelsstadt, die im 16. und 17. Jahrhundert eine Hochblüte erlebte, ist nach dem Krieg nicht viel im Original verblieben. Doch Emden bietet den Duft der weiten Welt und traditionell ein großes Kulturangebot, schließlich blickt die Stadt nicht nur auf eine erfolgreiche Handelsgeschichte zurück. Im 16. Jahrhundert war sie neben Wittenberg und Genf ein Hauptzentrum der Reformation. Hier wirkte unter anderem der Theologe und Reformator Johannes a Lasco und stand mit der Großen Kirche die Mutterkirche der reformierten Gemeinden Norddeutschlands und der Niederlande. Für Weltoffenheit steht auch die Kunsthalle, die mit Kunst der Klassischen Moderne und nach 1945 sowie interessanten Sonderausstellungen einen Besuchermagnet darstellt.

Aus der Vogelperspektive wird deutlich, dass Emdens Hafen mitten in der Altstadt liegt (oben). Der Fischer- und Hafenort Neuharlingersiel ist auch ein Nordseeheilbad (unten). Greetsiel gehört zu den malerischsten Orten Ostfrieslands (rechts).

In der Krummhörn

Wie Emden und Leer entstanden auch die romantischen Dörfer der Gemeinde Krummhörn, die sich westlich von Emden bis Greetsiel an der Küste erstreckt, auf mühevoll aufgeschütteten Warften in der Marsch. Zur idyllischen Landschaft der Krummhörn gehört ein über 600 Hektar großes Naturschutzgebiet auf der Halbinsel Leyhörn, das direkt an den Nationalpark Niedersächsi-

sches Wattenmeer grenzt. In den Röhrichten und Wiesen rund um die Wasser und Schlickflächen kann man Nonnen- und Ringelgänse, Säbelschnäbler und Austernfischer beobachten.

Hauptverkehrs- und Transportwege in der Krummhörn waren früher die Tiefs – kleine Flüsse – und Entwässerungskanäle, auf denen man nach Emden, nach Greetsiel und zu den Dörfern auf den Warften gelangte. Das dichte Gewässernetz in den Wiesen und Feldern ist heute ein beliebtes Revier für Wassersportler. In den geschichtsträchtigen Siedlungen kann man heute Windmühlen und mittelalterliche Kirchen bewundern sowie in Pewsum die Burg der Häuptlingsfamilie Manninga. Die Wasserburg aus dem 15. Jahrhundert gehört zum Ostfriesischen Freilichtmuseum.

In Greetsiel schließlich zeigt sich Ostfriesland von seiner schönsten Schokoladenseite. Es gehört wie Carolinensiel, Bensersiel, Neuharlingersiel und Hooksiel zu den Sielorten, die an den Sielen im Deich gegründet wurden. Durch diese Durchlässe wurde das Wasser der Entwässerungsgräben in die Nordsee geleitet, durch Tore an der Meerseite ließen sie jedoch kein Wasser in das Binnenland einfließen. Die Sielorte waren früher Handelsorte und besaßen dank der Schifffahrt eine gewisse Weltläufigkeit. Heute sind sie beliebte Badeorte am Nationalpark Wattenmeer und besitzen oft noch einen Fährhafen für die Überfahrt zu den Ostfriesischen Inseln. Greetsiel ist ein besonders malerischer Fischerort, in dessen Hafen eine ganze Krabbenkutterflotte liegt. Hier begann der Aufstieg des Häuptlingsgeschlechts Cirksena, dessen Stammhaus noch heute steht. Die bekannteste Sehenswürdigkeit sind aber wohl die Zwillingsmühlen von 1706 und 1856, die ein ostfriesisches Wahrzeichen geworden sind.

STELL- UND CAMPINGPLÄTZE

WOHNMOBILSTELLPLATZ GREETSIEL

Mühlenstraße, 26736 Greetsiel, GPS: 53.497211, 7.101784. Über 50 Stellflächen auf Schotterrasen am Ortsrand, aber auch direkt an einer Landstraße. Das Zentrum ist in wenigen Gehminuten erreichbar, die Zwillingsmühlen von Greetsiel befinden sich gleich gegenüber der Zufahrt. Strom und Entsorgungsstation vorhanden, Letztere ist nicht direkt auf dem Platz, sondern befindet sich auf dem davor gelegenen öffentlichen Parkplatz.

WOHNMOBILSTELLPLATZ EMDEN

Am Eisenbahndock, 26721 Emden, GPS: 53.363034, 7.208170. 29 Stellflächen direkt am Binnenhafen mit Blick hinüber zum Hafentorplatz und zum Ratsdelft. Ver- und Entsorgungsstation sowie Sanitärgebäude mit Trockner und Waschmaschine vorhanden.

TOP ★ ERLEBNISSE

★ VON WASSERFREUDEN

Im Sommer ist der See von Aurich-Tannenhausen die erste Adresse für die Feierabendabkühlung. Plantscher jeden Alters finden im Naturbad mit Sandstrand, Liegewiese, Tretbootverleih und Wakeboardanlage das passende Angebot. Ein besonderer Gag offenbart sich Tauchern im klaren Wasser: ein versenktes Telefonhäuschen.

★ CONCORDIA II

Vom Wohnmobilstellplatz in Harlesiel kann man entweder die zwei Kilometer nach Carolinensiel entlang der Harle wandern und sich dabei unterwegs mit einem Fischbrötchen belohnen oder man steigt auf den kleinen Schaufelraddampfer Concordia II, der die Strecke ganz gemächlich zurücklegt.

★ OTTOS LEUCHTTURM

Von Greetsiel aus lohnt sich eine Wanderung am Naturschutzgebiet und den Deich entlang bis zum Pilsumer Leuchtturm, der mit seinem rot-gelben Anstrich zum Wahrzeichen Ostfrieslands wurde und bereits in einem Film von Otto Waalkes eine Hauptrolle inne hatte.

Weitere Informationen
ostfriesland.de, leer.de, aurich.de, grossefehn.de, emden.de

11 SANDPERLEN – DIE OSTFRIESISCHEN INSELN

Auf den Inseln im Wattenmeer steht Entschleunigung hoch im Kurs

Sieben auf einen Streich: Wie Perlen an einer Kette aufgereiht, liegen die Ostfriesischen Inseln zwischen Ems- und Jademündung im Niedersächsischen Wattenmeer. Die sieben bewohnten Inseln locken ihre zahlreichen Besucher mit Seeluft, Sand und Sonne. Die vier kleinen Eilande der Gruppe sind streng geschützte Naturparadiese, in denen sich vor allem Vögel wohlfühlen und der Mensch ausgeschlossen ist.

Blonde Jungs niesen beim Leuchtturm stets westwärts – mit dieser Eselsbrücke kann man sich die Reihenfolge der Ostfriesischen Inseln merken. Von West nach Ost liegen Borkum, Juist, Norderney, Baltrum, Langeoog, Spiekeroog und Wangerooge nur wenige Kilometer vom Festland entfernt. Die Inseln werden seit ihrer Entstehung vom Wind und den Gezeiten, Strömungen, Wellen und Sturmfluten der Nordsee geformt und verändern dabei ihre Gestalt und ihre Lage. Das Meer flutet hier hauptsächlich von Westen an, nagt beständig an den Westseiten der Inseln und trägt mit der Strömung den Sand mit, der sich in »Haken« an ihren Ostseiten ablegt. Bevor ihre Westseiten befestigt wurden, wanderten deshalb die Inseln Richtung Osten, auf Baltrum beispielsweise mussten deshalb Dorf und Kirche im Verlauf der letzten 400 Jahre mehrmals verlegt werden.
Die Inseln unterscheiden sich in Größe, Form und ihrem jeweils eigenen Charakter, nicht jedoch in ihren Landschaften. An die welligen Dünen im Zentrum schließen sich an der dem Festland zugewandten Seite weitläufige Salzwiesen an, die ins Watt übergehen. An der Seeseite erstrecken sich herrlich lange Strände. Und noch eines haben die Inseln gemeinsam: Hier scheint die Sonne häufiger als im größten Rest der Republik und ist Hektik ein Fremdwort. Sobald man in Emden oder in den Häfen der Sielorte die Fähre betreten

Norderney ist seit 1797 ein beliebtes Urlaubsziel (unten). Strandkörbe bieten Schutz vor Nordseewind, wie hier am Hauptstrand von Juist (rechts oben). Gregor Ulsamer vom Borkumer Heimatverein setzt sich für den Erhalt der alten Zäune aus Walkieferknochen ein (rechts unten).

hat, beginnt die Erholung. Auf den meist autofreien Inseln ist Tempo kein Thema, höchstens für die Wind- und Kitesurfer, die auf schnelle Winde hoffen. Ansonsten ist man hier gelassen per pedes, Fahrrad, Kleinbahn, Kutsche oder hoch zu Ross unterwegs.

Menschenleere Schönheiten

Auf Lütje Hörn bei Borkum, Memmert und der Kachelotplatte bei Juist und der Minsener Oog bei Wangerooge geben das Schreien der Vögel, das Rauschen des Windes und der Wellen den Ton an. Auf der Kachelotplatte hört man auch Seehunde bellen, die sich die Sandbank mit Kegelrobben teilen. Ansonsten herrscht hier Ruhe, vor allem vor den Menschen, denn die winzigen Inseln im Nationalpark Niedersächsisches Wattenmeer dürfen entweder gar nicht oder nur an ausgewiesenen Stellen und zu bestimmten Zeiten außerhalb der Brutsaison betreten werden. Diese Gelegenheit sollte man wenn möglich nutzen, denn nur wenige Orte in Deutschland bieten Natur so pur wie die kleinen Eilande im Wattenmeer. Die Fahrten und Führungen werden über die Nationalparkhäuser angeboten.

STELL- UND CAMPINGPLÄTZE

CAMPINGPLATZ UM OST

Am Golfplatz 3, 26548 Norderney, campingplatz-umost.de, GPS: 53.709695, 7.205775. Im südlichen Bereich der Inselmitte gelegener Campingplatz mit kompletter Ausstattung. Geöffnet von Mitte April bis Mitte Oktober.

WOHNMOBILSTELLPLATZ NEUHARLINGERSIEL

Ostanleger, 26427 Neuharlingersiel, GPS: 53.701712, 7.708230. 23 Stellflächen direkt am Wasser, aber auch am Rande eines Großparkplatzes gleich neben dem Hafen. Entsorgungsstation und Stromanschlüsse vorhanden.

Von Borkum zu den Oogen

Nicht ganz so ruhig, aber keineswegs hektisch, verläuft das Leben auf den bewohnten Ostfriesischen Inseln. Die größte Insel, Borkum, profitiert von ihrer exponierten Lage im äußersten Westen. Hier herrscht Hochseeklima und ist die jodhaltige Luft so pollenarm, dass Borkum 2013 als Europas erste allergikerfreundliche Insel ausgezeichnet wurde. Das benachbarte Juist ist ein extrem schmaler Streifen »Töwerland« – Zauberland – mit weißem Sandstrand und der Bill im Westen. An diesem großen Sandriff treffen Nordsee und Wattenmeer aufeinander, bei Ebbe gleicht es einer beeindruckenden Sandwüste. Norderney mit seinen eleganten Gründerzeitbauten ist die Grande Dame der Inseln, hier wurde 1797 das erste deutsche Nordseebad gegründet. Baltrum ist die kleinste Ostfriesische Insel, das »Dornröschen des Nordens« und im Grunde genommen nur eine riesige Sandbank mit einem breiten Strand. Richtung Osten schließen sich die Oogen an, wie Inseln auf Friesisch heißen. Auf der »langen Insel« Langeoog ragt mit der 20 Meter hohen Melkhörndüne eine der höchsten Erhebungen in ganz Ostfriesland auf. Spiekeroog ist mit Wäldern und Krähenbeerheide die grünste Insel und und auf der »Wieseninsel« Wangerooge ganz im Osten wurde schon 1804 ein Seebad gegründet.

TOP ★ ERLEBNISSE

★ WATTWANDERN

Etwas, was man unbedingt mal gemacht haben sollte, ist eine Wattwanderung vom Festland zu einer der Inseln. Natürlich schließt man sich hierfür einer geführten Wattwanderung an und nicht jedes Eiland lässt sich zu Fuß erreichen (Wangerooge zum Beispiel nicht). Aber von Neuharlingersiel nach Spiekeroog werden je nach Tidenstand Touren angeboten, bei denen mal viel über das Leben im Schlick und Watt erfährt.

★ RADTOUREN AUF DEN INSELN

Die meisten der ostfriesischen Inseln sind autofrei und so bewegt man sich entweder zu Fuß oder mit dem Fahrrad fort. Zwar haben die Inseln meist eine geringe Nord-Süd-Ausdehnung, die sich leicht zu Fuß überbrücken lässt, doch die Entfernungen von West nach Ost sollte man auf den langgestreckten Inseln nicht unterschätzen. Gut ausgebaute Radwege und Fahrradparkplätze an den Dünen begeistern jeden Radler.

Weitere Informationen
die-nordsee.de,
norderney.de,
borkum.de,
baltrum.de

Bei Ebbe erscheint die ostfriesische Insel Wangerooge um ein Vielfaches größer als bei Flut.

KLÖNTÜR UND RUMMELPOTT

Fundstücke aus dem Norden

Nordische Dauerbrenner

Sie schafft Nähe und wahrt zugleich eine gewisse Distanz – die Klöntür. Als Haustür in zwei Teilen gefertigt, lässt sich die obere Luke öffnen, während die untere geschlossen bleibt. So kann man mit dem Nachbarn plauschen oder kräftig durchlüften, ohne dass die Stalltiere (oder Kleinkinder) entwischen. Soll sich die Klöntür öffnen, verbindet ein Hebel beide Flügel. Einst für Bauernhäuser konstruiert und oft mit viel Liebe gestaltet, gehören die Türen bis heute zum norddeutschen Schreiner-Repertoire.

Ein besonders dekorativer Wattbewohner ist der Säbelschnäbler.

Auch das Reetdach scheint zwischen Sylt und Rügen nie aus der Mode zu kommen. Es zählt zu einer der ältesten Handwerkstechniken beim Hausbau – seit 2014 als immaterielles Kulturerbe der UNESCO geführt. Schilfrohr bildet den Grundstoff, der auf einem Dachstuhl mit wenigstens 45 Grad Neigung (nur so läuft das Regenwasser ab) geschraubt, genäht oder gebunden wird. Da die Nachfrage das Angebot übersteigt, wird das Material heute oft importiert. Das birgt die Gefahr, Schädlinge einzuführen – zusammen mit der Brandgefahr in Dürrezeiten die Schattenseite der Ästhetik. Reetdächer halten bis zu 100 Jahren.

Maskenloop und Rummelpott

Vor allem auf Sylt und dort besonders im Inselosten hat sich eine gruselig-gesellige Wintertradition bewahrt: der Maskenlauf. In den Raunächten zwischen Weihnachten und dem 6. Januar ziehen verkleidete junge Leute von Haus zu Haus, zitieren (Spott)verse und treiben hochprozentige Spenden ein. Auf dem Festland Schleswig-Holsteins geht der Maskenloop zumeist mit dem Rummelpottlaufen einher – am liebsten zu Silvester. Dann gehen schrill verkleidete Kinder und Jugendliche umher, schlagen auf alten Töpfen und anderen Geräuschverstärkern Krach und lassen sich nur mit Süßigkeiten besänftigen.

Mächtige Hanse, legendäre Piraten

Das genaue Datum ist nicht festzumachen, dafür aber das Jahr, in dem der norddeutsche Handelsverbund erstmals unter dem Namen »Hanse« firmierte: 1282. Zunächst ein Zusammenschluss von Kaufleuten, stand der Begriff bald synonym für das Netz von Städten, die enge Handelsbeziehungen unterhielten. Dazu zählten Bremen, Hamburg, Rostock, Wismar, Stralsund, Königsberg, Bergen und Danzig – vor allem aber Lübeck, die »Königin der Hanse«. Auch Binnenstädte gehörten zum Verbund: Lüneburg, Hameln und Quedlinburg zum Bei-

Das ehemalige Wohnhaus und Atelier des Malers Emil Nolde ist heute ein Museum.

spiel. Zur Blütezeit sammelten sich bis zu 300 Städte unter den Hansefarben rot und weiß. Man handelte mit Getreide, Wein, Fellen, Tuchen, Holz, Fisch, Wolle und half einander bei der Absicherung der Handelswege. Denn der Reichtum weckte Begehrlichkeiten. Immer wieder kaperten Piraten die vollbeladenen Koggen – der legendärste unter ihnen war wohl Klaus Störtebeker. 1401 vor Helgoland gestellt, wurde er im Oktober desselben Jahres mit 72 anderen Seeräubern geköpft. Die Störtebeker-Legenden leben bis heute.

In Keitum kann man dieses schöne Friesenhaus mit Klöntür bewundern.

Die Watt-Strategen

Das Watt ist ein Phänomen: scheinbar unbewegt und doch proppenvoll – ein Lebensraum der winzigen und zugleich ein Buffet der höher entwickelten Arten. Auf den deutschen Nordseeinseln sind rund 10 000 Tierarten heimisch, das entspricht einem Fünftel der deutschen Fauna, mehr als 1000 von ihnen sind vom Aussterben bedroht. Besonders faszinierend ist die Vogelvielfalt im Watt: Es gibt gewöhnliche wie die Möwen, unauffällige wie die Alpenstrandläufer, lautstarke wie die Ringelgans und farblich fein abgestimmte wie den weiß-schwarzen Säbelschnäbler. Mit seinem Schnabel in Esslöffelform »säbelt« er durchs Sediment und erbeutet seine Nahrung in der Uferzone. Wie die Austernfischer, die Brachvögel, Löffler und Pfuhlschnepfen hat er sich seit Urzeiten an die Lebensbedingungen im Watt angepasst. Durch die verschiedenen Jagdmethoden machen sich die Tiere untereinander keine Konkurrenz. Ein Teil brütet hier, wie die Brandseeschwalbe, andere sind nur auf der Durchreise – etwa Watvögel aus der Arktis; wieder andere verbringen den Winter am Watt, wie die Weißwangengänse.

Der Maler des Nordens

Weil er die »freie Luft, den salzigen Geschmack, die tosenden Wogen, die Wolken vor und über mir, den Strand, die Dünen, das graue Gras« vermisste, kehrte der expressionistische Maler Emil Nolde nach einer Zeit in Berlin dorthin zurück, wo er herkam: an die Küste. Geboren 1867 in Nolde bei Tondern, bauten Emil Nolde und seine Frau Ada um 1930 ein Haus südlich der deutsch-dänischen Grenze. Sie legten einen Garten an, dessen Farben sich in den Wandfarben des Hauses wiederfand – und natürlich auf den Leinwänden des Künstlers, sofern er nicht das geliebte Meer malte. Emil Nolde starb im April 1956 in Seebüll. In seinem Wohnhaus ist heute ein Museum untergebracht.

Küche mit Kalorien

Gerichte, die so rustikal schmecken, wie sie heißen: Tüften un Plum (Kartoffelsuppe mit Speck und Pflaumen), Tollatschen (ein Kloßgericht, das wie Wurst aussieht, aber nach Lebkuchen schmeckt), Kloppschinken (panierter Schinken) oder Klütensuppe, eine Nachspeise aus Milch, Mehl und Zucker. Die Küche Mecklenburg-Vorpommerns ist deftig, nahrhaft und – aus vielen Regionen zusammengesucht. »Himmel und Erde« etwa isst man auch im Rheinland, Pannfisch in Senfsoße kommt eigentlich aus Hamburg und den Grünkohl mögen die Westfalen mindestens genauso gern. Die beiden zentralen Elemente der mecklenburgischen Küche sind: die Kalorien und der Fisch. Erstere mussten die hart arbeitenden Menschen auf dem Feld und dem Meer nähren, letzterer schwimmt quasi vor der Haustür vorbei. Und während früher vor allem Hering, Dorsch, Schollen und Kabeljau auf den Tellern landeten, gilt heute die Maräne als Modefisch.

12 SANFTES SEENLAND – DIE HOLSTEINISCHE SCHWEIZ

Zwischen Lübeck und Kiel liegt das Revier der Süßwassermatrosen

Nördlich der alten Hansestadt Lübeck erstreckt sich im Osten Holsteins bis zur Ostseeküste eine sanft gewellte Naturlandschaft, in der rund 200 schilfbekränzte Seen, lichte Laubwälder und weite Wiesen ein norddeutsches Idyll zaubern. Ein Großteil der abwechslungsreichen Region rund um die alten Residenzstädte Plön und Eutin gehört zum 750 Quadratkilometer großen Naturpark Holsteinische Schweiz.

Mit den Schweizer Alpen sind die Hügel der Holsteinischen Schweiz nicht zu vergleichen, der 168 Meter hohe Bungsberg ist hier die höchste Erhebung – wenn auch mit Skilift. Die Karriere des Bungsbergs als »Deutschlands nördlichstes Skigebiet« ist schon allein wegen der wenig schneesicheren norddeutschen Winter eher eine Fußnote in der Geschichte der Region. Allerdings entstand das Relief der Holsteinischen Schweiz in der extrem schneesicheren letzten Eiszeit, als Gletscher riesige Gesteinsmassen zu Moränen aufschoben. Als das Eis vor rund 12 000 Jahren langsam abschmolz, hinterließ es Hügel und Senken, in denen sich Seen bildeten. Heute beginnt am Bungsberg die Schwentine ihren 62 Kilometer langen Weg bis zu ihrer Mündung in die Kieler Förde und passiert dabei fast 20 Seen – ein Mekka für Wasserwanderer, die unterwegs mit etwas Glück sogar einen Seeadler erspähen. Wer sich lieber fahren lässt, kann auf Ausflugsschiffen vom Kurort Bad Malente-Gremsmühlen, dem zwischen Keller- und Dieksee gelegenen Herz der Region, dem Lauf der Schwentine vom Diek- über den Langen-, Behler- und Höftsee zum Edebergsee nach Plön folgen. Nur ein Katzensprung ist es von der Anlegestelle über Land zum Ufer des Großen Plöner Sees. Auf Schleswig-Holsteins größtem See genießt eine ganze Flotte von Seglern und Ausflugsbooten den Blick auf das Schloss Plön, das Herzog Joachim Ernst 1636 am Standort der alten Burg aus dem 12. Jahrhundert errich-

Den schönsten Blick auf das Plöner Schloss und die Nikolaikirche hat man vom Großen Plöner See aus (unten). Leuchtende Rapsfelder bestimmen das Bild der Holsteinischen Schweiz (rechts oben). Zu Gut Pankers barockem Herrenhaus gehört ein kunstvoller Garten (rechts unten).

ten ließ. Plön war damals die Residenzstadt des Herzogtums Schleswig-Holstein-Plön.

Plöns Prinzen

Im Lauf der Jahrhunderte entstanden auf dem Schlossgelände reizvolle Gebäude, z. B. an der ehemaligen Reitbahn der Marstall und das Reithaus aus dem 18. Jahrhundert. Es ist heute Sitz des Informationszentrums des Naturparks Holsteinische Schweiz. Mit Abstand am schönsten ist jedoch das Prinzenhaus. Das 1744 bis 1751 errichtete Gartenschloss ist ein bezaubernder Rokokobau, in dem einst rauschende Feste gefeiert wurden und um die Jahrhundertwende die sechs Söhne des deutschen Kaisers Wilhelm II. die Schulbank drückten. Für die Prinzen erbaute man eine Schwimmhalle im eleganten Jugendstil und schuf mit der Prinzeninsel einen eigenen Zugang zum See. Heute ist dieser wohl attraktivste Strand am Plöner See allen zugänglich.

STELL- UND CAMPINGPLÄTZE

REISEMOBILPARK EUTINER SEE

Oldenburger Landstraße 21, 23701 Eutin, reisemobilpark-eutin.de, GPS: 54.133827, 10.629657. Schöner Stellplatz mit moderner und gepflegter Sanitäranlage. Oberhalb des Sees gelegen, den man über Treppen erreichen kann. Zum Schloss führt ein gemütlicher Spazierweg (ca. 15 Minuten).

Im Weimar des Nordens

Von Seen umgeben ist auch südöstlich von Plön Eutin, das die Fürstbischöfe von Lübeck 1156 zur Residenz ausbauten. Eindrucksvolles Zeugnis der langen Stadtgeschichte ist das Eutiner Schloss. Die ursprüngliche mittelalterliche Burg wurde im 16. Jahrhundert zum Renaissanceschloss und im 18. Jahrhundert zur prunkvollen Barockresidenz ausgebaut. Ab 1840 erhielt es als Sommerresidenz der Herzöge von Oldenburg eine klassizistische Umformung. Der Schlossplatz erhielt eine klassizistische Bebauung und bildete einen spannenden Kontrast zur romanischen St.-Michaelis-Kirche aus dem 12. Jahrhundert. Seine kulturelle Blütezeit erlebte Eutin als »Weimar des Nordens« in den Jahrzehnten um 1800. Damals trafen sich im Eutiner Kreis Künstler und Intellektuelle, darunter der Homer-Übersetzer Johann Heinrich Voß. Im Namen von Carl Maria von Weber veranstaltet die Stadt jährlich Festspiele – allerdings verbrachte von Weber in seiner Geburtsstadt nicht einmal ein Jahr. Rund 20 Jahre lebte hier hingegen der Maler J. H. W. Tischbein, der 1786 Goethe als Reisenden in der Campagna abbildete. Die Sehnsucht nach Arkadien, die Tischbein in seinem berühmten Gemälde auf die Leinwand bannte, setzte Hofgärtner Daniel Rastedt auf seine Weise um. Er verwandelte den weitläufigen barocken Park in einen traumhaft schönen englischen Garten – eine arkadische Ideallandschaft direkt am Großen Eutiner See.

TOP ★ ERLEBNISSE

★ RADTOUREN UM DIE SEEN

Dieksee, Kellersee, Großer Eutinsee, Großer Plöner See und noch einige mehr – die Seenlandschaft rund um Malente und Eutin ist beeindruckend und lässt sich wunderbar auf gut ausgebauten Radwegen erkunden. Dabei folgt man zum Beispiel einer Schlössertour von Schloss Eutin zu Schloss Plön und lernt so auch die Schwentine kennen, die einige der Seen miteinander verbindet.

★ BOOTSTOUREN

Wer nicht selbst fahren möchte, kann sich auch einem Kapitän anvertrauen, mit dem man ganz gemütlich den Eutiner See bei einem Bootsausflug kennenlernt. Eine der vier Anlegestellen heißt nicht nur Reisemobilpark, sondern liegt auch direkt neben den Wohnmobilen.

★ WANDERUNG ZUM HOLZBERGTURM

Rund neun Kilometer ist man unterwegs, wenn man bei Malente der weiß-grün-weißen Wandermarkierung folgt und zwischendurch ein tolles Panorama vom Holzbergturm auf die Holsteinische Schweiz genießen möchte.

Weitere Informationen
malente-tourismus.de, fehmarn.de

Der russische Großsegler Kruzenshtern passiert bei der Windjammerparade der Kieler Woche den Leuchtturm Friedrichsort (oben). Bei Nacht spiegeln sich die Lichter von Rathaus und Opernhaus im Kleinen Kiel (rechts unten). Die Kieler Förde ist ein Mekka der Sportsegler (rechts oben).

13 VON DER SEEFAHRT GEPRÄGT – KIEL

In der Stadt an der Förde liegt der Hafen im Zentrum

Den Blick stets aufs Wasser gerichtet, erstreckt sich Schleswig-Holsteins Landeshauptstadt zu beiden Seiten der Kieler Förde, bis sie in Schilksee die offene Ostsee erreicht. Das Meer, der Hafen und die Marine prägten die Geschichte der Stadt. Kiels Gesicht veränderte sich im Lauf der Geschichte – den Schiffen ist die Stadt jedoch unverändert treu geblieben.

Wer stilecht mit der Fähre aus Skandinavien oder dem Baltikum nach Kiel anreist, erblickt bei der Einfahrt in die Kieler Förde zuerst die Strände des Kieler Stadtteils Schilksee im Westen und von Laboe im Osten. Der markanteste Blickfang ist in Laboe jedoch das 72 Meter hohe Denkmal für die gefallenen Marinesoldaten. Nach dem Ersten Weltkrieg der »deutschen Seemannsehr'« gewidmet, dient der expressionistische Turm heute als Mahnmal für eine »friedliche Seefahrt auf freien Meeren«. Davor liegt das Unterseeboot U 995 von 1943 wie ein gestrandeter Wal im Sand. Im Inneren des heutigen Museums können Besucher die klaustrophobische Enge nachvollziehen, in der die Besatzung im Zweiten Weltkrieg überleben musste.

Die Holstenstadt an der Förde

Das Meer, der Schiffsbau und die Marine sind die prägenden Elemente in der Geschichte von Deutschlands nördlichster Großstadt. Wie ein spitzer Keil stößt die Förde rund 17 Kilometer in das Landesinnere hinein und bildet einen tiefen Naturhafen. Die Meeresbucht stand Pate für Kiels Namen: Holstenstadt tom Kyle hieß die Handelsstation bei ihrer Gründung im 13. Jahrhundert, die »Holstenstadt an der Förde«. Dies verschliff sich mit der Zeit zu Kiel.
Nach der Engstelle der Förde bei Friedrichsort tauchen am Westufer in Holtenau die mächtigen Schleusen des Nord-Ostsee-Kanals auf. Knapp 100 Kilometer lang ist die weltweit meistbefahrene künstliche Wasserstraße für Seeschiffe. Weit über 30 000 neh-

STELL- UND CAMPINGPLÄTZE

WOHNMOBILSTELLPLATZ LABOE

Gorch-Fock-Ring 33, 24235 Laboe, GPS: 54.410044, 10.232638. Relativ einfacher Stellplatz in zwei Reihen, komplett umgeben vom eigentlichen Parkplatz am Marineehrenmal. Strand und U995 sind ebenfalls fußläufig erreichbar. Auf dem Ostseeküstenradweg gelangt man nach Kiel.

men jährlich die Abkürzung quer durch die Wiesen und Felder zwischen Kieler Förde und Brunsbüttel an der Elbmündung in die Nordsee. Es ist ein surreal anmutender Anblick, wenn Kreuzfahrtschiffe und Riesenfrachter vor blühendem Raps am Holsteinischen Horizont auftauchen.

Im maritimen Viertel

Die Schifffahrt war Kiels Schlüssel zum Erfolg, denn als Handelsstadt stand es stets im Schatten von Flensburg und Lübeck. Zeugnisse für seinen Aufstieg im 19. und frühen 20. Jahrhundert stehen im maritimen Viertel zu beiden Seiten des Nord-Ostsee-Kanals in Holtenau und Wik. Der Schiffbau und die Marine, noch heute zusammen mit dem Hafen die großen Standbeine der Stadt, ließen in den Jahrzehnten um 1900 die Einwohnerzahl von 50 000 auf den heutigen Stand von über 240 000 Menschen schnellen. Kiel wurde Reichskriegshafen und besaß eine Kaiserliche Werft – und im Jahr 1918 läutete hier der Matrosenaufstand die Novemberrevolution ein. An die Ereignisse erinnert heute im Ratsdienergarten Hans-Jürgen Breustes Plastik Wik. In Wik und Holtenau stehen sehenswerte Bauten aus jener Zeit, darunter der Leuchtturm, die Jugendstil-Petruskirche, die Marineschulen und die Wohnhäuser für die Marineangehörigen. Am Tirpitzhafen liegen auch heute Marineschiffe sowie das berühmte Segelschulschiff Gorch Fock.

Hochseeschiffe im Zentrum

Parallel zur Uferpromenade »Kiellinie« erreicht man mit Blick auf die Innenstadt und die Werften am gegenüberliegenden Ufer die Kais des Hafens, an denen selbst riesige Kreuzfahrtschiffe anlegen können. Am Ende der Förde, der Hörn, »faltet« sich die Klappbrücke über die Hörn mehrmals täglich zusammen, um die Schiffe passieren zu lassen. Dort spiegeln sich Himmel und Wolken in der wellenförmigen Glasfront des Hörn Campus, die an ein riesiges Segel erinnert. Tatsächlich spielen moderne Bauten in Kiel eine weitaus bedeutendere Rolle als in Flensburg oder Lübeck. Die Stadt wurde nach schweren Zerstörungen im Zweiten Weltkrieg nicht wiederaufgebaut, sondern neu gestaltet. In Teilen verblieben oder vereinfacht rekonstruiert sind die Nikolaikirche mit Ernst Barlachs Geistkämpfer an der Vorderfront und das Kieler Kloster, die beide in das 13. Jahrhundert datieren, der Warleberger Hof aus dem 17. Jahrhundert, heute Sitz des Stadtmuseums – und der Rathausturm. Von dem 107 Meter hohen »Campanile« hat man einen herrlichen Blick über die Stadt und die Förde.

TOP ★ ERLEBNISSE

★ ÜBER DEN TREIDELWEG

Wo früher die Boote mühsam getreidelt, also mit Pferden oder per Hand gezogen wurden, sausen heute die Fahrräder vorbei. Der ehemalige Wirtschaftsweg führte einst am Eiderkanal entlang, der sich als Nord-Ostsee-Kanal längst zur meistbefahrenen künstlichen Wasserstraße entwickelt hat – entsprechend viel gibt es zu sehen.

★ OSTSEEKÜSTENRADWEG

Einfach mal mit dem Fahrrad raus und dem Ostseeküstenradweg gen Osten folgen. Entlang der Kieler Bucht erreicht man nach kurzer Zeit Laboe mit dem Marineehrenmal und dem Technischen Denkmal inklusive Museum U995.

★ ZU FUSS DURCH AMERIKA

Von Kalifornien nach Brasilien – eine wirklich weite Strecke jenseits des Atlantiks. Oder man genießt einfach den Strandspaziergang zwischen den beiden gleichnamigen Ortsteilen der Gemeinde Schönberg.

Weitere Informationen
kiel.de

Von Lübeck und Travemünde streben Fährschiffe zu verschiedenen skandinavischen Häfen an den Küsten der Ostsee (oben). Dekorative Schmuckfassade auf dem Kriegsstubenhaus am Rathaus (rechts oben). Reizvolle Perspektive: Blick von oben auf Giebelhäuser in der Großen Petersgrube (rechts unten).

14 MARZIPAN UND BUDDENBROOKS – LÜBECK

Die Backstein-Schönheit

Die aus Backstein erbaute Altstadt der einstigen »Königin der Hanse« gehört zum UNESCO-Kulturerbe der Menschheit. Schon die Wenden nannten ihre Siedlung nahe der Travemündung »Liubice«, die Liebliche. Die Schriftsteller Thomas Mann und Günter Grass sowie der Politiker Willy Brandt gehörten zu ihren prominentesten Bürgern der Neuzeit.

Im Mittelalter kreuzten sich in Lübeck die Handelswege. Pelze und Erze kamen aus Skandinavien, Händler aus dem Süden lieferten Stoffe und natürlich das kostbare Salz, das entlang der Salzstraße Lübeck erreichte, um von hier verschifft zu werden. Mit anderen Handelsstädten schloss sich Lübeck im 14. Jahrhundert zur Hanse zusammen, dem mit rund 200 Mitgliedern mächtigsten Städtebund der Menschheitsgeschichte. Dank seiner herausgehobenen Rolle im Fernhandel, vor allem im Ostseeraum, entwickelte sich das reiche Lübeck der Kaufleute bald zum wichtigsten Mitglied der Hanse.
Bis heute gehört der Handel, aber auch der Tourismus zu den bedeutendsten Wirtschaftszweigen der munteren 216 000-Einwohner-Stadt, die über den größten Hafen des Ostseeraums Verbindungen nach Skandinavien, Russland und ins Baltikum unterhält. Von Lübeck sind es nur wenig mehr als ein Dutzend Kilometer nach Travemünde an der Ostsee und zu den langen Stränden von Priwall bis Sierksdorf entlang der Lübecker Bucht.

Altstadt-Ansichten

Zwei wuchtige Tore aus dunklem, gemauertem Backstein flankieren das Holstentor, bekanntestes Wahrzeichen der Hansestadt. Neben dem Burgtor ist das »Holstein-Tor« von den ehemals vier Stadttoren erhalten geblieben. Ein Museum im Inneren informiert über die Stadtgeschichte, zeigt Modellschiffe und grausige Folterinstrumente. Gleich rechts dahinter stehen einige Speicher

direkt am Ufer der Stadt-Trave. In ihnen lagerte Salz, das der Stadt einst einen Gutteil ihres Reichtums brachte, bis zu seinem Weitertransport. Salz wurde nicht allein zum Würzen der Speisen, sondern vor allem zum Konservieren von Heringen benötigt.
Die von den Wassern der Trave und der Wakenitz eingefasste Altstadtinsel mit ihren mehr als 1000 denkmalgeschützten Gebäuden lässt sich in einigen Stunden erwandern. Im Zentrum liegen der Marktplatz mit dem Rathaus sowie die Marienkirche. Ein im romanischen Stil errichtetes Gewandhaus der Tuchhändler ließen die Stadtväter bald für ihre Zwecke zu einem Rathaus umbauen. Die Schauwand an der Südfassade dokumentiert mit einem Rundbogenfries diese Epoche. Als Kontrast zur Wand aus verschiedenfarbigen Ziegeln kam im späten 16. Jahrhundert die in niederländischer Manier gebaute Renaissancelaube hinzu. Die Ostfassade zur Breiten Straße schmückt eine Prunktreppe aus Sandstein, 1594 im Stil der Renaissance errichtet und 400 Jahre später perfekt nachgebaut. Im Inneren beeindruckt der im 18. Jahrhundert mit allegorischen Gemälden dekorierte Audienzsaal. Einst der Sitz eines Berufungsgerichts, bildet er heute den prachtvollen Rahmen für Veranstaltungen.

Das mittelalterliche Holstentor ist das Wahrzeichen von Lübeck (oben). Im Holstenhafen unterhalb des Kaufmannsviertels löschten einst die bauchigen Handelskoggen ihre Ladung (unten). Landschafts- und Esszimmer im Buddenbrookhaus (rechts).

Lübecks markante Wahrzeichen

Die Doppeltürme der mächtigen gotischen Marienkirche ragen 125 Meter in den Lübecker Himmel. Nach dem Baubeginn 1250 sollte es noch 100 Jahre bis zur Fertigstellung des drittgrößten Kirchenbaus in Deutschland dauern. Der Begriff der Backsteingotik, später im gesamten deutschen Ostseeraum prägend, hat hier seine Wurzeln. Die Nähe zum Rathaus ist nicht zufällig. Schließlich gaben die reichen Lüb'schen Bürger den Bau als Gegenpol zum Dom bei der Amtskirche in Auftrag. Im Inneren überwältigt das Langhaus mit dem höchsten Backsteingewölbe der Welt.
Zu den besonderen Kirchenschätzen gehören der herrlich geschnitzte Marienaltar von 1518, das zehn Meter hohe bronzene Sakramentshaus aus dem 15. Jahrhundert und der Nachbau der Großen Orgel. Auf ihr spielte der berühmte Organist Dietrich Buxtehude (1637–1707) fast 40 Jahre lang, u. a. bewundert von Johann Sebastian Bach. Die im Zweiten Weltkrieg von den ausbrennenden Türmen heruntergestürzten Glocken liegen als Mahnmal für den Frieden noch immer auf dem geborstenen Steinboden der Kirche.
Auf der gegenüberliegenden Seite der Breiten Straße öffnet ein ähnlich bekanntes Wahrzeichen Lübecks jeden Morgen seine Türen. Das Haupthaus der Marzipanfirma Niederegger präsentiert süße Köstlichkeiten. Schon das Ladengeschäft mit den kunstvoll geformten Marzipanfiguren lohnt einen Besuch. Johann Georg Niederegger begrün-

dete 1806 die Tradition des Unternehmens, das eine schon 1000 Jahre ältere Rezeptur aus dem Orient verfeinerte und als Lieferant für Königs- und Bürgerhäuser zu Ruhm und Reichtum kam.
Den Süden der Altstadt markieren die wuchtigen Vierecktürme des Doms. Schon 1173 als Bischofskirche gegründet und lange das Gegenstück zur Marienkirche im Zentrum, verlor sie an Bedeutung, als der Bischofssitz um 1300 nach Eutin umzog. Dennoch wurde die Hallenkirche mehrfach aus- und umgebaut. Das 17 Meter hohe, vom Lübecker Künstler Bernt Notke (1435–1509) geschnitzte Triumphkreuz ist das kostbarste Stück im Kircheninneren.

Die Stadt der Nobelpreisträger

Welcher Lübecker Bürger des ausgehenden 19. Jahrhunderts hätte gedacht, dass der überaus mäßige Lübecker Realschüler Thomas Mann, dessen Großeltern in der Mengstraße wohnten, einmal den Nobelpreis für Literatur erhalten würde? Wer, dass ein gewisser Herbert Frahm den Friedensnobelpreis überreicht bekäme? Dem 1913 in Lübeck geborenen Politiker, der sich im norwegischen Exil in Willy Brandt umbenannte, ist das gleichnamige Haus in der Königstraße gewidmet. Es zeichnet den Lebensweg des sozialdemokratischen Politikers und Bundeskanzlers nach, der für seine Aussöhnungspolitik 1971 mit dem Friedensnobelpreis geehrt wurde.
Auch das Günter-Grass-Haus in der Glockengießerstraße steht nicht weit entfernt. Der Literaturnobelpreisträger von 1999 wurde zwar in Danzig geboren, lebte aber von 1986 bis zu seinem Tod 2015 bei Lübeck. Für die Weine, die der Shop im Günter-Grass-Haus vertreibt, entwarf er die Etiketten.
Zahlreiche weitere Museen stellen attraktive Ziele dar: das ehemalige Burgkloster, das Haus der Schiffergesellschaft, die Jakobikirche, das frühere Heilig-Geist-Hospital für Bedürftige, in dem die winzigen Schlafkämmerchen noch erhalten sind, oder das in einem Augustinerinnenkloster von 1502 eingerichtete Kunstmuseum St. Annen.

STELL- UND CAMPINGPLÄTZE

CAMPINGPLATZ LÜBECK-SCHÖNBÖCKEN

Steinrader Damm 12, 23556 Lübeck, camping-luebeck.de, GPS: 53.869595, 10.630715. Etwas außerhalb der Stadt gelegen, bietet der Platz alles, was man sich wünscht. Gleich vor dem Campingplatz befindet sich eine Bushaltestelle, von der aus man direkt bis zum Holstentor fahren kann.

TOP ★ ERLEBNISSE

★ MONDÄNE PROMENADE

Von Travemünde über Niendorf nach Timmendorfer Strand zieht sich ein gut 13 Kilometer langer Wanderweg, der mal direkt am Meeressaum, mal nah der Abbruchkante des Hochufers verläuft. Den schönen Schlusspunkt im Seebad setzt die Seebrücke.

★ NATURSCHUTZGEBIET SCHELLBRUCH

Einen weiteren Wohnmobilstellplatz gibt es im Norden von Lübeck. Zwischen Wohn- und Gewerbegebiet an der Straße An der Hülshorst ist er außerdem Ausgangspunkt für Wanderungen entlang der Trave im Naturschutzgebiet Schellbruch.

★ AUSFLUGSBOOT AUF DER TRAVE

Die Altstadt von Lübeck und der Ortsteil Travemünde liegen rund 16 Kilometer Luftlinie auseinander. Wie praktisch, dass auf der Trave Ausflugsboote beide Orte miteinander verbinden.

Weitere Informationen
luebeck-tourismus.de

Salzspeicher stehen neben dem wuchtigen Holstentor an der Trave. Das »weiße Gold« hat der Hansestadt einst zu Reichtum verholfen.

BUS

15 VON DEN BERGEN ANS MEER

Vom Harz nach Fehmarn

Viele dänische Kennzeichen sieht man auf einer Reise durch den Harz. Immerhin sind die Bergzüge und dichten Wälder des zweithöchsten deutschen Mittelgebirges das nächstgelegene Gebirge für die Einwohner des kleinen skandinavischen Landes. In umgekehrter Richtung reist man mit dieser Tour der Küste entgegen und lässt Brocken, Hexentanzplatz und Co. hinter sich.

Wenn es nicht gleich der Brocken auf 1142 Metern Höhe sein soll, dann aber doch der Nationalpark Harz mit seinen zahlreichen Wanderwegen, die sich beispielsweise ab dem Wohnmobilstellplatz im Ilsetal direkt von der Parzelle aus erkunden lassen. Wer will, kann sich nicht nur auf Goethes Spuren begeben, sondern auch 222 Stempelstellen im gesamten Mittelgebirge ansteuern und sich anschließend Harzer Wanderkaiser nennen. Auskünfte hierzu gibt es im Internet und in Blankenburg nahe dem dortigen Wohnmobilstellplatz.

Von Ilsenburg nach Goslar Am Nordrand des Harzes gibt es mehrere Campingangebote und Wohnmobilstellplätze. Nur eine kurze Fahrt ist es zum Beispiel bis Bad Harzburg, wo man direkt ab dem Stellplatz in wenigen Schritten auf einem spannenden Baumwipfelpfad unterwegs ist. Am folgenden Tag sind es auch nur wenige Kilometer, bis das Wohnmobil in Goslar parkt und man sich den zahlreichen Fachwerkhäusern in der Altstadt widmet. Hat man aber vom Wandern noch nicht genug, dann übernachtet man im außerhalb von Goslar gelegenen Ortsteil Hahnenklee und wandert auf dem liebevoll angelegten Liebesbankweg durch den Harz.

Von Goslar nach Wolfenbüttel Goslar erlebte seine Blütezeit als Kaiserpfalz. Über 1000 Jahre lang wurde Erzabbau im Rammelsberg betrieben – der Welterbetitel 1992 ehrt diese große Vergangenheit und würdigte 2010 zudem das Oberharzer Wasserregal. Aus der einstigen Freien Reichsstadt führen die B82 und die L615 nach Wolfenbüttel, in die letzte Wirkungsstätte Gotthold Ephraim Lessings. Auf dem Wohnmobilstellplatz wird man freundlich in der Rezeption des angrenzenden Schwimmbads begrüßt und mit zahlreichen Infomaterialien ausgestattet. Nach einer Nacht neben der Oker spaziert man nur wenige Minuten bis in die Innenstadt.

Von Wolfenbüttel nach Wolfsburg Auf der Fahrt durchs Welfenland muss

Nach entspannter Fahrt erreicht man das Ziel - die Insel Fehmarn.

man unbedingt in Braunschweig Station einlegen. Zwar zerstörte hier der Zweite Weltkrieg 90 Prozent der Stadtsubstanz, doch manche mittelalterlichen Schätze blieben, zum Beispiel die Burg Dankwarderode, der romanische Dom und der Bronzelöwe Heinrichs des Löwen. Gut 28 Kilometer über kleine Straßen trennen Braunschweig von Wolfsburg. Technikaffine Wohnmobilisten lassen sich hier natürlich gerne in die Geschichte des Automobilbaus entführen.

Von Wolfsburg nach Uelzen Um weiter nach Norden zu fahren, sollte man noch einen Abstecher nach Celle einlegen. Der dortige Wohnmobilstellplatz besticht durch Moderne und Größe und ist ein idealer Ausgangspunkt, um die Fachwerkaltstadt am Schloss Celle zu besichtigen. Über die B191 steuert man das Wohnmobil in Richtung Uelzen. Unterwegs legt man einen Stopp an der Gedenkstätte für das ICE-Unglück in Eschede ein.

Uelzen begeistert mit seiner alten Backsteinprobstei und dem kostbaren kleinen Goldenen Schiff in der Stadtkirche. Auch der Bahnhof, ganz im Stil des Künstlers Friedensreich Hundertwasser, ist ein absolutes Muss. Übernachtet wird allerdings etwas außerhalb der Stadt, dafür ruhig und malerisch an einem Yachthafen am Elbe-Seitenkanal.

Von Uelzen nach Lauenburg Beinahe parallel zum Elbe-Seitenkanal fährt man mit dem Wohnmobil auf der B4 nordwärts nach Lüneburg, das einst Zentrum des Salzhandels war. Hier heißt es aussteigen, um das große Rathaus und die Gebäude rund um den Platz »Am Sande« zu bewundern. In den Altstadtgassen der nahezu unzerstörten Stadt reihen sich die Häuser mit Giebeln aus vielen Jahrhunderten. Hier beginnt der Naturschutzpark Lüneburger Heide, eines der größten Schutzgebiete in Deutschland. Entweder übernachtet man hier auf dem etwas engen Stellplatz oder man genießt die Übernachtung an der Elbe gegenüber von Lauenburg.

Von Lauenburg nach Travemünde
Die Kleinstadt Lauenburg liegt direkt an der Elbe und viele ihrer Attraktionen drehen sich um den Fluss: das Elbschifffahrtsmuseum etwa oder die Palmschleuse. Von hier sind es 62 Kilometer bis Lübeck, für das man einen Extratag einplanen sollte, und weitere 19 bis zum Seehafen der Hansestadt, Travemünde, wo sich ein Stellplatz am Rande eines Großparkplatzes befindet.

Von Travemünde bis Puttgarden
Wer kann so einem breiten Sandstrand widerstehen? Nach einer Pause mit Blick auf die großen Fähren geht es nach Grömitz, wo der Stellplatz Achtern Diek topmodern mit großen Parzellen zum Verweilen einlädt. Auf dem letzten Streckenabschnitt liegt mit der knapp einen Kilometer langen Fehmarnsundbrücke ein weiterer Höhepunkt vor den vielen Campingplätzen auf Fehmarn.

STELL- UND CAMPINGPLÄTZE

1 WOHNMOBILSTELLPLATZ ILSENBURG
Ilsetal 6, 38871 Ilsenburg (Harz), wanderlust-ilsetal.de, GPS: 51.854630, 10.669998

2 WOHNMOBILSTELLPLATZ AN DER SOLE-THERME
Nordhäuser Str. 10, 38667 Bad Harzburg, wohnmobilstellplatz-bad-harzburg.de, GPS: 51.868929, 10.557952

3 HARZ CAMP GOSLAR
Clausthaler Str. 28, 38644 Goslar, harz-camp-goslar.de, GPS: 51.889069, 10.399197

4 WOHNMOBILSTELLPLATZ WOLFENBÜTTEL OKERAUE
Lange Str. 21, 38300 Wolfenbüttel, GPS: 52.156207, 10.541546

5 CAMPINGPLATZ AM ALLERSEE
In den Allerwiesen 5, 38446 Wolfsburg, camping-allersee.de, GPS: 52.431511, 10.813271

6 WOHNMOBILSTELLPLATZ CELLE
77er Str. 36, 29221 Celle, womo-celle.de, GPS: 52.617484, 10.083119

7 WOHNMOBILSTELLPLATZ AM YACHTHAFEN
Riedweg, 29525 Uelzen, GPS: 52.957964, 10.593970

8 WOHNMOBILSTELLPLATZ SÜLZWIESEN
Wohnmobilparkplatz, 21339 Lüneburg, GPS: 53.245568, 10.397448

9 WOHNMOBILSTELLPLATZ HOHNSTORF
Schulstraße 1A, 21522 Hohnstorf (Elbe), GPS: 53.362464, 10.562802

10 NATURCAMPING BUCHHOLZ
Am Campingplatz 1, 23911 Buchholz, naturcampingbuchholz.de, GPS: 53.737997, 10.740094

11 WOHNMOBILSTELLPLATZ TRAVEMÜNDE
Travemünder Landstraße 304, 23570 Lübeck, GPS: 53.954356, 10.855333

12 WOHNMOBILPARK ACHTERN DIEK
Lensterweg 1, 23743 Grömitz, womo-groemitz.de, GPS: 54.158158, 10.989394

13 BELT-CAMPING-FEHMARN
Altenteil 24, 23769 Fehmarn, belt-camping-fehmarn.de, GPS: 54.529032, 11.094519

In Bad Harzburg sollte man nicht nur die Auszeit auf dem Stellplatz genießen. Es gibt viel zu erleben.

16 KRIEG UND FRIEDEN – OSNABRÜCK

In der Stadt an der Hase wurde der Dreißigjährige Krieg beendet

In seiner über 1200 Jahre alten Geschichte hat Osnabrück als Bistumssitz, Handels- und Hansestadt viel erlebt. In die Geschichtsbücher schrieb es sich neben Münster jedoch als jene Stadt, in der der Westfälische Frieden ausgehandelt und der Dreißigjährige Krieg beendet wurde. Dem Frieden fühlt sich die lebhafte Universitätsstadt deshalb auch heute besonders verpflichtet.

Osnabrücks Dom St. Petrus ist mit seinen unterschiedlichen Türmen unverkennbar, davor stehen das Rathaus mit Walmdach und die Marienkirche (unten). Das schöne Fachwerkhaus steht in der Dielingerstraße (rechts oben). In Kalkriese informiert ein Museum über die Varusschlacht im Jahr 9 n. Chr. (rechts unten).

Bei einer Furt über die Hase gründete Karl der Große um 780 Osnabrück als ein Bistum, das bei der Christianisierung und Unterwerfung der Sachsen als bedeutender Posten dienen sollte. Der heutige Dom St. Petrus wurde ab 1100 als Nachfolgebau der ersten Kirche dieses missionarischen Zentrums errichtet. Das spätromanisch-gotische Bauwerk mit den robusten, unterschiedlichen Türmen und dem hohen Kuppelgewölbe sowie das dazugehörige Diözesanmuseum hüten Kunstschätze aus vielen Jahrhunderten.

Westlich des Doms und der Bischofsburg wurde auf einer kleinen Sandkuppe im Zentrum der heutigen Altstadt planmäßig eine Siedlung angelegt. Als der Bischof des Bistums 1002 von Kaiser Heinrich II. das Zoll-, Markt- und Münzprivileg erhielt, entwickelte sich Osnabrück zu einem pulsierenden Handelszentrum, das im 14. Jahrhundert als führendes Mitglied der Hanse beitrat und auch heute wieder zum Kreis der Hansestädte gehört. Die Geschäfte florierten, sodass sich die Handwerker und Kaufleute ihre eigene Kirche am Markt bauten. Die heute gotische Hallenkirche St. Marien aus dem 13. Jahrhundert ist eine Nach-

folgerin der ersten ecclesia mercatorum, der ersten Kaufmannskirche der Stadt. Das bedeutende Baudenkmal ist mit herrlichen Kunstwerken ausgestattet, darunter einem Passionszyklus von Albrecht Dürer (1510) und einem prachtvollen Antwerpener Flügelaltar von 1515. Vom Reichtum der Kaufleute und der Bedeutung des Handels in jener Zeit zeugen die nach dem Zweiten Weltkrieg wieder aufgebaute Stadtwaage mit dem schönen Treppengiebel und die in der ganzen Altstadt erhaltenen Steinwerke. In die mittelalterlichen Lagerhäuser sind heute Galerien, Läden und Lokale eingezogen.

Stadt des Friedens

Am Osnabrücker Markt wurde aber auch europäische Geschichte geschrieben: Zeitgleich mit Münster wurden hier im Rathaus nach rund 1400 Verhandlungstagen 1648 die Verträge des Westfälischen Friedens unterzeichnet, der den Dreißigjährigen Krieg beendete. Das Rathaus des Westfälischen Friedens, wie es heute heißt, ist ein spätgotischer Bau von 1512 mit einem markant hohen Walmdach. Seit 2015 prangt dort an dem Bauwerk das Kulturerbe-Siegel der Europäischen Kommission, weil es beispielhaft für die Einigung, die Ideale und Geschichte Europas steht. Die Protagonisten des Verhandlungsmarathons im 17. Jahrhundert sind im Friedenssaal in 42 Porträtgemälden für die Nachwelt im Bild festgehalten, darunter der deutsche Kaiser Ferdinand III. und Königin Christine von Schweden sowie Frankreichs Sonnenkönig Ludwig XIV. In der Ratsschatzkammer ist ein Faksimile des »Osnabrücker Friedensinstruments« zu sehen, das eine der größten menschengemachten Katastrophen Europas beendete. Über die Rathaustreppe, auf der 1648 der Westfälische Frieden verkündet wurde, reiten heute alljährlich im Oktober Osnabrücker Kinder mit Steckenpferden zum Gedenken an diesen einschneidenden historischen Moment.

Ebenfalls am Markt spürt das Erich-Maria-Remarque-Friedenszentrum Krieg und Frieden nach. Es beherbergt eine Dauerausstellung zu Leben und Werk des Osnabrücker Autors Erich Maria Remarque, der mit seinem Antikriegsroman Im Westen nichts Neues weltberühmt wurde. Gegenüber dem barocken Schloss am Neuen Graben ist die Deutsche Stiftung Friedensforschung in das schönste mittelalterliche Profanbauwerk Osnabrücks eingezogen. Der Ledenhof mit Steinwerk, Palas und Treppenturm gehörte einst der Patrizierfamilie von Leden. Ein moderner Hingucker ist das 2011 von Daniel Libeskind erbaute Felix-Nussbaum-Haus. »Kunst gegen das Vergessen« ist das Motto dieses »Museums ohne Ausgang«. Es zeigt die weltweit größte Sammlung des bedeutenden Osnabrücker Malers Felix Nussbaum, der 1944 in Auschwitz ermordet wurde.

STELL- UND CAMPINGPLÄTZE

WOHNMOBILSTELLPLATZ AM NETTEBAD

Im Haseesch, 49090 Osnabrück, GPS: 52.302200, 8.049720. Fünf einfache Parzellen am Rande eines Parkplatzes, gleich neben dem großen Freizeitschwimmbad. Die Innenstadt erreicht man mit dem Fahrrad in rund zehn Minuten.

TOP ★ ERLEBNISSE

★ WANDERN ÜBER BÄUME

In 30 Meter Höhe ist die Waldwelt noch in Ordnung, das Laub wirkt frisch und das Licht erscheint nach dem Aufstieg über 158 Stufen durch den Baumschatten fast gleißend. Ein 440 Meter langer Parcours auf Lärchenbohlen führt über den Schlosspark Iburg und gibt den Blick frei auf das Schloss und den Teutoburger Wald.

★ SURFEN IN DER STADT

Das Schlagwort »Kauferlebnis« hat im Modehaus »Lengermann und Trieschmann« eine neue Qualität. Dort gibt es seit März 2018 eine Surfwelle, die bis zu 1,40 Meter Höhe erreicht. Sechs Turbinen pumpen 18 000 Liter Wasser pro Sekunde durch ein Becken. Nach vorheriger Buchung dürfen geübte Surfer aufs Brett, Trainer helfen Einsteigern in der europaweit einmaligen Welle.

★ TERRA-TRACKS

Ausgedehnte Wandertouren durch das Osnabrücker Land, bei denen man durch Wälder, Moorgebiete und Heideflächen unterwegs ist, bietet der Natur- und UNESCO Geopark TERRA.vita an. Tourenlängen von 3 bis 15 Kilometern ermöglichen auch kurze Wanderungen.

Weitere Informationen
osnabrueck.de

Der Weg durch die Heide ist während der Blütezeit ab Ende August besonders reizvoll.

17 BUKOLISCHE LANDSCHAFT – LÜNEBURGER HEIDE

Blühendes Naturwunder

Im August und September blüht in der Lüneburger Heide das Heidekraut. Dann überzieht ein blau-violetter Blütenteppich die leicht hügelige Landschaft und die kerzengerade gewachsenen Wacholderbüsche treten dunkelgrün noch deutlicher in Erscheinung.

Das größte Heidegebiet Deutschlands erstreckt sich zwischen Verden an der Aller und Uelzen über rund 10 000 Quadratkilometer, ein gutes Zehntel davon ist als Naturpark Lüneburger Heide besonders geschützt, zum Teil sogar als Naturschutzgebiet. Dabei ist der Mensch der eigentliche Schöpfer dieser Kulturlandschaft. Ursprünglich war die gesamte Region im Städtedreieck von Hamburg, Hannover und Bremen bewaldet. Besiedlung, Ackerbau auch auf wenig ergiebigen Sandböden und die Rodung der Wälder wegen des enormen Holzbedarfs der Lüneburger Saline begünstigten vor rund 800 bis 1000 Jahren die Ausbreitung der genügsamen Heidevegetation. Schäfer mit ihren Herden – die Schafe heißen hier Heidschnucken – taten ein Übriges: Die Tiere bissen die jungen Baumtriebe weg. So ist streng genommen der Raubbau an der Natur, nicht ihre Bewahrung für die bukolische Landschaft verantwortlich.

Aktivurlaub in der Lüneburger Heide

Wandern, Reiten, Nordic Walking, Kutsch- und Radfahrten – die Landschaft mit ihren Heideflächen, Mooren, Wäldern und Flüssen lässt sich auf viele Arten erkunden. Vom 169 Meter hohen Wilseder Berg bieten sich Panoramablicke. Dörfer wie Undeloh mit seinen reetgedeckten Häusern sowie kulturelle Attraktionen wie die früheren Heideklöster und das Salz- und Hansestädtchen Lüneburg bieten sich für einen Zwischenstopp an.
In Schneverdingen zeigt der Heidegarten die Vielfalt des Gewächses: Hier blühen 75 verschiedene Sorten. Auch Walsrode und sein Vogelpark sowie die Residenzstadt Celle laden zum Verweilen ein.
INFO: lueneburger-heide.de

TOP ★ ERLEBNISSE

★ BELIEBTE BERGTOUR

Bis auf 169 Meter ragt die höchste Erhebung der Nordwestdeutschen Tiefebene auf: klar, dass der Wilseder Berg einen Anziehungspunkt für Aktive darstellt. Start und Ende der sieben Kilometer langen Tour liegen in Undeloh mit der 900 Jahre alten Kirche St. Magdalenen.

★ VERZWICKTES ABENTEUER

In Bispingen lässt sich der Orientierungssinn im Abenteuer-Labyrinth foppen – auf 2800 Quadratmetern, mit 18 Stationen zum Hangeln, Balancieren und Klettern und einer Rätselrallye inklusive. Wiederholungstäter haben übrigens keinen Vorteil: Das Holzstecksystem wird jedes Jahr neu zusammengefügt.

Weitere Informationen
abenteuerlabyrinth.de

STELL- UND CAMPINGPLÄTZE

CAMPINGPARK LÜNEBURGER HEIDE

Badeweg 3, 29640 Schneverdingen, camping-lh.de, GPS: 53.070938, 9.864753. Gut ausgestatteter Campingplatz, von dem aus man mit dem Fahrrad in mehrere Bereiche der Lüneburger Heide gelangt oder von wo aus man direkt loswandern kann. Gleich vor dem Campingplatz kann man auch den Wohnmobilstellplatz nutzen.

18 DIE AUTOSTADT – WOLFSBURG

Die niedersächsische Großstadt wurde erst 1938 gegründet

Städtebaulich ist Wolfsburg in Deutschland eine Kuriosität: Die Stadt wurde erst 1938 als Standort eines Automobilwerks und der dazugehörigen Arbeitersiedlungen gegründet. Nach dem Zweiten Weltkrieg setzten berühmte Architekten in Wolfsburg Akzente.

Vor dem abendlichen Himmel wirkt Wolfsburgs Kraftwerk wie eine Burg mit den hell beleuchteten Auto-Türmen. Im Vordergrund steht das Kundencenter der »Autostadt«.

Wo heute die Volkswagenwerke und eine Stadt mit mehr als 120 000 Einwohnern liegen, lebten 1938 nur ein paar Hundert Menschen. In dem Gebiet rund 30 Kilometer nordöstlich von Braunschweig gab es zudem das Weserrenaissanceschloss Wolfsburg und Fallersleben mit Fachwerkhäusern und einem Schloss. Letzteres ist heute Sitz eines Museums über den Dichter Heinrich Hoffmann von Fallersleben, der 1798 hier geboren wurde und mit dem Lied der Deutschen die deutsche Nationalhymne verfasste. 1938 legte Adolf Hitler den Grundstein für ein Automobilwerk, in dem ein »Volkswagen« gebaut werden sollte … so lautete zumindest die NS-Propaganda. Der KdF-Wagen (Kraft durch Freude) war namengebend für die »KdF-Stadt bei Fallersleben«, die 1945 in Wolfsburg umgetauft wurde. Vom Band liefen aber erst einmal Militärfahrzeuge.

Moderne Klassiker

Nach dem Zweiten Weltkrieg wurde aus dem KdF-Wagen der VW-Käfer, aus dem Fahrzeugwerk Europas größter Autobauer und aus Wolfsburg eine Großstadt, die sich auch spannende Architektur leistet. Seit 2000 werden in den Glastürmen der »Autostadt« Neuwagen an ihre Käufer übergeben. Auf dem Freizeitgelände präsentieren sich die Marken des VW-Konzerns in Pavillons, erzählt das Museum ZeitHaus Automobilgeschichte und finden Veranstaltungen statt. In der Stadt stehen einige markante Bauwerke, so die Heilig-Geist-Kirche (1962), das Kulturhaus (1963) und die Stephanuskirche (1967/68) von Alvar Aalto, Hans Scharouns Theater von 1973 sowie das 2005 eröffnete Wissenschaftsmuseum phæno von Zaha Hadid.

INFO: wolfsburg.de

STELL- UND CAMPINGPLÄTZE

CAMPINGPLATZ AM ALLERSEE

In den Allerwiesen 5, 38446 Wolfsburg, camping-allersee.de, GPS: 52.431543, 10.814460. Kleiner Campingplatz am Rad- und Fußweg, der am Südufer des Allersees verläuft. Ideal für alle, die zu Heimspielen des VfL Wolfsburg möchten oder sich die Autostadt anschauen wollen. Beides ist fußläufig schnell erreichbar.

TOP ★ ERLEBNISSE

★ ABGEFAHREN!

In der Autostadt Wolfsburg möchte der VW-Konzern mit den Besuchern »die Werte des Konzerns« erörtern – das klingt spannend! Im Automobilmuseum »ZeitHaus« stehen Fabrikate von 60 Herstellern, darunter viele Design-Ikonen.

★ STORCHENROUTE

Auch in der Autostadt kann man Radtouren erleben, allerdings außerhalb. Rund 50 Kilometer ist die vom Nabu erstellte Storchenroute lang, die mit einem Abstecher nach Parsau um weitere 25 Kilometer verlängert werden kann.

Weitere Informationen
autostadt.de,
wolfsburg.de

Die planvolle Anlage der ehemaligen Residenzstadt mit Schloss und Stadtkirche St. Marien in der Altstadt lässt sich aus der Luft noch nachvollziehen (oben). Das prächtig verzierte Hoppener Haus in der Residenzstraße stammt aus dem 16. Jahrhundert (rechts).

19 KUNSTVOLL GEOMETRISCH – CELLE

Celles Stadtbild begeistert mit Fachwerk und Bauhaus-Kuben

Celle zählt nur 70 000 Einwohner, doch die ehemalige Residenzstadt der reichen Welfenherzöge hat eine interessante Geschichte und ein einmaliges Stadtbild zu bieten. Europaweit steht hier das größte zusammenhängende Fachwerkensemble. Und kaum jemand weiß, dass im Umland eine der ersten Erdölbohrungen der Welt ausgeführt wurde.

Senkrecht, waagrecht und im 45-Grad-Winkel prägen die Fachwerkbalken die Fassaden der denkmalgeschützten Häuser in Celles Altstadt. Knapp 500 Fachwerkhäuser stehen hier in geschlossener Schönheit: Fachwerk-Europarekord. Bei einem Spaziergang durch die Gassen kann man immer wieder neue Varianten und Zierelemente entdecken, die die strenge Geometrie der Ständer, Streben und Schwellen auflockern. Besonders prächtig ist das sechsstöckige Hoppenerhaus in der Poststraße. Herzog Ernst der Bekenner, dessen Bild an der Fassade zu sehen ist, ließ es 1532 für Simon Hoppener errichten, der als Rentmeister offensichtlich erfolgreich Steuern eintrieb und verwaltete. Deshalb bekam er ein wunderschönes Gebäude, das Celler Schnitzmeister mit den Darstellungen von Standespersonen, Planetengöttern, Fabelwesen und Ornamenten verzierten.

Planvolle Residenzstadt

Auf eine längere Geschichte blickt jedoch das Alte Rathaus am Markt zurück, das mit seiner barocken Fassadenmalerei die Geometrie der Stadt mit illusionistischen Diamantquadern bereichert. Das Bauwerk mit dem Weserrenaissancegiebel wurde 1378 erstmals urkundlich erwähnt, wahrscheinlich entstand es jedoch schon 1292. Damals ließ Otto der Strenge, Welfenherzog von Braunschweig und Lüneburg, die Stadt – streng nach Plan – in einem Rechteck östlich der damaligen Burg anlegen. Die Burg diente bis 1705 als Residenz der Herzöge von Braun-

Erbaut für
Simon Hoppener
Ao Dñ 1532
die optik
CONTACTLINSEN
die optik
BRILLEN
BUSCHE

In den Gärten des Celler Schlosses kann man Garten- und bildende Kunst bewundern (oben). Das Hoftheater des Schlosses zählt zu den wenigen erhaltenen Barocktheatern Norddeutschlands (unten). Gepflegt und gut besucht ist der Stellplatz in Celle (rechts oben). In Wietze erzählt das Erdöl- und Erdgasmuseum vom deutschen »Ölboom« (rechts unten).

schweig-Lüneburg und wurde im Lauf der Jahrhunderte zu einem prunkvollen Schloss ausgebaut. Seine lange Geschichte lässt sich an den Baustilen verschiedener Epochen nachvollziehen. Aus der Gründungszeit stammen noch die Kellergewölbe und der Wachturm, die ursprünglich gotische Schlosskapelle wurde im 16. Jahrhundert in ein Meisterwerk der Renaissance umgestaltet und von dem Antwerpener Künstler Marten de Vos mit Malereien versehen. Ihr gar nicht strenges barockes Gesicht und die Stuckverzierungen in den Staatsgemächern erhielt die Anlage im späten 17. Jahrhundert, als Celle unter dem herzoglichen Paar Georg Wilhelm und Eleonore eine Blütezeit erlebte. Die Herzogin holte Hugenotten aus ihrer Heimat Frankreich und Baumeister aus Italien nach Celle, die die Kunst der Residenzstadt prägten. Aus jener Zeit stammt auch das Schlosstheater, in dem heute noch Aufführungen stattfinden.

Unter Georg Wilhelm und Eleonore wurde im 17. Jahrhundert auch die Stadtkirche St. Marien barockisiert, die im 13. Jahrhundert als Hallenkirche errichtet worden war. Die Marienkirche ist die Grablege der Welfenherzöge, die sich hier mit kunstvollen Grabmälern verewigten. Der auffällige Turm wurde erst 1913 gebaut, ist aber Schauplatz einer beliebten Celler Tradition: Von seiner Spitze trompetet der Turmbläser morgens und abends einen Choral in alle vier Himmelsrichtungen.

Nach dem Tod Georg Wilhelms verlor Celle seinen Status als Residenzstadt an Hannover. Diesen herben Verlust wollte Georg II., König von England und Kurfürst von Hannover, unter anderem 1735 durch die Gründung eines Gestüts ausgleichen. Dort sollte die Zucht von Kavalleriepferden angekurbelt werden, die damals aus England importiert wurden. Heute besitzt das Landgestüt Celle rund 120 Hengste, die alljährlich auf den Hengstparaden im Herbst Tausenden begeisterten Besuchern vorgestellt werden.

Jüdisches Erbe

Neben den protestantischen Hugenotten, die im katholischen Frankreich verfolgt wurden, konnten sich Ende des 17. Jahrhunderts auch Juden mit herzoglicher Erlaubnis in Celle niederlassen. Nördlich der Aller wurde ihnen Am Berge ein Grundstück als Friedhof zugewiesen, auf dem heute noch 289 Grabsteine aus den Jahren 1705 bis 1953 stehen. Um

1740 wurde Im Kreise eine Synagoge ganz im Celler Stil als schlichter spätbarocker Fachwerkbau errichtet. Als sie 1883 im Inneren umfangreich umgestaltet wurde, umfasste die jüdische Gemeinde rund 110 Personen – 1945 waren alle jüdischen Mitbürger vor dem Terror der Nationalsozialisten emigriert oder ermordet worden. Die Synagoge überstand die Reichspogromnacht 1938 nur, weil man sie aus Angst, dass ein Feuer auf die umliegenden Häuser übergreifen könnte, nicht niederbrannte. Die Celler Synagoge ist die älteste Fachwerksynagoge in Niedersachsen, die heute noch im Wesentlichen erhalten ist. 1974 wurde sie neu geweiht und dient heute wieder als Gotteshaus der Neuen Jüdischen Gemeinde Celle. Das Nachbarhaus beherbergt ein Museum zur jüdischen Geschichte in Celle.

Moderne Geometrie

In der Weimarer Republik wurde Celle zu einem Zentrum des Neuen Bauens. Maßgeblich verantwortlich war hierfür der Architekt Otto Haesler, der in den 1920er-Jahren das Stadtbild mit seinen kubischen, teils farblich gestalteten Bauten prägte. Das von ihm 1928 vollendete Gebäude der Altstädter Schule wird heute zu den international bedeutendsten Bauwerken des Bauhausstils gezählt. Bahnbrechend waren auch die in den 1920er-Jahren entstandenen Arbeitersiedlungen Italienischer Garten – die erste geschlossene Wohnsiedlung des Neuen Bauens in Deutschland –, St. Georgsgarten und Blumläger Feld. Über das Wirken des Architekten in Celle informiert das sehenswerte Haesler-Museum.

Celles modernster Kubus ist jedoch das Kunstmuseum am Schlossplatz, das als weltweit erstes 24-Stunden-Kunstmuseum neue Wege beschreitet. Rund um die Uhr sind hier Begegnungen mit moderner und zeitgenössischer Kunst aus der Sammlung Robert Simon möglich. Tagsüber präsentiert das Museum konventionell internationale Kunst aus dem 20. und 21. Jahrhundert, darunter Werke von Joseph Beuys sowie einen von Otto Piene speziell gestalteten Lichtraum. Nachts erstrahlt der Kubus in farbigem Licht, kann man in das Innere blicken und rund um das Gebäude Licht- und Klanginstallationen entdecken. In der Dunkelheit lockt hier Lichtkunst mit Werken unter anderem von Klaus Geldmacher und Brigitte Kowanz die faszinierten Besucher. Die Kunst strahlt auf diese Weise im buchstäblichen Sinn in den öffentlichen Raum aus.

STELL- UND CAMPINGPLÄTZE

WOHNMOBILSTELLPLATZ CELLE

77er Str. 36, 29221 Celle, womo-celle.de, GPS: 52.617501, 10.083107. Großer und moderner Stellplatz mit Parzellen auf Rasengittersteinen. Sanitäranlage vorhanden, gleich neben einem Freibad gelegen. Ins malerische Stadtzentrum gelangt man schnell zu Fuß.

TOP ★ ERLEBNISSE

★ TEPPICHE IN WIENHAUSEN

Ein zehn Kilometer langer Fuß- oder Fahrradweg führt von Celle an der Aller entlang zum Kloster Wienhausen. Gegründet von Agnes, der Schwiegertochter Heinrichs des Löwen, im Jahr 1125, besteht es bis heute. Die Konventualinnen zeigen die Schätze ihres Klosters: Brillen aus dem 14. Jahrhundert und Bildteppiche, die Nonnen vor 600 Jahren anfertigten.

★ HEIDSCHNUCKENWEG

Über 220 Kilometer verbindet der Heidschnuckenweg als Fernwanderweg Hamburg mit der Stadt Celle. Man muss ja nicht gleich alles erwandern, denn die letzte Etappe ist mit einer Streckenlänge von 27 Kilometern schon lang genug für einen Tagesausflug. Sie endet direkt am Celler Schloss. Ausgangspunkt wäre der Dehningshof bei Oldendorf.

★ ALLER-WANDERUNG

Entlang der Aller wandert man innerstädtisch und doch fast immer im Grünen. Eine neun Kilometer lange Tour verläuft nach Altencelle und zurück.

Weitere Informationen
celle-tourismus.de

20 IM LÖWENLAND – RESIDENZEN AN DER OKER

In Braunschweig und Wolfenbüttel regierten einst Welfenherzöge

Welfenherzog Heinrich der Löwe verfolgte im 12. Jahrhundert in Braunschweig ehrgeizige Pläne. Er baute die Siedlung zu einer Residenz- und wichtigen Handelsstadt aus. Danach sonnte sich Wolfenbüttel ab 1430 rund 300 Jahre lang im Glanz des Welfenhofes. Im 16. Jahrhundert entstand hier Deutschlands erste nach Plan angelegte Renaissancestadt.

Um den Löwen kommt man in Braunschweig nicht herum. Er prangt auf Wappen und Siegel, ziert die Embleme der Sportklubs und taucht überall als Symbol für die rund 1000 Jahre alte Stadt an der Oker auf. Am imposantesten ist aber stets der Bronzelöwe auf dem Burgplatz gewesen, der fast eine Tonne schwer auf einem hohen Sockel wacht, wenn auch heute als Kopie. Das Original der ältesten frei stehenden Großplastik nördlich der Alpen steht in der Burg Dankwarderode, davor hatte der Löwe über 800 Jahre lang vor Burg und Dom seinen Platz behauptet, seitdem ihn Heinrich der Löwe 1166 als Symbol seiner Macht und Gerichtsbarkeit installiert hatte.

An Braunschweigs Burg

Das Wappentier des Welfenherzogs erwies sich als außerordentlich treu, erzählt es zumindest eine populäre Legende. So sollen die Kratzer am Löwenportal des Doms St. Blasii von dem Löwen stammen, der nach Heinrichs Tod verzweifelt versuchte, zu seinem in der Kirche aufgebahrten Herrn zu gelangen. Der Dom war unter Heinrichs Herrschaft als romanische Stiftskirche errichtet worden und zählt mit seinen wuchtigen achteckigen Türmen zu den prägenden Bauwerken der Stadt. Er ist die Grablege Heinrichs und birgt großartige mittelalterliche Kunstschätze, darunter das grandiose romanische Imervard-Kreuz.

Das barockisierte Residenzschloss in Wolfenbüttel war einst eine Wasserburg und beherbergt heute ein Gymnasium (unten). Auf dem Burgplatz wacht der Löwe vor Burg Dankwarderode und dem Dom St. Blasii (rechts oben). Kunstvoll verziert sind auch die Decken im Kaiserdom Königslutter (rechts unten).

Eine Gründung Heinrichs ist auch die Burg Dankwarderode, die er um 1175 nach dem Vorbild der Kaiserpfalzen als steinerne Residenz erbauen und mit Graben und Mauern befestigen ließ. Im Gegensatz zum Dom überstand sie die Jahrhunderte jedoch nicht und brannte im späten 19. Jahrhundert ab. Die heutige Burg ist eine Rekonstruktion aus den Jahren 1887 bis 1906, bei der die Romantik nicht zu kurz kam. Im Inneren sind heute Teile des Welfenschatzes ausgestellt.

Renaissancestadt Wolfenbüttel

Braunschweig war einst die größte Fachwerkstadt Deutschlands, heute stehen hier aufgrund der Zerstörungen des Zweiten Weltkriegs historische Originalbauten nur noch in einigen »Traditionsinseln« wie dem Burgplatz, dem Altstadt- und dem Kohlmarkt. Wolfenbüttel dagegen hat sich seine jahrhundertealte Bausubstanz weitgehend bewahrt und sein historisches Stadtbild fast geschlossen erhalten. Wie Braunschweig war es an einer Furt der Oker gegründet worden, die dortige Wasserburg wurde von Heinrich dem Löwen 1191 vorsorglich zerstört, um so die Frage der Vorherrschaft in der Region eindeutig zu klären. Die Burg wurde wieder aufgebaut und als die Bürger der Hansestadt Braunschweig gegenüber den Welfenherrschern zu aufmüpfig wurden, zogen diese um 1430 nach Wolfenbüttel um und bauten sie zur Residenz aus. Zur Stadt stieg Wolfenbüttel erst unter Herzog Julius im späten 16. Jahrhundert auf. Der war weniger ein typischer Welfen-Haudegen als ein cleverer Wirtschaftspolitiker, der zudem die Reformation in seinem Land einführte. Als Schöngeist legte er den Grundstock für die spätere weltberühmte Herzog August Bibliothek, die unter anderem das Evangeliar Heinrichs des Löwen hütet. Um die wirtschaftliche Vormacht der Hansestadt Braunschweig zu brechen, ließ er Bodenschätze erschließen, Manufakturen bauen, die Oker zum Wasserweg ausbauen und das Stadtgebiet durch Grachten trockenlegen, die heute noch teilweise vorhanden sind. Die unter Julius neu angelegte Stadt war ganz auf das Schloss ausgerichtet, das sein heutiges Barockgesicht erst nach 1700 erhielt. Die fächerförmig auf die Residenz zulaufenden Straßen wurden harmonisch mit gleich hohen Häusern bebaut. Als der Welfenhof 1753 wieder nach Braunschweig zog, verblasste Wolfenbüttels Glanz, damals eine Katastrophe, heute ein Glücksfall. Kein ehrgeiziger Herzog interessierte sich mehr für die Architektur der Stadt, sodass sie bis heute eine Renaissanceperle geblieben ist.

STELL- UND CAMPINGPLÄTZE

WOHNMOBILSTELLPLATZ WOLFENBÜTTEL OKERAUE

Lange Str. 21, 38300 Wolfenbüttel, GPS: 52.156086, 10.541552. Ruhiger Stellplatz am Ufer der Oker. Mit Grillplatz und Sanitärcontainern. Freundlicher Empfang an der Rezeption des angrenzenden Stadt- und Freibads. Großzügige Parzellen und nur 15 Minuten Fußweg in das Stadtzentrum.

TOP ★ ERLEBNISSE

★ KUNST IN VIELEN FORMEN

Das Herzog-Anton-Ulrich-Museum, gegründet 1754, beherbergt 4000 Kunstwerke aus 3000 Jahren Kulturgeschichte. Nach dem Zweiten Weltkrieg für die Verwaltung genutzt, wurde das Haupthaus jüngst zurückgebaut und 2016 neu eröffnet. Die Sammlungen bergen wahre Schätze, darunter Bilder und Grafiken von Dürer, Vermeer und Watteau.

★ RADTOUR AN DER OKER

Nicht immer geht es exakt an der Oker entlang, aber in weiten Teilen berührt man sie, wenn man zwischen Braunschweig und Wolfenbüttel rund eine Stunde lang auf den Radwegen und an den Straßen radelt.

★ EULENSPIEGEL-RADWEG

Auf den Spuren von Till Eulenspiegel folgt man dem etwas über 60 Kilometer langen Radweg. An zahlreichen Infotafeln und Freiluftinstallationen vorbei geht es bis zum Bahnhof Schöppenstedt, von wo aus man mit der Bahn wieder nach Wolfenbüttel zurückfährt.

Weitere Informationen
braunschweig.de, wolfenbuettel.de

Der Kaiserdom in Königslutter wurde im 19. Jahrhundert im Stil der mittelalterlichen Originalmalereien farbenprächtig ausgestaltet.

Zusammen mit dem Dom und dem Domschatz gehört die Hildesheimer Michaeliskirche als ein Schlüsselwerk der Romanik zum UNESCO-Welterbe (unten). Am zentralen Marktplatz zählt das Knochenhaueramtshaus zu den schönsten Bauwerken (rechts oben). Und als Markenzeichen moderner Fabrikbauten gilt das Fagus-Werk (rechts unten).

21 EIN ZEICHEN DER GOTTESMUTTER – HILDESHEIM

In der Stadt an der Innerste begann alles mit einer Rose

Wahrscheinlich gibt es nur wenige Städte auf der Welt, die eine Rose zu ihren Wahrzeichen gewählt haben. In Hildesheim steht dagegen fast alles im Zeichen der Rose bzw. eines wilden Rosenstocks, der seit Jahrhunderten seine Blüten treibt. Für die Hildesheimer ist er vom Stadtbild genauso wenig wegzudenken wie der Dom und die Michaeliskirche.

Als Kaiser Ludwig der Fromme, Sohn und Nachfolger Karls des Großen, an einem Tag um das Jahr 815 auf die Jagd ging, geschah ihm ein Missgeschick. Bei einer Messe im Wald wurde ein Marienreliquiar an eine Wildrose gehängt und dort vergessen. Als Ludwig zurückkehrte, um es zu holen, ließ sich das Reliquiar nicht mehr aus den Zweigen befreien. Der Kaiser sah dies als göttliches Zeichen, genau an jener Stelle eine Kapelle zu Ehren der Gottesmutter zu erbauen, deren Symbol die Rose ist. Und so geschah es. Es ist eine schöne Legende, die sich rund um den Ursprung des Hildesheimer Bistums rankt, das tatsächlich um das Jahr 815 als eine Stiftung Ludwigs des Frommen gegründet wurde. Den ersten Dom St. Mariä ließ hier Bischof Altfrid im Jahr 872 errichten, danach wurde das Bauwerk immer wieder umgebaut und modernisiert, doch der Grundriss einer dreischiffigen Basilika mit Querhaus blieb erhalten. 1945 wurde der Dom durch Bombenangriffe schwer beschädigt und in den Jahren danach wieder so gut aufgebaut, dass er 1985 als herausragendes Beispiel romanischer Architektur und Kunst in das UNESCO-Welterbe aufgenommen wurde. Und auch die Wildrose an der Apsismauer hat das Feuer der Brandbomben überlebt. Nachweisbar mindestens 400 Jahre alt, gilt sie als die älteste lebende Rose weltweit.

Dreifaches Welterbe

Zur 1200-Jahr-Feier des Bistums 2015 wurde der Dom grundlegend saniert und im Zuge der Arbeiten fand man auch die Fundamente der Marienkapelle aus dem 9. Jahrhundert. In der neu renovierten Kathedrale weist die großartige Bildseite der bronzenen Bernwardstür von 1015 wieder wie früher nach außen. Dieser erste Bildzyklus der deutschen Plastik ist eine verblüffend lebendige Darstellung biblischer Szenen und ebenso meisterhaft in Gestaltung und Ausführung wie die Bernwardssäule von 1020. Im Stil einer antiken Ehrensäule erzählt sie die Lebensgeschichte Christi und stand vor ihrem Umzug in den Dom jahrhundertelang in St. Michael. Die Michaeliskirche wurde 1010 gegründet und gilt als ein Schlüsselwerk mittelalterlicher Bau- und Kirchenkunst. Ihr wertvollster Schmuck ist das 1230 vollendete Deckengemälde, das die Abstammung Jesu aus dem Hause König Davids auf 1300 Eichenbohlen darstellt. Weltweit sind nur drei solcher mittelalterlichen Monumentalmalereien unverändert erhalten geblieben. Ausstattung und Architektur der Michaeliskirche sind so überragend, dass sie zusammen mit dem Dom in das UNESCO-Welterbe aufgenommen wurde. Zu diesem gehört schließlich auch der Domschatz mit seinen kostbaren mittelalterlichen Kunstwerken. Und dazu zählt außerdem das Gründungsreliquiar, mit dem sozusagen alles begann.

STELL- UND CAMPINGPLÄTZE

WOHNMOBILPARK HOHNSENSEE

Weinberg 30A, 31134 Hildesheim, GPS: 52.138618, 9.954117. Ruhige Lage zwischen dem Fluss Innerste und dem See. Etwas versteckt hinter einem Parkplatz. Durch Grünanlagen gelangt man schnell in die Altstadt. Allerdings enge Parzellen und keinerlei Ausstattung.

Bei den Knochenhauern

Zwischen Dom und St. Michael lag am heutigen Alten Markt schon im 8. Jahrhundert eine Niederlassung an der Fernhandelsroute zur Elbe. Um 1250 hatte sich das wirtschaftliche Hauptgeschehen der Stadt auf den heutigen Markt verlegt, der noch immer das Zentrum in der historischen Altstadt mit ihren schönen Wohn-Gildehäusern und malerischen kleinen Handwerkerhäusern aus sechs Jahrhunderten darstellt. Dort stehen unter anderem das spätgotische Rathaus, das Wedekindhaus aus der Renaissance und das Tempelhaus – unter seinem Dach eröffnete 2016 das neue Welterbezentrum für Besucher mit Touchscreens, Interaktionsflächen und 3-D-Modellen.

Besonders auffällig ist das reich beschnitzte und bemalte Knochenhaueramtshaus. Das Gildehaus der Metzger – der »Knochenhauer« – wurde 1529 erbaut und in den 1980er-Jahren rekonstruiert. Heute informiert dort das Stadtmuseum über Hildesheims lange, hochinteressante Geschichte, die eine Rose ins Rollen brachte.

TOP ★ ERLEBNISSE

★ GOLDSUCHE IM INNERSTEBERGLAND

Die Jagd beginnt an der Sole-Therme von Bad Salzdetfurth: Dort gibt es eine Schatzkarte, ein GPS-Gerät und eine Einweisung, bevor sich die Schatzsucherinnen und Schatzsucher auf die Räder schwingen. Über insgesamt 20 Kilometer führt die Tour über Feldwege und Landstraßen durchs sanft gewellte Hügelland, dann sollte der »Schatz des Ackergolds« gehoben sein.

★ SEGWAY-TOUR

Während einer zweistündigen geführten Tour erlebt man Hildesheim einmal ganz anders. Nicht nur die Sehenswürdigkeiten der Stadt werden berührt, sondern man lernt auch das grüne Hildesheim kennen. Das Gefährt surrt entweder entlang der Innerste oder man entscheidet sich für die sogenannte Rosentour inklusive Zwischenstopps zur Erläuterung durch die Tourguides.

Weitere Informationen
hildesheim.de

Im Parterre des Großen Gartens in Herrenhausen symbolisieren weiß gestrichene Sandsteinfiguren die vier Elemente – und die Herkulesfiguren das Herrscherideal des Kurfürsten (oben). Hannovers schlossartiges Neues Rathaus entstand Anfang des 20. Jahrhunderts (rechts).

22 MESSE UND MEHR – HANNOVER

In Hannover treffen sich Tradition und Moderne

Niedersachsens Metropole war jahrhundertelang eine Residenzstadt der Welfen, die mit ihren Schlössern und den berühmten Herrenhäuser Gärten städtebauliche Akzente setzten. Seit dem Zweiten Weltkrieg prägt die Moderne die durch viel Grün aufgelockerte Landeshauptstadt, die beileibe nicht nur die Messe, sondern beispielsweise auch spannende Kultur und Architektur zu bieten hat.

Hannover ist eine Weltstadt der Messen, zu denen jährlich rund zwei Millionen Menschen strömen. Manche erinnern sich danach nur an die riesigen Hallen im größten Messegelände auf dem Globus. Aber Hannover bietet noch andere Rekorde. So ist die 640 Hektar große Eilenriede, durch die sich der Messeschnellweg wie eine graue Schlange frisst, Europas größter zusammenhängender Stadtwald und doppelt so groß wie New Yorks Central Park. Sie trägt dazu bei, dass in der grünsten Großstadt Deutschlands über elf Prozent der Stadtfläche als Wiese, Wald oder Park Raum und Luft bieten. Selbst eine vorchristliche Kultstätte gibt es hier: ein Rasenlabyrinth, dessen Linien sich um eine Linde schlängeln.

Schlösser und Gärten

Hannover ist heute die Hauptstadt Niedersachsens, davor war es von 1692 bis 1946 nacheinander Hauptstadt des Kurfürstentums, des Königreichs und der Provinz Hannover. Hier herrschten und residierten die Welfen, die eine komplizierte Familiengeschichte und eine weitverzweigte Verwandtschaft in ganz Europa besitzen. Darüber hinaus bauten sie in und um Hannover Schlösser in schöner Lage. Besonders malerisch ist das rund 20 Kilometer südlich gelegene Schloss Marienburg. Bei Nordstemmen thront das »Neuschwanstein des Nordens« seit Mitte des 19. Jahrhunderts in seiner ganzen neogotischen Pracht auf dem Marienberg.

Zeitgleich mit Schloss Marienburg wurde in Hannover das Welfenschloss als Sommerre-

Der Flohmarkt am Leibnizufer bietet willkommene Gelegenheit zur Raritätensuche (oben). Vor dem Niedersächsischen Landtag erinnert ein Denkmal an die Göttinger Sieben, die 1837 gegen die Aufhebung der Verfassung protestierten (unten). Das Museum Wilhelm Busch residiert im Georgenpalais von 1782 (rechts).

sidenz erbaut, samt einer Skulptur Heinrichs des Löwen, der – ganz mittelalterlicher Staatsmann – am Haupteingang grantig in die Ferne blickt. 1879 zog in die prächtige Immobilie die Universität ein, die nach dem wohl genialsten Gelehrten benannt ist, der je in Hannover gewirkt hat: Gottfried Wilhelm Leibniz.

An dieser Umnutzung lässt sich ebenso wenig mäkeln wie an der Lage des Schlosses direkt am Welfengarten. Dieser ist, wie der anschließende Georgengarten, ein englischer Landschaftspark und Teil der

schönen Herrenhäuser Gärten. Deren Geschichte reicht bis 1638 zurück, als im heutigen Stadtteil Herrenhausen ein Nutzgarten für den hannoverschen Hof entstand. Zwischen 1696 und 1714 ließ dort Kurfürstin Sophie ein rund 50 Hektar großes Gelände in den barocken Großen Garten samt Fontäne, Irrgarten, Skulpturen, Grotte und Gartentheater umwandeln. Das französische Gartenkunstwerk blieb in seiner Gesamtstruktur wie kaum ein anderer Barockgarten in Europa erhalten, weil Hannovers Welfen aufgrund verwickelter dynastischer Erbfolgeregeln von 1714 bis 1837 auf dem britischen Thron regierten und für ihre Residenzgärten in Niedersachsen keine Zeit hatten. Heute ist der Große Garten ein Besuchermagnet und bezaubernde Kulisse für kulturelle Veranstaltungen. Dazu gehört – ganz stilecht – alljährlich der Internationale Feuerwerkwettbewerb, bei dem Pyrotechniker aus aller Welt ihre funkensprühende Kunst in den Himmel malen. Die einst mit Muscheln und Kristallen zauberhaft gestaltete Grotte, die im Lauf der Zeit ihren Schmuck und Glanz verloren hatte, wurde von Niki de Saint Phalle kurz nach der Jahrtausendwende mit Spiegeln und buntem Glas wieder in ein faszinierendes Kunstwerk verwandelt.

Wie der Große Garten wurde auch der nördlich gelegene Berggarten bereits Ende des 17. Jahrhunderts angelegt. Der einstige Küchengarten entwickelte sich schnell zu einem der ersten botanischen Gärten Deutschlands und präsentiert heute mehr als 11 000 Pflanzenarten, Europas größte Orchideensammlung und tropische Gewächse im Regenwaldhaus.

Moderne Umgestaltungen

Schlechter als seine Gärten überstand das klassizistische Herrenhäuser Schloss den Zweiten Weltkrieg. 1943 zur Ruine zerbombt, wurde es in der Nachkriegszeit schließlich ganz abgerissen. Am Schönheitsempfin-

den der Hannoveraner nagte die Lücke im Großen Garten rund 70 Jahre, bis nach langen Diskussionen 2013 an alter Stelle ein neuer Bau mit historischer Fassade entstand. Er ist, typisch Hannover, Sitz eines topmodernen Kongresszentrums und eines Museums zur Geschichte der Welfen.

Vom Herrenhäuser Schloss führt der Weg an der Brühlstraße und dem Leineufer durch ein Kunstmuseum im Freien. Dort stehen acht Kunstwerke, darunter auch drei Nanas von Niki de Saint Phalle. Kurz danach erreicht man an der Leine das klassizistische Leineschloss. Auch die einstige Residenz der Könige von Hannover wurde von Bomben getroffen und brannte ab. Die prachtvollen Ausstattungen im Inneren waren weitgehend zerstört, die Außenmauern ließen sich jedoch noch verwenden. 1962 brach für das wiederaufgebaute Königsschloss die Demokratie an, als der niedersächsische Landtag in das modern gestaltete Innere einzog. Der neue Anbau des Plenarsaals, der heute schon wieder Vergangenheit ist, wurde damals von Dieter Oesterlen gestaltet, einem prägenden Architekten der Nachkriegsmoderne. Er plante in Hannover unter anderem auch das Historische Museum, in dessen Bau der mittelalterliche Beginenturm und ein Rest der Stadtmauer integriert sind.

Rekonstruktionen am Roten Faden

Das Leineschloss steht in der alten Mitte der Stadt. Hier läuft der gut vier Kilometer lange Rote Faden vorbei, der zu 36 Sehenswürdigkeiten führt. Am Roten Faden »hängt« auch das 1913 vollendete Neue Rathaus am Maschsee, an dem ein Bogenaufzug zur Aussichtskuppel hinauffährt. In luftiger Höhe sieht man hier über ganz Hannover, das im Gegensatz zu anderen Städten in der Nachkriegszeit nur wenig entsprechend der historischen Stadtanlage wiederaufgebaut wurde. Wie das alte Hannover mit seinen Fachwerkhäusern und verwinkelten Gassen einmal ausgesehen hat, zeigt das historische Zentrum. In dieser »Traditionsinsel« blieben einige jahrhundertealte Bauwerke erhalten, andere wurden hierher verlegt oder rekonstruiert. Dazu gehört das Leibniz-Haus am Holzmarkt neben dem Historischen Museum. Das ehemalige Wohnhaus Leibniz' war ein Renaissancebau in der Schmiedestraße. In den 1980er-Jahren wurde das Haus an seinem neuen Standort rekonstruiert. Beeindruckend ist in der Altstadt die zerbombte Aegidienkirche. Ihr Skelett ist heute ein Mahnmal für den Frieden und eine Gedenkstätte für die Opfer von Krieg und Gewalt.

STELL- UND CAMPINGPLÄTZE

CAMPINGPLATZ BIRKENSEE

30880 Laatzen, camping-birkensee.de, GPS: 52.302341, 9.862197. Leider wird man als Camper in der niedersächsischen Landeshauptstadt nicht verwöhnt. Stellplätze fallen aus und Campingplätze befinden sich zum Teil weit außerhalb. Dieser hier liegt südöstlich von Hannover, aber dafür direkt neben der Autobahn 37.

TOP ★ ERLEBNISSE

★ VOLLKOMMEN ENTSPANNT

Eine gute halbe Stunde vom Zentrum entfernt liegt eines der beliebtesten Ausflugsziele der Landeshauptstadt: das Steinhuder Meer. Am größten See Niedersachsens ist vom Stand-up-Paddeln übers Windsurfen bis zum Segeln Wassersport jeder Art möglich. Wanderwege führen am knapp 30 Quadratkilometer großen Eiszeitsee entlang, Biker nehmen gleich den 32-Kilometer-Rundweg.

★ RADTOUR AM MITTELLANDKANAL

Immer im Wechsel, mal auf der Nord- und mal auf der Südseite, verläuft die Radroute entlang des Mittellandkanals über 22 Kilometer. Von der Stadtbahn bis zur Anderter Schleuse lernt man den Schifffahrtsweg näher kennen.

★ MOORE UM HANNOVER

Die Landeshauptstadt ist von mehreren Mooren umgeben, die zum Teil besucht werden können. Der sieben Kilometer lange Erlebnisweg führt beispielsweise durch das Naturschutzgebiet Totes Moor, während die nordhannoversche Moorroute sieben Moore mit einem Radweg verbindet.

Weitere Informationen
hannover.de

23 TRAUMLAGE AM SEE – SCHWERIN

Märchenhaftes Wasserschloss

Mecklenburg-Vorpommerns Landeshauptstadt war ab dem 14. Jahrhundert Residenz der Mecklenburger Herzöge. Sie erbauten auch das märchenhafte Wasserschloss auf einer Insel zwischen Burg- und Schweriner See. »Stadt der Seen und Wälder« nennt sich Schwerin selbst, für den Dichter Fontane war sie eine »Lagunenstadt im Taschenformat«.

Schwerin ist als Regierungssitz und älteste Stadt Mecklenburgs sicherlich die bedeutendste Stadt Mecklenburg-Vorpommerns. Heinrich der Löwe (um 1130–1195) eroberte 1160 die Burg Zuarin, die die slawischen Abodriten am heutigen Schlossplatz um das Jahr 965 errichtet hatten. Erst wohnte hier sein Statthalter, dann hielten die Schweriner Grafen und ab 1358 die mecklenburgischen Herzöge selbst Hof. Die Siedlung am Seeufer wuchs zur Stadt heran, bald war sie Bischofssitz.

Im 16. Jahrhundert von Feuersbrünsten heimgesucht und wirtschaftlich ins Abseits geraten, profitierte Schwerin ab Mitte des 19. Jahrhunderts vom Anschluss ans Eisenbahnnetz. Parallel wurde das Schloss nach französischem Vorbild umgestaltet. Nach dem Ersten Weltkrieg zur Hauptstadt des Freistaates Mecklenburg-Schwerin bestimmt, versank die DDR-Bezirksstadt ab 1945 in Bedeutungslosigkeit, bevor sie 1990 zur Hauptstadt des neuen Bundeslandes Mecklenburg-Vorpommern gekürt wurde.

Schweriner Überblick

Die Aussicht aus den Fenstern des Restaurants in genau 101 Meter Höhe reicht weit über Stadt, Seen und Land. Seit Ende 1999 ist der Schweriner Fernsehturm nicht weit vom südlichen Ufer des Schweriner Sees wieder öffentlich zugänglich. Tief unten präsentiert sich die Stadt mit ihren Sehenswürdigkeiten, dem Schloss und der Altstadt samt Kirchen, Museen und Plätzen und der Plattenbausiedlung Großer Dreesch.

Schwerins Wahrzeichen ist das ehemalige Residenzschloss auf einer kleinen Insel zwischen Schweriner See und Burgsee. Die vergoldeten Türmchen und die prunkvolle Innenausstattung machen das Schweriner Schloss zu einem der bedeutendsten Bauwerke des

Wie eine Märchenburg ragt Schloss Schwerin über dem Burgsee auf (unten). Die Stadt liegt sehr idyllisch am Schweriner See (rechts oben). Direkt am Stadtzentrum findet man schöne Parkplätze für das Wohnmobil (rechts unten).

romantischen Historismus in Europa.
Seit 1990 tagt der Landtag des Bundeslandes Mecklenburg-Vorpommern im Schweriner Schloss. Gleich südlich der Insel führt eine Brücke in den Schlossgarten und zu einigen Anlagen, die wie die »schwimmende Wiese« im Burgsee im Zuge der Bundesgartenschau von 2009 geschaffen wurden.

Ein Dom mit Lufthoheit

Die verkehrsberuhigte Schlossstraße führt vom Alten Garten in die Stadt. Mit dem Fachwerkbau des Alten Palais, dem spätklassizistischen Gebäude der exzellent sortierten Staatlichen Kunstsammlungen und dem neobarocken Staatstheater gruppieren sich einige sehenswerte Gebäude um den Platz, der einst als der Küchengarten der Schlossanlage genutzt wurde. Auch in der quer zur Schlossstraße in Richtung Markt führenden Puschkinstraße sind mit dem Neustädtischen oder dem Brandenburgischen Palais mehrere Adelssitze aus dem 18. Jahrhundert erhalten.
Bürgerhäuser rahmen den Platz Am Markt ein. Er markiert das Zentrum der Altstadt mit dem Altstädtischen Rathaus und seiner Schaufassade im Stil der englischen Tudorgotik, mit dem steinernen Löwen als Symbol der Welfenherrschaft und dem strahlend weißen Neuen Gebäude der früheren Markthalle mit 14 dorischen Säulen.
Gleich dahinter ragt der exakt 117,5 Meter hohe Turm des Doms St. Marien und St. Johannis in den Schweriner Himmel. Die einzige Kathedrale Mecklenburg-Vorpommerns ist – kein Zufall! – damit genau einen halben Meter höher als die Rostocker Petrikirche. Der zwischen 1280 und 1420 erbaute Dom zu Schwerin gilt als Paradebeispiel für die norddeutsche Backsteingotik. Als größte Schätze im Inneren der dreischiffigen Basilika gelten der gotische Flügelaltar und das Triumphkreuz von 1420, das einst die Wismarer Marienkirche zierte. Der bronzene Taufkessel aus dem späten 14. Jahrhundert, die restaurierte Orgel sowie die an der nördlichen Querhauswand aufgestellten mittelalterlichen Doppelgrabplatten, die ebenfalls aus dem 14. Jahrhundert datieren, komplettieren die Sehenswürdigkeiten der evangelischen Bischofskirche.

STELL- UND CAMPINGPLÄTZE

WOMO-STELLPLATZ MARINA NORD

Buchenweg 19, 19055 Schwerin, GPS: 53.645811, 11.432899. Kleiner Platz mit engen Parzellen direkt an einer Marina. Die Zufahrt ist etwas ungewöhnlich und führt zunächst an Kleingärten vorbei und später über den Hof eines Motels. Der Platz ist also etwas versteckt.

TOP ★ ERLEBNISSE

★ WEISSE FLOTTE

Auf dem Schweriner See lädt die Weiße Flotte zu gemütlichen Bootsausflügen ein. Direkt am Schweriner Schloss starten die Ausflugsschiffe zu eineinhalbstündigen Touren. Eine davon verläuft durch den Stangengraben und den Werderkanal als Vierseenlinie zum Heidensee und zum Ziegelinnensee und zum Ziegelaußensee. Wer sich selbst auf dem Wasser fortbewegen möchte, leiht sich ebenfalls bei der Weißen Flotte einfach ein Tretboot.

★ BLAUE ACHT

Eine Tagestour auf dem Fahrrad, die sich mit rund 63 Kilometern an geübte Radler richtet, verläuft um den Schweriner Innen- und Außensee. Ausgangspunkt ist auch hier das Schweriner Schloss.

Weitere Informationen
schwerin.de

Der breite Strand von Warnemünde gehört zu den beliebtesten Sommerfrischen in Deutschland (oben). Von der Warnow schweift der Blick über wiedererstandene Gebäude der Altstadt bis zur Marienkirche (rechts).

24 HANSESTADT MIT EIGENEM SEEBAD – ROSTOCK

Reich an Vergangenheit

Die größte Stadt an der Mecklenburgischen Ostseeküste blickt auf eine 800-jährige Geschichte zurück. Trotz großer Zerstörungen während des Zweiten Weltkrieges ist in der Innenstadt noch einiges vom einstigen Reichtum der Hansestadt bewahrt. Zu den Standortvorteilen des Handelshafens kommt das Seebad Warnemünde, das seit dem Mittelalter zu Rostock gehört.

Um 1218 gründeten deutsche Kaufleute am alten slawischen Warnow-Übergang die Siedlung Rostock auf dem Hügel des heutigen Alten Marktes. Die Lage war gut gewählt: Die Stadt kontrollierte bald das gesamte Mündungsgebiet des Flusses. Handel, Handwerk, Schiffbau und Schifffahrt erlebten einen Aufschwung, Rostock schloss sich dem Städtebund der Hanse an und investierte in repräsentative Bauten. Die Universitätsgründung 1419 machte Rostock zur ersten Wissenschaftsstadt an der Ostseeküste.

Doch der Dreißigjährige Krieg und die Kontinentalsperre der napoleonischen Epoche Anfang des 19. Jahrhunderts schädigten Handel und Wohlstand nachhaltig. Auch später konnte die Stadt mit der Hamburger und Stettiner Konkurrenz nicht recht mithalten. Nach dem Zweiten Weltkrieg wurde das stark zerstörte Rostock als Überseehafen und Werftstandort der DDR ausgebaut. In dieser Zeit entstanden auch die Plattenbausiedlungen zwischen Rostock und Warnemünde. Neben erheblichen Wirtschaftsproblemen stellte die Abwanderung das größte Problem der Nachwendezeit dar: Nahezu ein Fünftel der Bevölkerung verließ Rostock. Der Trend ist inzwischen gestoppt und auch die wirtschaftliche Entwicklung mit Schiffbau, den Fähr- und Handelsverbindungen nach Skandinavien und dem Aufschwung im Tourismus nimmt wieder einen positiven Verlauf.

Säule mit Hintersinn

Der Neue Markt liegt im Zentrum der Altstadt, flankiert vom 700 Jahre alten Back-

steingotik-Rathaus. Von der ursprünglichen Fassade ragen noch sieben zierliche Türmchen über der rosa gestrichenen barocken Fassade auf, die der Rat der Stadt 1727 vor die alte Front setzen ließ. Die frühere monumentale gotische Schauwand aus glasierten farbigen Ziegeln hatte 1718 durch ein Unwetter stark gelitten. Einen Säulenfuß der Rathausarkaden schmückt eine bronzene Schlangenplastik. Zu ihr gibt es viele Interpretationen: Der Hinweis auf die Schlange mag einst Gesellen als Beweis gedient haben, auf ihrer Wanderschaft tatsächlich in Rostock gewesen zu sein. Andere sehen in ihrer Doppelzüngigkeit ein Symbol für die Gepflogenheiten im Rathaus.

Die Marienkirche stößt mit ihrem Chor an den Marktplatz. An dem prächtigen Gotteshaus wurde von 1260 an fast 200 Jahre gebaut. Die dreischiffige Basilika krönt ein gut 86 Meter hoher Turm. Der Innenraum ist reich ausgestattet, wie es der Hauptkirche einer wohlhabenden Handelsstadt ansteht, auch wenn viele Kunstwerke aus vorreformatorischer Zeit dem protestantischen Bildersturm zum Opfer fielen. Hinter dem Hochaltar steht die elf Meter hohe astronomische Uhr aus dem 14. Jahrhundert. Mittags um 12 Uhr bietet sie eine Prozession von Aposteln und Evangelisten, die am segnenden Jesus vorüberziehen.

Im Mittelalter umgab die Stadt eine Mauer, die im Norden an die Warnow grenzte und im Süden mit einem Wallgraben verstärkt war. Teile der Stadtmauer und fünf der 22 Stadttore haben die Zeit überdauert, so das Kuhtor aus dem 13. Jahrhundert und das Steintor im Südosten sowie das fünfgeschossige Kröpeliner Tor am Ende der Einkaufsmeile Kröpeliner Straße.

Die Petrikirche im Nordosten steht im ältesten Stadtquartier. Ihr Chor grenzt fast an die Überreste der Stadtmauer. Die Aussichtsplattform in 45 Meter Höhe bietet einen exzellenten Blick auf die Stadt. Die Petrikirche ist die älteste und höchste Kirche Rostocks, ihr Turm ragte einst 127 Meter auf. Als ihn 1543 ein Blitzschlag traf, hielten das die Rostocker Katholiken für einen Fingerzeig des Himmels und bauten den Turm nur noch 117 Meter hoch wieder auf.

Die Kröpeliner Straße, eine Fußgängerzone, durchquert die Altstadt vom Neuen Markt bis zum Kröpeliner Tor. Auf dem hübschen Universitätsplatz sind rund um den 1978 erbauten »Brunnen der Lebensfreude« immer einige der gut 15 000 Studenten anzutreffen. Gleich hinter dem 1870 im Stil der mecklenburgischen Renaissance errichteten Uni-Hauptgebäude versteckt sich das frühere Zisterzienserkloster Zum Heiligen Kreuz, heute ein sehenswertes kulturhistorisches Museum.

Auch das Schiffbau- und Schifffahrtsmuseum beim IGA-Park auf dem Weg von Rostock nach Warnemünde ist einen Besuch wert.

Der Parkplatz an der Mole in Warnemünde ist bei Wohnmobilisten sehr beliebt (oben). Der »Teepott« und der Leuchtturm auf der Promenade sind die Wahrzeichen Warnemündes (unten). Das Münster von Bad Doberan ist ein Juwel der Backsteingotik (rechts).

Das »Traditionsschiff Typ Frieden«, ein 157 Meter langes 10 000-Tonnen-Handelsschiff der DDR, birgt eine Ausstellung zu Schiffbau und Schifffahrt an der mecklenburgischen Ostseeküste.

Ein kluger Kauf

Weise Rostocker Ratsherren kauften dem Mecklenburger Fürsten 1323 das Fischerdorf Warnemünde ab. Ihr Ziel war ein gesicherter Zugang für Handelsschiffe von Rostock zur Ostsee. So verfügt Rostock heute über ein eigenes Seebad mit einem breiten Strand und einer Seepromenade entlang einer Parade von Hotels und Pensionen. Der nostalgische Leuchtturm von 1898 an der Hafeneinfahrt dient auch heute noch als Leuchtfeuer für Schiffe. Wer einen Obolus entrichtet und die Stufen des knapp 37 Meter hohen Turms besteigt, wird mit einem Rundblick über Warnemünde belohnt. Meist hat auch ein Kreuzfahrtriese beim Warnemünde Cruise Center am Alten Strom festgemacht. Dort stehen noch viele hölzerne Giebelhäuser; in einigen haben sich Restaurants und kleine Hotels einquartiert.

Warnemünder Woche und Hanse Sail Rostock

Anfang Juli ist Warnemünde das Ziel von 2000 Seglern aus aller Welt. Bis zu 650 000 Zuschauer verfolgen die Regatten in mehr als 20 Bootsklassen und die spektakulären Wettkämpfe der Kitesurfer. Zum Begleitprogramm gehören Live-Konzerte, z. B. auf einer schwimmenden Bühne im Alten Strom, Drachenboot- und Waschzuberrennen sowie Strandpartys.

Zur Hanse Sail Rostock am zweiten Augustwochenende steht die Stadt kopf. Vor einer Million Zuschauer versammelt sich in Rostock und Warnemünde eine Flotte von rund 200 Traditionsseglern aus aller Welt, vom holländischen Plattbodenschiff bis zum stolzen Viermaster. Schützengesellschaften aus ganz Deutschland kommen zum »Kanoniers- und Böllertreffen« am Gehlsdorfer Strand in historischen Kostümen zusammen.

STELL- UND CAMPINGPLÄTZE

PARKEN UND MEER

Kreuzfahrtparkplatz Warnemünde, Handelsstr. 3, 18069 Rostock, parken-und-meer.de, GPS: 54.122336, 12.077305. Aus Zufall entstand dieser Wohnmobilstellplatz auf einem Grundstück, an dem Kreuzfahrttouristen üblicherweise ihre Autos parken. Daher ist das Gelände kein klassisches Urlaubsziel, sondern befindet sich in einem Gewerbegebiet. Aber sowohl nach Rostock als auch nach Warnemünde ist man von hier aus schnell mit dem Fahrrad. Strom ist vorhanden.

TOP ★ ERLEBNISSE

★ KÜSTENWANDERUNG

Daten und Name beeindrucken: Über 4500 Kilometer erstreckt sich der »Internationale Küstenweg Atlantik-Ostsee«. Selten bleibt er dabei so dicht am Wasser wie auf den 20 Kilometern zwischen Warnemünde und Kühlungsborn. In Richtung Osten markiert der Rhododendronpark von Graal-Müritz ein schönes Wanderziel in 15 Kilometer Entfernung. Den Rückweg nach Warnemünde übernimmt das Schiff.

★ IGA-PARK

Zwar ist die Internationale Gartenausstellung gut 20 Jahre her, doch die Grünanlage ist geblieben und lockt mit weiten Spazierwegen, einem Japanischen und einem Kenianischen Garten sowie mit zahlreichen Veranstaltungen. Vom Wohnmobilstellplatz aus ist es nur ein kurzer Spaziergang.

★ RADTOUR NACH KÜHLUNGSBORN

Warum nicht einfach dem Ostseeküstenradweg in Richtung Westen folgen und nach gut 20 Kilometern in Kühlungsborn anhalten, um die dampfende Schmalspurbahn zu besteigen?

Weitere Informationen
rostock.de

Von Stralsunds Jachthafen reicht der Blick auf die Altstadt und die St. Nikolai-Kirche (oben). Der Alte Schwede aus dem 14. Jahrhundert am Wismarer Marktplatz ist das älteste Bürgerhaus der Hansestadt (rechts).

25 ALTER SCHWEDE! – WISMAR UND STRALSUND

Die beiden Hansestädte gehören zum Welterbe der UNESCO

Wismar und Stralsund liegen an der Ostseeküste knapp 140 Kilometer voneinander entfernt, doch als bedeutende und wohlhabende Hansestädte waren sie über Jahrhunderte eng miteinander verbunden. Noch heute präsentieren sich die Grundrisse und architektonischen Schätze ihrer historischen Zentren so wie in der Blütezeit des Städtebunds im 14. Jahrhundert.

Der Alte Schwede steht in Wismar ungefähr seit dem Jahr 1380 direkt am Marktplatz. Er ist das älteste erhaltene Bürgerhaus der Stadt, ein gotischer Backsteinbau mit einem gegliederten Giebelaufsatz, der mit filigraner Eleganz vom Stolz und Reichtum der Hansekaufleute des 14. Jahrhunderts erzählt. Im Mittelalter war das Erdgeschoss des Hauses den Wohn- und Geschäftsräumen vorbehalten, darüber lagen die Speicherböden für die Waren, die weiter über die Ostsee oder über Land transportiert wurden oder aus fernen Ländern in die Stadt gekommen waren. Der Name des Hauses verweist auf die Ära zwischen 1648 und 1803, in der Wismar zum Königreich Schweden gehörte.

Vom Alten Schweden fällt der Blick über Wismars weiten Marktplatz. Rund einen Hektar misst die gute Stube der Stadt, um die sich schöne Giebelhäuser aus verschiedenen Jahrhunderten in dunkelrotem Backstein oder zartem Pastell reihen. Als dominantes Bauwerk des Ensembles kündet das klassizistische Rathaus an der Nordseite von bürgerlichem Selbstbewusstsein. Anfang des 19. Jahrhunderts wurde es vom Schweriner Hofbaumeister Johann Georg Barca an der Stelle errichtet, an der schon ein gotischer Vorgängerbau gestanden hatte. Die riesigen mittelalterlichen Kelleranlagen des älteren Rathauses aus dem 14. Jahrhundert wurden bei dem Neubau übernommen und können heute zusammen mit den Wandmalereien aus jener Zeit in einer Dauerausstellung über die Geschichte Wismars bewundert werden. An der gegenüberliegenden Seite des Markt-

Alter Schwede
WERNESGRÜNER

platzes ist die prächtige Wasserkunst von 1602 wie ein Schlösschen im Stil der niederländischen Renaissance gestaltet. Bis 1897 wurde sie zur Wasserversorgung genutzt.

Das Tor zur Welt

Rund um den Marktplatz laden malerische Gassen zum Bummeln ein, das ganze historische Zentrum steht unter Denkmalschutz und bietet einen großartigen Architekturschatz aus Gotik, Renaissance und Barock. Auf der Lübschen Straße brach man früher auf dem Landweg zur Hanseschwester Lübeck auf, von ihr zweigt mit der Krämerstraße eine der ältesten Straßen ab. Hier wurde seit Gründung der Stadt im frühen 13. Jahrhundert Handel getrieben und riss die Kette der Läden bis heute niemals ab. Moderne Handelsgeschichte schrieb 1882 ein gewisser Rudolf Karstadt, der Ecke Lübsche und Krämerstraße das »Tuch-, Manufactur- und Confectionsgeschäft Karstadt« eröffnete. Dort wurden die Waren bar und nach Festpreisen bezahlt, was damals revolutionär war und sich als äußerst erfolgreich herausstellen sollte. Karstadt-Filialen wurden bald in ganz Norddeutschland eröffnet, den Rest kennt man.

Aus Wismars Gründungszeit stammt auch die Grube, ein regulierter Bach, der für den Mühlenbetrieb aufgestaut und so ausgebaut wurde, dass Lastkähne ihre Fracht vom Hafen in die Stadt und bis zum Schweriner See bringen konnten. An der Hafeneinfahrt überbrückt seit Mitte des 17. Jahrhunderts das malerische Fachwerkhaus »Gewölbe« den künstlichen Wasserweg. Dort im Hafen lag von Anfang an Wismars Tor zur Welt und auch heute noch spielen der moderne Seehafen und der Schiffsbau in der Wirtschaft der Stadt eine wichtige Rolle. Der historische Hafen ist heute den Jachten und Ausflugsschiffen vorbehalten. Bei Besuchern besonders beliebt sind die Fahrten auf der Kogge Wissemara, auf der man sich ein wenig wie ein mittelalterlicher Hansekaufmann fühlen kann. Sie ist ein Nachbau jener Kogge, deren Wrack 1999 vor Poel gefunden wurde. Vom Wasser aus sieht man am besten, wie die mächtigen Backsteinbauten der Großkirchen die Silhouette der Stadt prägen, und kann verstehen, wie die hohen Türme von St. Marien und St. Nikolai einst als Orientierungshilfe für die Seefahrer dienten.

Hanse-Ideal am Strelasund

Wismar war die »Perle«, Lübeck die »Königin« der Hanse. Ähnliche Bedeutung wie die

Am Marktplatz von Wismar versorgte die Wasserkunst jahrhundertelang die Bürger mit Wasser (oben). Räucherfisch ist eine Delikatesse an der Ostseeküste (unten). Der Museumshafen von Greifswald ist eine Station auf dem Caspar-David-Friedrich-Bildweg (rechts).

Backsteinschönheit in Schleswig-Holstein besaß im Ostseeraum im 14. Jahrhundert nur Stralsund. Auch hier hat sich im Zentrum der mittelalterliche Grundriss mit Straßennetz-, Quartier- und Parzellenstruktur fast unverändert erhalten – »idealtypisch« für eine Handelsstadt aus der Blütezeit der Hanse, befand die UNESCO 2002, und somit wie Wismar welterbewürdig. Der alte Stadtkern liegt auf einer Halbinsel im Strelasund, der die Insel Rügen vom Festland trennt. Seit 1936 ist die Hansestadt mit der Insel durch den Rügendamm verbunden.

Fast im Zentrum der Halbinsel steht mit dem Rathaus am Alten Markt einer der bedeutendsten Profanbauten der Backsteingotik. Bis hoch in den Himmel reichen die filigranen Spitzen der Schaufassade, in glasierten Ziegeln verewigter Stolz und Wohlstand der Hansekaufleute. Die Geschichte des um 1250 errichteten Bauwerks reicht bis in die Anfänge der Stadt zurück, wobei es im Mittelalter auch als kophus diente, als Kaufhaus mit zahlreichen Ladengeschäften im Erdgeschoss. Dahinter ragt wie ein Backsteinberg die mächtige Nikolaikirche auf, die ebenfalls aus dem 13. Jahrhundert stammt. Faszinierende Elemente des Gotteshauses sind die wunderschöne, überlebensgroße Skulptur der Anna Selbdritt, die um 1300 entstand, sowie die Astronomische Uhr des Uhrmachers und Ingenieurs Nikolaus Lilienfeld aus dem 14. Jahrhundert. Sie ist weltweit die älteste mechanische Uhr, die noch weitgehend im Originalzustand erhalten ist, und ein technisches Meisterwerk jener Zeit. Noch mächtiger als die Nikolai- ist die Marienkirche, ein gotisches Meisterwerk aus dem späten 13. Jahrhundert. Ihr Turm trug früher eine höhere Spitze und war damit im 16. und 17. Jahrhundert zeitweise das höchste Gebäude der Welt. Noch heute kann man dort den fantastischen Rundblick über die Stadt und den Sund genießen und auf der Hafeninsel das futuristische Bauwerk des Ozeaneums erspähen. Dort jagen Heringe und Haie durch die Aquarien und tummeln sich gefräßige Humboldt-Pinguine auf dem Dach – Seeblick inklusive.

STELL- UND CAMPINGPLÄTZE

FERIENPARK WISMAR LÜTT MOOR

Lütt-Moor 1, 23970 Wismar, ferienpark-wismar.de, GPS: 53.922657, 11.487288. Große, noch relativ junge Campinganlage außerhalb der Stadt. Moderne Sanitäreinrichtung, Kinderspielplatz und terrassenförmig angelegte Parzellen.

CARAVANSTELLPLATZ AN DER RÜGENBRÜCKE

Werftstraße 9, 18439 Stralsund, caravanstellplatz-ruegenbruecke.de, GPS: 54.302255, 13.098918. Großer Stellplatz, fußläufig von der Altstadt entfernt. Gleichzeitig auch nahe der Brücke, um auf die Insel Rügen zu gelangen. Volle Ausstattung mit Strom, Ver- und Entsorgung.

TOP ★ ERLEBNISSE

★ INSEL POEL

Eine Radrunde auf der nahe gelegenen Insel Poel kann man in einer schönen Tagestour mit rund 60 Kilometern Strecke zurücklegen. Ausgangspunkt ist Fährdorf, von wo es gegen den Uhrzeigersinn um die Insel geht. Zwischendurch blickt man auf die Vogelschutzinsel Langenwerder, radelt durch den Küstenwald und besichtigt die Cap-Arcona-Gedenkstätte. In Timmendorf schiebt man das Rad durch den kleinen Ort und besucht die kleine Steilküste neben dem Hafen. Zum Abschluss radelt man noch durch das Naturschutzgebiet Fauler See und schon ist man am Ende des Tages wieder in Fährdorf angekommen.

★ FELDHERRNFEST

Wallenstein belagerte Stralsund im Juli 1628 – vergeblich. An diese stolze Episode erinnert sich die Stadt jeden Sommer bei den Wallensteintagen mit einem Markttreiben, einem traditionellen Umzug, dem nächtlichen Pestzug und einem Barockfeuerwerk mit Musik.

★ ERBEHÄUSER

Beide Hansestädte haben seit der Verleihung des Welterbetitels 2002 Besucherzentren in schönen Altstadthäusern eingerichtet. Jedes verfügt über einen kostbaren Tapetenraum und einfallsreiche Spielmöglichkeiten – in Stralsund können die Kinder die Stadt im Mini-Backstein-Format aus der Sandkiste buddeln, in Wismar in einem Brunnen plantschen, der das historische Wasserleitungsnetz abbildet.

Weitere Informationen
wismar.de

26 NATIONALPARK VORPOMMERSCHE BODDENLANDSCHAFT

Vom Darß bis zur Insel Hiddensee erstrecken sich lange Sandstrände, Dünen, Kliffs und tiefe Wälder und bilden eine urwüchsige Landschaft mit hohem Erholungswert. Auf der Landseite liegt der Bodden, der größte Brackwasserlebensraum der Erde.

TOP ★ FIVE

★ **Kranicherwachen**
Am ersten Oktoberwochenende finden die Nationalparktage am Festplatz Sundische Wiese statt – mit Führungen in die Kernzone.

★ **Karusel**
Max Taut baute den späteren Sommersitz von Asta Nielsen. Im runden Haus in Vitte erinnert ein Museum an den ersten Star der Filmgeschichte.

★ **Leuchtender Dornbusch**
Der Leuchtturm am Nordende ist Hiddensees Wahrzeichen mit Aussichtsgalerie in 20 Meter Höhe.

★ **Ein Wald voller Wege**
Im Darßer Wald gibt es ein schönes Routennetz – ideal für Touren mit robusten Rädern.

★ **Neue Ausstellung**
In der Alten Küsterei in Waase hat 2018 eine Nationalparkausstellung eröffnet, die sich auch mit der biologischen Vielfalt auf der Insel Ummanz befasst.

Wie die Kräfte von Wind und Wasser die Landschaft formen – das lässt sich in Deutschland wohl selten so gut beobachten wie hoch im Nordosten. Hier schützt der Nationalpark sowohl die Küste als auch das Meer.

1 Weststrand Noch besser als zum Baden eignet sich der 14 Kilometer lange Darßer Weststrand für ausgedehnte Spaziergänge – entweder vom Künstlerort Ahrenshoop oder von Prerow aus. Die krummen Kiefern am Sandstrand heißen »Windflüchter«.

2 Darßer Ort Bis zum Leuchtturm an der Nordwestspitze des Darß zuckelt eine Minibahn ab Prerow. Im Backsteinleuchtturm informiert die Ausstellung »Natureum« über Fauna und Flora im Nationalpark.

3 Prerow Das Seebad ist zu Ferienzeiten nahe der Seebrücke trubelig, sonst aber gemütlich mit reetgedeckten Häusern hinter bunten Türen. Nach Westen und Norden dehnt sich vor den Stränden der Darßer Wald, die Kernzone des Nationalparks.

4 Zingst Mondän und touristisch gibt sich Zingst am Beginn der gleichnamigen Halbinsel, die sich 20 Kilometer hinzieht, Richtung Meer von einem Dünensaum begrenzt.

5 Sundische Wiese Einst gefährdeten Sturmfluten den Weidegrund der Ackerbürger und frästen Flutrinnen ins Land, jetzt sichern Deiche die Häuser und das schöne Ausflugslokal ab.

Auf Bohlenwegen kann man bequem durch die empfindliche Naturlandschaft des Darß wandern.

6 Hohe Düne Pramort Am Ostende der Halbinsel endet der Fuß- und Radweg an einem Beobachtungsstand für Vögel. Dahinter erstreckt sich ein Dünenfeld mit karger Vegetation.

7 Große Kirr und Oie Die Boddeninseln gehören den Vögeln. Mehrmals im Jahr werden die flachen Inseln vom Brackwasser überspült. Zugvögel wie Graugänse und vor allem Kraniche nutzen sie als Rast- und Schlafplatz.

8 Barhöfter Kliff Der Leuchtturm ermöglicht eine gute Sicht auf die Inseln Bock, Kleiner und Großer Werder und die Küsten von Hiddensee und der Insel Ummanz. Ein Uferweg führt zum Turm am einzig schiffbaren Zugang zwischen Meer und Bodden.

9 Groß Mohrdorf Das Kranichzentrum informiert über bevorzugte Aufenthaltsorte der eleganten Vögel und gute Beobachtungsposten.

10 Kranich Utkieck Der Aussichtsturm bei Hohendorf an der südlichen Boddenküste verspricht den besten Blick: Bis zu 70 000 Kraniche legen in der Boddenlandschaft im Frühjahr und Herbst Station ein und ziehen Hobbyornithologen in Scharen an.

11 Ummanz Die dünn besiedelte Insel trennen Udarser Wiek und Koselower See von der großen Schwester Rügen. Eine Brücke verbindet die größten Inseln im Nationalpark.

12 Schaprode Vom Hafen auf Rügen legen die Schiffe nach Hiddensee ab.

13 Gellen Der Sandhaken am Südende von Hiddensee fällt einerseits flach in Richtung Bodden ab. Auf

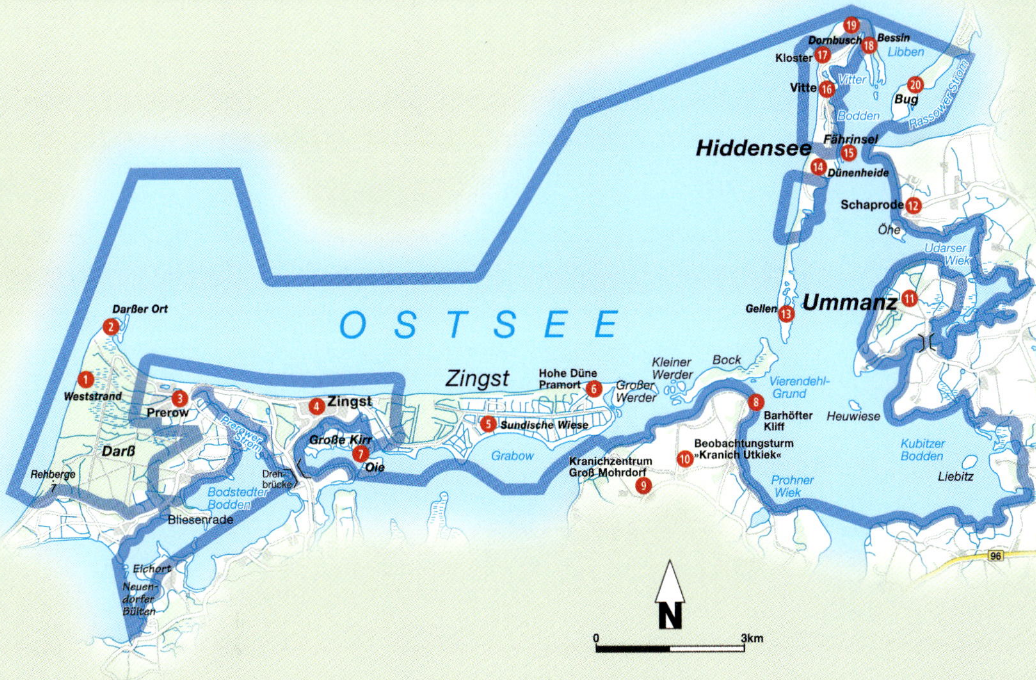

der anderen Seite krallen sich windzersauste Kiefern hinter dem weißen Sandstrand in den Boden.

14 Dünenheide Hier lohnt es sich, genau hinzuschauen: Moose, Flechten, Glockenblumen, Gräser und Kriechweiden wachsen üppig am Weg, der sich um Birken und Kiefern schlängelt. Im Spätsommer blüht das Heidekraut.

15 Fährinsel Im Vogelparadies leben u. a. Brandgänse, Mittelsäger, Krickenten, Lach-, Sturm- und Schwarzkopfmöwen. Menschen haben keinen Zugang zu der Insel, die zwischen Besenheide und Wacholderbüschen ideale Brutbedingungen bietet.

16 Vitte Im größten Inselort informiert das Nationalparkhaus über den größten Nationalpark Mecklenburg-Vorpommerns.

17 Kloster Das namensgebende Kloster gibt es nicht mehr, dafür aber die Inselkirche von 1332. Wichtigste Attraktion im Ort ist das Gerhart-Hauptmann-Haus. Der Dichter verbrachte über viele Jahre die Sommermonate im Haus Seedorn.

18 Bessin Ein Phänomen: Alt- und Neubessin heißen die parallel verlaufenden Halbinseln auf der Nordostseite, die durch Sandanlagerung entstanden. Die von Dornengesträuch bedeckten Sandhaken sind den Vögeln vorbehalten.

19 Dornbusch Während sich der nördlichste Punkt des Hochlands, der Enddorn, auf einer Klippe über dem Meer und den Sandstrand erhebt, macht der südliche Teil seinem Namen alle Ehre: Hier stacheln Sanddorn, Schlehe und Brombeeren.

20 Bug Die Dynamik der Küste lässt sich an der westlichsten Halbinsel von Rügen, dem Bug, gut ablesen. Er hat sich in den letzten 300 Jahren einen halben Kilometer ausgedehnt. Am Meeresspülsaum gedeihen besondere Pflanzen: Salzmiere, Spießmelde, Meersenf und Kali-Salzkraut.

STELLPLÄTZE

STELLPLATZ AM CAMPINGPLATZ SCHAPRODER BODDEN

Lange Str. 24, 18569 Schaprode, campingplatz-schaprode.de, GPS: 54.517202, 13.164782. Gehört zum angrenzenden Campingplatz und liegt direkt am Wasser. Der Fähranleger zur Insel Hiddensee ist nur wenige Schritte entfernt.

WOHNMOBILSTELLPLATZ BARTHER YACHTSERVICE

Hafenstr. 28, 18356 Barth, barther-yacht-service.de, GPS: 54.370684, 12.723593. Auf Rasen befindlicher Stellplatz für mehr als 30 Fahrzeuge, direkt am Yachthafen mit Blick auf die Marina. Ins Ortszentrum ist es ebenfalls nur ein kurzer Weg. Guter Ausgangspunkt für Touren in den Nationalpark.

Anfahrt Zum Weststrand bei Ahrenshoop fährt man über die A19 bis zur Ausfahrt Rostock-Ost und weiter über die B105, bei Altheide links zum Fischland; mit der Bahn gelangt man nach Barth am Bodden.

Lage Halbinseln und Inseln der Ostseeküste Mecklenburg-Vorpommerns zwischen Rostock und Stralsund, Westrügen und Hiddensee.

Größe 805 km²

Gründung 1990

Information Nationalparkamt Vorpommersche Boddenlandschaft, Im Forst 5, 18375 Born/Darß

Internet nationalpark-vorpommersche-boddenlandschaft.de

Der »Rasende Roland« zuckelt auf Rügen durch die Rapsfelder (oben). Der Kreidefelsen im Nationalpark Jasmund ist ein Wahrzeichen der Ostseeinsel (rechts).

27 EIN BILD VON EINER INSEL – RÜGEN

Lieblingsort von Künstlern und Urlaubern

Die größte und sonnigste deutsche Insel ist auch die beliebteste: Zu den knapp 80 000 Einwohnern auf Rügen gesellen sich jährlich stattliche 1,3 Millionen Urlauber, die vor allem in den Sommermonaten die Ostseeinsel bevölkern. Sandige Buchten, steile Kreidefelsen, Buchenwälder und muntere Orte machen den Reiz der tief von Bodden und Buchten zerklüfteten Insel aus.

Für die Schönheit der Insel waren offenbar schon Steinzeitmenschen empfänglich: Davon zeugen mehrere bis zu 5000 Jahre alte Hünengräber bei Lancken-Granitz auf halbem Wege von Putbus nach Göhren. Zwischen dem 8. und dem 12. Jahrhundert siedelten hier Slawen: An den slawischen Volksstamm der Ranen erinnern Überreste von Ringwällen, mit denen sie ihre Behausungen schützten. Später kamen die Dänen, dann die Schweden. Nach dem Wiener Kongress fiel Rügen mit Neupommern 1815 an Preußen. Auch die Nationalsozialisten fanden Gefallen an der Ferieninsel Rügen: Sie hinterließen mit dem gigantischen Betonriegel von Prora eine Bausünde, die kaum sinnvoll verändert oder aber abgerissen werden kann. Ein wesentlich schöneres Erbe sind die wunderbaren Alleen, die Rügen mit einer Gesamtlänge von 300 Kilometern durchziehen.

Vielfältige Landschaften

Zahlreiche Wanderstrecken überziehen Rügen: ein markiertes Wegenetz im Nationalpark Jasmund im Nordosten mit seinem Kontrastprogramm von weißen Kreidefelsen, grünem Buchenwald und blauem Meer oder Pfade durch Eichen- und Lindenwälder rund um den Rugard. Die zentrale Erhebung Rügens bringt es auf 91 Meter über N. N. Der Ernst-Moritz-Arndt-Turm auf der Kuppe erhöht den Rugard-Blickpunkt um gut 25 Meter. Auf der westlich von Rügen gelegenen Insel Ummanz sind Routen ausgeschildert, die zu den besten Beobachtungsplätzen von Kranichen weisen.

Im Kurhaus Binz residiert heute ein Grandhotel (rechts oben). Der Leuchtturm am Kap Arkona ist schon seit über 100 Jahren ein Baudenkmal. Seitdem blitzt es aus dem Turm daneben auf die Ostsee (oben). Blühende Landschaften auf Hiddensee (unten). Ulrich Müthers Musikpavillon in Sassnitz (rechts unten).

Steilufer wie bei Arkona, Stubbenkammer oder Göhren zeugen von der gewaltigen erodierenden Kraft des Meeres, das an anderer Stelle, etwa beim Buger Haken im Westen der Halbinsel Wittlow, Sand anträgt. Die stark zergliederte Küste misst insgesamt 570 Kilometer. Im Süden und Westen dominiert eine leicht gewellte Ebene, im hügeligen Nord- und Ostteil ragt der Piekberg 161 Meter hoch auf.

Rügens reizende Seebäder

Der »Rasende Roland«, eine dampfbetriebene Schmalspureisenbahn, schnauft seit 1895 zwischen Putbus, Binz, Sellin, Baabe und Göhren. Putbus hat seinen Namen von Wilhelm Malte I. zu Putbus. Der Fürst ließ seinen Residenzort 1810 in weißer klassizistischer Bäderarchitektur ausbauen und verhalf dem Ort damit zum Beinamen »Weiße Stadt am Meer«. Das Schloss existiert nicht mehr, aber der Ortskern um die Orangerie, den Marstall, in dem heute ein Theater residiert, und das Rathaus am Marktplatz lässt die vergangene Pracht erahnen.

Binz ist Rügens bekanntestes Seebad und verfügt über eine vier Kilometer lange Strandpromenade, eine kleine Kunst- und Galerieszene und diverse Hotels. Das elegante Kurhaus ähnelt einem Adelspalais. Von der 370 Meter langen Seebrücke kann man auf die Ostsee schauen oder im Sommer Bootsausflüge zur Kreideküste unternehmen. Das Jagdschloss Granitz südlich von Binz gehört zu den viel besuchten Ausflugszielen auf Rügen. Fürst Wilhelm Malte I. zu Putbus hatte sich hier 1836 ein Jagdschloss mit vier Ecktürmen und einem Mittelturm errichten lassen. Der aufwendig restaurierte Bau war bis 1944 in Privatbesitz und ist heute ein Museum.

Weiter südlich streckt sich eine bewaldete Halbinsel in die Ostsee. Das frühere Fischerdorf Göhren hatte sich schon im 19. Jahrhundert zu einem eleganten Seebad gemausert. Weiße Ferienpensionen, eine 270 Meter lange Seebrücke und schöne Strände sind die werbeträchtigen Argumente des Badeortes. Vor Göhren liegt Deutschlands größter Findling im Meer.

Größenwahn aus Stein

Prora liegt nördlich von Binz. Das halbfertige Seebad wurde zwischen 1935 und 1939 gebaut: eine 4,5 Kilometer lange fünfstöckige Häuserblockreihe, die bis zu 20 000 »Kraft durch Freude«-Urlauber gleichzeitig aufnehmen sollte. Das gigantomanische Projekt der Nationalsozialisten steht seit dem Kriegsende als Fremdkörper in der Landschaft und verfällt langsam vor sich hin, inzwischen werden kleinere Abschnitte des denkmalgeschützten Monstrums zu Wohn- und Hotelanlagen

umgestaltet. Am südlichen Rand informiert das Dokumentationszentrum über den Mammutbau.

Die Natur steht im Mittelpunkt des neuen Erlebniszentrums nahe dem Kleinen Jasmunder Bodden, einer Lagune der Ostsee: Das »Naturerbe-Zentrum Rügen« mit Baumwipfelpfad und 40 Meter hoher Aussichtsplattform informiert über die Ökosysteme Rügens – Wald, Offenland und Feuchtgebiete.

Nicht weit entfernt, im heute kleinen Ralswiek, befand sich im Mittelalter ein wichtiger Hafen mit Handelsbeziehungen zu verschiedenen anderen Städten. Seit 1993 ziehen die jährlichen »Störtebeker Festspiele« viele Tausend Zuschauer zur Naturbühne des Ortes.

Sassnitz war früher ein wichtiger Fährhafen. Die Personen- und Autofähren sowie die Frachtstrecken nach Skandinavien, Litauen und Russland werden inzwischen über moderne Anlagen in Neu Mukran abgewickelt. Der nette Fischereihafen ist Sassnitz geblieben, das mit dem Fischerei- und Hafenmuseum sowie einem U-Boot-Museum der Seefahrt verbunden bleibt. Zudem gilt der Ort als Ausgangspunkt für Ausflüge in den Nationalpark Jasmund und das Nationalparkzentrum Königsstuhl. Die alten Buchenwälder gehören seit 2011 zum UNESCO-Weltnaturerbe. Ein Hochuferweg führt elf Kilometer an der Kliffkante entlang bis zum Königsstuhl, dem bekanntesten der leuchtend weißen Kreidefelsen. Die markante Klippe ist durch das Bild »Kreidefelsen auf Rügen« von Caspar David Friedrich zu Weltruhm gelangt.

Kap Arkona hat zwei Leuchttürme. Der eine wurde 1826 nach Plänen des preußischen Baumeisters Karl Friedrich Schinkel (1781 bis 1841) viereckig und aus Backstein errichtet, er dient heute als Museum. Der andere sendet seit 1905 seine Lichtblitze aus. Die 45 Meter hohe Steilküste aus Geschiebemergel und Kreide des Kaps ganz im Norden gehört zu den beliebtesten Ausflugszielen. Hinter den Türmen erinnern die Überreste der Jaromarsburg, einer Tempelanlage, an die Ranen, die vor gut 1000 Jahren auf Rügen siedelten.

STELL- UND CAMPINGPLÄTZE

WOHNMOBILSTELLPLATZ PUTBUS

Chausseestraße 14, 18581 Putbus, wohnmobilstellplatz-insel-ruegen.de, GPS: 54.347248, 13.498664. Schöner Stellplatz mit moderner und sehr gepflegter Sanitäreinrichtung. Allerdings nicht am Strand, sondern hinter einem Gewerbegebiet gelegen, dafür absolut ruhige Lage.

CAMPINGPLATZ THIESSOW

Hauptstraße 4, 18586 Mönchgut, campingplatz-thiessow.de, GPS: 54.279919, 13.713679. Große Campinganlage, die keine Wünsche offen lässt. Durch den Wald ist man in wenigen Schritten direkt am Strand.

TOP ★ ERLEBNISSE

★ THEMENRADWEGE

Eine große Auswahl an thematischen Radwegen bietet Deutschlands größte Insel. Der Themenweg Silber des Meeres und der Radweg Heilige Stätten lassen sich auf mehrere Tage aufteilen und bieten sowohl sehr kurze als auch längere Etappen an, die sich an geübte Radler richten. Wer so viel wie möglich von Rügen an einem Tag erleben möchte, nutzt die sogenannte Große Radausfahrt, für die man bei einer Länge von 125 Kilometern rund acht Stunden einplanen sollte.

★ SCHEUE SCHÖNHEIT

Hiddensee liegt schmal und lang neben Rügen in der Ostsee – schon immer abgeschieden und ruhig. Nur Kutschen und Fahrräder fahren über die flache Insel mit ihren schönen Sandstränden an der Westseite und den weiten Dünenheideflächen. Vor rund 100 Jahren erlebte die Insel einen kurzen Hype, als sich viele Künstler hier (zeitweilig) niederließen: von Gerhart Hauptmann über Erich Kästner, Hans Fallada und Bertolt Brecht bis zum Stummfilmstar Asta Nielsen.

Weitere Informationen
ruegen.de,
seebad-hiddensee.de

28 NATIONALPARK JASMUND

Rügens nordöstliche Küste ist gleich doppelt prämiert – 1990 als Nationalpark und seit 2011 mit dem Welt-naturerbe-Titel »Alte Buchenwälder«. Auf kleiner Fläche konzentrieren sich hier die Naturschönheiten: weiße Klippen, grüner Wald und die blaue Ostsee.

Obwohl er Deutschlands kleinster Nationalpark ist, bieten seine 30 Quadratkilometer Fläche eine Vielfalt an Lebensräumen. Das liegt am großen Druck, mit dem die Eiszeit hier die Kreideschichten stauchte und ein welliges Landschaftsprofil formte, in dem sich die Bodenbedingungen rasch ändern – Wanderer erkennen das an der wechselnden Vegetation zwischen Steilhang und Moor, Waldboden und Kalktrockenrasen. Und wenn sie den Blick heben, wird's schnell großartig: etwa an den Wissower Klinken, die heute ganz anders aussehen als sie Caspar David Friedrich vor 200 Jahren sah, oder am 118 Meter hohen Königsstuhl.

TOP ★ FIVE

★ **Basislager**
Nahe der Wissower Klinken liegt der neue Wanderstützpunkt Welterbeforum. Dort informieren Tafeln übers Naturerbe und die besten Wege.

★ **Blumenteppich**
Ein Frühlingsbesuch im Klippenwald lohnt, wenn Tausende Buschwindröschen blühen.

★ **Seeseite**
Zu den Urlaubsklassikern gehört die Kreideküsten-Bootsfahrt: Ab Sassnitz dauert sie anderhalb Stunden.

★ **Holperfrei**
Auf der gesamten Strecke von zwölf Kilometern wurde der Radweg von Sassnitz über Hagen zum Königsstuhl 2018 erneuert.

★ **Wissens-Stand**
An den Eingängen zum Nationalpark finden sich neuerdings neben großen Karten auch Infos zu den Buchenwäldern und den Gefahren an der weichen Steilküste.

1 Stubnitz Seit etwa 2000 Jahren hat die Buche die Oberhoheit im einzigartigen Waldgebiet. Ihre Krone lässt zu wenig Licht durch für andere Bäume. Nur in den kühlen Tälern wie am Kieler Bach wurzeln auch Eschen und Bergahorn; in Senken wachsen Schwarzerlen und an trockenen Standorten Elsbeere und Eibe. Die Bäche im Nationalpark entspringen in Quellmooren und graben sich auf dem Weg zur Küste tief in den kreidigen Boden. Unter den mehr als 20 einheimischen Orchideenarten ragt der Gelbe Frauenschuh heraus: die einzige Frauenschuhart Deutschlands.

2 Kreidemuseum Gummanz Eingerichtet in einem alten Kreidebruch bei Neddesitz, informieren die Ausstellung und ein Lehrpfad über 200 Jahre Kreideabbau auf Rügen.

3 Lohme Im Fischerdorf an der Nordküste beginnt eine der schönsten Wanderungen durch den Buchenwald bis zum Königsstuhl. Früher war Lohmes Hafen nur über eine steile Holztreppe erreichbar – inzwischen wurde sie abgebaut und der abrutschgefährdete Hang gesichert.

4 Stubbenkammer Hier schwingt sich die Steilküste extra hoch auf: Zur Großen Stubbenkammer zählt der Köngisstuhl, zur Kleinen Stubbenkammer die Victoria-Sicht.

5 Königsstuhl Auf 118 Meter erhebt sich der berühmteste und zugleich höchste Felsen der Kreideküste. Hier fallen die Klippen fast senkrecht ab. Rund 300 000 Besucher kommen pro Jahr ins Nationalpark-Zentrum und schauen von der Panoramaplattform über die Ostsee. Früher führte eine

Die Victoria-Sicht auf Kreidefelsen und Meer ist gut 110 Meter hoch.

Holztreppe zum Strand – sie ist seit einem Hangrutsch geschlossen.

6 Victoria-Sicht Von dieser Aussichtsstelle eröffnet sich der beste Blick auf den Königsstuhl. Die eiserne Galerie entstand im Gedenken an den Besuch von Kronprinzessin Victoria von Preußen und ihrem Schwiegervater, König Wilhelm I., im Jahr 1865.

7 Hagen Vom großen Parkplatz aus fahren Shuttlebusse zum Königsstuhl, um die fragile Natur nicht mit Individualverkehr zu belasten. Auch ein Wanderweg durch die Buchenwälder bewältigt die zwei Kilometer lange Strecke.

8 Herthasee An der Wanderroute vom Großparkplatz Hagen zum Nationalparkzentrum liegt der Herthasee – zauberhaft und nahezu kreisrund, mitten im Wald versteckt. Die Herthaburg am nordöstlichen Seeufer lässt sich nur noch erahnen: Die Wallburg ist ein Zeugnis der slawischen Besiedlung zwischen dem 8. und dem 12. Jahrhundert.

9 Ernst-Moritz-Arndt-Sicht Auf der Wanderung entlang der Steilküste markiert der Aussichtspunkt eine schöne Stelle: Hier öffnet sich der Blick auf ein längeres Stück Kreideklippen. Den Namen trägt der Platz von einem der größten Söhne Rügens: Der Schriftsteller, Professor, Freiheitskämpfer gegen Napoleon und Abgeordnete der Frankfurter Nationalversammlung 1848 kam im Dezember 1769 in Groß Schoritz zur Welt.

10 Wissower Klinken Ein tragischer Felsen! Lange galten seine beiden Vorsprünge, die sich weit ins Meer zu schieben scheinen, als das prominenteste Stück Steilküste. Der Greifswalder Romantiker Caspar David Friedrich hat ihnen zusätzlich zu Ruhm verholfen – unverdientermaßen, denn sein berühmtes Gemälde »Die Kreidefelsen auf Rügen« zeigen gar nicht die Wissower Klinken, die 1818 noch ganz anders aussahen. Das sagt einiges über die stete Veränderung der Klippen. Das dramatischste Ereignis ihrer jüngeren Geschichte datiert auf den 24. Februar 2005: Damals stürzten 50 000 Kubikmeter Kreidefels in die Ostsee.

11 Sassnitz Rügens zweitgrößte Stadt hat eine schöne Strandpromenade und den unterhalb des alten Stadtkerns gelegenen Fischereihafen. Am nördlichen Ende von Sassnitz beginnt der Küstenweg: Er führt zunächst durchaus mühsam über den steinigen Strand, der sich an manchen Stellen stark verengt. Von hier aus werden Wanderern die Dimensionen der Klippen bewusst, die immer höher und manchmal fast bedrohlich aufragen.

12 Piratenschlucht Eine steile Treppe führt vom Strand zum Hochuferweg. Der dramatische Name geht angeblich auf Klaus Störtebeker zurück. Der legendäre Seeräuber soll sich einst in der Schlucht versteckt und sogar einen Schatz vergraben haben. Oder war's in der Stubbenkammer …

STELLPLÄTZE

WOHNMOBILSTELLPLATZ AM PARKPLATZ HAGEN

Stubbenkammerstraße 57, 18551 Lohme, GPS: 54.562139, 13.626040. Großer Stellplatz am Rande eines Großparkplatzes in ruhiger und abgeschiedener Lage. Ideal für einen abendlichen Spaziergang durch den angrenzenden Wald bis zur Victoriasicht.

Anfahrt Auf der A20 bis Stralsund, dann über den Rügendamm und die B96 via Bergen und Sassnitz zur Stubnitz; Sassnitz kann auch mit der Bahn erreicht werden.

Lage Steilküste im Nordosten der Ostseeinsel Rügen.

Größe 30 km²

Höchste Erhebung Piekberg (161 m)

Gründung 1990

Information Nationalparkamt Vorpommern, Nationalpark Jasmund, Stubbenkammer 2a, 18546 Sassnitz

Internet nationalpark-jasmund.de, koenigsstuhl.com

29 AUF DER SONNENSEITE – USEDOM

Die Insel erstrahlt im Sonnenschein und neuen Glanz der Kaiserbäder

Auf Usedom reicht die Seebadtradition fast 200 Jahre zurück, 1820 erholte sich hier schon der spätere König Friedrich Wilhelm IV. von seinen aristokratischen Strapazen. Mittlerweile genießt man hier ganz demokratisch Sand und Sonne mit Kind und Kegel.

Am schicksten gibt sich Usedom in den Kaiserbädern Ahlbeck, Heringsdorf und Bansin. Durch Europas längste Strandpromenade miteinander verbunden, liegen die drei Seeheilbäder am feinen weißen Sand des Ostseestrands. Herrschaftliche Villen aus dem 19. und frühen 20. Jahrhundert zeugen von den Glanzzeiten der Insel, als sich hier der Hochadel, der Geldadel und berühmte Künstler zur Sommerfrische trafen. Die Gästeliste ist jedenfalls beeindruckend: Lyonel Feininger, Maxim Gorki, Theodor Fontane, Lew N. Tolstoi, Kurt Tucholsky, Heinrich und Thomas Mann …

Berliner Glück

Die Sonne scheint hier jedoch schon lange für alle gleich, im Durchschnitt über 1900

Im Kaiserbad Bansin reihen sich die Strandvillen an Usedoms kilometerlanger Promenade (rechts). Der Radweg von Berlin nach Usedom ist eine der beliebtesten Strecken im Osten (rechts oben).

Stunden im Jahr und damit länger als an jedem anderen Ort in Deutschland. Dank ihrer Bäderarchitektur, des breiten Sandstrands, der sich an der ganzen Küste der Insel von Peenemünde bis ins rund 40 Kilometer entfernte polnische Swinemünde (Świnoujście) zieht, und ihrer vielfältigen Landschaften ist Deutschlands zweitgrößte Insel seit dem frühen 19. Jahrhundert ein beliebtes Urlaubsziel. Weil stets auch viele Hauptstädter anreisten, wurde sie zur »Badewanne der Berliner«.

Seit 1999 gehört der deutsche Teil der Insel zum Naturpark Usedom. Jenseits der Strände findet man in dem landschaftlich reizvollen Gebiet Buchenwälder, Salzwiesen am Haff, Seen und Kulturlandschaften sowie Seeadler, Kraniche, Fischotter und andere seltene Tiere – und himmlische Ruhe vor Touristentrubel. Die findet man auch im Winter, wenn die Insel einen besonderen Zauber entfaltet. Ganz nebenbei findet man in der Waldstraße in Ahlbeck einen der ältesten Wohnmobilstellplätze Ostdeutschlands, gleich neben dem Bahnhof.

INFO: usedom.de

STELL- UND CAMPINGPLÄTZE

OSTSEECAMPING BANSIN

Am Heuberg, 17429 Heringsdorf, ostsee-camping-bansin.de, GPS: 53.987008, 14.112037. Mitten im Wald gelegen und dennoch strandnah. Vor dem eigentlichen Campingplatz mit kompletter Ausstattung befindet sich außerdem ein dazugehöriger Wohnmobilstellplatz.

TOP ★ ERLEBNISSE

★ RADELN MIT RÜCKENWIND

Über 800 Kilometer zieht sich der Ostseeradweg von Flensburg nach Ahlbeck – die Distanzen auf der Insel Usedom addieren sich auf 40 Kilometer. Sie führen an den Seebrücken und Strandvillen genauso vorbei wie an den »Bernsteinbädern« Zempin, Koserow, Loddin und Ückeritz. Steigungen liegen nicht auf der Strecke – mit Rückenwind radelt man von West nach Ost und sollte die Puste doch ausgehen, gibt es die Usedomer Bäder-Bahn.

★ GNITZ RUNDTOUR

Gerade einmal fünf Kilometer ist die Strecke lang. Dennoch bietet die vermeintlich kurze Tour südlich von Zinnowitz jede Menge Abwechslung. Sie ist geprägt von kleineren Steilufern und Salzwiesen am Achterwasser und bietet vor allen Dingen viel Ruhe abseits der gut besuchten Seebäder.

Weitere Informationen
mecklenburger-radtour.de

30 NATIONALPARK MÜRITZ

Strahlender Mittelpunkt des Nationalparks und sein Namensgeber ist die Müritz, der zweitgrößte See Deutschlands mit 117 Quadratkilometer Fläche. Zusammen mit mehr als 100 Seen bildet er die Mecklenburgische Seenplatte, das größte vernetzte Wassersportrevier Europas.

TOP ★ FIVE

★ Attraktionen in Speck
Der letzte Besitzer baute den Gutshof zum Jagdschlösschen um. Am Parkplatz steht eine 800 Jahre alte, mächtige Sommerlinde.

★ Schliemann in Ankershagen
Das Heinrich-Schliemann-Museum bewahrt Erinnerungen an den Entdecker Trojas in seinem Elternhaus, einem original erhaltenen Pfarrhaus.

★ Kanufahren auf der Müritz
Das Wasserwegenetz der Seenplatte erstreckt sich über 140 Kilometer. Im verträumten Blankenförde paddelt man direkt an kleinen Häusern vorbei.

★ Anlaufstellen in Boek
Im Gutshaus verbrachte die Schriftstellerin Gertrud von le Fort ihre Kindheit. Hier ist heute ein Zinnfigurenmuseum untergebracht.

Der Nationalpark Müritz ist zweigeteilt: Den westlichen und mit 260 Quadratkilometern ausgedehnteren Abschnitt kennzeichnen Kiefernwälder und Moorgebiete. Im östlichen Teil mit 62 Quadratkilometer Fläche haben sich wertvolle Buchenbestände erhalten – seit 2011 Teil des Weltnaturerbes »Alte Buchenwälder«. Hier ist die Landschaft meist hügelig und von Seen und Mooren durchbrochen.

1 Waren Die Stadt am Nordwestufer der Müritz ist ein Ausgangspunkt von Touren in den Nationalpark, den ein Streckennetz von 650 Kilometer Länge durchzieht.

2 Warnker See Südlich von Waren gelegen, ist der See für seine Fauna und Flora bekannt: Hier lassen sich vom Beobachtungsstand Kraniche und Fischadler sichten. Auf den Wiesen wächst u.a. Sonnentau.

3 Müritzhof Ein Wohn- und Arbeitsprojekt, das vielen Zwecken dient: Alte Haustierrassen wie Gotlandschaf, Fjällrind und Shetlandpony beweiden die Koppeln um den Landschaftspflegehof, auf dem zwölf behinderte Menschen leben und arbeiten. Die hofeigene Gastwirtschaft versorgt Wanderer von April bis Ende Oktober.

4 Wacholderheide Wild und Vieh halten den Bewuchs um den Wacholder kurz, sodass selbst Orchideen und Kriechweiden gedeihen. Die Heide direkt an der Müritz erreicht man nur über die Spuklochkoppel bei einer Führung mit den Müritzhof-Rangern.

Die Mecklenburgische Seenplatte mit der riesigen Müritz ist nicht nur ein Paradies für sanften Wassersport, sie gehört auch zu den größten Naturschutzgebieten Deutschlands.

5 Nationalparkinformation Im Nationalpark Müritz brüten 52 Fischadlerpaare. Die Parkinfo in Federow gibt filmische Einblicke in einen Horst, den sich ein Brutpaar auf einem Starkstrommast eingerichtet hat. Im Sommer finden zwei Mal pro Woche zweistündige Führungen statt.

6 Rederangsee Seine Ufer nutzen Kraniche als Rastplatz, der Beobachtungsstand liegt keine zwei Kilometer vom Parkplatz Federow entfernt. Im Herbst ist der Zugang nur beschränkt möglich.

7 Schwarzenhof Nicht weit vom Hotel Kranichrast steht eine mächtige Eiche. Ein Rundweg führt zum Specker See und über das Gutsdorf Boek zurück durch die Kiefernwälder.

8 Binnenmüritz Rings um den See breitet sich das Moor mit Erlenbrüchen und abgestorbenen Birken mit Sumpfdotterblume, Moosbeere und Sumpfcalla. Enten und Kormorane besiedeln das Gewässer, das nicht zu verwechseln ist mit der 33 Meter tiefen Binnenmüritz bei Waren

9 Boek Nordöstlich vom Dorf mit dem markanten Gutshof und der Backsteinkirche liegt eine Sanderlandschaft mit bis zu sechs Meter hohen Dünen aus Flugsand.

10 Käflingsbergturm Die Aussichtsplattform auf 31 Meter Höhe überragt den Kiefernwald rund um Speck. Von oben wird die Struktur der von Sand bedeckten Höhenzüge und die fort-

schreitende Verlandung der beiden Zillmanseen deutlich.

⑪ Speck Nicht etwa fettes Fleisch, sondern einen »Damm über den Sumpf« bezeichnet der Ortsname. Im idyllischen Gutsdorf mit 40 Einwohnern steht noch die alte Schmiede – der Sitz eines Nationalparkbüros.

⑫ Ankershagen Zwei Merkmale heben den Ort hervor: eine der größten Eschen Mecklenburg-Vorpommerns und ein trojanisches Pferd. Es verweist auf Heinrich Schliemann, der im Pfarrhaus aufwuchs. Der Vater predigte in der Dorfkirche aus dem 13. Jahrhundert.

STELLPLÄTZE

WOHNMOBILSTELLPLATZ AM STADTHAFEN

Zierker Nebenstraße, 17236 Neustrelitz, GPS: 53.365514, 13.055878. Zentral gelegener Stellplatz zwischen den beiden Nationalparkbereichen. Gleichzeitig gut für eine Ortsbesichtigung von Neustrelitz gelegen, nahe dem Yachthafen, Einkehrmöglichkeiten neben dem Platz. Strom, Sanitär und Entsorgungsmöglichkeiten vorhanden.

⑬ Havelquelle Zwischen Ankershagen und Pieverstorf entspringt die Havel – eine Steinsäule markiert die ungefähre Stelle im weitläufigen Quellgebiet.

⑭ Görtowsee Jedes Jahr im Juli bedecken weiße Seerosen weite Teile des Sees im Kerngebiet es Nationalparks.

⑮ Zotzensee Hier lohnt ein Blick ins Schilf: Darin verbirgt sich die Große Rohrdommel, ein Reihervogel, dessen braunes Gefieder ihn im Röhricht fast unsichtbar macht. Die Renaturierung von Feuchtgebieten am See hat den Lebensraum der seltenen »Moorochsen« wieder vergrößert.

⑯ Neustrelitz Zwischen West- zum Ostteil des Parks liegt die Residenzstadt, deren Marktplatz die Mitte der Residenzstadt markiert: Acht Straßen führen sternförmig auf ihn zu. Auch der Schlossgarten zieht Besucher an.

⑰ Serrahn Ein Teil des Serrahner Buchenwalds ist Weltnaturerbe. Um den Ort mitten im Nationalpark wachsen auch viele andere Baumarten: Douglasien, Fichten, Lärchen und Roteichen.

⑱ Naturerlebnispfad »Der lange Weg zum Urwald« lautet das Motto des 7,7 Kilometer langen Rundkurses von Zinow nach Serrahn. Er führt durch alle Arten von Wald: von der Plantage bis zum Urwald. Auch ein Aussichtsturm mit Blick über den Großen Serrahnsee liegt am Weg.

⑲ Schweingartensee Dass zum Wald auch der Verfall gehört, zeigen die umgestürzten Buchen und alten Erlen am Rand von Kesselmooren, den Senken voller Torf aus der Eiszeit.

Anfahrt Auf der A19 Rostock–Berlin bis zur Ausfahrt Waren (Müritz), weiter über die B192 nach Waren; Bahnverbindungen nach Waren und Neustrelitz mit Anschluss zu weiteren Nationalparkorten.

Lage Im Bundesland Mecklenburg-Vorpommern, östlich der Müritz zwischen den Städten Waren, Neustrelitz und Feldberg.

Größe 322 km²

Höchste Erhebung Serrahner Berge (124 m)

Gründung 1990

Information Nationalparkamt Müritz, Schlossplatz 3, 17237 Hohenzieritz

Internet mueritz-nationalpark.de

DER NORDOSTEN

Hauptstadtflair und Felsenmeer

In Dresden wird viel Kultur geboten, etwa in der früheren Zigarettenfabrik Yenidze (oben), und auch Leipzig prunkt mit historischen Monumenten wie dem wuchtigen Völkerschlachtdenkmal (unten). Blick über die Dächer auf das Schloss im mittelalterlichen Stolberg im Harz (links).

Ein Stelenfeld gedenkt der Millionen Opfer des Holocaust (oben). Das Sony Center steht in Berlin-Mitte (rechts oben). Am schönsten zeigt sich die Museumsinsel – hier das Bode-Museum – bei einer Bootsfahrt auf der Spree (rechts unten).

31 DU BIST SO WUNDERBAR – BERLIN

Weltbühne Berlin

Berlin ist »in«. Die deutsche Hauptstadt, als Machtzentrale des Deutschen Reiches und als geteilte Stadt kritisch betrachtet, gehört heute weltweit zu den Städten mit dem höchsten Sympathiefaktor. Dynamische Entwicklung, spannende Architektur, ein reiches kulturelles Erbe, eine avantgardistische Kulturszene und Spitzengastronomie: Berlin ist aufregend.

Am Beginn standen die Dörfer Cölln und Berlin, die sich 1307 ein Rathaus teilten. Über 700 Jahre später ist aus den bescheidenen Anfängen eine Metropole mit knapp 3,6 Millionen Einwohnern in den Stadtgrenzen und sechs Millionen Menschen in der Metropolregion geworden. Eine Weltstadt mit repräsentativer und experimenteller Architektur, in der es altägyptische neben Avantgardekunst gibt, die Berliner Philharmoniker neben experimenteller Musik, internationale Festspiele neben Kiez-Events. Eine europäische Großstadt, in der vor 75 Jahren antisemitischer Terror herrschte und heute Weltoffenheit regiert, mit einer Gedenkstätte Berliner Mauer an der Bernauer Straße und einer Graffiti-Galerie auf dem längsten erhaltenen Mauerstück in der Mühlenstraße.

Nach dem 1999 umgesetzten Beschluss des Bundestages, Regierung und Parlament nach Berlin zu verlegen, hat sich Berlin von einer »Frontstadt« an der Schnittstelle zweier konträrer Gesellschaftssysteme zu einer aufregenden Mischung von Kulturen entwickelt.

Die neue Mitte

Nach der Vereinigung von Ost- und Westberlin hat die Stadt ihre alte Mitte neu gefunden. Das Regierungsviertel mit Ministerien, dem Kanzleramt, dem Bundestag im früheren Reichstagsgebäude und vielen Botschaften gruppiert sich um das Brandenburger Tor. Gleich dahinter mahnt das Holocaust-Mahnmal, ein begehbares Stelenfeld von Peter Eisenman, an die Verbrechen des Nazi-Staates.

CineStar
IMAX

Der Dinosauriersaal im Museum für Naturkunde ist den Giganten vorbehalten.

Das Brandenburger Tor, 1791 als Abschluss der Prachtallee Unter den Linden im griechischen Stil mit Quadriga und Siegesgöttin errichtet, hat preußische Militärparaden, Aufmärsche von SA-Kolonnen und den Bombenregen des Zweiten Weltkrieges erlebt. In der Nachkriegszeit markierte es die Grenze zwischen den Weltanschauungen. Heute können Spaziergänger wieder durch das Brandenburger Tor flanieren. Dahinter öffnet sich der Pariser Platz, den die US-Botschaft und ein Nachbau des legendären Hotels »Adlon« säumen.
Vor dem Reichstagsgebäude auf der anderen Seite des Tors wartet meist eine lange Schlange von Besuchern, die den Sitz des Deutschen Bundestages mit seiner transparenten und begehbaren Kuppel besichtigen wollen. Das monumentale moderne Kanzleramt, auch als »Angies Waschmaschine« bespöttelt, liegt in Sichtweite des Parlaments am Spreebogenpark. Nördlich davon spiegelt sich die Sonne in den Glasfronten des 2006 eröffneten Hauptbahnhofs, in dem die Züge der Fernbahnen und des Nahverkehrs auf unterschiedlichen Ebenen einlaufen.
Viele halten den Gendarmenmarkt im Stadtviertel Friedrichstadt für einen der schönsten Plätze Berlins. Ihn rahmen das Konzerthaus, ein Schinkelbau, und die beiden nahezu identischen Kirchen des Deutschen und des Französischen Doms ein, die 1785 noch ohne die hohen Kuppeltürme eröffnet wurden.
Die Friedrichstraße macht mit der Galerie Lafayette und anderen Konsumtempeln ihrem einstigen Ruf als elegant-luxuriöse Einkaufsmeile wieder alle Ehre. Der S-Bahnhof Friedrichstraße war zu DDR-Zeiten Übergangsstelle zum Westen. Heute spielt am gegenüberliegenden Spreeufer das Berliner Ensemble im früheren Brecht-Theater am Schiffbauerdamm. Im Süden erinnert der alliierte Grenzübertritt Checkpoint Charlie an die Zeit, als eine Mauer die Stadt teilte. Das Jüdische Museum dokumentiert in einem beeindruckenden und bedrückenden Bau von Daniel Libeskind die Geschichte des Judentums in Deutschland, seinen kulturellen

Reichtum und die fast komplette Vernichtung jüdischer Mitbürger.
Der Prachtboulevard Unter den Linden zieht sich vom Brandenburger Tor bis zur Spreeinsel, flankiert von Staatsbibliothek, Humboldt-Universität und dem Reiterdenkmal Friedrichs II., vom Bebelplatz, von Deutscher Staatsoper und Kronprinzenpalais sowie der Neuen Wache, die seit 1990 als Mahnmal für die Opfer von Krieg und Gewaltherrschaft dient. Das zum Deutschen Historischen Museum umgestaltete Zeughaus schließt sich an, es ist das älteste erhaltene Gebäude Unter den Linden.

Die Schatzinsel

Die Museumsinsel, seit 1999 UNESCO-Welterbe, zeigt Schätze aus mehreren Jahrtausenden im Pergamonmuseum, Bodemuseum, in der James-Simon-Galerie, der Alten Nationalgalerie, dem Neuen und Alten Museum. Der grandiose Figurenfries des Pergamonaltars und die Büste der schönen ägyptischen Königin Nofretete im Neuen Museum sind die unbestrittenen Besuchermagneten.
Noch auf der Spreeinsel entfaltet der 1894 im Stil der italienischen Hochrenaissance errichtete Berliner Dom seine Pracht. In dem 116 Meter hohen protestantischen Gotteshaus liegen Mitglieder der Hohenzollernfamilie bestattet. Auf dem Schlossplatz jenseits der Spreebrücke standen bis zur Sprengung 1950 die Überreste des Stadtschlosses der Hohenzollern. In den 1970er-Jahren ließ die DDR-Führung hier den »Palast der Republik« als Sitz der Volkskammer errichten. Der asbestverseuchte Betonquader wurde nach der Wende abgewickelt, nun entsteht hier ein Humboldt-Forum in der Optik des früheren Schlosses.
Das Nikolaiviertel mit der gleichnamigen Kirche von 1230 gehört zum Ältesten, was Berlin zu bieten hat. Einige Gebäude sind nach historischen Vorbildern restauriert, andere mit modernen Materialien leicht als Kopie zu erkennen. Der wegen seiner Backsteinfassade Rotes Rathaus genannte Sitz des Senats und des Regierenden Bürgermeisters von Berlin ist seit rund 150 Jahren die Zentrale der Berliner Stadtverwaltung. Während der Teilung der Stadt tagte der Westberliner Senat im Rathaus von Schöneberg. Der Grundstein für die frei stehende Marienkirche vis-à-vis wurde 1270 gelegt. Sehenswert ist dort ein verblasstes Totentanzfresko aus dem 15. Jahrhundert.
Hinter der Kirche ragt der 1969 eingeweihte, 368 Meter hohe Fernsehturm in den Himmel. Hinaufbefördert in 38 Sekunden, kann man im Drehcafé Kaffee und Kuchen mit Panoramablick aus 200 Meter Höhe genießen.

Die »Molecule Men« aus Aluminium dekorieren in Friedrichshain die Spree bei der Oberbaumbrücke (oben). Der Berliner Dom wird von einer prachtvollen Kuppel bekrönt (unten).

»Victoria« grüßt von der 69 Meter hohen Siegessäule (oben). Das Mauerstück »East Side Gallery« gehört zu Berlins neuen Ikonen (unten). Glaskuppel und Dachterrasse des Reichstagsgebäudes können (nach Anmeldung) besucht werden (rechts). Farbenfroh zeigt sich die Gartenstadt (rechts unten).

Die Weltzeituhr auf dem Alexanderplatz war schon zu DDR-Zeiten ein beliebter Treffpunkt. Hier endet die 125 Meter breite Karl-Marx-Allee, seinerzeit beliebt für Militär- und andere Paraden. Ohnehin ist der große Platz ein Kreuzungspunkt der Verkehrswege, den 120 000 umsteigende S-, U- und Straßenbahnpassagiere täglich nutzen. Ein Hotelhochhaus und Einkaufszentren sowie das »Haus des Lehrers«, heute Teil des Berliner Congress Center und erkennbar an seinem Wandfries, säumen »den Alex«.

Bewegte Vergangenheit und glitzernde Gegenwart

Vom Hamburger Bahnhof schnauften Mitte des 19. Jahrhunderts die Züge in die Hansestadt. Heute sind in dem zu einem Museum für Gegenwart umgestalteten Bau unter anderem Werke von Joseph Beuys und Andy Warhol sowie Filme und Videokunst zu sehen. Zum Brechthaus in der Chausseestraße pilgern nach wie vor Theaterfreunde aus vielen Ländern. Hier hatten Helene Weigel und Bertolt Brecht ihre letzte gemeinsame Wohnung. Das Literaturforum im Haus organisiert Veranstaltungen zu literaturpolitischen Themen. Gleich nebenan, auf dem Dorotheenstädtischen Friedhof, haben die beiden ihre letzte Ruhestätte gefunden, neben vielen anderen Literaten, Theaterleuten und Geistesgrößen wie Georg W. F. Hegel, Hanns Eisler, Heinrich Mann, Heiner Müller, Anna Seghers und Christa Wolf.

In der Gedenkstätte Berliner Mauer an der Bernauer Straße erinnern ein erhaltener Mauerabschnitt, ein Aussichtsturm und das Dokumentationszentrum an die stark befestigte Grenze, die sich ab dem 13. August 1961 quer durch Berlin zog. An der geteilten Bernauer Straße scheiterten zahlreiche Fluchtversuche. Die Hackeschen Höfe, ein Ensemble von acht Hinterhöfen, steht bereits seit dem Jahr 1972 unter Denkmalschutz. Nach der Wende restauriert, haben sich die Höfe dank der Restaurants und Cafés, origineller Läden und einer Kleinkunstbühne zu einem Anziehungspunkt entwickelt.

Platz im Wandel

Das einst pulsierende Leben am Potsdamer Platz war mit der Teilung Berlins zum Erliegen gekommen, die Grenze verlief quer durch das neue Niemandsland. Inzwischen setzen das Sony Center und sein spektakuläres Glaszelt, die Shopping-Quartiere, Musical-Theater und das Museum für Film und Fernsehen neue architektonische Akzente. Das Kulturforum gleich hinter der außergewöhnlichen Kon-

zerthalle der Philharmonie gehört zu den landesweit wichtigsten Orten für Liebhaber bildender Kunst. In der Gemäldegalerie ist eine ausgezeichnete Sammlung von Werken spätmittelalterlicher Kunst bis zu Meistern des holländischen Goldenen Zeitalters zu sehen. Die benachbarte, von Mies van der Rohe entworfene Neue Nationalgalerie widmet sich Werken des 20. Jahrhunderts.
Im berüchtigten Bendlerblock dokumentiert die Gedenkstätte Deutscher Widerstand, wie sich Menschen gegen die Nazi-Diktatur gewehrt haben. Ein Ehrenmal erinnert im Innenhof an die dort hingerichteten Wehrmachtsoffiziere um den Widerstandskämpfer Oberst Graf Stauffenberg.
Der Tiergarten, früher Jagdrevier der preußischen Kurfürsten, ist schon lange öffentliche Grünanlage, durchzogen von der breiten Straße des 17. Juni, die im Kreisverkehr »Großer Stern« um die Siegessäule herumführt. Von der Aussichtsplattform unterhalb der »Jold-Else«, wie die »Victoria« im Volksmund heißt, überblickt man das grüne Areal des Tiergartens bis zum Brandenburger Tor.
Der Kurfürstendamm mit der Kaiser-Wilhelm-Gedächtniskirche und dem Europa Center war eines der wichtigen Zentren Westberlins bis zum Mauerfall. Noch immer lädt der Ku-Damm zum Flanieren, Shoppen oder auf einen Kaffee ins »Kranzler-Eck« ein.
Im Nordwesten Charlottenburgs liegt das gleichnamige Schloss, ein glanzvolles Barockensemble. Der im französischen Stil gestaltete Barockgarten wurde um einen englischen Landschaftsgarten erweitert. Im Belvedere erfreut eine grandiose Porzellansammlung alle Liebhaber edlen Geschirrs.
Auf der anderen Straßenseite gelangen Freunde der klassischen Moderne ans Ziel ihrer Träume. Der Kunstsammler Heinz Berggruen, der wegen seiner jüdischen Abstammung Deutschland 1936 verlassen musste, kehrte 60 Jahre später in seine alte Heimat zurück. Seine Sammlung von 200 Werken überragender Künstler konnte Berlin zu günstigen Konditionen erwerben. Sie ist im Museum Berggruen der Nationalgalerie ausgestellt.

STELL- UND CAMPINGPLÄTZE

WOHNMOBIL-OASE BERLIN

Hochstraße 4, 13357 Berlin, wohnmobil-oase.com, GPS: 52.548839, 13.383503. Etwas rustikal, aber zentrale Lage nahe der Gedenkstätte Berliner Mauer. Bietet alles, was man benötigt, und ist ideal, um auf Sightseeing-Tour in Berlin zu gehen.

STELLPLATZ AM STRANDBAD PLÖTZENSEE

Nordufer 26, 13351 Berlin, strandbad.ploetzensee.de, GPS: 52.541259, 13.330327. Der kleine Campingplatz befindet sich auf einem riesigen Areal, das als Strandbad genutzt wird. Abendliche Live-Musik und Pizzeria sowie ein FKK-Strand gehören ebenfalls zum Platz.

TOP ★ ERLEBNISSE

★ IM WALD

Unter dem Namen »20 grüne Hauptwege« firmieren Wanderwege durch Berlin mit einer Gesamtlänge von 550 Kilometern. Einer der schönsten von ihnen, die Nr. 12, führt am Ostufer der Havel entlang von der Stößenseebrücke bis zum Strandbad Wannsee. Auf der 10-Kilometer-Strecke des Havelhöhenwegs liegen Sehenswürdigkeiten wie der Grunewaldturm.

★ IM KREIS

Die Berliner Mauer gibt es nur noch in Teilstücken – der 160 Kilometer lange Mauerweg zeichnet den gesamten Verlauf nach. Er folgt zumeist den Kontrollwegen der DDR-Grenzposten. Schilder und Gedenk-Stelen, zu Museen umfunktionierte Postentürme und Kunst bilden beim Fahrradfahren.

★ HAVELHÖHENWEG

Rund zehn Kilometer ist der Wanderweg lang, der am Strandbad Wannsee beginnt und zur Heerstraße nach Charlottenburg verläuft. Dabei durchquert man einen Teil des Grunewalds, wo man den Grunewaldturm besteigt, und erlebt außerdem die Waldausstellung Wald.Berlin. Klima. Auch die Havelinsel Lindwerder ist Teil der Wanderung.

Weitere Informationen
visitberlin.de, berlin.de

32 STADT DER SCHLÖSSER – POTSDAM

Preußens Glanz und Gloria

Wie eine Insel von der Havel und ihren Seen umgeben, liegt Brandenburgs Hauptstadt südwestlich von Berlin. Die Schlösser und Gärten der Preußenkönige gehören seit 1990 zum Weltkulturerbe, insgesamt 150 Bauwerke in zusammen 500 Hektar großen Parks. Das Potsdamer Abkommen der Siegermächte des Zweiten Weltkriegs hat die Stadt überdies weltbekannt gemacht.

Der letzten Eiszeit hat Potsdam die Seenlandschaft des Havellaufs zu verdanken. Als die Gletscher vor etwa 20 000 Jahren zurückgingen, ließen sie Moränenhügel und Senken zurück, die sich mit Wasser füllten. Das Stadtgebiet ist heute nur zu einem Viertel bebaut, der Rest besteht aus Seen und Wäldern. In dem mittelalterlichen Ort baute der preußische Kurfürst Friedrich Wilhelm ab 1660 eine Zweitresidenz. Sein Urenkel Friedrich II. (1712–1786), »der Große«, gestaltete nicht nur den Staat Preußen neu, sondern auch die Stadt Potsdam, in der er ab 1745 Schloss Sanssouci errichten ließ.
Genau 200 Jahre später beschlossen im Schloss Cecilienhof die Siegermächte des Zweiten Weltkriegs die Aufteilung Deutschlands in Besatzungszonen. Potsdam wurde in der DDR die Hauptstadt des gleichnamigen Bezirks und nach der Wiedervereinigung 1990 des Bundeslandes Brandenburg. Im selben Jahr wurden darüber hinaus Teile seiner einmaligen Schlösser- und Parklandschaft zum UNESCO-Weltkulturerbe erklärt.

Versailles des Nordens

Eine Sommerresidenz »ohne Sorgen«, »sans souci«, hatte Friedrich der Große im Sinn, als er seinen Hofbaumeister Georg von Knobelsdorff (1699–1753) mit dem Bau des Rokokopalais über symmetrisch angelegten Weinterrassen beauftragte. Kurz danach entstanden die lang gestreckten Bauten der

Auch Potsdam hat ein (kleines) Brandenburger Tor am Luisenplatz (unten). In Schloss Babelsberg wurde Geschichte geschrieben: 1862 ernannte Wilhelm I. dort Bismarck zum Ministerpräsidenten (rechts oben). Das Filmmuseum in der Breiten Straße präsentiert die Geschichte des deutschen Films (rechts unten).

»Bildergalerie« und der »Neuen Kammern«, die das Sommerschloss flankieren.
Auch wenn Sanssouci als ein »Preußisches Versailles« bekannt wurde, diente es nicht zur Repräsentation der Macht, sondern war mit seinen zwölf Zimmern eine zwar kostspielige, aber fast private Wohnanlage. Erst unter Friedrich Wilhelm II. entstand 1769 das mit 200 Räumen viel größere Neue Palais. Der Ur-Großneffe von Friedrich dem Großen, Friedrich Wilhelm IV., dekorierte ab 1841 Schloss Sanssouci und seine Gärten mit Vasen, Wasserspielen, Skulpturen und Marmorbänken.
Über Brandenburgs größte, 270 Hektar umfassende Parkanlage verteilen sich zahlreiche zauberhafte kleine Bauwerke, Römische Bäder, die Neptungrotte, eine Bockwindmühle und kleine Tempel. Seit 1991 liegt Friedrich II., wie er es verfügt hatte, in Sanssouci bestattet.

Neuer Geist in alten Mauern

Die unter dem »Soldatenkönig« Friedrich Wilhelm I. angelegte Garnisonssiedlung bildet ab 1713 den Kern der Altstadt. Das Brandenburger Tor, nach dem Konstantinbogen in Rom gestaltet, prunkt schon seit 1770 auf dem heutigen Luisenplatz. Die Neustadt mit Altem und Neuem Markt schließt sich nach Süden an. Dem Alten Markt geben das von einer goldenen Atlasfigur gekrönte Alte Rathaus von 1755 und die klassizistische St. Nikolaikirche mit ihrer mächtigen Kuppel das Gepräge. Das neue Gebäude des brandenburgischen Landtages, angelehnt an Grundriss und Fassade des früheren Stadtschlosses, wurde 2014 eingeweiht.
Kleine Läden, Werkstätten, Cafés und Restaurants erfreuen Besucher des Holländischen Viertels nordöstlich der Altstadt. Die in niederländischem Stil erbauten Häuschen sollten im 18. Jahrhundert holländische Handwerker nach Potsdam locken.
In der weitläufigen Parkanlage des Neuen Gartens am Ufer des Heiligen Sees ist neben dem Marmorpalais von 1787 und der dekorativen Orangerie vor allem das 1917 fertiggestellte Schloss Cecilienhof von Interesse. Weniger wegen der am englischen Tudorstil orientierten Architektur, sondern vielmehr, weil hier Anfang August 1945 der britische Premierminister Clement Attlee, US-Präsident Harry S. Truman und der sowjetische KPdSU-Generalsekretär Josef Stalin das Potsdamer Abkommen nach ihrem Sieg über Hitler-Deutschland besiegelten. Die historischen Konferenzräume können besichtigt werden.

STELL- UND CAMPINGPLÄTZE

WOHNMOBILSTELLPLATZ POTSDAM

Potsdamer Str. 196, 14469 Potsdam, wohnmobilstellplatz-potsdam.de, GPS: 52.413139, 13.029123. Großer Stellplatz, der bei Vollbelegung auch noch eine Ausweichmöglichkeit auf dem angrenzenden Parkplatz bietet. Strom sowie Ver- und Entsorgung sind vorhanden. Mit einem 20-minütigen Spaziergang ist man am Schloss Sanssouci.

TOP ★ ERLEBNISSE

★ SCHLÖSSERRUNDFAHRT

Wer in Potsdam nicht wenigstens mal ein Schiff besteigt, macht etwas falsch. Auf der eineinhalbstündigen Schlösserrundfahrt blickt man auf Schloss Babelsberg sowie den Flatowturm und unterquert die historische Glienicker Brücke. Die Tour kann man auch in der Abenddämmerung bei entsprechender Illumination erleben.

★ MUSEUMSSENSATION

In den ersten beiden Jahren seit seiner Eröffnung 2017 kamen mehr als eine Million Besucher ins Museum Barberini. Sie haben von den Impressionisten bis Gerhard Richter große Ausstellungen gesehen und die gelungene Rekonstruktion des herrschaftlichen Bürgerhauses von 1771/72, das mit Nikolaikirche und dem Alten Rathaus das Zentrum der Stadt markiert.

★ TRAUMFABRIK

Über 100 Jahre ist es her, dass in Babelsberg die Bilder laufen lernten, ab 1918 unter dem Namen UFA. Hier entstanden legendäre Streifen wie »Metropolis« oder »Die Spur der Steine« – letzterer unter Regie der DEFA-Studios, so der Atelier-Name zu DDR-Zeiten. Inzwischen heißt das weltweit älteste Filmstudio Medienstadt Babelsberg und bietet Führungen und Stuntshows an.

Weitere Informationen
potsdamtourismus.de

BROCKENBAHN UND EIERSCHECKE

Aspekte im Nordosten

Echt wild – die Wölfe kehren zurück

Zählen kann sie keiner, aber klar ist: Es werden immer mehr. Wölfe sind im Osten Deutschlands auf dem Vormarsch, und wie es sich für die sozialen Tiere gehört, treten sie nicht einzeln auf, sondern im Rudel. Seit 1996 die ersten Wolfsspuren in der Muskauer Heide auftauchten, haben sich die Tiere rasant vermehrt. Weitere Rudel wanderten über die polnische Grenze nach. Sie alle profitieren vom hohen Wildbestand und womöglich auch von der Unsicherheit der Behörden, ob sie Abschüsse erlauben sollen oder nicht. Da sich die Wölfe zu rund 95 Prozent von Reh-, Rotwild- und Wildschweinfleisch ernähren und oft die kranken Tiere jagen, gibt es nur selten Fälle von Rissen an Nutztieren. Dann fließen meist hohe Entschädigungen. 35 Wolfs(rudel) vorkommen in Brandenburg und 20 in Sachsen – so lautet der aktuelle Stand.

Zum Ostermontag gehört für viele Sorben der Osterritt.

Im Land der Sorben

Wenn von Minderheiten in Deutschland die Rede ist, dürften den meisten erst nach längerem Nachdenken jene vier anerkannten Minderheiten einfallen, die einen deutschen Pass besitzen, aber ihre eigene Sprache und Kultur mit offiziellem Segen pflegen: die Saterfriesen, das sind die Dänen in Südschleswig, die Sinti und Roma und die Sorben. Sie leben seit dem Jahr 600 in der Region östlich von Saale und Elbe, heute rund 20 000 in der Niederlausitz in Brandenburg und etwa 60 000 in der sächsischen Oberlausitz. Zu den wichtigsten Traditionen der Sorben gehören die Trachten, die es in vielen Varianten gibt – besonders aufwendig mit der lapa, der aufgestellten Haube samt Kopftuch, und bestickten Bändern. In dem kleinen Ort Schleifle zeigt das Sorbische Kulturzentrum mehr als 100 Trachtenpuppen. Vor allem zu den sorbischen Festtagen kommen die Trachten zum Einsatz: etwa beim Ostereierverzieren, dem Maibaumstellen oder dem Kranzreiten.

Mit Dampf auf den Brocken

Alles wird immer schneller, nur die Brockenbahn nicht. Sie nimmt sich für die 20 Kilometer lange Strecke vom Bahnhof Drei Annen Hohne auf 550 Meter Höhe bis hinauf zur Gipfelstation auf 1125 Metern gute 45 Minuten Zeit. Dabei umrundet sie die Brockenkuppe im langsamen Aufstieg zwei Mal, bevor sie in den

Ein besonderes Vergnügen für große und kleine Eisenbahnfans: eine Fahrt mit der Brockenbahn.

höchsten Kopfbahnhof Deutschlands dampft. Dass die Brockenbahn, seit sie 1898 den Betrieb bis zum Gipfel aufnahm, immer noch unter Dampf fährt, hat mehrere Vorteile: Es sieht nostalgisch aus, stinkt nicht nach Diesel und es gibt keine Oberleitungen, die im schneereichen und windgebeutelten Harz Schaden nehmen könnten. Die gemächliche Reise auf der Schmalspurbahn führt durch mehrere Vegetationszonen: zunächst durch Buchen- und Fichtenwald, dann nur noch durch Nadelwald, übers Brockenmoor und in den fjellartigen Gipfelbereich.

Von Hexen und Teufeln – sagenhafter Harz

Liegt's am dichten Wald, liegt's an den tiefen Schluchten oder an den windumtanzten Gipfeln – der Harz ist der Schauplatz vorwiegend schauriger Legenden. Allen voran zur Walpurgisnacht vom 30. April auf den 1. Mai, in dem Wort das purgatorium als Hölle mitschwingt. Dann reisen von überall her die Hexen auf ihren Besen an und wer zuletzt kommt, wird in Stücke zerrissen, gebraten und verzehrt. Bis zum Morgengrauen dauert die teuflische Party ums Feuer, das heute noch beispielsweise auf dem Hexentanzplatz hoch über dem Bodetal lodert. Der geografisch korrekte Ort ist allerdings der Brockengipfel, der Blocksberg. Aber die Hexen sind nicht das einzige Gruselpersonal im Harz, es gibt da noch den wilden Jäger Hanns von Hackelberg mit seiner Hundemeute, die Haulemutter vom Dreibodestein oder den Steiger Calvör, der einst aus Habgier Knappenkollegen umbrachte. Immerhin ein paar Harzer Gestalten stehen auf der Sonnenseite der Sagen: die Nixe Ruma etwa, die blonde Osterjungfrau oder die Glücksfee im Erzstollen.

Ein magisches Erlebnis ist der Besuch in der Rübeländer Tropfsteinhöhle.

Kuttelsuppe und Eierschecke – Sächsische Küche

Für die Gourmetküche taugen schon die Namen nicht, auch wenn man das harte »k« durch ein sächsisches »g« ersetzt: Klops, Klöße, Kutteln (ein Eintopf aus Rinderpansen) und Quarkkäulchen. Gern in viel Soße gebadet und mit Fleischbeilage serviert, dominier(t)en Kartoffeln in vielen Variationen den Speiseplan. Das galt für die wohlhabenden Sachsen, die sich einen Sonntagsbraten leisten konnten, wie für die armen, die Quark mit Leinöl als Beilage verzehrten. Als typische Gerichte der modernen sächsischen Küche gelten Lammbraten, Wildschwein- und Hirschfleisch, Sülze mit Bratkartoffeln, Pfifferlinge und Brotklöße. Doch das ist nur die Hälfte der Kalorienmiete, der andere Teil entfällt auf die Süßspeisen: Butter- und Streuselkuchen schmecken dem »Kaffeesachsen«, zu Weihnachten der Strietzel, der anderswo Stollen heißt, und das ganze Jahr hindurch die Eierschecke. Sie besteht aus Eiern, Butter, Zucker, Milch und Pudding und ist mindestens ebenso köstlich wie schwer zuzubereiten.

Schauhöhle mit Vergangenheit

Eigentlich nicht wirklich verwunderlich: Goethe war auch schon da. Am 2. Dezember 1777 hat der junge Dichter einen ganzen Tag in der Baumannshöhle verbracht. Die dankte später dem hohen Besuch, indem sie einen »Goethesaal« benannte, dessen Stalagtiten sich im »Wolfgang-See« spiegeln. Bereits Mitte des 17. Jahrhunderts erteilte der Herzog von Braunschweig das Privileg, Besucher durch eine der beiden Rübeländer Höhlen zu führen; die Hermannshöhle war zu diesem Zeitpunkt noch unbekannt. Den Namen hat die Baumannshöhle von ihrem Entdecker, einem Bergmann, der sich im Jahr 1536 auf der Suche nach Erz in der Tropfsteinhöhle verlaufen haben soll. Deutschlands ältestes Naturdenkmal steht seit 1668 unter Schutz.

In Brandenburg an der Havel steht der Dom St. Peter und Paul auf einer Insel im Fluss (oben). Auf zahllosen Wasserwegen kann man im Havelland und der Brandenburger Seenplatte die Zeit auf Bootsfahrten verträumen (rechts).

33 FONTANES MARK – RUPPINER UND HAVELLAND

Die historischen Regionen gefallen Literatur- und Naturfreunden

Klöster, Schlösser und historische Städte, Wälder, Heide und nicht zuletzt Flüsse, Seen und Kanäle prägen das Havel- und Ruppiner Land. Die dünn besiedelten Landstriche westlich und nördlich von Berlin sind beliebte Erholungsgebiete. Literarisch verewigt wurden sie im 19. Jahrhundert in Theodor Fontanes Wanderungen durch die Mark Brandenburg.

Als Fontane zwischen 1862 und 1889 seine Wanderungen durch die Mark Brandenburg veröffentlichte, war die Mark Brandenburg bereits in Preußens Provinzen Brandenburg und Sachsen aufgegangen. In fünf Bänden schildert er die Landschaften, Städte, Geschichte, Sagen und Bräuche der Regionen. Einen widmete er dem Havelland westlich von Berlin, einen anderen der Grafschaft Ruppin im Norden und Westen der Hauptstadt. Auf Fontanes Spuren kann man heute die Gebiete auf Fernwanderwegen erkunden – der historische »Reiseführer« genießt noch heute große Beliebtheit.

Ein königlicher Landsitz

Im Westen prägen der Lauf der Havel, ihre Seitenarme, Kanäle und Seen das Gesicht der Landschaft. Wo sich der Fluss in der Ebene fast 1,5 Kilometer breit aufspannt, liegt Werder auf einer Insel. Das Städtchen ist als Zentrum der havelländischen Obstbaugebiete zur Blütezeit in zarte Farben getaucht und zieht mit dem Baumblütenfest im Mai alljährlich Tausende Besucher an. Das reizvolle Gebiet entlang der Havel Richtung Westen ist ein Mekka für Wassersportfreunde, die auf dem Fluss und seinen Seen tagelang mit dem Kanu durch die Wiesen und Wälder am Ufer paddeln und mancherorts sogar segeln können.

Folgt man der Havel auf ihrem Weg Richtung Elbe, erreicht man kurz vor Ketzin das bezaubernde Schloss Paretz. David Gilly, Preußens innovativer Architekt, Stadt- und Landschaftsplaner des frühen Klassizismus, erbaute um

Am Stadtkanal von Brandenburg sind am Mühlendamm Motorboote vertäut. Die über 1000 Jahre alte »Stadt im Fluss« gilt als »Wiege der Mark«.

1800 mit damals modernster Technik das Ensemble aus königlichem Landsitz und gewinnorientiertem Gutsbetrieb. Die Auftraggeber waren Kronprinz Friedrich Wilhelm, der spätere König Friedrich Wilhelm III., und dessen schöne junge Frau Luise, um die schon zu ihren Lebzeiten ein regelrechter Starkult betrieben wurde. Ein Besuch des Schlosses lohnt schon allein wegen der traumhaft schönen Papiertapeten mit den bezaubernden Pflanzen- und Tierdarstellungen.

Zur Wiege der Mark

Von Ketzin führt der Weg des Flusses weiter nach Brandenburg an der Havel, dessen Gründer wie in Werder den Schutz der Havel nutzten und sich auf der heutigen Dominsel ansiedelten. Ein großes Plus der alten Hansestadt ist seine Lage direkt am – eigentlich sogar im – Wasser, erstreckt sie sich in ihrem schönen historischen Kern doch über mehrere Inseln. Brandenburg ist die älteste Stadt und »Wiege der Mark«, die ersten slawischen Siedler ließen sich hier schon vor rund 1500 Jahren nieder. Im Schutz einer mächtigen Burg – der namengebenden Brandenburg – kontrollierten sie die Schifffahrt auf der Havel, lebten vom Fischfang und der Landwirtschaft. Im Jahr 948 wurde hier das erste Bistum der Mark gegründet und 1165 der Grundstein für den imposanten Dom St. Peter und Paul gelegt. Der romanisch-gotische Backsteinbau ist die »Mutter der märkischen Kirchen« und fantastisch erhalten. Das dazugehörige Dommuseum präsentiert in den mittelalterlichen Räumen eines ehemaligen Prämonstratenser-Chorherrenstifts sakrale Kunstschätze aus rund 1000 Jahren. Zu den Kostbarkeiten der Sammlung gehört auch das Brandenburger Hungertuch aus dem späten 13. Jahrhundert, dessen aufwendige Stickereien auf rund acht Quadratmetern die Lebensgeschichte Christi darstellen.

Im 12. Jahrhundert bestanden auch schon die Siedlungen der heutigen Altstadt an der westlichen und der heutigen Neustadt an der östlichen Havelseite. Zu einer Stadt vereint wurden die drei voneinander unabhängigen Siedlungskerne erst Jahrhunderte später. Gemeinsam bildeten sie jedoch jahrhundertelang das führende Zentrum der Region. Symbol ihres Selbstbewusstseins und ihrer städtischen Eigenständigkeit ist seit 1474 eine über fünf Meter hohe Rolandstatue, die heute vor dem Altstädtischen Rathaus steht.

Lehnin in der Zauche

Südlich der ältesten Stadt der Region ist deren ältestes Kloster auf der Hochfläche Zauche gelegen. Um die Gründung der ehemaligen Zisterzienserabtei Lehnin rankt sich eine Legende, die auch Fontane in seinem Band Havelland wiedergibt: Erschöpft von der Jagd fiel Markgraf Otto I. genau an dieser Stelle in einen tiefen Schlaf und träumte von einer Hirschkuh, die als »Sinnbild des Heidentums« gedeutet wurde. Seine Berater bedrängten ihn deshalb, an dieser Stelle eine Burg gegen die Slawen zu errichten, Otto dachte jedoch an eine Burg, »von der unsere teuflischen Widersacher durch die Stimmen geistlicher Männer weit fortgeschickt werden sollen«. Der Graf gab deshalb Zisterziensermönchen im Jahr 1180 den Auftrag, das Kloster Lehnin zu gründen, »denn Lanye heißt Hirschkuh im Slawischen«. Die bis heute gut erhaltene Abtei errang in den folgenden Jahrhunderten große wirtschaftliche und politische Bedeutung und diente als Grablege der Askanier und Hohenzollern. Ihre romanisch-gotische Backsteinkirche wurde Ende des 19. Jahrhunderts hervorragend renoviert und ist ein eindrückliches Beispiel für die in ihrer Strenge und Schlichtheit wunderschöne Baukunst der Zisterzienser. Sehenswert sind in dem heutigen Luise-Henrietten-Stift auch das spätgotische Hospital sowie das Zisterziensermuseum im barocken Amtshaus von 1696.

Wiste 'ne Beer?

Ist Brandenburg die Wiege der Mark und Lehnin die der märkischen Klöster, so zeigt sich Rathenow als Wiege der optischen Industrie: 1801 eröffnete hier Johann Heinrich August von Duncker die »Königlich privilegierte optische Industrie-Anstalt«. In Rathenow wurden erstmals in Deutschland Brillen industriell gefertigt – im 20. Jahrhundert versorgte die Stadt die halbe Welt mit Sehhilfen und optischen Geräten. Die optische Industrie hat in dem 800 Jahre alten Städtchen mittlerweile ihre herausragende Stellung verloren, ihre Geschichte wird jedoch im interessanten Optik-Industrie-Museum dokumentiert. Und im Optikpark auf der Schwedendamminsel in der Havel kann man auf unterhaltsame Weise Farb- und Lichtphänomene erkunden und optischen Täuschungen auf den Leim gehen.

Am Stadtkanal von Brandenburg sind am Mühlendamm Motorboote vertäut. Die über tausend Jahre alte »Stadt im Fluss« gilt als »Wiege der Mark«.

Die Bockwindmühle in Bamme bei Rathenow wurde bereits im 12. Jahrhundert urkundlich erwähnt (oben). Die Balz der seltenen Großtrappen ist im Frühjahr ein Ereignis für Naturfreunde (unten). Schloss Rheinsberg verströmt eine leichte, kunstgeprägte Atmosphäre (rechts).

Rathenow ist aber nicht zuletzt – oder vor allem – das Zentrum im rund 130 000 Hektar großen Naturpark Westhavelland, der sich von hier aus zu Land und auf dem Wasser erkunden lässt. Seine unberührte Landschaft mit Seen und Feuchtgebieten, Wiesen und Wäldern geht im Westen nahtlos in das Biosphärenreservat Flusslandschaft Elbe über und lockt alljährlich Tausende Gänse, Schwäne, Kraniche und andere Zugvögel an. Ein ganzjähriger Bewohner des riesigen Feuchtgebietes, das zu den größten in Mitteleuropa zählt, ist unter anderem der Eisvogel.

Richtung Osten erstreckt sich dagegen im Herzen des Havellandes das Havelländische Luch, eine idyllische Landschaft mit Wiesen, Äckern und Feuchtgebieten, deren Moore größtenteils ab dem 18. Jahrhundert entwässert wurden. Östlich des Luchs erhielt der Ackerbürgerort Nauen bereits 1292 das Stadtrecht und lockt heute mit einer sanierten Altstadt, in der sich Gründerzeitbauten mit Fachwerkhäusern abwechseln, malerische Gassen und Hinterhöfe zum Bummeln und Schauen einladen. Nauens berühmteste Sehenswürdigkeit ist aber sicherlich sein Ortsteil Ribbeck. »Herr von Ribbeck auf Ribbeck im Havelland«, dichtete Theodor Fontane, »Ein Birnbaum in seinem Garten stand« – Birnbäume heißen den Wanderer durch die Mark Brandenburg noch heute willkommen und werden in der Alten Brennerei und im neobarocken Schloss Ribbeck in flüssig-»geistiger« Form kredenzt. Dort kann man sich in einem kleinen Museum über die Kulturgeschichte der Region und natürlich über die Familie derer zu Ribbeck informieren, die in Ribbeck schon seit dem 13. Jahrhundert ansässig ist. In der Dorfkirche aus dem 14. Jahrhundert steht auf dem Gewölbe der Gruft der Ribbecks der Stamm des Birnbaums, den Fontane in seinem Gedicht verewigte. »Wiste 'ne Beer?«, hört man den freigiebigen Vorfahren der Legende zufolge noch immer flüstern …

Mord und Totschlag

Bereits zur Prignitz, aber verwaltungstechnisch noch zum Ruppiner Land gehört weiter im Norden Kyritz »an der Knatter«. Den scherzhaften Beinamen verdankt das über 1000 Jahre alte Hansestädtchen den zahlreichen Mühlen, die hier früher ratterten und knatterten. Kyritz ist zudem die Heimat von »Mord und Totschlag« und Nick Knatterton,

das eine ein früher berüchtigt starkes Bier, der andere ein deutscher Comic-Held der 1950er-Jahre. Jenseits des schmalen Bands der Kyritzer Seenkette geht die Landschaft bei Neuruppin langsam in eine kaum besiedelte, teils hügelige Wald- und Seenregion über, die leicht euphorisch »Ruppiner Schweiz« genannt wird.

Neuruppin ist wirklich relativ »neu«, denn nach einem verheerenden Brand im Jahr 1787 wurde die Stadt nach einem frühklassizistischen Gesamtplan neu errichtet. Nur wenige Jahre später kam hier Theodor Fontane 1819 im Haus der noch bestehenden Löwen-Apotheke zur Welt. Fontane ist in Neuruppin natürlich ein Denkmal gewidmet, ein anderes ehrt einen weiteren berühmten Sohn der Stadt: 1781 wurde in Neuruppin Karl Friedrich Schinkel geboren. In seiner Heimatstadt, deren Neubau er übrigens viel zu pompös fand, hinterließ der große Architekt kein Gebäude, jedoch wurde die gotische Klosterkirche Sankt Trinitatis aus dem 13. Jahrhundert nach seinen Plänen renoviert. Am gegenüberliegenden Ufer des Ruppiner Sees steht in Wuthenow hingegen eine echte Schinkelkirche aus den 1830er-Jahren. Das Bauwerk fand anfänglich keinen »Beifall im Publiko«, wie es der damalige Landrat von Zieten in einem Brief schrieb. Schinkel ging dagegen davon aus, dass sich das »Publiko«, sprich die Wuthenower Bauern, schon an die moderne Architektur gewöhnen würde. Und die Geschichte gab ihm recht.

Im Norden des Ruppiner Landes geht das Rheinsberger Seengebiet in die Mecklenburger Seenplatte über. Strände zum Sonnenbaden sowie glasklares Wasser zum Schwimmen und Tauchen bietet hier unter anderem der fast 70 Meter tiefe Große Stechlin, dessen tiefster Punkt unter dem Meeresspiegel liegt.

Ein bezauberndes Gesamtkunstwerk aus bildender Kunst, Architektur und Landschaftsgestaltung ist am Grienericksee Schloss Rheinsberg. Friedrich II. ließ die ehemalige Wasserburg im 18. Jahrhundert im prachtvollen Rokoko umbauen und sein Bruder Prinz Heinrich von Preußen gestaltete den Park. Berühmt ist Rheinsberg jedoch vor allem durch Kurt Tucholskys Erzählung *Rheinsberg*. Ein Bilderbuch für Verliebte. Dem Schriftsteller ist im Schloss ein Museum gewidmet.

STELL- UND CAMPINGPLÄTZE

STADTMARINA BRANDENBURG BOOTE & CAMPING

Am Hafen 7, 14770 Brandenburg an der Havel, stadtmarina-brandenburg.de, GPS: 52.424287, 12.554087. Direkt am Wasser in ruhiger Lage mit Blick auf die Marina, aber zum Stadtzentrum ist es ein etwas längerer Fußmarsch. Sanitäranlagen und Strom vorhanden.

TOP ★ ERLEBNISSE

★ KLARER SEE

Fontane-Lesern ist er heilig, alle anderen Besucher freuen sich einfach am glasklaren Wasser und der schönen Natur des Stechlinsees im Rheinsberger Seenland. Ein Rundwanderweg von gut 13 Kilometer Länge führt fast immer am Ufer entlang. Der Start- und Endpunkt der 4,5-Stunden-Tour liegt in Neuglobsow.

★ SEENWANDERUNG

Auf mehreren Rundwegen kann man die Gewässer des Ruppiner Seenlands kennenlernen. Die Tour um den Treptowsee ist beispielsweise elf Kilometer lang, während eine Umrundung des Stechlinsees drei Kilometer länger ist. Gemein haben beide, dass sie relativ flach verlaufen und es so zu einem Vergnügen wird, die Seen zu umrunden.

★ MÄRKISCHER STRAUSS

Stolze 18 Kilo müssen die Großtrappen bewegen, wenn sie sich in die Luft schwingen; eine der schwersten flugfähigen Vogelarten weltweit ist im Havelländischen Luch zu Hause. Ein besonderes Schauspiel bieten die »märkischen Sträuße« während der Balzzeit – von den Beobachtungstürmen bei Garlitz kann man ihnen dabei nach Anmeldung zusehen.

Weitere Informationen
reiseland-brandenburg.de

34 NATIONALPARK UNTERES ODERTAL

Die Natur kennt keine Grenze – entlang der Oder zwischen Hohensaaten und Stettin zieht sich über 50 Kilometer der 1995 gegründete Nationalpark am Grenzgebiet zu Polen hin. In der Abgeschiedenheit der Lage fand eine artenreiche Tier- und Pflanzenwelt ihren Lebensraum.

TOP ★ FIVE

★ Auenblicke
Von Criewen bis Stützkow führt der zehn Kilometer lange »Weg der Auenblicke« u. a. durch Erlenwälder und Quellgebiete.

★ Geschichtsspeicher
Schwedt hat eine große Tabaktradition – davon zeugt der 180 Jahre alte Ermelerspeicher.

★ Flussbegleitung
Ein Teilstück des Oder-Neiße-Radwegs führt durch den Nationalpark. Die Route beginnt an der Quelle der Lausitzer Neiße und endet in Ahlbeck.

★ Tabakmuseum
In Vierraden ist in einer Trockenscheune die Kulturgeschichte des örtlichen Tabakanbaus aufbereitet.

★ Slawenschiff
Zwischen Mai und September fährt das Holzboot »Siwa Sweeti« auf der Oder, sofern es nicht fürs Freilicht-Theater der Odertal-Festspiele die Kulisse abgibt.

Erst nach Ende der Brutzeit kann man den Nationalpark auf geführten Kanutouren erkunden.

Er ist Deutschlands einziger Flussauen-Nationalpark und als Teil des Großschutzgebiets mit Polen einmalig, weil grenzüberschreitend. Seit doppelte Deiche das Flussgebiet einhegen, gilt das Untere Odertal zudem als einzige deutsche Polder-Landschaft. Überschwemmungen der flussabwärts gelegenen Städte wie Stettin sind durch das raffinierte System von Sommer- und Winterdeichen nahezu ausgeschlossen: In den kalten Monaten kann das Wasser die Polderwiesen überfluten, ab April schließen die Wehre der Sommerdeiche und erlauben die Mahd und Beweidung. Der Trend im Schutzgebiet weist aber insgesamt auf einen Rückzug der Kulturlandschaft; statt Weiden und Wiesen soll sich Wildnis ausbreiten. Sowohl am Fluss als auch an den Hängen, die das maximal acht Kilometer breite Tal bis zu 100 Meter überragen, finden Tiere aller Art Schutz und Nahrung: Singschwäne, Weißstörche und Kraniche legen hier eine Rast ein, nebst 140 anderen Arten brüten See-, Fisch- und Schreiadler, Wachtelkönig, Pirol und Eisvogel. Fischotter und Biber und 45 weitere Säugetiersorten tummeln sich, mehr als 40 Fischarten besiedeln die Gewässer – neben Grünland, Trockenrasen, Moor und Wäldern einer der fünf Lebensräume im Unteren Odertal.

1 Mescherin Der nördlichste Punkt im Park bietet mit dem See- und dem Stettiner Berg zwei schöne Aussichtspunkte auf die Flusslandschaft. Eine Brücke führt ins polnische Gryfino.

2 Geesower Hügel Eine trockene Enklave knapp jenseits der Parkgrenze: Im Naturschutzgebiet gedeihen Federkraut und Kreuzenzian, Sandnelken und Türkenbundlilien und andere seltene Gewächse.

3 Gartzer Schrey Von den Schweden sollen die kaiserlichen Truppen hier im Dreißigjährigen Krieg in die Oder getrieben worden sein und so laut aufgeschrien haben über das eisige Flusswasser, dass man es im zwei Kilometer entfernten Gartz hören konnte – so will es die Legende zu einer der schönsten Trockenwiesenflächen an der Oder. Vom sogenannten Kroatenberg aus lassen sich während des Vogelzugs Gänse, Enten und vor allem Kraniche beobachten. Später suchen dann Sing- und Höckerschwäne ihre Schlafplätze an der Oder auf.

4 Gartz Die Kleinstadt mit dem Ritter im Wappen liegt vor den Toren des Nationalparks. Die in jeder Hinsicht größte Sehenswürdigkeit ist das Stettiner Tor aus dem 13. Jahrhundert. Das letzte noch erhaltene Stadttor ist aus Feldsteinen gemauert.

5 Welsensee Nicht weit von der Teerofenbrücke liegt der Welsensee. Hier ist Biberrevier und auch die Kormorane fühlen sich auf den abgestorbenen Bäumen an der Unteren Welse wohl. In der »Wildnisschule Teerofenbrücke« stehen die Holzhütten eines Jugendcamps. Hier reicht der Wald bis nah ans Wasser heran.

6 Vierraden Einst trieb der Fluss Welse vier Wasserräder von Mühlen an – daher rührt der ungewöhnliche Ortsname. Im Jahr 1699 flohen französische Hugenotten an die Oder und

STELLPLÄTZE

CAMPINGPLATZ AM ODERSTROM

Obere Dorfstr. 17, 16307 Mescherin, campingplatz-mescherin.de, GPS: 53.242053, 14.426099. Einfacher und kleiner Campingplatz, aber direkt am Flussufer gelegen und nach einem kurzen Spaziergang durch den angrenzenden Ort gelangt man zu einem Vogelbeobachtungsturm.

CAMPING STOLZENHAGEN

Kietz 14, 16248 Lunow-Stolzenhagen, camping-stolzenhagen.de, GPS: 52.949210, 14.109143. Kleiner Campingplatz an einem Seitenarm der Oder. Guter Ausgangspunkt für Fahrradtouren in den Nationalpark.

etablierten in der neuen Heimat den Tabakanbau. Bald tat es ihnen der ganze Ort gleich und so stößt man bis heute auf Tabakscheunen, in denen früher das »Gold der Uckermark« trocknete.

7 Schwedt Ihre industrielle Vergangenheit kann die größte Ortschaft am Nationalpark nicht verleugnen: Die PCK-Raffinerie und die Leipa-Papierfabrik, Schlote, Kraftwerke und Strommasten sind hier ein Teil der Landschaft.

8 Schiffstour In Schwedt legt die »MS Uckermark« in Richtung Süden nach Stolpe und zum Schiffshebewerk Niederfinow ab oder nach Friedrichsthal, Gartz oder Mescherin im Norden. Da sich der Besucherandrang übers Jahr schlecht kalkulieren lässt, verkehrt das Ausflugsschiff nicht regelmäßig, sondern bei Bedarf ab 13 Passagieren.

9 Besucherzentrum Criewen Im Schloss und dem ehemaligen Schafstall von Gut Criewen zeigt das Nationalparkzentrum die Region in mehreren Ausstellungsbereichen. Einerseits geht es um die Funde von Mammutknochen im Odertal, andererseits gilt der lebenden Tierwelt das Interesse: In einem großen Oder-Aquarium schwimmen 20 heimische Fischarten, per Bluebox können sich die Besucher wie Nils Holgersson auf den Rücken einer Wildgans beamen oder am Poldermodell nachvollziehen, wie die Komponenten Wasser, Auwald und Hochwasserschutz zusammenpassen. Eine Multimediaschau versetzt in das Jahr 2095 – 100 Jahre nach der Parkgründung.

10 Stützkow Von der Fähranlegestelle zweigen Wanderungen ins Poldergebiet ab – zum Beispiel zu einem Aussichtspunkt mit Blick auf den südlichen Teil des Nationalparks und den Landschaftsschutzpark Zehden in Polen. Er bildet mit dem Landschaftsschutzpark Unteres Odertal eine über 700 Quadratkilometer große Pufferzone. Alle Flächen zusammengerechnet, erstreckt sich das Schutzgebiet über fast 1200 Quadratkilometer.

11 Stolpe Burg Stolpe klingt eindeutig besser als Grützpott – aber der Volksmund will es anders und benennt den übrig gebliebenen Bergfried der 1445 geschliffenen Burganlage nach dem heißen Haferbrei, mit dem angeblich einst Belagerer in die Flucht geschlagen wurden.

Anfahrt Auf der A11 Berlin–Stettin bis zur Ausfahrt Penkun und weiter auf der B113 nach Mescherin; mit der Bahn gelangt man nach Schwedt/Oder.

Lage Im Nordosten Brandenburgs. Der Nationalpark erstreckt sich auf einer Länge von etwa 60 km zwischen Hohensaaten und Stettin entlang der deutsch-polnischen Grenze.

Größe 105 km^2

Höchste Erhebung 85 m

Gründung 1995

Information Nationalpark Unteres Odertal, Park 2, 16303 Schwedt, Ortsteil Criewen

Internet unteres-odertal.de, nationalpark-unteres-odertal.de, nationalpark-unteres-odertal.eu

Das Branitzer Schloss bei Cottbus präsentiert sich im Inneren mit der Originalausstattung aus Pücklers Zeiten (oben). Das Neue Schloss im Fürst-Pückler-Park bei Bad Muskau wurde in der zweiten Hälfte des 19. Jahrhunderts mit Türmchen, Ziergiebeln und Friesen im Stil der Neorenaissance umgestaltet (rechts).

35 PÜCKLERS SPIELWIESEN – BRANITZ UND MUSKAU

In Cottbus und Bad Muskau spaziert man durch ideale Landschaften

Cottbus ist eine lebendige Universitätsstadt, ein Wirtschafts- und Verwaltungszentrum in der brandenburgischen Niederlausitz. Rund 35 Kilometer entfernt ist der beschauliche Kurort Bad Muskau in der sächsischen Oberlausitz gelegen. Internationale Berühmtheit genießen beide durch die großartigen Landschaftsparks des Fürsten Hermann von Pückler-Muskau.

An dieser Cottbuser »Spezialität« sind schon die meisten gescheitert: »Der Cottbuser Postkutscher putzt den Cottbuser Postkutschkasten«, hieß es auf Cottbuser Bildpostkarten im 19. Jahrhundert. Dank des berüchtigten Zungenbrechers gehört die Stadt an der Spree auch zum gesprochenen deutschen Kulturgut. Der geniale Werbegag lebt in Cottbus quasi »real« weiter: Zu Fuß oder in einer Postkutsche kann man mit einem »leibhaftigen« Cottbuser Postkutscher die interessantesten Ecken der Stadt entdecken. Am hübschen Altmarkt mit der barocken Bebauung zeigt das Brandenburgische Apothekenmuseum die Arbeitsräume einer Apotheke um 1900, eine Gift- und Kräuterkammer und ein Galenisches Laboratorium, in dem seit dem späten Mittelalter Arzneien produziert wurden. Nicht weit entfernt beschäftigt sich das Wendische Museum mit Geschichte und Kultur der Sorben. Chóśebuz, wie Cottbus auf Sorbisch heißt, ist ein Zentrum der Sorben und die größte zweisprachige Stadt Deutschlands. Die »Wendenstraße« heißt hier deshalb auch »Serbska droga«. Tatsächlich entstand Cottbus im Schutz einer slawischen Burg aus dem 10. Jahrhundert und erhielt im frühen 13. Jahrhundert die Stadtrechte. Zum Gottesdienst ging die slawische Bevölkerung im Mittelalter in die Klosterkirche, die zu einem mittlerweile abgerissenen Franziskanerkloster aus dem 13. Jahrhundert gehörte. Der beeindruckendste Schmuck des ältesten Gotteshauses in der Altstadt ist ein überlebensgroßes spätgotisches Kruzifix von 1320.

Die Auffahrt zum Neuen Schloss im Fürst-Pückler-Park führt zu der von Friedrich Schinkel entworfenen Rampe (oben). Jedes Element des Parks ist bewusst gewählt, seien es die Hainbuchen und der Rhododendron (unten) oder die Schwertlilien vor der blauen Fuchsienbrücke (rechts oben). Für Eisenbahnfans: eine Fahrt mit der Waldeisenbahn (rechts unten).

Preisgekrönte zeitgenössische Architektur bietet hingegen die Bibliothek der Brandenburgischen Technischen Universität, deren Studenten das Stadtleben bereichern.

Pücklers Meisterwerk in Branitz

Letztendlich glänzt Cottbus jedoch weniger mit seinen städtebaulichen Perlen als mit grandioser Landschaftsarchitektur von Weltrang. Im Südosten des Stadtgebiets erstreckt sich der berühmte Branitzer Park des Fürsten Hermann von Pückler-Muskau (1785–1871). Mit der über 600 Hektar großen Anlage gelang dem genialen Gartengestalter der große Wurf, ein landschaftliches Kunstwerk, das die Summe seines Lebens und Wirkens darstellte. Ab 1846 ließ Pückler dieses »Idealbild der Natur« in einer kargen sandigen Ebene anlegen, die seit dem 17. Jahrhundert zum Besitz seiner Familie gehörte. Im Lauf der folgenden Jahre verwandelte er den nichtssagenden Landstrich in einen bezaubernden Park mit Hügeln und Niederungen, Gewässern, abwechslungsreichen Gehölzen, immer wieder verblüffenden Blickachsen und Landschaftsbildern. Mehrere Hunderttausend Kubikmeter Erde wurden dafür bewegt und für die Seen, Teiche und Kanäle wurde das Wasser der Spree abgeleitet.

Den Außenpark bildet die Ornamental Farm, in der Pückler Wälder, Wiesen und Äcker mit gestalterischer Gartenkunst kombinierte. Von dort führt der Weg in den Innenpark mit der Schlossgärtnerei, den historischen Gewächshäusern und der Schmiede. Auf Gondeln kann man sich dort über das Wasser den begrünten Erdpyramiden nähern, die Pückler als eigenes Element in die Gartenkunst einführte und die er als Grabstätte für sich und seine Frau Lucie wählte. Über den Pleasureground, einen Landschaftspark im englischen Stil, erreicht man schließlich im Zentrum der Anlage das von Beeten, Ziergehölzen und Skulpturen umgebene barocke Schloss.

Das Besuchertor zum Branitzer Park ist der ehemalige Gutshof, den Pückler um 1850 zur Bewirtschaftung seiner Ländereien erbauen ließ. Dort sieht man nicht nur die Pferdeställe und sonstigen Wirtschaftsgebäude, sondern auch einen Baumverpflanzungswagen, mit dem er Bäume versetzen konnte. Im Gutshaus informiert eine Multimedia-Ausstellung über den Park, Pücklers Zeit und Leben, noch näher kommt man ihm jedoch im Branitzer Schloss. Dort erinnern zahllose Objekte und wie Orientteppiche bemalte Tapeten an seine Reisen und im Musikzimmer steht ein Hammerklavier, auf dem schon Clara Schumann und Felix Mendelssohn Bartholdy spielten.

Pücklers Jugendwerk

Branitz war Pücklers Meisterwerk, zu Ruhm als Gartenkünstler war er jedoch schon durch den Park in seiner Heimat Muskau gekommen. Dort war er 1785 im damals Neuen Schloss zur Welt gekommen. Das im Zweiten Weltkrieg stark in Mitleidenschaft gezogene Bauwerk ist mittlerweile saniert und Sitz der Besucherinformation. Als Pückler 1811 den riesigen Grundbesitz in der Lausitz erbte, hatte er sich bereits auf Reisen in England mit dem »Parkvirus« infiziert. In der Gestaltung von Landschaften sah er seine Berufung, der er in Muskau mit größter Leidenschaft nachging.

Ab 1815 verwandelte Pückler rund 30 Jahre lang das Gebiet um Muskau zu beiden Seiten der Neiße in einen englischen Landschaftspark. Der Aufwand war enorm. So ließ er unter anderem Mutterboden heranschaffen, da die sandigen mageren Böden nicht für seine gärtnerischen Vorstellungen ausreichten. Auf einem extra konstruierten Wagen, wie er auch in Branitz zu sehen ist, schuf er ausgewachsene Bäume heran, um sie an geplanter Stelle zu pflanzen. Er ließ ein ganzes Dorf umsiedeln, kaufte Grundstücke hinzu, flutete Seen und Teiche und bewegte auch hier riesige Erdmassen, um die Landschaft zu formen. Er gestaltete, wie er es schon 1815 in den Andeutungen über die Landschaftsgärtnerei darstellte, ein Kunstwerk aus Landschaftsbildern. Eine besondere Geschichte erzählt unter anderem der Eichseewasserfall, in dem ein völlig deplatzierter Findling die Gesamtansicht stört. Pücklers Ehefrau Lucie hatte den Stein dort voller Wut versenken lassen, als er sie wieder einmal betrogen hatte.

Welterbe Muskau

Pückler musste Muskau und seine Ländereien verkaufen, weil er sich mit dem Park finanziell völlig überhoben hatte. Heute liegt der größere Teil des rund 830 Hektar großen Fürst-Pückler-Parks in Polen und heißt dort Park Mużakowski. Über die Neiße führen seit einigen Jahren wieder zahlreiche Brücken, sodass der Park für seine Besucher erneut zu einer Einheit geworden ist. Seit 2004 gehört er als eine der wenigen grenzübergreifenden Stätten in seiner Gesamtheit zum Welterbe der UNESCO.

STELL- UND CAMPINGPLÄTZE

WOHNMOBILSTELLPLATZ AN DER LAGUNE

Sielower Landstraße 19, 03044 Cottbus, GPS: 51.771352, 14.324795. Einfacher Stellplatz auf den Parkplätzen des dazugehörigen Schwimmbads. Bezahlt wird an der Rezeption des Bades. Strom vorhanden.

TOP ★ ERLEBNISSE

★ DIE BERGBAUROUTE

Eine Zeit lang muss diese Landschaft der Hölle geglichen haben: das Altbergbaugebiet der Grube Babina bei Leknica. Zwischen 1920 und 1973 wurden dort im Muskauer Faltenbogen Braunkohle und Ton gefördert. Heute führt ein Radweg durch die Bergbaufolgelandschaft auf polnischer Seite. Der wald- und seenreiche Faltenbogen, eine sogenannte Stauchendmoräne, ist seit 2016 UNESCO Global Geopark, einer der wenigen grenzüberschreitenden weltweit.

★ KAHNFAHRT AUF DER SPREE

Schon Mitte des 19. Jahrhunderts wurden Kahnfahrten auf der Spree angeboten. Diese alte Tradition wird mittlerweile fortgesetzt, und so kann man ab dem Eiscafé Greschke an der Sandower Brücke mit einem Kahn rund 30 Minuten bis zur Spreewehrmühle fahren.

Weitere Informationen
cottbus.de

36 GRENZEN ÜBERWINDEN – GÖRLITZ / ZGORZELEC

Gemeinsam mit dem polnischen Zgorzelec ist Görlitz seit 1998 Europastadt

Nirgendwo in Deutschland geht die Sonne so früh auf wie in Görlitz, das im äußersten Osten der Republik gelegen ist. Beim Bummel durch die Stadt begibt man sich auf eine Reise durch fünf Jahrhunderte Architekturgeschichte – und erlebt Zeitgeschichte. 1945 entlang der Oder-Neiße-Linie zwischen Deutschland und Polen aufgeteilt, wächst Görlitz heute über die Grenze hinweg wieder zusammen.

Von Görlitz' Altstadtarkaden fällt der Blick auf das Rathaus aus dem 14. Jahrhundert (unten). Das Jugendstilkaufhaus an der Frauenkirche war Kulisse für den Hollywoodfilm The Grand Budapest Hotel (rechts oben). Zgorzelec ist die jüngere Schwester der Stadt auf der polnischen Seite der Neiße (rechts unten).

Wer Görlitz zum ersten Mal besucht, kommt meist aus dem Staunen nicht heraus: Kunstvoll verzierte Fassaden lassen sich hier entdecken, mittelalterliche Türme und monumentale Kirchen, idyllische Hinterhöfe und malerische Gassen. Die Stadt an der Lausitzer Neiße überstand den Zweiten Weltkrieg unbeschadet, sodass sich ihre historische Innenstadt in einzigartiger Geschlossenheit erhalten hat. Mehr als 4000 Baudenkmäler aus Gotik, Renaissance, Gründerzeit und Jugendstil drängen sich hier auf kleinem Raum – viel zu viele, um sie einzeln aufzuzählen.

Trennende Grenzen und vereinender Handel

Die Geschichte von Görlitz wird bis heute durch seine Lage im Dreiländereck von Polen, Tschechien und Deutschland bestimmt. Schriftliche Erwähnung fand die Stadt erstmals in einer Urkunde aus dem Jahr 1071, in der König Heinrich IV. dem Bischof von Meißen das slawische Dorf Villa Gorelic als Geschenk überließ. Kurz darauf kam es unter böhmische Herrschaft, fiel 1636 an das Kurfürstentum Sachsen, wurde 1815 preußisch und schließlich eine deutsche Stadt, deren Ostteil nach 1945 zu Polen kam. Die

Loyalitäten und Zugehörigkeiten wechselten im Lauf der Jahrhunderte, seinen Wohlstand und seine urbane Schönheit verdankte Görlitz jedoch vor allem dem Handel quer über alle Landesgrenzen. Wirtschaftlich profitierte die Stadt durch ihre Lage an der mittelalterlichen Handelsroute Via Regia, auf der Waren quer durch Europa von Spanien nach Russland transportiert wurden.

Kaufleute an der Via Regia

Wo heute die Kirche St. Peter und Paul steht, befand sich im 12. Jahrhundert wohl eine Burg, in deren Schutz sich Kaufleute an der Via Regia niederließen. Um 1200 wurde die Siedlung rund um den Untermarkt zu einer Stadt erweitert. Danach erlebte Görlitz einen beeindruckenden Aufstieg, erhielt eine Münze und 1303 eine unabhängige Rechtsprechung. Reichtum brachte eine unscheinbare Pflanze: Färberwaid, mit dem Tuch blau gefärbt wurde. Görlitz erkämpfte sich eine Monopolstellung für den Waidhandel in Böhmen und avancierte zu einer bedeutenden Handelsstadt.

In der Nikolaivorstadt, dem ältesten Viertel zwischen Nikolaikirche und Peterskirchenberg, hat sich das mittelalterliche Stadtbild teilweise erhalten; mit dem Nikolaiturm steht noch ein Relikt der alten Stadtbefestigung. Gotische Arkaden, kunstvolle Fassaden und Portale entdeckt man auch in der Bebauung rund um den Untermarkt. Der älteste Marktplatz der Stadt besteht seit mindestens 1220 und wird von prächtigen Patrizierhäusern gesäumt. Die Geschichte des imposanten Rathauses mit der auffälligen Uhr aus dem 16. Jahrhundert reicht bis 1369 zurück, seine Innenausstattung stammt jedoch wie die benachbarte Münze und die Ratsapotheke aus der Renaissance. Der 1526 vollendete Schönhof am Südende des Platzes ist das älteste bürgerliche Renaissancegebäude nördlich der Alpen.

Veränderungen in der Neuzeit

Barocke Linien zeigen unter anderem der Neptunbrunnen am Untermarkt und das Barockhaus mit dem historischen Büchersaal der Oberlausitzischen Bibliothek in der Neißstraße. Als Görlitz ab Mitte des 19. Jahrhunderts einen industriellen Aufschwung erlebte, entstand rings um die Altstadt bis zum Bahnhof ein Gründerzeitviertel, das in seiner heutigen Geschlossenheit in Europa vielleicht noch von Paris übertroffen wird. Sein repräsentativer Mittelpunkt ist der Postplatz mit der Bronzefigur der »Muschelminna« auf dem monumentalen Brunnen. Jugendstilfreunde wird es dagegen in die Läden und Cafés der Straßburg-Passage ziehen oder in Deutschlands schönstes Jugendstil-Kaufhaus, in dem nach Renovierungen wieder wie einst die Kassen klingeln sollen.

STELL- UND CAMPINGPLÄTZE

CAMPING-WOHNMOBILSTELLPLATZ ROSENHOF GÖRLITZ

Geschwister-Scholl-Straße 15, 02827 Görlitz, GPS: 51.135727, 14.963776. Ruhiger Stellplatz neben einer Reithalle. Sanitäranlagen vorhanden. Die historische Altstadt ist etwas entfernt, lässt sich aber mit dem Rad schnell erreichen.

TOP ★ ERLEBNISSE

★ KANU AUF DER NEISSE

Die Neiße in Görlitz lädt dazu ein, den Fluss und seine Ufer vom Kanu aus zu entdecken. In Richtung Norden, also flussabwärts, kann man bis zum östlichsten Punkt Deutschlands fahren und sogar an einem kleinen Picknickplatz anlegen.

★ BERZDORFER SEE

Südlich von Görlitz erstreckt sich der Berzdorfer See, der mit einer Uferlänge von knapp 24 Kilometern genau die richtige Entfernung für eine gemütliche Radtour anbietet. Knapp zwei Stunden ist man dabei unterwegs und passiert einige Badestellen und Einkehrmöglichkeiten.

★ DIE BRAU-MANUFAKTUR

Im Jahr 1869 floss in der Brau-Manufaktur Landskron das erste Bier – doch vom reinen Bierausstoß abgesehen, hat sich viel getan auf dem denkmalgeschützten Gelände, das zwei Weltkriege und 40 Jahre DDR überstand. Heute lagern in den Gewölbekellern 17 verschiedene Biersorten.

Weitere Informationen
goerlitz.de

In Eislebens St.-Andreas-Kirche beim Marktplatz hielt Luther 1546 seine letzten Predigten (oben). Das dortige Denkmal zeigt ihn als Reformator (rechts unten). Hugo Albrecht malte 2014 das Wandbild Heiliger Georg im Museum Luthers Elternhaus in Mansfeld (rechts oben).

37 ANFANG UND ENDE – LUTHERSTADT EISLEBEN

In Eisleben stehen das Geburts- und Sterbehaus des Reformators

Martin Luther wurde 1483 in Eisleben geboren und starb dort 1546 im Alter von 62 Jahren. Seine Kindheit und Jugend verbrachte er im benachbarten Mansfeld. In beiden Städten befinden sich Orte und Institutionen, die eng mit seinem Leben verbunden sind. Hier kann man sich auf eine faszinierende Spurensuche rund um den »Privatmenschen« Luther und in die Anfangszeit der Reformation begeben.

Als König Heinrich IV. – der spätere Kaiser – sich 1081 in Italien aufhielt, wählten die aufmüpfigen sächsischen Fürsten in Eisleben Hermann von Luxemburg zu ihrem Gegenkönig. Politisch war diese Aktion ein Misserfolg, denn Hermann konnte sich gegen Heinrich nicht durchsetzen. 1084 verließ er geknickt die Eisleber Wasserburg, um deren Gemäuer reichlich Knoblauch wuchs. Als »Knoblauchkönig« wurde er deshalb von Heinrichs Anhängern verspottet, so überliefern es zumindest die Brüder Grimm in ihren gesammelten Sagen. Der Knoblauchkönig ziert noch heute das spätgotische Rathaus, doch ist die Skulptur älter als das Gebäude aus dem 16. Jahrhundert. Sie stammt aus dem 13. Jahrhundert und zierte wohl schon den Vorgängerbau. Und möglicherweise stellt sie gar nicht den Knoblauchkönig dar, sondern ein Symbol für die mittelalterliche Rechtsprechung.

Von Anfang an – Luther

Keine Identifizierungsprobleme wirft dagegen das Denkmal vor dem Rathaus auf: Die Bronzefigur stellt eindeutig Martin Luther dar und beherrscht seit 1883 den hübschen Marktplatz. Eislebens berühmtester Sohn wurde am 10. November 1483 in der Lutherstraße geboren, die damals Lange Gasse hieß. Im Luther-Geburtshaus widmet sich eine Dauerausstellung dem Reformator

STELL- UND CAMPINGPLÄTZE

WOHNMOBILSTELLPLATZ LUTHERSTADT EISLEBEN

Wiesenweg, 06295 Lutherstadt Eisleben, GPS: 51.528873, 11.562610. So schön die Stadt ist, so wenig attraktiv ist leider die einzige Campingmöglichkeit im Umfeld. Sechs Parzellen auf Asphalt neben einer Kleingartenanlage und am Rande einer riesigen Brachlandschaft bzw. eines Parkplatzes. Entsorgungsmöglichkeit gegeben.

und seiner Familie. Es gehört zum UNESCO-Welterbe »Luthergedenkstätten in Eisleben und Wittenberg«, ist jedoch nicht das Originalgebäude aus dem 15. Jahrhundert, denn dieses fiel 1689 bei einem großen Stadtbrand den Flammen zum Opfer. Das heutige »Geburtshaus« wurde 1693 als Armenschule und Gedenkstätte für den Reformator erbaut. Im Obergeschoss schmückte man den »Schönen Saal« mit Porträts von Luther, Melanchthon und sächsischen Kurfürsten und schuf damit eines der ersten historischen Museen im deutschsprachigen Raum. Auch wenn es nicht die Originalmauern und -einrichtungen aus der Zeit von Luthers Geburt zeigt, so stellt es dennoch seine Lebenswelt anschaulich dar.

Bis zum letzten Weg

Bevor Luthers Familie weiter nach Mansfeld zog, wurde er am 11. November in der St.-Petri-Pauli-Kirche getauft. Im »Zentrum Taufe«, zu dem die spätgotische Hallenkirche 2012 umgestaltet wurde, steht das heilige Sakrament der Taufe deshalb im Mittelpunkt. Die Kirche besitzt nicht nur ein Taufbecken mit Fragmenten von Luthers Taufstein, sondern auch einen kreisrunden Brunnen im Boden des Mittelschiffs, der eine Ganzkörpertaufe ermöglicht.

Luther blieb der Stadt, in der er getauft wurde, stets verbunden. Nach Eisleben kam er ein letztes Mal im Januar 1546, um einen Streit zwischen den Mansfelder Grafen zu schlichten. Eine Bedingung, die er im sogenannten Lutherschen Vertrag aushandelte, war die Gründung einer »fürnehmen lateinischen Schule«. Diese zog in das Pfarrhaus am Andreaskirchplatz gleich neben dem Marktplatz ein, das heute als Bildungs- und Begegnungszentrum dient. Das Martin-Luther-Gymnasium besteht als Nachfolgerin der Lateinschule bis heute, wenngleich in einem anderen Gebäude.

In der spätgotischen St.-Andreas-Kirche ist immer noch die Kanzel zu sehen, von der Luther am 14. Februar 1546 zum letzten Mal zur Gemeinde sprach. Nur vier Tage später starb der Reformator in Eisleben. Sein Sterbehaus beschäftigt sich heute als Museum mit seinen letzten Tagen in Eisleben und der Bedeutung des Todes in seiner Theologie. Die Gedenkstätte am Andreaskirchplatz ist aber möglicherweise nicht der Sterbeort des Reformators. Neuen Forschungen zufolge verbrachte er seine letzten Stunden wohl in einem Stadtschloss am historischen Markt, ganz in der Nähe des Bronzedenkmals, das anlässlich seines 400. Geburtstags eingeweiht wurde.

TOP ★ ERLEBNISSE

★ KLOSTER HELFTA

Eine katholische Insel im protestantischen Lutherland: 1452 säkularisiert, lag St. Marien zu Helfta über 450 Jahre brach. Immerhin konnten die Ruinen vor einer Sprengung bewahrt werden – sie bilden jetzt mit dem modernen Ausbau eine atmosphärisch dichte Kirche, die seit 1999 wieder Zisterzienserinnen nutzen. Der Fahrradweg »Klosterroute« bezieht die 1540 aufgelöste Abtei Sittichenbach mit ein, von der bis auf die Teiche und das Taubenhaus nur wenig überdauert hat. Die etwa 20 Kilometer lange Strecke führt durch den Nonnen- und den Hüttengrund.

★ AUF LUTHERS SPUREN

Von Luthers Elternhaus in der Lutherstadt Mansleben, wo der spätere Reformator seine Kindheit verbrachte, bis zum Marktplatz in Lutherstadt Eisleben sind es gerade einmal 14 Kilometer, die man auf einer gemütlichen Tageswanderung zurücklegen kann. Dabei ist man überwiegend auf gut ausgebauten Fuß- und Radwegen unterwegs.

Weitere Informaionen
eisleben-tourist.de, mansfeld.eu, lutherstaedte-eisleben-mansfeld.de

38 ORT DES ANSCHLAGS – LUTHERSTADT WITTENBERG

In der Stadt an der Elbe veröffentlichte Martin Luther seine 95 Thesen

Wittenberg zählt nicht einmal 50 000 Einwohner und doch gehört es in Deutschlands zu den Orten von weltgeschichtlicher Bedeutung. Anfang des 16. Jahrhunderts setzte Martin Luther mit seinem Thesenanschlag an Wittenbergs Schlosskirche die Reformation in Gang – ein Meilenstein in der Geschichte der frühen Neuzeit, der weitreichende gesellschaftliche und politische Umwälzungen nach sich zog.

Hier soll es also geschehen sein: Am Portal von Wittenbergs Schlosskirche Allerheiligen soll Martin Luther am 31. Oktober 1517 seine berühmten 95 Thesen an die Tür genagelt haben. Ob der Thesenanschlag ein historischer Fakt ist, wird wohl noch lange ein beliebter Zankapfel der Forschung bleiben. Unbestritten ist jedoch, dass Luthers Disputatio pro declaratione virtutis indulgentiarum, so der Originaltitel seiner streitbaren Schrift wider den Ablasshandel und die päpstliche Finanzpolitik, sich wie ein Lauffeuer verbreitete und als eine Initialzündung der Reformation gesehen werden kann. Die hölzerne Thesentür ist heute leider nicht mehr vorhanden, sie ging 1760 im Siebenjährigen Krieg beim großen Brand der Schlosskirche verloren. Seit 1858 ziert eine von König Friedrich Wilhelm IV. gestiftete Bronzetür das Portal, auf deren Flügel die Einleitung der Disputatio zu lesen ist.

Beim weisen Kurfürsten

Als der Augustinermönch Martin Luther nach Wittenberg kam, hatte der sächsische Kurfürst Friedrich der Weise wenige Jahre zuvor seinen Hof in das Städtchen an der Elbe verlegt. Dazu ließ er zwischen 1489

Im Schatten von St. Marien, dem Rathaus und dem Lutherdenkmal trifft man sich in Wittenberg auf dem historischen Marktplatz (unten). Romantische Bootsfahrt auf dem Kanal an der Weißen Brücke (rechts oben) und Blütenpracht im Gartenreich Dessau-Wörlitz (rechts unten).

und 1509 das alte Schloss der askanischen Herzöge abreißen und ein neues Schloss samt Kirche errichten, die einen Flügel der Anlage bildete. Für die Ausgestaltung war ab 1505 Lucas Cranach der Ältere als Friedrichs Hofmaler zuständig.
Wittenbergs Bedeutung stieg 1502 mit der neuen Universität, an die 1508 Martin Luther und zehn Jahre später Philipp Melanchthon berufen wurden. In kurzer Zeit stieg sie zu einer europaweit führenden theologischen Lehrinstitution auf. Die damals nagelneue Schlosskirche diente ab 1507 als Universitätskirche sowie als Auditorium, in dem Studenten promoviert wurden, Professoren ihre Antrittsreden hielten und ihre letzte Ruhestätte fanden. An die berühmte Tür hinterließ man sich wie an einem Schwarzen Brett Botschaften, deshalb könnte auch Luther dort durchaus seine Thesen angebracht haben, um eine Diskussion unter Fachkollegen anzuregen. Dass er damit Weltgeschichte schreiben würde, konnte er zu diesem Zeitpunkt natürlich nicht ahnen.

Evangelisches Gemeindeleben

Luther, Melanchthon und Friedrich der Weise sind in der Schlosskirche bestattet, die als herausragende Stätte der Reformation seit 1996 zum UNESCO-Welterbe gehört. Zu diesem zählt auch die nur wenige Hundert Meter entfernte Pfarrkirche St. Marien, deren

Türme die Häuser am Marktplatz überragen. In der »Mutterkirche der Reformation«, deren Geschichte bis ins 12. Jahrhundert zurückreicht, fand Weihnachten 1521 der erste protestantische Gottesdienst der Welt statt; hier hielt Luther nach dem Bildersturm von 1522 seine Invokavit-Predigten, um die Reformation weiter in friedliche Bahnen zu lenken. Später heiratete er dort Katharina von Bora und predigte als Stadtpfarrer rund 2000 Mal von der Kanzel. Seit 1547 steht hier auch der »Reformationsaltar« Lucas Cranachs des Älteren, auf dessen Bildtafeln Philipp Melanchthon bei der Taufe und Luther als Junker Jörg dargestellt sind.
Folgt man vom Markt der Collegienstraße, stößt man auf das schöne Renaissancehaus, das Kurfürst Johann Friedrich 1536 für Philipp Melanchthon und seine Familie errichtete. Im benachbarten Neubau informiert eine Ausstellung über Leben und Werk des Philosophen und Theologen. Das seit knapp 500 Jahren kaum veränderte Wohnhaus steht ebenso auf der UNESCO-Welterbeliste wie nur wenige Schritte weiter das Lutherhaus. In dem 1504 erbauten Augustinerkloster lebte Luther ab 1508 erst als Mönch und ab 1532 mit seiner Familie. Heute ist das einstige Wohnhaus Luthers Sitz des größten reformationsgeschichtlichen Museums der Welt.

STELL- UND CAMPINGPLÄTZE

MARINA COSWIG

Elbstraße 19, 06869 Coswig (Anhalt), marina-coswig.de, GPS: 51.880576, 12.436109. Zwar außerhalb der Stadt, aber dafür äußerst beliebt und direkt am Elbufer gelegen. Entlang des Elberadwegs gelangt man einfach nach Lutherstadt Wittenberg. Der Platz bietet Strom, Ver- und Entsorgung, ein Restaurant und sogar Hochzeitsmöglichkeiten.

TOP ★ ERLEBNISSE

★ HERRLICHES GARTENREICH

Leopold III. Friedrich Franz von Anhalt-Dessau war ein Segen für sein Land und seine Untertanen: Weil er nach Prinzipien der Aufklärung regierte und weil er ihnen das Gartenreich schenkte, frei zugänglich und kostenlos. Ab 1760 entstand im Mündungsdreieck der Mulde in die Elbe der erste englische Landschaftspark auf dem Kontinent, mit sieben Park- und Gartenanlagen, sechs Schlössern und 100 Kleinarchitekturen – darunter ein leibhaftiger Vulkan. Seit 2000 zählt das Gartenreich zum UNESCO-Weltkulturerbe. Die Fahrradtour auf dem insgesamt 72 Kilometer langen Fürst-Franz-Weg verschafft einen guten Überblick über die gesamte Ausdehnung des Gartenreichs.

★ DÜBENER HEIDE

Die Dübener Heide erstreckt sich als beliebtes Ausflugsziel südlich der Elbe und von Lutherstadt Wittenberg. Dort lädt sie mit Aussichtstürmen, Schlössern und vor allen Dingen viel Natur zu waldreichen Wanderungen und Radtouren ein.

Weitere Informationen
wittenberg.de,
sachsen-anhalt-tourismus.de

Vor sonnenbeschienenen Weinhängen zieht ein Dampfer auf der Unstrut vorbei (oben). Auf Halles Marktplatz blickt das Händel-Denkmal auf die Marktkirche (rechts).

39 WEIN UND SALZ – NAUMBURG UND HALLE

Das Hochmittelalter prägte die Städte und Gebiete an Saale und Unstrut

Im 12. Jahrhundert begann für Naumburg und Halle eine hochmittelalterliche Blütezeit: für Naumburg als Handelsstadt und Bischofssitz, für Halle als Stadt des Salzes, das als »weißes Gold« seinen Bürgern Reichtum und eine weitgehende Unabhängigkeit vom Klerus bescherte. Mittelalterliche Strukturen lassen sich noch heute in beiden Städten sowie in den Gebieten entlang Saale und Unstrut erkennen.

Ende Juni wird in Naumburg das Mittelalter wieder lebendig, wenn die ganze Stadt das Hussiten-Kirschfest mit Markttreiben, Turnier, Handwerkermesse, reichlich Wein und sonstigen Sensationen feiert. Der Sage zufolge geht das Fest auf das Jahr 1432 zurück, in dem Naumburg von Hussiten belagert worden sein soll. Um sich und die Stadt zu schützen, bat ein Lehrer mit Kindern in weißen Büßerhemden bei dem Hussiten-Feldherrn Andreas Prokop um Gnade. Der zeigte sich erstaunlich umgänglich, verschonte die Stadt und schenkte den Kindern sogar Kirschen – so lautet zumindest die Überlieferung.

Ob sich das Ganze überhaupt – und wenn ja, so – zugetragen hat, lässt sich heute natürlich nicht mehr nachvollziehen. Sicher ist jedoch, dass das Kirschfest in Naumburg eine jahrhundertealte Tradition besitzt – und dass die Stadt sich trotz Kriege und Katastrophen ihr mittelalterliches Gesicht bewahren konnte. Aus schriftlichen Überlieferungen weiß man, dass 1012 nahe der Unstrutmündung in die Saale und zugleich an der Kreuzung wichtiger Fernhandelsstraßen die neweburg der Markgrafen von Meißen stand. Dokumentiert ist auch, dass 1028 der Bischofssitz von Zeitz nach Naumburg verlegt wurde, das sich ab 1144 Stadt nannte. Bis ins 16. Jahrhundert bestand eine strenge Trennung zwischen der Bürgerstadt, die als Handelsplatz und Messestandort Leipzig Konkurrenz machte, und dem Gebiet der

mitteilenswert
ein Jahr der Kommunikation

Der Naumburger Dom St. Peter und Paul ist Zentrum der mittelalterlichen Domfreiheit, an die sich die mittelalterliche Handelsstadt anschließt.

Domfreiheit, in dem der Bischof und das Domkapitel die Gerichtsbarkeit besaßen. Wie in kaum einer anderen deutschen Stadt ist in Naumburg der mittelalterliche Grundriss, in dem die beiden Machtsphären deutlich erkennbar sind, fast unverändert erhalten.

Die schönste Frau des Mittelalters

Im Zentrum der Domfreiheit ragt der romanische Dom St. Peter und Paul auf. Er ist das unverkennbare Wahrzeichen Naumburgs und wurde 1242 geweiht. Sein berühmter gotischer Westchor entstand wenige Jahre später unter der Leitung des Naumburger Meisters, dessen Name heute nicht mehr bekannt ist. Mit der Darstellung der Passion Christi am Westlettner und den zwölf Stifterfiguren aus Sandstein erwarb sich der geniale Architekt und Bildhauer einen ewigen Platz in der europäischen Kunstgeschichte. Die dramatischen Reliefs und lebensgroßen Figuren zeichnen sich durch ihren Realismus und ihre starke Ausdruckskraft aus. Ungebrochen ist bis heute die Faszination, die die Kunstwerke auf ihre Betrachter ausüben: Die Figur der Markgräfin Uta, der »schönsten Frau des Mittelalters«, gab nicht nur das Vorbild für die Stiefmutter in Disneys Märchenfilm *Schneewittchen*, sondern wäre für den Schriftsteller Umberto Eco auch jene Frau aus der europäischen Kunst, mit der er am liebsten einen gemeinsamen Abend verbracht hätte.

Zur Domfreiheit gehörten auch die Wohnhäuser, Wirtschaftshöfe und Kapellen der Domherren, deren breite Palette der Baustile von Romanik bis Barock reicht. Der bunte historische Architekturmix setzt sich jenseits des Lindenrings in der Bürgerstadt mit ihren schönen alten Patrizierhäusern und malerischen Gassen fort. Dort stehen am zentralen Marktplatz mit dem Renaissancerathaus und der gotischen Kirche St. Wenzel zwei weitere Wahrzeichen der Stadt. Im barocken Inneren der Wenzelskirche bietet sich im Sommer fast täglich ein einmaliger Kunstgenuss, wenn mittags die Klänge der von Zacharias Hildebrandt erbauten Orgel ertönen. Sie wurde 1746 von Johann Sebastian Bach höchstpersönlich abgenommen. Von der Aussichtsplattform des Kirchturms hat man einen weiten Blick über die Stadt, in der Friedrich Nietzsche aufwuchs und der Bildhauer und Maler Max Klinger am eigenen Weinberg lebte und arbeitete. Das Nietzsche-Haus bei der alten Jakobsmauer und die Klinger-Villa können heute als Museen besichtigt werden. Klingers Anwesen liegt am Blütengrund, wie die von Weinbergen gesäumten Auen an der Mündung der Unstrut in die Saale genannt werden. Der Künstler empfand die liebliche Gegend »wie in der Toscana, bloß näher!« – damit hat er dem Blütengrund quasi den landschaftlichen Ritterschlag verpasst.

Weinland – Herrschaftsland

Naumburg liegt im rund 700 Hektar großen Weinanbaugebiet Saale-Unstrut, das trotz seiner nördlichen Lage im milden Mikroklima der Flusstäler Qualitätsweine hervorbringt. Von deren Güte kann man sich in mehr als 40 Weingütern und zahllosen Straußenwirtschaften überzeugen. Bei Wein-Neulingen ist man hier nicht zu Gast, denn der Weinbau blickt in der Region auf eine über 1000 Jahre alte Geschichte zurück. Entscheidend voran ging es mit der Weinproduktion jedoch erst im 12. Jahrhundert, als die Zisterziensermönche des Klosters Pforta im heutigen Bad Kösen gezielt erforschten, wie man an den sonnigen Hängen die besten Reben zieht. Der Klöppelberg, den die Mönche bereits 1154 kultivierten, wird noch heute vom Landesweingut Kloster Pforta bewirtschaftet. Die mönchischen Agrarwissenschaftler kultivierten jedoch nicht nur ihre riesigen Ländereien, sie waren zudem Motor und Teil einer hochmittelalterlichen Kulturlandschaft, in der entlang der Via Regia und der Regensburger Straße Waren aus aller Welt transportiert wurden, aber auch neue Ideen ins Land kamen und ein fruchtbarer kultureller Austausch stattfand. In der Blütezeit zwischen dem 10. und 13. Jahrhundert entstanden in und um Naumburg adelige und geistliche Herrschaften, deren Reichtum und Macht, Streben und Selbstverständnis sich in der Kunst und Finesse ihrer höfischen Kultur, in der Pracht ihrer Bauwerke, in ihren Siedlungsstrukturen und eben auch in agrarischen Fortschritten wie im Weinbau niederschlugen. Das herausragende Beispiel ist Naumburgs Dom mit seinen Kunstwerken, exemplarisch ist aber auch die noch heute deutliche Trennung der Stadt in die Domfreiheit des Klerus und die Bürgerstadt rund um den Markt. Bedeutende Zeugnisse jener Zeit und ihrer Entwicklungen sind neben Naumburg und Kloster Pforta unter anderem Kloster Zscheiplitz und Schloss Neuenburg. In dessen Schutz wurde das in seinem historischen Kern exzellent erhaltene

In Naumburgs mittelalterlichen Gassen ergeben sich immer wieder neue Perspektiven auf den mächtigen Dom (oben). Dessen berühmteste Stifterfiguren stellen Markgraf Ekkehard II. und dessen Gemahlin Uta dar (unten).

In Halle an der Saale beherbergt das Wohnhaus Georg Friedrich Händels (oben) heute ein renommiertes Museum für Musikinstrumente (unten). Die rund 4000 Jahre alte Himmelsscheibe von Nebra ist die weltweit älteste konkrete Himmelsdarstellung (rechts oben). Gemütlich unterwegs mit der alten Straßenbahn (rechts unten).

Städtchen Freyburg im 12. Jahrhundert vom Landgrafen planmäßig angelegt und mit einer prachtvollen Stadtkirche ausgestattet. Hinzu kommen die Burgen von Schönburg, Goseck, Rudelsburg, Saaleck …

Noch heute lassen sich die gesellschaftlichen, kulturellen und künstlerischen Entwicklungen des Hochmittelalters an der Landschaft, den Städten und den Denkmalen im Naumburger Umland modellhaft ablesen. Deshalb hat sich die Region unter dem Titel »Der Naumburger Dom und die hochmittelalterliche Herrschaftslandschaft an Saale und Unstrut« um die Aufnahme in das UNESCO-Welterbe beworben, mit teilweisem Erfolg: In das Welterbe wurde 2018 nur der Dom aufgenommen.

Franckes Erbe in Halle

UNESCO-würdig fand man sich auch in Halle, das mit den Franckeschen Stiftungen als weltweit einmaliges Beispiel sozialer und pädagogischer Zweckarchitektur ins Rennen für den Welterbestatus ging, den Antrag aber wieder zurückziehen musste. Der Bedeutung der Stiftungen nimmt dies nichts. Gegründet wurde die Institution 1698 von August Hermann Francke, einem pietistischen Pfarrer und Professor für Sprachen an der Universität Halle. Francke hatte 1695 eine Armenschule für Kinder aus mittellosen Familien eröffnet, aus der schon bald mehrere pädagogische Einrichtungen hervorgingen. 1698 errichtete er mit Stiftungsgeldern ein Waisenhaus, danach eine Buchhandlung, eine Druckerei, eine Mädchenschule und vieles mehr. Rund 50 Gebäude umfasst das 14 Hektar große Areal, darunter das historische Waisenhaus von 1698, in dem mit der barocken Kunst- und Naturalienkammer Deutschlands ältestes bürgerliches Museum untergebracht ist, sowie das »Lange Haus« als Europas größte Fachwerkkonstruktion. Das Gelände ist der Sitz von zahlreichen pädagogischen, Kultur- und Wissenschaftseinrichtungen sowie von mehreren Fachbereichen der Universität.

Salzstadt mit fünf Türmen

Franckes Werk hat durch die Tätigkeit seiner Missionare auch international Spuren hinterlassen, einem anderen berühmten Sohn der Stadt widmet Halle alljährlich ein Musik-Festival: 1685 wurde hier in der Großen Nikolaistraße Georg Friedrich Händel geboren. Das ehemalige Wohnhaus des großen Komponisten ist heute ein Museum

und nur einen Katzensprung entfernt ist das barocke Musikgenie als 3,20 Meter hohe Bronzefigur samt Taktstock auf dem weiten Marktplatz verewigt. Exakt an diesem Platz wurde Händel in der schönen spätgotischen Marktkirche Unser Lieben Frauen – der Marienkirche – getauft. Stolz ist man hier auch darauf, dass eine frühere Orgel von Johann Sebastian Bach eingeweiht wurde, außerdem auf die Totenmaske Luthers, der hier von der prächtigen Kanzel predigte, auf die 1552 gegründete Marienbibliothek – und dass Händel auf der kleinen Reichel-Orgel das Orgelspielen erlernte.

Die Marktkirche war ein Prestigeprojekt des Kardinals Albrecht von Brandenburg, der einer der wichtigsten Gegenspieler Martin Luthers war und sich für seine Residenzstadt eine glanzvollere Kirche wünschte. Kurzerhand riss man zwei Kirchen am Standort der heutigen Marktkirche ab, nur die Türme blieben stehen. Dazwischen entstand ein neues Gotteshaus, das in seiner Opulenz auch dem Katholizismus zu mehr Attraktivität verhelfen sollte – doch der Aufwand war vergeblich: 1541 wurde in Halle offiziell die Reformation eingeführt. Zusammen mit dem Roten Turm bilden die vier Türme der Marktkirche das Wahrzeichen der Fünf-Türme-Stadt.

Als frei stehender Campanile ist der Rote Turm ein einmaliges Baudenkmal, einzigartig ist aber auch ein geologisches Phänomen: Quer über den Marktplatz verläuft zwischen Rathaus, Händel-Denkmal und Marktkirche die »Hallesche Marktplatzverwerfung«. Bei einem Blick durch ein hier fest installiertes Geoskop kann man deren Verlauf mehrere Meter weit unterirdisch betrachten.

Die Verwerfung – oder auch Hallesche Störung – ist letztendlich Grund für den Aufstieg und Wohlstand der Stadt im Mittelalter. In ihrem Umkreis sprudeln zahlreiche Solequellen, aus denen Salz gewonnen wurde. Die Salzwirker oder Halloren arbeiteten am Hallmarkt, der an der Westseite der Marienkirche gelegen ist. Aus vier Brunnen wurde dort und in weiteren Gebieten der Altstadt früher Sole gewonnen und in Siedehütten zu Salz verarbeitet. Wie das funktionierte, kann man heute beim Schausieden im Halloren- und Salinemuseum lernen, das seinen Sitz in der ehemaligen Königlich-Preußischen Saline von 1722 hat.

STELL- UND CAMPINGPLÄTZE

WOHNMOBILSTELLPLATZ NAUMBURG

Vogelwiese, 06618 Naumburg (Saale), GPS: 51.148674, 11.814877. Zentral gelegen, aber auch direkt am Rande eines Kirmesplatzes. Es kann also auch mal rummeliger werden. Strom für acht Fahrzeuge vorhanden, aber Platz für mehr Wohnmobile. Ver- und Entsorgung gegeben.

TOP ★ ERLEBNISSE

★ GEHEIMNISVOLLE SCHEIBE

Die vielen Repliken verzerren das Bild ein wenig: Die originale Himmelsscheibe von Nebra erreicht einen Durchmesser von 32 Zentimetern und 2,3 Kilogramm Gewicht. Gefunden haben die fast kreisrunde Bronze 1999 zwei Raubgräber; sie gelangte über Umwege in das Landesmuseum für Vorgeschichte Sachsen-Anhalt in Halle. Vermutlich diente die über 3600 Jahre alte Platte als eine Art astronomische Uhr – über ihren genauen Sinn rätseln die Forscher bis heute.

★ DOLMENRADWEG

Die Auswahl ist groß: 200 Kilometer Streckenlänge auf dem Unstrutradweg und doppelt so lang ist die Tour auf dem Saaleradweg. Also nichts, was man mal eben ab dem Stellplatz oder Campingplatz macht. Aber wie wäre es mit einer Tour auf dem Dolmenradweg? Dieser ist knapp 52 Kilometer lang und verbindet den Himmelsscheibenradweg in Querfurt mit dem Saaleradweg in Goseck.

Weitere Informationen
naumburg.de,
halle.de

Nicht Straßen, sondern Wasserläufe durchziehen die Spreeniederung. Klar, dass auch die Besucher auf Kähnen durch die amphibische Landschaft manövriert werden.

TOP ★ ERLEBNISSE

★ AUF DEM GURKENWEG

Wie könnte er anders heißen als Gurkenweg: Die 260 Kilometer lange Spreewaldradtour huldigt dem berühmtesten Erzeugnis der Region. Es empfiehlt sich, die Strecke in fünf Etappen einzuteilen, dann bleibt Zeit für Abstecher zu den Sehenswürdigkeiten.

★ KAHNFAHRT AUF DEN FLIESSEN

Unbedingt sollte man eine Kahnfahrt auf den Fließen unternehmen und sich gemächlich auf den Wasserstraßen des Spreewaldes befördern lassen.

Weitere Informationen
spreewald-info.de

40 VERZAUBERTE WASSERWELT – DER SPREEWALD

Heimat der Sorben

Hinter Cottbus bis zum Neuendorfer See erstreckt sich eine Auen- und Moorlandschaft mit kleinen, »Fließ« genannten Wasserläufen, Wäldern und Sandbänken. Im Spreewald leben die Sorben, eine slawische Minderheit mit eigener Kultur.

Diese zauberhafte Landschaft rund 100 Kilometer südöstlich von Berlin hat die Eiszeit geformt: Ein breiter Urstrom hinterließ eine Talsenke, in der sich die Spree weit verzweigte. Bis heute findet ein Teil des Verkehrs auf dem Wasser statt, Boote fahren durch den Auenwald der wasserreichen, sumpfigen Niederung. Die Fährleute »staken« die Spreewaldkähne vorbei an alten aufgeschütteten Schwemmsandinseln und zu idyllischen Waldgaststätten. Die bunten Trachten der Sorben gehören zu den beliebtesten Fotomotiven.

»Fließ«-Verkehr zum Spreewalddorf

Am Südwestrand des Oberspreewaldes ist Lübbenau ein perfekter Ausgangspunkt für Bootstouren. Besonders reizvoll ist die Fahrt zum Spreewalddorf Lehde und seinem Freilandmuseum aus alten Wohn- und Wirtschaftsgebäuden. Ein Gurkenmuseum verrät das Geheimnis des besonderen Geschmacks der Spreewälder Gurken. Die neueste Attraktion des verträumten Orts ist das Spreewelten-Bad, das die Schwimmer mit Pinguinen teilen. Auch das im Oval auf einer Insel gebaute Dörfchen Leipe gehört zu den Zielorten eines Kahnausflugs.

Lübben liegt gut zehn Kilometer weiter nördlich auf der Grenze zwischen Unter- und Oberspreewald. Die spätgotische Paul-Gerhardt-Kirche und das Schloss Lübben mit romanischem Wehrturm und Ostgiebel im Renaissancestil gehörten zu den Wahrzeichen des 14 000-Einwohner-Ortes. Auf der Schlossinsel verbindet ein Landschaftsgarten mit Wegen, Labyrinth und Wasserspielplatz Natur und Freizeitkultur.

INFO: spreewald.de

STELL- UND CAMPINGPLÄTZE

SPREEWALD CARAVAN UND WOHNMOBILPARK

Dammstraße 62D, 03222 Lübbenau/Spreewald, spreewald.xyz, GPS: 51.862554, 13.970776. Überschaubarer Stellplatz in Grünlage. Zu Fuß ist man schnell an den Fließen. Eine Reservierung ist aufgrund der Beliebtheit empfehlenswert. Strom und Wasser gibt es an jeder Parzelle. Sanitäranlagen sind ebenfalls vorhanden.

41 STADT IM WANDEL – MAGDEBURG

Vielseitige Landeshauptstadt

Die Elbestadt auf halber Strecke zwischen Hamburg und Dresden ist gleichzeitig Handelsplatz, Gewerbestandort und kulturhistorisches Schwergewicht. Die vor gut 1200 Jahren gegründete heutige Hauptstadt von Sachsen-Anhalt erlebte im Mittelalter ihre erste Blüte.

Ottostadt nennt sich Magdeburg halb scherzhaft. Schließlich spielt der Name Otto hier eine wichtige Rolle: Kaiser Otto I. machte die Stadt im Mittelalter zu seiner Kaiserpfalz und der Physiker, Jurist, Erfinder und Bürgermeister Otto von Guericke (1602 bis 1686) vertrat sie bei den Friedensgesprächen zum Ende des Dreißigjährigen Krieges. Im Sommer erinnert das »Kaiser-Otto-Fest« an die Schlüsselrolle Magedeburgs bei der Eroberung der slawischen Regionen unter Kaiser Otto I. (912–973). Im 12. und 13. Jahrhundert erlebte die Hansestadt eine zweite Blüte. Meisterwerke der Bildhauerkunst wie der Magdeburger Reiter oder die Klugen und die törichten Jungfrauen entstanden. Im Dreißigjährigen Krieg versank die Stadt in Schutt und Asche und im Zweiten Weltkrieg zerstörte 1945 ein alliierter Bombenangriff die Altstadt zu 90 Prozent. Die stalinistischen Bauten und Plattenbausiedlungen der DDR-Zeit sind heute zum großen Teil durch moderne Bauten ersetzt.

Mit Kirche und Kegel

Der 1209 bis 1520 errichtete gotische Dom besitzt eine 104 Meter hohe Doppelturmfassade. Im Chor findet sich das Grab von Otto I. Heute ist der Dom der Bischofssitz der Evangelischen Kirche. Das benachbarte Kloster Unser Lieben Frauen gehört zu den bedeutendsten romanischen Anlagen Deutschlands. Vor dem barocken Rathaus am Alten Platz prunkt der Magdeburger Reiter aus dem 13. Jahrhundert – wenn auch nur in Kopie: Das Original hütet das kulturhistorische Museum. Ebenfalls nicht verpassen sollte man das von Friedensreich Hundertwasser farbenfroh gestaltete Haus.

INFO: magdeburg-tourist.de

STELL- UND CAMPINGPLÄTZE

WOHNMOBILSTELLPLATZ AM WINTERHAFEN

Am Winterhafen 1, 39114 Magdeburg, GPS: 52.125113, 11.648629. Mit Blick auf eine kleine Hafenanlage inklusive Strom und Sanitäranlagen. Rund 20 Minuten Fußweg und schon steht man auf der anderen Elbseite am Dom.

TOP ★ ERLEBNISSE

★ ÜBER DIE ALTE GRENZE

Ein Weg, der weniger in die Länge als in die Tiefe geht: Die Wanderroute »Grenzenlos« verbindet auf der knapp elf Kilometer langen Strecke die Bundesländer Sachsen-Anhalt und Niedersachsen. Viel Geschichtliches liegt auf der Route: allen voran die Gedenkstätte Deutsche Teilung Marienborn und der Grenzlehrpfad Helmstedt.

★ ELBERADWEG

Sowohl nach Norden als auch nach Süden hat man wunderbare Gelegenheiten ab dem Magdeburger Stadtzentrum die Elbe auf dem Elberadweg kennenzulernen. Damit man nicht nur hin und zurück radelt, hält die Touristinfo auch Tipps für Rundkurse parat.

Weitere Informationen
zeitorte.de

Der Magdeburger Dom St. Mauritius und Katharina beherrscht die Silhouette der Stadt an der Elbe seit rund 800 Jahren.

Ein Fest für die Augen ist Magdeburgs »Grüne Zitadelle«, ein Baukunstwerk von Friedensreich Hundertwasser.

42 VON DEN GURKEN AN DIE KÜSTE

Von Cottbus nach Rügen

Abwechslung heißt das Motto dieser Route: Sie führt vom verwunschenen Spreewald nach Berlin, Deutschlands Aktivposten, über die Mecklenburgische Seenplatte und Rostock bis nach Sassnitz auf Rügen. Sowohl der Wechsel der Landschaften als auch zwischen städtischen und provinziellen Anlaufpunkten machen den Reiz dieser Tour aus.

Den Beginn der Reise durchs grüne Brandenburg markiert ein Park – der Schlosspark Branitz, den Hermann von Pückler-Muskau anlegen ließ, weil ihn selbst seine prekäre Finanzlage nicht vom Gärtnern abhalten konnte. Was er in Muskau in ganz großem Maßstab begonnen hatte und aufgeben musste, setzte er in kleinerem Rahmen in Branitz bei Cottbus fort. Mit einer Besichtigung von Schloss und Park kann also thematisch gut anfangen, was im alten Buchenwald des Nationalparks Jasmund auf Rügen endet.

Im Spreewald: Kein Wunder, dass in dieser mystisch wirkenden Landschaft viele Sagen und Legenden zu Hause sind.

Von Cottbus nach Lübbenau Puschkinpromenade, Eliaspark, Frühlingsgarten, Volkspark und die erste Bundesgartenschau in Ostdeutschland 1995 im Spreeauenpark – Cottbus pflegt seit gut 200 Jahren sein grünes Image und gleicht damit manches städtische Grau aus. Der Dienstleistungs- und Wissenschaftsstandort gilt als kulturelles Zentrum der sorbischen Kultur in der Niederlausitz und als »Tor zum Spreewald«. Gut 32 Kilometer über die L49 misst die Strecke nach Lübbenau, ins Zentrum der Flussauenlandschaft mit ihren verträumten Kanälen und Fließen. Fast 1000 Kilometer umfasst ihr Wasserstraßennetz. Ebenfalls umfangreich ist das Campingangebot in Lübbenau. Vom klassischen Campingplatz, von dem aus man direkt in ein Kanu steigen kann, bis zum top ausgestatteten Wohnmobilstellplatz mangelt es an nichts.

Von Lübbenau nach Berlin Nördlich von Lübbenau lockt dann plötzlich das tropische Paradies mit Regenwald, Spaßbad und einem Campingbereich der tropischen Anlage, die einst als Luftschiffhalle gebaut wurde. Hinter dem Tropical Island streckt dann schon Berlin seine Krakenarme aus und wird Richtung Mitte immer voller, blanker und moderner. Aber Stellplätze und Campingplätze gibt es genug, ob nun die zentral gelegene Wohnmobil-Oase nahe der Gedenkstätte Berliner Mauer oder die Übernachtungsmöglichkeit auf dem Gelände des Freibads Plötzensee.

Von Berlin nach Potsdam Nach Potsdam ist es natürlich nur ein Katzensprung und ebenso schnell ist man vom Wohnmobilstellplatz zu Fuß am Schloss Sanssouci. Wer Wert auf mehr Komfort legt, steuert den Campingplatz am Ufer des Templiner Sees an, der sich selbst passend zum Ort als Königlicher Campingpark bezeichnet. Mit ausgewählten Berliner Parks und Schlössern bilden die Potsdamer Pendants ein gemeinsames Weltkulturerbe. Hier lassen sich Rosinen picken: Schloss Sanssouci, das Neue Palais oder das Schlösschen auf der Pfaueninsel … Auch viel Nicht-Royales gibt es zu sehen, etwa die Siedlung Alexandrowka, den Alten Markt oder das Holländische Viertel.

Farbenfroh gibt sich das Zentrum von Rostock mit seinen Bürgerhäusern an der Kröpeliner Straße und der Marienkirche im Hintergrund.

Von Potsdam nach Waren Gemütlich verläuft die Fahrt durchs Havelland mit Campingstopps in Brandenburg an der Havel und Havelberg, bevor man im Fontane-Revier Neuruppin ebenfalls Station macht. Richtung Norden ist es beinahe schon egal, für welchen See man sich entscheidet. Die zahlreichen Gewässer auf der Mecklenburgischen Seenplatte überbieten sich oftmals mit Campingplätzen, aber vor allen Dingen auch mit Erholungsmöglichkeiten. Ins Auge fällt den meisten Wohnmobilreisenden natürlich der berühmte Müritzsee, der zugleich der größte komplett in Deutschland gelegene See ist. Campingplätze gibt es rund um Waren an der Müritz noch und nöcher. Das Müritzeum mitten im Ort und nahe einem sehr einfachen Wohnmobilstellplatz lockt mit einer interaktiven Ausstellung rund um das Thema Natur.

Von Waren bis Rügen Der geografische Mittelpunkt von Mecklenburg-Vorpommern befindet sich in Teterow, einer kleinen malerischen Ortschaft nördlich von Waren. Von dort reist man mit dem Camper über kleine Landstraßen zum Wohnmobilstellplatz an der Rügenbrücke in Stralsund. Die Welterbe-Stadt begeistert mit ihren alten Häusern und großen Kirchen, bevor man auf der namensgebenden Hochbrücke nach Rügen fährt. Nach 50 schönen Kilometern sind in Sassnitz die berühmten Kreidefelsen und der Nationalpark Jasmund erreicht und eine Vielzahl an Campingplätzen bietet eine reichhaltige Übernachtungsauswahl.

STELL- UND CAMPINGPLÄTZE

1 SPREEWALD-CAMPING LÜBBEN

Am Burglehn 10, 15907 Lübben (Spreewald), spreewald-camping-luebben.de,
GPS: 51.936530, 13.894903

2 SPREEWALD-NATUR-CAMPING »AM SCHLOSSPARK«

Schloßbezirk 20, 03222 Lübbenau/Spreewald, spreewaldcamping-schloss.de,
GPS: 51.868975, 13.980586

3 CAMPING TROPICAL ISLANDS

15910 Krausnick-Groß Wasserburg, tropical-islands.de,
GPS: 52.031704, 13.732499

4 WOHNMOBIL-OASE-BERLIN

Hochstraße 4, 13357 Berlin, wohnmobiloase.com,
GPS: 52.548849, 13.383462

5 CAMPING STRANDBAD PLÖTZENSEE

Nordufer 26, 13351 Berlin, strandbad.ploetzensee.de,
GPS: 52.541373, 13.330271

6 WOHNMOBILSTELLPLATZ POTSDAM

Potsdamer Str. 196, 14469 Potsdam, wohnmobilstellplatz-potsdam.de,
GPS: 52.413019, 13.028956

7 CAMPINGINSEL HAVELBERG

Spülinsel 6, 39539 Havelberg, campinginsel-havelberg.de,
GPS: 52.826665, 12.069783

8 CAMPING- UND WOHNMOBILPARK KAMERUN

Zur Stillen Bucht, 17192 Waren (Müritz), campingpark-kamerun.de,
GPS: 53.511122, 12.649816

9 CARAVANSTELLPLATZ »AN DER RÜGENBRÜCKE«

Werftstraße 9, 18439 Stralsund, caravanstellplatz-ruegenbruecke.de,
GPS: 54.302235, 13.098875

10 WOHNMOBIL-OASE RÜGEN

Proraer Chaussee 60, 18609 Binz, wohnmobiloase-ruegen.de,
GPS: 54.448208, 13.560844

43 NATIONALPARK HARZ

Es muss am rauen Klima liegen, dass sich um Deutschlands nördlichstes Mittelgebirge zahlreiche Sagen ranken. Wind, Regen und Nebel sind Dauergäste im Nationalpark mit den vielen Facetten: Es gibt Bergzüge und enge Täler, Hochebenen, wertvolle Moore und Granitfelsen, die sogenannten Klippen.

TOP ★ FIVE

★ Quedlinburg
1000 Jahre Stadtgeschichte und 1800 Fachwerkbauten ergeben: den Welterbetitel seit 1994.

★ Goslar
Deutschlands größtes Flächendenkmal mit markanten Gebäuden wie der Kaiserpfalz: seit 1992 auf der UNESCO-Liste, zusammen mit:

★ Rammelsberg
Das historische Bergwerk gab 27 Millionen Tonnen Erz in 1000 Jahren Betrieb her, bevor es 1988 schloss.

★ Oberharzer Wasserwirtschaft
Seit 2010 welterbereif: das weltweit einmalige Wasserleitsystem, das den Bergbau mit Energie versorgte.

★ Harz-Rekorde
Rund um die Rappbodetalsperre geht es mit der Megazipline, Europas längster Doppelseilrutsche, hoch her. Auf der Hängebrücke Titan-RT bewegen sich Schwindelfreie 75 Meter über der Bode.

Dass der Nationalpark so hoch in der Besuchergunst steht, liegt sicher auch an seiner zentralen Lage: Drei Bundesländer teilen sich ins Mittelgebirge. Zu Niedersachsen zählt der West-Harz, seine östlichen Teile gehören zu Sachsen-Anhalt und auch Thüringen beansprucht eine Harz-Ecke für sich. Neben dem alpinen Brocken übersteigen auch Heinrichshöhe, Königsberg und Kleiner Brocken die 1000-Meter-Marke. Darunter finden sich vom einzigartigen Bergfichten- bis zu den Buchenwäldern viele Vegetationsstufen. Während Luchs und Wildkatze (wieder) im Nationalpark leben, ist die Auswilderung des Auerhahns fehlgeschlagen. Im Auerhuhn-Schaugehege im Südharz lassen sich heute einige Exemplare bewundern.

1 Brocken Gerade mal 2,9 Grad zeigt das Thermometer im Jahresdurchschnitt auf dem 1142 Meter hohen Gipfel an – weil meist der Wind weht, liegen die gefühlten Temperaturen noch darunter. Die starken Böen verhindern, dass sich ein Wald auf der Kuppe bildet. Nur niedrige Gewächse wie Brockenanemone und Habichtskraut können überleben. Seit 1895 steht die Wetterstation auf dem Gipfel, seit 1938 der erste Fernsehturm. Bei klarer Sicht reicht das Panorama von Magdeburg bis ins Sauerland.

2 Brockenbahn Von Drei Annen Hohne dampft die Lok über Schierke 588 Höhenmeter bergan bis zum höchstgelegenen Schmalspurbahnhof Deutschlands auf 1125 Meter Höhe.

Ausreichend große Parzellen und ein kleiner Teich runden den Stellplatz in Bad Harzburg ab, der ein guter Ausgangspunkt für Touren im Harz ist.

3 Brockengarten In der gipfelnahen Anlage gedeihen 1600 Pflanzenarten aus den Hochgebirgsregionen der Welt. Im Sommer hat der botanische Garten fürs Publikum geöffnet.

4 Kleiner Brocken Mit 1019 Meter Höhe der niedrigste unter den Harzer 1000er-Gipfeln: der kleine Bruder des Brocken. Von Berg zu Berg führt der Hirtensteig durch einige Vegetationsstufen von der Zwerstrauchheide bis in den Bergfichtenwald.

5 Goetheweg In die Spuren des Dichters treten die meisten Bergstei-

STELLPLÄTZE

WOHNMOBILSTELLPLATZ AN DER SOLE-THERME

Nordhäuser Str. 10, 38667 Bad Harzburg, wohnmobilstellplatz-bad-harzburg.de, GPS: 51.868953, 10.558514. Großer Stellplatz mit Teich, Brötchenservice und Sanitäranlagen direkt neben der Bundesstraße, die hinauf nach Torfhaus und in den Nationalpark führt. Nur wenige Gehminuten in den Kurort und zum Baumwipfelpfad auf der gegenüberliegenden Straßenseite.

WOHNMOBILSTELLPLATZ ILSENBURG

Ilsetal 6, 38871 Ilsenburg, wanderlust-ilsetal.de/wohnmobilstellplatz-ilsenburg-ilsetal, GPS: 51.854741, 10.669897. Tolle Lage, von der aus man direkt auf die Wanderwege im Ilsetal starten kann. Ver- und Entsorgungsstation vorhanden. Nur ein kurzer Spaziergang, um auch den Ort zu erreichen.

ger, die den Brocken zu Fuß bezwingen. Vom Parkplatz Torfhaus steigt er über 350 Meter zum Gipfel an.

6 Ilsetal Die Aufstiegsvariante durchs Ilsetal begeisterte den sonst so kritischen Heinrich Heine. Er schrieb von der »Fröhlichkeit, Naivität und Anmut«, mit der sich der Gebrigsbach über die Felsen hinabstürzt. Ausgangspunkt der Wanderung ist das Nationalparkhaus in Ilsenburg. Von dort geht es meist am Fluss entlang über das Brockenbett auf 900 Meter Höhe.

7 Luchsgehege Rabenklippe Die Auswilderung der Luchse hat funktioniert: Seit 2002 kam etwa 200 Mal Luchs-Nachwuchs im Harz auf die Welt. Im Schaugehege leben derzeit sechs Tiere. Vom Parkplatz in Bad Harzburg führt ein fünf Kilometer langer Weg zum umzäunten Revier.

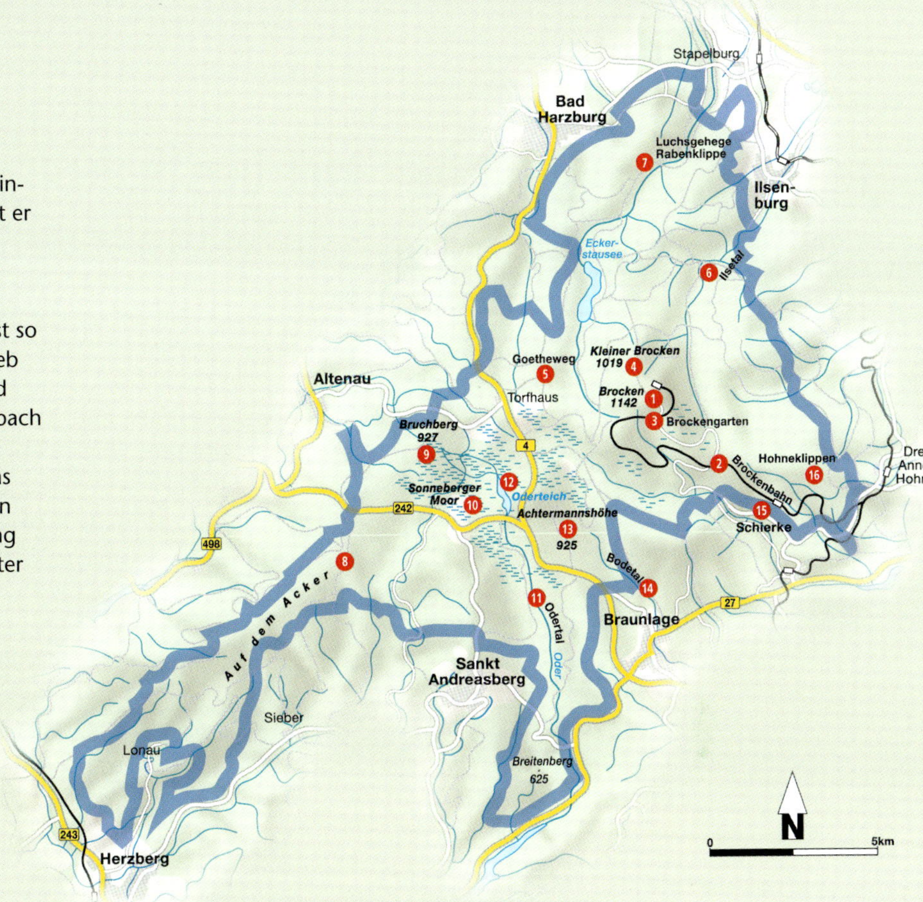

8 Auf dem Acker Der Bergkamm zwischen Sieber- und Sösetal erreicht 860 Meter Höhe, die Bergfichtenwälder, die hier einst standen, verdarb der saure Regen. Seitdem machen sich hier niedriger Buschwald und Sauergras breit.

9 Bruchberg Sein Gipfelmoor in 927 Meter Höhe gilt als einmalig in Mitteleuropa – bis zu vier Meter tief reicht die Torfschicht. An manchen Stellen gluckert dunkles Wasser hoch. Immer wieder durchbrechen Felsklippen die Torfschicht.

10 Sonneberger Moor Beeindruckende fünf Meter tief reicht hier die Moosschicht, auf der Wollgras und Sonnentau wachsen. Um das 4000 Jahre alte Moor nicht zu gefährden, gelangen Menschen auf Bohlenwegen nur bis zum Oderteich.

11 Odertal Die Eiszeit lässt grüßen: Eine Wanderung im Odertal führt über Moränenwälle und Schmelzwasserrinnen. An der Ostflanke zeigt sich mit den Hahnenkleeklippen das Harz-typische Phänomen der Blockhalde.

12 Oderteich Eine enorme Kraftanstrengung muss es erfodert haben, den 18 Meter hohen Damm zu errichten – in Handarbeit mit Schaufel und Kiepe. Deutschlands ältester Stausee besteht seit 1721.

13 Achtermannshöhe Der Ausläufer des Brockens misst 925 Meter. Bei einer Gipfeltour passieren Wanderer einen Geröllkegel aus Hornfels, ein Gestein, das nur langsam verwittert.

14 Bodetal Die Kalte und die Warme Bode entspringen am Fuß des Brockens und stürzen in Kaskaden zu Tal, bevor sie sich bei Königshütte vereinen. Unter dem Namen Bode strömt der Fluss vor Thale durch eine tiefe Schlucht zwischen Rosstrappe und Hexentanzplatz.

15 Schierke Die Haltestelle der Brockenbahn empfiehlt sich als Ausgangspunkt für Wanderungen.

16 Hohneklippen Eine der ältesten unter den eigentümlichen Harz-Landschaften: Graue Granitklippen bilden hier absurde Gebilde, von Moosen und Flechten bewachsen, dazwischen Baumgerippe – Wanderfalken-Revier.

Anfahrt A7 Hannover–Kassel bis zur Ausfahrt Rhüden, B82 nach Goslar; Bahnverbindungen nach Goslar, Wernigerode, Quedlinburg u. a., Harzquerbahn von Wernigerode nach Nordhausen.

Lage In Niedersachsen und Sachsen-Anhalt.

Größe 2460 km^2

Höchste Erhebung Brocken (1142 m)

Gründung 1960 bzw. 2003

Information Nationalpark Harz Nationalparkverwaltung, Lindenallee 35, 38845 Wernigerode

Internet nationalpark-harz.de

44 GOETHE, BACH UND THOMANER – LEIPZIG

Stadt der Kultur

Als Messe-, Buch- und Universitätsstadt hat Leipzig eine lange Tradition. Schon 1165 verlieh der Markgraf von Meißen Leipzig das Stadt- und das Marktrecht. Die vor mehr als 600 Jahren gegründete Universität gilt als eine der ältesten Deutschlands. Die Montagsdemonstrationen der Bevölkerung läuteten 1989 den Anfang vom Ende der DDR ein.

In Leipzig spielt die Musik – so viel steht seit dem Jahr 1212 fest. Damals gründete sich der Thomanerchor, dessen berühmtester Leiter Johann Sebastian Bach war. Aber auch Felix Mendelssohn Bartholdy und Robert Schumann lebten und arbeiteten hier, mit dem Gewandhausorchester besitzt die Stadt einen weltberühmten Klangkörper. Zudem hat nicht zuletzt die Leipziger Buchmesse in Leipzig eine lange Tradition. Johann Wolfgang von Goethe hat hier studiert und der Stadt im Faust ein literarisches Denkmal hinterlassen. Schließlich zeigt das Museum der bildenden Künste mit den Werken der Leipziger Schule, etwa von Bernhard Heisig und Werner Tübke, dass an Elster, Pleiße und Parthe die Künste zu Hause sind. Heute gibt die Neue Leipziger Schule um Daniel Richter und Neo Rauch der kreativen Szene neue Impulse.

Wo Leipzigs Herz schlägt

Der schmale Naschmarkt an der Rückfront des Alten Rathauses markiert das Zentrum des Altstadtrings. Das Alte Rathaus öffnet sich zur gegenüberliegenden Seite zum weitläufigen Markt: In dem prächtigen Renaissancebau von 1556 sind heute das Stadtgeschichtliche Museum und ein nettes Restaurant untergebracht. Eine Statue auf dem Naschmarkt erinnert an den Studenten Goethe, der wohl nicht nur den einen Abend in »Auerbachs Keller« verbracht hat, den er in einer Szene im Faust verewigte. Das Keller-

Das Bundesverwaltungsgericht und das Neue Rathaus im Abendlicht (unten). Der schon 1525 eröffnete »Auerbachs Keller« unter der Mädlerpassage ist durch Goethes Faust in die Weltliteratur eingegangen (rechts oben). Steinerne Krieger bewachen das symbolische Grab der Gefallenen der Völkerschlacht von Leipzig (rechts unten).

lokal befindet sich heute unter der im Süden an Markt und Naschmarkt anschließenden Mädler-Passage.
Seinen Kaffee trank Goethe allerdings nicht hier, sondern wenige Straßen weiter westlich in der kleinen Fleischergasse. Das Kaffeehaus »Zum Arabischen Coffe Baum« schenkt nachweislich seit 1720 als eines der ersten in Europa den belebenden Trank aus, den neben Goethe auch August der Starke und Napoleon Bonaparte hier genossen haben sollen.

Nikolaikirche und Augustusplatz

Hinter dem »Handelshof« und dem »Specks Hof«, zwei der traditionellen Häuser im Zentrum, taucht gleich die 800 Jahre alte Nikolaikirche auf. Sie ist nicht nur wegen ihrer dekorativen Palmensäulen bekannt. Mit den Friedensgebeten und Montagsdemonstrationen wurde die Kirche 1989 zu einem Kristallisationspunkt der Bewegung, die für demokratische Rechte und schließlich für die Wiedervereinigung Deutschlands eintrat. Am nahen Augustusplatz stehen sich die Oper und das Gewandhaus gegenüber. Das 1781 gegründete Gewandhausorchester, eines der renommiertesten Symphonieorchester weltweit, spielt auch in der Leipziger Oper und in der Thomaskirche. Zu seinen Chefdirigenten gehörten Felix Mendelssohn Bartholdy, Wilhelm Furtwängler und Kurt Masur.
Die zu einer gotischen Hallenkirche umgestaltete Thomaskirche liegt am westlichen Innenstadtring. Sie stammt aus dem 12. Jahrhundert und ist Heimat des heute 100-köpfigen weltberühmten Thomanerchors. Als sein bekanntester Kantor wirkte Johann Sebastian Bach hier von 1723 bis 1750.
Sehenswert ist auch der Hauptbahnhof im Norden des Innenstadtrings. Schon 1839 betrieb die »Leipzig-Dresdner Eisenbahn-Compagnie« die erste deutsche Fernbahnstrecke zwischen den beiden sächsischen Städten. Der riesige, offiziell 1915 eingeweihte Kopfbahnhof mit seiner fast 300 Meter langen Fassade wurde in den 1990er-Jahren restauriert.
Eine der traditionsreichsten und meistbesuchten Attraktionen Leipzigs ist der Zoologische Garten, der an den Stadtwald Rosental grenzt. Auf dem 26 Hektar großen Gelände leben heute etwa 900 Tierarten. Die im Jahr 2001 eröffnete, weltweit größte Menschenaffenanlage »Pongoland« ist Teil eines Primaten-Wissenschaftszentrums, das Erbanlagen und Verhalten des nächsten tierischen Verwandten der Menschen erforscht. Zehn Jahre später entstand das »Gondwanaland«, Europas größte Tropenhalle.

STELL- UND CAMPINGPLÄTZE

WOHNMOBILHAFEN LAGOVIDA

Hafenstraße 1, 04463 Großpösna, lagovida.de, GPS: 51.225287, 12.447905. Sehr großzügige Parzellen gibt es am Südufer des Störmthaler Sees, der im Zuge des Braunkohleabbaus entstanden ist. Moderne Anlage mit Sanitär und im näheren Umfeld eine Marina mit Restaurant.

TOP ★ ERLEBNISSE

★ NEUSEENLAND

Im Süden Leipzigs hat sich die Landschaft vollständig verändert. Aus einem Braunkohlegebiet wurde eine Seenlandschaft, die man heute bei einem Schiffsausflug kennenlernen kann. Der Störmthaler See und der Markkleeberger See sind dabei über einen schmalen Kanal miteinander verbunden, auf dem das Ausflugsschiff verkehrt und Passagiere vom Stellplatz am Lagovida zur Seepromenade Markkleeberg befördert.

★ RUNDUMBLICK

Das Panometer zieht jedes Jahr mehr als 600 000 Besucher an, die sich von den fantastischen Welten Yadegar Asisis begeistern lassen. Aktuell zeigt das 32 Meter hohe 360°-Bild eine Blumenwiese, die der Betrachter hundertfach vergrößert erlebt.

★ RUNDUMSCHLAG

Die Völkerschlacht bei Leipzig war ein Gemetzel ohne gleichen: 600 000 Soldaten, die einen unter Napoleon, die anderen auf Seiten der alliierten Preußen, Russen, Schweden und Österreicher, trafen hier im Oktober 1813 aufeinander. Seit 1913 erinnert ein 91 Meter hoher Granitporphyr-Klotz an das große Sterben, vor Kurzem wurde er saniert und die Außenanlage erneuert.

Weitere Informationen
leipzig.travel/de

Steile Architektur mitten in Leipzig: Gewandhaus, City-Hochhaus und Universitätsaula und -kirche St. Pauli (von links).

Die Putte genießt den Blick in den Innenhof des Dresdner Zwingers, im Hintergrund ist das Residenzschloss zu sehen (oben). Auf dem Neumarkt prunkt die wieder errichtete Dresdner Frauenkirche (rechts).

45 BAROCK UND PORZELLAN – DRESDEN UND MEISSEN

Sächsisches Wunder

Dresden, die barocke Kulturstadt an der Elbe, hat schon viele begeistert: Auf engem Raum liegen Residenzschloss, Zwinger, Semperoper, die wiederaufgebaute Frauenkirche und Spitzenmuseen mit Bildern, Plastiken oder Porzellan dicht beisammen. Den Kontrast bilden die trendigen Szeneviertel der Neustadt. Die Schiffe der Weißen Flotte bringen Ausflügler nach Meißen oder ins Elbsandsteingebirge.

Er muss imposant gewesen sein: August der Starke (1670–1733), Kurfürst, König und Casanova. Die herausragende Herrscherpersönlichkeit Sachsens hat dem Land viel hinterlassen: Architektur, Kunst und angeblich fast 400 Nachkommen. Dank seinem Drang zur Machtentfaltung – er war gleichzeitig König von Polen – besitzt Sachsen zahlreiche prächtige Bauten.
Nach dem Feuersturm im Februar 1945 schien das alles verloren. Nicht nur das Schloss, fast das komplette Stadtzentrum lag in Schutt und Asche. Wer Dresden heute besucht, mag das kaum glauben, so prächtig offenbaren sich die Architekturschätze in der wiederaufgebauten barocken Stadt.

Renaissancepracht am Residenzschloss

Auch der Herrschersitz der Wettiner Fürsten im Zentrum erstrahlt in neuem Glanz. Die königlichen Schatzsammlungen verteilen sich im Residenzschloss auf fünf Museen. Das Grüne Gewölbe präsentiert rund 3000 Kunstwerke, weitere Schätze sind im Wappen- und Bronzezimmer, im Bernsteinkabinett und im Pretiosensaal ausgestellt. Das Neue Grüne Gewölbe zeigt mehr als 1000 wertvolle Stücke. Allein das Szenario »Hofstaat zu Delhi am Geburtstag des Großmoguls Aureng-Zeb« ist mit 5000 Edelsteinen dekoriert. Die »Türckische Cammer« umfasst eine einmalige Sammlung osmanischer Kunst, darunter lebens-

Der Fürstenzug stellt die wettinischen Herrscher auf einem Wandbild dar (rechts oben). Pure Lebenslust verströmt das Mozart-Denkmal im Blüherpark (oben). Nirgendwo lässt sich in so schönem Ambiente Milch kaufen wie in Pfunds Molkerei von 1892 (unten). Orientalisches Flair vermittelt die Tabakmoschee (rechts unten).

echt geschnitzte Araberpferde mit silbrigem Zaumzeug.
Die Kathedrale Sanctissimae Trinitatis beim Residenzschloss diente als katholische Hofkirche. August der Starke war im protestantischen Sachsen zum Katholizismus übergetreten, um sich für die polnische Königskrone zu bewerben. Sein Sohn Friedrich August II. (1696–1763) gab den Auftrag für die Barockkirche.
Rund 800 Jahre regierten die Wettiner in Sachsen, bis die deutsche Novemberrevolution 1918 auch ihre Herrschaft beendete. Der auf 23 000 Meissner Porzellanfliesen gemalte Fürstenzug bildet 94 Figuren aus der Herrscherfamilie ab. Die Ahnengalerie auf der Außenwand des Langen Ganges überstand sogar die Dresdner Feuernacht am 13. Februar 1945.

Auferstanden aus Ruinen

Der einst von barocken Gebäuden umgebene Neumarkt war nach dem Zweiten Weltkrieg ein Trümmerfeld. Umso erstaunlicher präsentiert er sich heute. Die dank vieler Spenden fast komplett neu erbaute Frauenkirche wurde 2005 eingeweiht. Der fast kreisrunde Innenraum zeigt eine verspielte, farbenfrohe Leichtigkeit unter der 37 Meter hohen Kuppel. Die Aussichtsplattform der äußeren Kuppel bietet aus 67 Meter Höhe einen wunderschönen Blick über die Stadt. Auf dem Platz steht auch die im Bombenhagel nahezu unversehrt gebliebene Statue des Reformators Martin Luther.
Der etwas weiter südlich gelegene Altmarkt bildete früher mit dem Alten Rathaus ein weiteres Zentrum der Stadt. Heute blickt man vom Markttreiben auf moderne Bauten wie den Kulturpalast von 1969. Die imposante Kreuzkirche ist vor allem wegen ihres 150-köpfigen Kreuzchors bekannt.
Die elegante Brühlsche Terrasse gilt als einer der schönsten Aussichtsbalkone Dresdens: Oberhalb des Elbufers schweift der Blick auf den Elbstrom und die prachtvolle Kulisse am jenseitigen Flussufer. Eine herausragende Sammlung von Gemälden und Skulpturen und einen faszinierenden Lichthof birgt das Albertinum an der Brühlschen Terrasse.
Doch in Dresden ist nicht nur die barocke Kunst zu Hause, das demonstriert das 1911 gegründete Deutsche Hygiene-Museum in einer fantastischen Ausstellung zum menschlichen Körper und seinen Wechselwirkungen mit Umwelt und Gesellschaft. Wenig weiter können Besucher der supermodernen »Gläsernen Manufaktur« nachvollziehen, wie VW Elektromobilität beim Fahrzeugbau umsetzt.

Der Zwinger und die Semperoper

Den Theaterplatz flankieren auf der einen Seite das Residenzschloss und die Hofkirche, auf der anderen Semperoper und Zwinger. Dessen Innenhof ließ August der Starke für höfische Feste anlegen. Unter den Museen der Staatlichen Kunstsammlungen Dresden ist die Gemäldegalerie Alte Meister das bekannteste. Sie präsentiert Bilder von Tizian, Corregio, Rembrandt, Rubens, Dürer und Canaletto sowie mit Raffaels Sixtinischer Madonna (1513) den Inbegriff italienischer Renaissancekunst.

Die Semperoper hatte schon eine bewegte Baugeschichte hinter sich, als sie 1878 nach Plänen Gottfried Sempers (1803–1879) im Stil der Hochrenaissance neu entstand. Nach dem Zweiten Weltkrieg lag sie lange brach und feierte erst 1985 mit Carl Maria von Webers Oper Der Freischütz ihre Wiedereröffnung. Hinter der Oper bietet der Sächsische Landtag einen modernen Kontrast aus Stahl und Glas. Wer auf der Augustus- oder einer anderen Brücke die Elbe quert, erreicht die Neustadt aus dem späten 17. Jahrhundert, die mit barocken Hausfassaden und lauschigen Innenhöfen gefällt. In Szenevierteln der Äußeren Neustadt gibt es Klubs, Boutiquen, Cafés und Restaurants. Am Albertplatz kommen Freunde des hier aufgewachsenen Schriftstellers im kleinen Erich-Kästner-Museum auf ihre Kosten. Etwas abgelegen, aber ein Ziel jeder Stadtrundfahrt, ist Pfunds Molkerei, ein historischer Milchladen mit 3500 farbigen Majolikafliesen.

Zerbrechliche Kunstwerke

Zu einem Dresdenbesuch gehört ein Abstecher nach Meißen: Von der Albrechtsburg, Deutschlands erstem Schlossbau aus dem 10. Jahrhundert, überblickt man die Ziegeldächer der Altstadt, den Elbstrom und das andere Flussufer mit Feldern und Weinhängen. In der »Wiege Sachsens« wurde der Bau des gotischen Doms mit den prägnanten Doppeltürmen 1250 begonnen. Nachdem es dem Physiker Tschirnhaus und dem Apotheker Böttger 1708 gelungen war, Porzellan herzustellen, gründete der sächsische Kurfürst August der Starke eine Manufaktur in der Albrechtsburg. 150 Jahre später zog sie an ihren heutigen Standort, wo seitdem edles Geschirr und Kunstobjekte mit dem berühmten Signum der zwei gekreuzten Schwerter unter dem Namen »Meissen Manufaktur« gefertigt werden.

STELL- UND CAMPINGPLÄTZE

CAMPINGPLATZ DRESDEN-MOCKRITZ

Boderitzer Str. 30, 01217 Dresden, cbm-camping.de, GPS: 51.014279, 13.747526. Klassischer Campingplatz am Rande der Stadt mit Swimmingpool und Restaurant. Haltestelle gleich vor dem Platz.

TOP ★ ERLEBNISSE

★ ELBSCHIFFFAHRT

Nur wenige Schritte von der Semperoper oder der Frauenkirche sind es bis zu den Brühlschen Terrassen am linken Elbufer. Dort legen die Ausflugsschiffe in das Elbsandsteingebirge bzw. in den Nationalpark Sächsische Schweiz ab. Mit Stopps in Pirna und Bad Schandau gelangt man zu den Tafelbergen und auf die dortigen Wanderwege. Verlängern kann man die Schiffsreise sogar ab Bad Schandau mit einer Fahrt in der Kirnitztalstraßenbahn, die weit in das malerische Tal hineinfährt.

★ IN DEN KRISTALLPALAST

Wie es sich für moderne Architektur gehört, gab es zunächst ordentlich Gegenwind für den Ufa-Palast, dafür bürgte schon das Planungsbüro Coop-Himmelb(l)au. Es entwarf den Kinoneubau in der Struktur eines Kristalls und setzte damit neben das kreisförmige Rundkino (einem Paradebeispiel moderner DDR-Architektur von 1972) einen dekonstruktivistischen Musterbau.

Weitere Informationen
dresden.de,
touristinfo-meissen.de

Das Schloss Albrechtsburg in Meißen thront erhaben über der Elbe.

46 NATIONALPARK SÄCHSISCHE SCHWEIZ

Kein Gebirge, sondern vielmehr ein 600 Meter dickes Sandsteinplateau, in das die Elbe und die Elemente über Millionen Jahre Täler, Rinnen und Schluchten gegraben haben, über denen markante Felsen ragen – das Elbsandsteingebirge ist eine geologische Ausnahmeerscheinung.

TOP ★ FIVE

★ **Trekkingtour**
Über 100 Kilometer in sieben Etappen führt der grenzüberschreitende Forststeig durchs Elbsandsteingebirge – neu eröffnet im April 2018.

★ **Wolfsschlucht**
Die enge Schlucht stand Carl Maria von Weber Kulisse für den »Freischütz«. Der Weg, manchmal über Leitern, verläuft teils direkt durch den Fels.

★ **Gruselburg**
Auf der Georgenburg auf der Festung Königstein schmachteten Gefangene – eine neue Ausstellung zum Staatsgefängnis verschafft Einblicke.

★ **Kletterfelsen**
Das Elbsandsteingebirge ist ein Climber-Paradies: Auf 1100 Gipfel führen 1500 Routen.

★ **Radelstrecke**
Die vermutlich schönsten 40 Kilometer des gesamten Elberadwegs streifen viele Nationalpark-Attraktionen.

Rund eine Dreiviertelstunde Fußweg ist es vom Stellplatz Bastei bis zur berühmten Brücke.

Der deutsche Teil der Landschaft heißt Sächsische Schweiz, weil sich hier vor über 200 Jahren zwei wandernde Schweizer Kunstprofessoren an ihre Heimat erinnert fühlten; der böhmische Abschnitt nennt sich analog Böhmische Schweiz. Zusammen mit angrenzenden Reservaten bilden sie ein geschütztes Gebiet von 700 Quadratkilomter Fläche. Gegründet 1990, gilt der Nationalpark als Publikumsmagnet: Mehr als zwei Millionen Besucher wandern über beliebte Steige, durch enge Schluchten und an bizarren Felstürmen vorbei zu Aussichtspunkten, die schon die Maler der Romantik inspirierten.

1 Bastei Die erste Anlaufstelle für Nationalparkbesucher und entsprechend belebt: Steile 200 Meter über der Elbe gelegen, bietet sich von den Panoramaplattformen eine herrliche Sicht aufs Flusstal, den Lilienstein und die Festung Königstein. Der Weg zur Aussicht führt über die 76,5 Meter lange Basteibrücke aus Sandstein, vorbei am wilden Rathener Felsengebiet.

2 Felsenburg Neurathen Auf dem an dieser Stelle 100 Meter breiten Basteiriff finden sich die Überreste der Festung, unter der die Felsen bis zu 60 Meter tief abfallen. Um 1425 entstand die Anlage, von der heute nur noch steinerne Teile erhalten sind.

3 Felsenbühne Rathen Die Naturbühne unterhalb der Bastei wird seit 1936 bespielt – hauptsächlich mit Karl-May-Aufführungen oder Stücken wie »Der Freischütz« und »Ronja Räubertochter«. 1800 Zuschauer finden in der Felsarena Platz.

4 Amselfall An der engsten Stelle des Amselgrunds fällt der Grünbach zehn Meter tief über eine Einsturzhöhle, die herabgefallene Felsen gebildet haben. Direkt gegenüber des Wasserschleiers steht die Amselfallbaude, ein Ausflugslokal mit Terrasse.

5 Schwedenlöcher In den engen Schluchten suchten die Menschen im Dreißigjährigen Krieg Schutz vor marodierenden Truppen. Vom Amselfall führt der Weg hinauf zur Bastei, erst über einen Steg, dann über Hunderte Treppenstufen. Der Gang durch die dämmerige Enge der mit Moos und Schwefelflechten bewachsenen Schlucht fasziniert die Besucher.

6 Polenztal Die Keimzelle des Nationalparks steht seit 1912 unter Schutz. Je nach Untergrund hat sich das Wasser der Polenz hier in den Fels gegraben: v-förmig im harten Granit, u-förmig im weichen Sandstein. An manchen Stellen türmen sich die Felswände 100 Meter hoch auf.

7 Hohnstein Die Burg Hohnstein hat eine wechselnde Nutzungsgeschichte hinter sich: meist Jugendherberge, diente sie 1933/34 als Konzentrationslager und später als Offiziersgefängnis. Nur ein Zugang führt in die Burg, die rund 140 Meter über dem Polenztal thront.

8 Lilienstein Der schönste Tafelberg der Sächsischen Schweiz misst 415 Meter und überragt die Ebenheit (so der geologisch korrekte Name) in nahezu symmetrischer Form. Um den

einzigen Tafelberg des rechten Flussufers windet sich die Elbe in einem großen Bogen. Neben den lokalen Wanderpfaden streifen drei Europäische Fernwanderwege den Gipfel.

9 Königstein Vom großen Hochplateau außerhalb der Nationalparkgrenze bietet sich ein herrlicher Blick. Die Festung auf dem knapp zehn Hektar großen Fels zählt zu den wehrhaftesten Burganlagen Deutschlands.

STELLPLÄTZE

REISEMOBILPARK BASTEI

Basteistraße, 01847 Lohmen, reisemobilpark-bastei.de, GPS: 50.985196, 14.056311. Mehr Nationalpark und Naturschutz geht kaum noch, was sich auch in der Anlage bemerkbar macht. Hier geht es etwas rustikaler zu, aber die Lage ist ideal und nachts sehr ruhig. Frühaufsteher können zu Fuß in einer guten Dreiviertelstunde die Bastei erreichen und beinahe für sich alleine genießen. Ver- und Entsorgung sind vorhanden.

CAMPINGPLATZ OSTRAUER MÜHLE

Ostrauer Mühle im Kirnitzschtal, 01814 Bad Schandau, ostrauer-muehle.de, GPS: 50.929899, 14.191182. Direkt ab dem ruhigen Campingplatz, der nichts missen lässt, starten die Wanderwege hinauf zu den Schrammsteinen. Wer es urbaner mag, kann mit der Kirnitzschtalstraßenbahn bequem nach Bad Schandau fahren.

10 Bad Schandau Neben Pirna ein weiteres Tor zur Sächsischen Schweiz – mit vielen schönen Fachwerkhäusern.

11 Kirnitzschtal Durchs malerische Flusstal zieht sich der 20 Kilometer lange Flößerweg von Bad Schandau bis Neumannmühle.

12 Lichtenhainer Mühle Eine der ehemals zwölf Mühlen im deutschen Teil des Kirnitzschtals. Heute wird dort eine Restauration betrieben.

13 Kuhstall Gut, dass die alten Schweden kein Deutsch verstanden, sonst hätten sie vermuten können, was da in dem natürlichen Tunnel vor ihnen versteckt wurde. Die größte Felshöhle der Sächsischen Schweiz auf dem Wildenstein ist 24 Meter lang, elf Meter hoch und 17 Meter breit.

14 Ruine Arndstein Die vielen natürlichen Verstecke zogen Raubritter an. Auf dem schwierig zu erklimmenden Arndstein finden sich Überreste einer mittelalterlichen Burg.

15 Großer Zschand Wahrhaft klotzig: teils klammeng, teils breit zieht sich das Tal. Links und rechts erheben sich die Felswände oft über 50 Meter. Viele Überhänge machen das Tal und seine »Schlüchte«, die Seitentäler, zu idealen Kletterrevieren.

16 Obere Schleuse Um die Kirnitzsch für die Holztrift nutzbar zu machen, bestanden schon im 16. Jahrhundert Schleusen. Auf dem 700 Meter langen Stausee fahren im Sommer Ausflugskähne.

17 Kirnitzschklamm Hoch über dem Bach führt ein Pfad durch die Klamm, die an der Grenze zu Tschechien verläuft. Am Talgrund herrscht kühlfeuchtes Kellerklima.

18 Schrammsteine Das dramatische Felsensemble darf auf keinem Foto fehlen – am höchsten ragt der Hohe Torstein mit 425 Metern heraus.

19 Kleine Bastei Für die Mühen des steilen Aufstiegs belohnt die Aussicht: auf den Fluss und die Felseformationen bis hin zum Lilienstein.

Anfahrt Am Autobahn-Dreieck Dresden-West von der A4 auf die A17 (Prag) bis Abfahrt Pirna und über Lohmen zur Bastei; mit der Bahn nach Oberrathen an der Bastei.

Lage Teil des Elbsandsteingebirges in Sachsen.

Größe 93,5 km²

Höchste Erhebung Großer Winterberg (556 m)

Gründung 1990

Internet nationalpark-saechsische-schweiz.de

Am Fichtelberg finden sich freie Flächen fürs Snowkiting (unten). Besucher in traditioneller Bergmannstracht auf dem Weihnachtsmarkt von Seiffen (rechts oben).

47 NATUR UND HANDWERK – DAS ERZGEBIRGE

Landschaft mit vielen Facetten

Den kantigen Namen verdankt das Mittelgebirge den Silber- und Buntmetallfunden im Mittelalter. Später war die Region an der tschechischen Grenze für Klöppelkunst und Holzschnitzereien bekannt. Ihre herrliche Natur lädt zu Wanderungen und Radtouren ein.

Als 1168 Silber in der Umgebung des heutigen Freiberg entdeckt wurde, brach im Mittelgebirge an der Grenze nach Böhmen erstmals »Berggeschrey« aus, das bis Mitte des 17. Jahrhunderts noch mehrfach ertönte und die Kunde von neuen Erzfunden verbreitete.

In dieser Zeit entwickelte sich das Erzgebirge zu einem der Zentren des Bergbaus in Mitteleuropa. Der Abbau von Uranerz ließ den Bergbau selbst im 20. Jahrhundert immer wieder aufleben. Experten verheißen der Region sogar eine reiche Zukunft: Hier sollen die größten Zinnvorkommen der Welt ruhen. Mehr als 20 Schaubergwerke, historische Bergorte und Hallenkirchen machen die Sächsisch-Böhmische Silberstraße zur Besucherattraktion.

Der Fichtelberg ist mit 1214 Metern der höchste Berg im deutschen Teil. Rund 5000 Kilometer markierter Wanderwege bieten beste Voraussetzungen für Aktivurlauber.

STELL- UND CAMPINGPLÄTZE

WOHNMOBILSTELLPLATZ MIT FERIENPARK SEIFFEN

Deutschneudorfer Str. 57, 09548 Seiffen, hotelahornberg.de, GPS: 50.626389, 13.458291. Nahe der Grenze zu Tschechien gelegener Platz auf mehreren Terrassen. Ruhige Lage, Strom sowie Ver- und Entsorgung vorhanden. Bezahlung und Anmeldung erfolgt im Hotel auf der gegenüberliegenden Straßenseite.

Vielerorts können Besucher Spielzeugschnitzern und -tischlern über die Schulter sehen. Schwibbögen und Weihnachtspyramiden präsentieren das Erzgebirgische Spielzeugmuseum im »Spielzeugdorf« Seiffen und das Museum von Olbernhau. In Neuhausen lockt das Nussknackermuseum und um Feinmechanik geht es in Glashütte, wo seit 1845 hochwertige Chronometer gefertigt werden.
Auch im Winter hat das Erzgebirge seine Reize. Die Höhenzüge, etwa um Oberwiesenthal oder Altenberg, zählen zu den beliebtesten Wintersportregionen im Osten Deutschlands.
INFO: erzgebirge-tourismus.de

TOP ★ ERLEBNISSE

★ EINMAL FLIEGEN

Eine Fly-Line vereint drei rasante Möglichkeiten, vom Gipfel ins Tal zu gelangen – Zipline, Sommerrodelbahn und Achterbahn. In Oberwiesenthal führt der sanfte Flug im Sitzgurt von der Bergstation des Höhenlifts über 1550 Meter in vielen Schleifen und Kurven nach unten. Auch wenn die Bergfahrt mit der ältesten noch betriebenen Seilschwebebahn ein Erlebnis ist: Die Wanderung auf den Fichtelberg, mit 1214 Metern der höchste Berg Sachsens, stellt eine angenehme Herausforderung dar, die mit Panoramablicken auf das Naturschutzgebiet Jungferngrund belohnt.

★ NEUNMAL DOWNHILL

Stoneman Miriquidi heißt die echte Mountainbiker-Sensation im Erzgebirge. Erdacht vom MTB-Profi und »Stoneman« Roland Stauder führt die 162 Kilometer lange Strecke über neun Gipfel, 4400 Höhenmeter und durch zwei Länder.

★ ACHTMAL AUSTOBEN

Neue Spielwelten, mal schweißtreibend auf dem Trampolin oder an Kletterwänden, mal virtuell im XXL-Labyrinth – seit 2018 bietet die Fundora-Erlebniswelt in Schneeberg acht verschiedene Indoor-Abenteuer.

Weitere Informationen
vierersesselbahn.de,
stoneman-miriquidi.com,
fundora-schneeberg.de

DIE MITTE

Von der Wartburg zum Vater Rhein

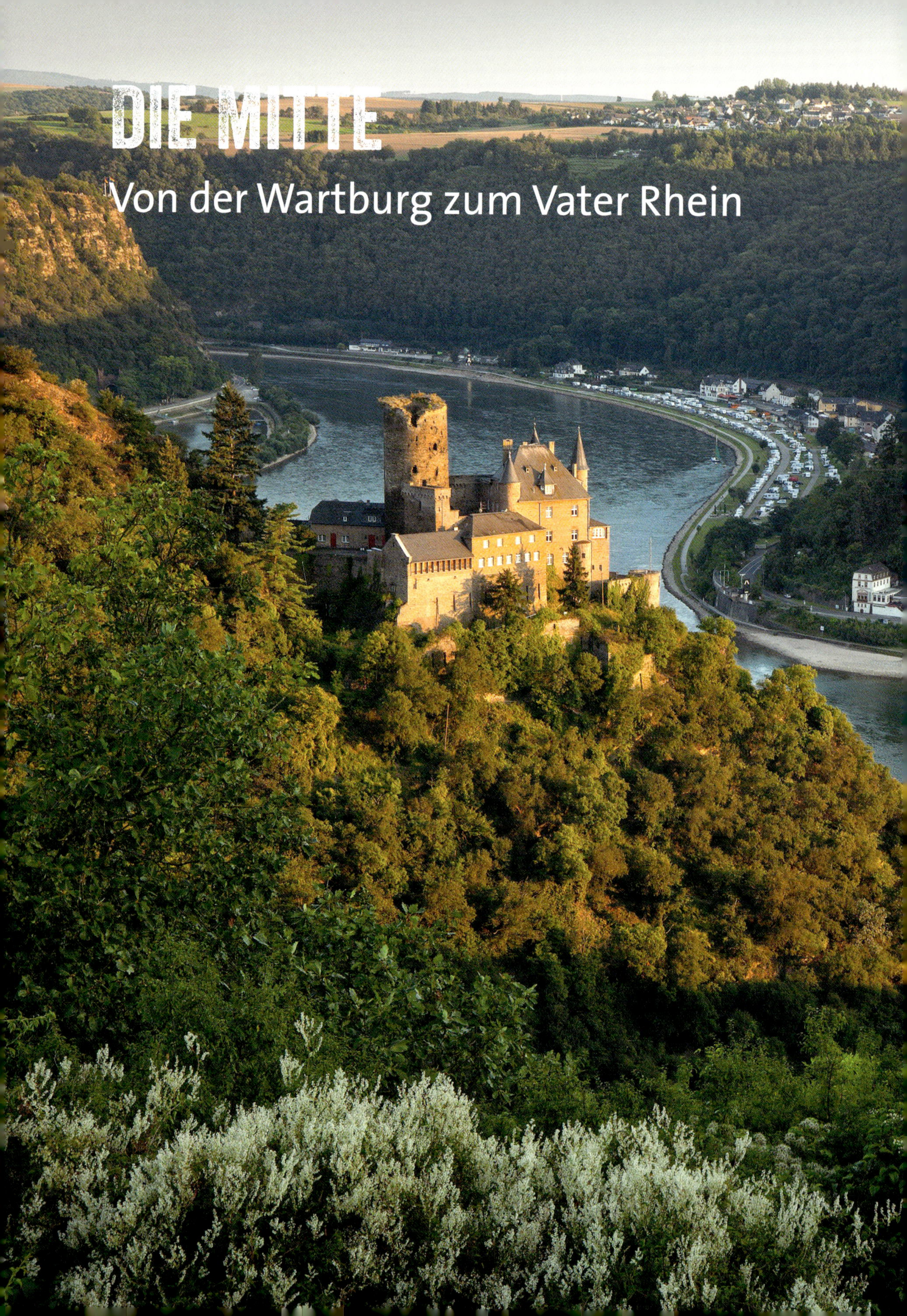

Wohlfühlen in der Mitte Deutschlands: Fachwerk am Kiepenkerlplatz in Münster (oben), der gemütliche Wohnmobilstellplatz Nordkirchen (unten) und die Burg Katz über St. Goarshausen am Rhein (links).

48 NATIONALPARK HAINICH

Seit 2011 zählen die Buchenwälder im Hainich zum Weltnaturerbe. Gut 75 der insgesamt 160 Quadratkilometer Fläche von Deutschlands größtem zusammenhängenden Laubwald gehören zum Nationalpark, dem einzigen in Thüringen. Seit der Gründung 1997 bleibt sich die Natur dort selbst überlassen.

TOP ★ FIVE

★ **Mühlhausens Bauern**
Die Stadt gilt als wichtiger Schauplatz der Bauernkriege. In der Kornmarktkirche erzählt ein Museum von der »Revolution des gemeinen Mannes«.

★ **Bach-Dusche**
Nur ein Jahr war Johann Sebastian Bach Organist in Mühlhausen – die Sounddusche an der Divi-Blasii-Kirche erinnert daran.

★ **Traubeneiche**
Direkt am Baumkronenpfad steht einer der ältesten Bäume des Parks: eine Traubeneiche.

★ **Langensalzas Gärten**
Die »blühendste Stadt Europas« macht ihrem Titel Ehre: im Garten der Heilkräuter am Apothekenmuseum, im Arboretum und dem Japanischen Garten.

★ **Unstrut-Weg**
Über 190 Kilometer begleitet der Unstrutradweg den Flusslauf von der Quelle im Eichsfeld bis zur Mündung in die Saale.

Hätte man in Deutschland nie einen Baum geschlagen, gäbe es vor lauter Buchen kein Durchkommen mehr: Sie haben vor über 4000 Jahren in der Mitte Europas Fuß gefasst und zeitweilig das Land zu mehr als zwei Dritteln bedeckt. Fagus Sylvatica ist nur eine von 14 Buchenarten weltweit, doch die Rotbuche erwies sich als die größte Überlebenskünstlerin von allen – sie gedeiht auf feuchten und auf trockenen Böden, im Tiefland wie an Berghängen. Im Hainich reicht der Höhenzug bis zu 494 Meter, und er bietet ideale Bedingungen für einen naturnahen Mittelgebirgsbuchenwald. Zwar haben die Menschen auch hier über Jahrhunderte Holz entnommen, doch immer nur vereinzelt, sodass genügend junge Bäume nachwachsen konnten und jetzt einen sogenannten Plenterwald bilden mit Bäumen aller Altersstufen. Neben den dominanten Buchen kommen auch andere Arten vor wie Esche, Ahorn, Linde und Elsbeere. Rund 800 Pflanzen bilden im Frühjahr und Sommer einen bunten Blütenteppich – dazu gehören Märzenbecher, Bärlauch und Leberblümchen, Türkenbund, Waldveilchen und viele andere. Auch Schwarzstörche, Wildkatzen, Baumfalken und andere seltene Tiere finden im Hainich ihren Lebensraum.

1 Baumwipfelpfad Die touristische Attraktion rund um den 44 Meter hohen Baumkronenturm: Auf gut 530 Meter Länge steigen die Besucher dem Urwald aufs Dach. Eintrittskarten und Informationen gibt es im Nationalparkzentrum an der Thiemsburg zu Füßen des Turms. Das Wandern auf den Wegschleifen hat zu jeder Jahreszeit seinen Reiz. Am Ende stoßen beide Pfade auf 24 Meter Höhe auf den Baumkronenturm – etwa in Wipfelhöhe einer ausgewachsenen Buche.

2 Naturpfad Thiemsburg Sozusagen die bodennahe Variante zum Baumkronenpfad: Der 3,6 Kilometer lange Rundgang schreitet großzügig unten ab, was überm Blätterdach liegt. Wander-Alternativen sind der gleich weite Eichenbergpfad und der zehn Kilometer lange Steinbergweg.

3 Brunstal Durch eines der schönsten Hainichtäler führt eine Route, die barrierefrei ausgebaut und mit Erlebnisstationen für blinde Besucher ausgerüstet ist: Holz und Rinde verschiedener Bäume lassen sich ertasten und

Der Baumwipfelpfad ist die Attraktion im Nationalpark Hainich.

die Fährten von Dachs, Wildschwein und Reh erspüren. Im Frühjahr blüht das Brunstal auf, dank Märzenbecher, Buschwindröschen, Bärlauch und Schlüsselblumen. An die drei Kilometer lange Strecke schließt sich der anspruchsvolle Saugraben-Weg von zehn Kilometer Länge an. Er führt mitten in den Urwald.

4 Hünenteiche Gleichfalls am Parkplatz Fuchsfarm startet eine Tour zu den Hünenteichen. Da der Hainich auf porösem Muschelkalkboden fußt, der normalerweise selbst das Wasser von Bächen schnell aufnimmt, haben die von Wasserschwertlilien gesäumten Teiche Seltenheitswert – allerdings wurden die Seen einst künstlich angelegt und dienten als Fischteiche.

5 Zollgarten Könnte man hier einfach zuschauen! Ein paar Jahrzehnte Zeit müsste man aber mitbringen, denn auf der Freifläche unterhalb der Beobachtungskanzel entsteht ein Wald in Zeitlupe. Pioniere sind Gräser und Sträucher, dann ziehen Büsche, Hecken und die ersten Bäume nach – jeder sucht sich den Untergrund aus, der ihm am besten behagt. Auch die ehemaligen Militärgebiete nördlich und südlich des Nationalparks dienen längst als Buchenwald-Kinderstube.

6 Betteleiche Dass im Buchenurwald eine Eiche das Wahrzeichen stellt, erscheint ein bisschen absurd – andererseits prädestiniert die Betteleiche ihr ungewöhnlicher Wuchs zum Aushängeschild. Sie steht nahe der historischen Rodungsinsel Ihlefeld, wo sich einst der Außenposten eines Klosters befand. An der Eiche brachten die Mönche einen Kasten an, um bei Reisenden Spenden zu erbetteln – daher der Name.

7 Ihlefelder Kreuz Als Zeuge einer früheren Besiedlung steht das 1,80 Meter hohe Wegekreuz in der Landschaft. Die vor 1450 errichtete Stele zeigt eine Jagdszene mit einem Bären. Die gibt es hier schon lange nicht mehr – stattdessen aber schätzungsweise 10 000 andere Tierarten.

8 Mailinde Ein weiteres Zeugnis des einstmals stärker bevölkerten Landstrichs legt die Linde bei Berka ab. Von hier aus führt ein Erlebnispfad zur Silberbornlinde, einem fast völlig ausgehöhlten, aber immer noch vitalen Baum.

9 Behringen Zwischen Hütschenroda und dem Schlosspark Behringen verläuft der sogenannte Eilbotenweg, den über gut sechs Kilometer mehr als 80 Skulpturen säumen, die sich mit dem Thema Natur befassen.

10 Silbersee Jetzt wird's romantisch: Über den Nachtigallenweg erreicht man den Silbersee, das größte Gewässer im Nationalpark und zugleich ein Vogelparadies. Hier tummeln sich Enten, Bless- und Teichhühner und die putzige Beutelmeise; in den kleinen Tümpeln ringsum leben Laubfrosch und Gelbbauchunke. Als Silhouette zeichnen sich der Thüringer Wald und die Wartburg ab.

STELLPLÄTZE

CAMPINGPLATZ AM TOR ZUM HAINICH

Weberstedt, Am Hainich 22, 99991, Weberstedt, camping-hainich.de, GPS: 51.102415, 10.508496. In wunderbar ruhiger Lage nahe einem kleinen Ort. Direkter Zugang zum Nationalpark und Wandermöglichkeiten zum Baumkronenpfad.

Anfahrt A4 bis Ausfahrt Eisenach-Ost, B84 bis Reichenbach, von dort über Craula zum Baumkronenpfad; mit der Bahn nach Bad Langensalza und mit Wanderbussen.

Lage Im Westen Thüringens zwischen Eisenach, Bad Langensalza , Mühlhausen und Eschwege.

Größe 75 km^2

Höchste Erhebung Alter Berg (494 m)

Gründung 1997

Internet nationalpark-hainich.de

49 INSPIRATION FÜR GEISTESGRÖSSEN – WEIMAR

Stadt der Dichter und Designer

Bis heute ist Weimar ein Ziel für Kulturreisende aus aller Welt. Noch immer zehrt die Stadt, in der Wieland, Herder, Goethe und Schiller wirkten, von ihrem Ruf, einst Zentrum deutschen Geisteslebens gewesen zu sein. Weimar ist darüber hinaus der Gründungsort der ersten deutschen Republik und des weltberühmten Bauhauses.

Obwohl das thüringische Städtchen Weimar, das hübsch an einem Bogen der Ilm liegt, über zahllose Kulturdenkmäler verfügt und obwohl hier das kulturelle Erbe und die deutsche Geschichte allgegenwärtig sind, hat es keine Patina angesetzt. Ganz im Gegenteil: Im Umfeld der Bauhaus-Universität, die nach der Wende aus der Hochschule für Architektur und Bauwesen hervorgegangen ist, hat sich eine vielseitige und lebhafte Kunstszene entwickelt. Das ganze Jahr über ist Weimars Veranstaltungskalender mit Ausstellungen, Konzerten und Festivals prall gefüllt. Und auch mit dem Angebot an Klubs, Kneipen und urigen Lokalen kann sich die Welterbe-Stadt sehen lassen.

Ein Spaziergang durch die Altstadt

»Wo finden Sie auf einem so engen Fleck noch so viel Gutes?« – Diese Worte von Johann Wolfgang von Goethe (1749–1832) über Weimar haben nichts von ihrer Gültigkeit verloren. In der überschaubaren Altstadt liegen die kulturellen Highlights dicht beieinander. Am Theaterplatz, den seit dem Jahr 1857 das Goethe- und Schiller-Denkmal schmückt, wird die große Geschichte der Stadt lebendig. Im neoklassizistischen Monumentalbau des Deutschen Nationaltheaters

Pittoresk gibt sich der Marktplatz (unten). Das Büstenzimmer in Goethes Haus am Weimarer Frauenplan (rechts oben). Goethe blickt auf dem Theaterplatz sinnend in die Ferne (rechts unten).

an der Ostseite des Platzes tagte 1919 die verfassungsgebende Versammlung der gerade entstehenden Republik. Gleich gegenüber zeigt das in einer ehemaligen Wagenremise untergebrachte Bauhausmuseum Design-Klassiker aus der berühmten Kunstschule. Walter Gropius (1883–1969) gründete 1919 die vollkommen neue Bildungsstätte, die die Formensprache in Kunst und Architektur revolutionieren sollte.

Das Wittumspalais auf der südöstlichen Seite des Platzes war Residenz der Herzogin Anna Amalia, die den Weimarer Musenhof begründete und hier regelmäßig zu geselligen Tafelrunden lud.

Nur ein Stück weiter südlich steht das Wohnhaus Friedrich Schillers (1759–1805), das der Dichter 1802 erwarb und knapp drei Jahre lang bewohnte. Die Einrichtung des Arbeits- und Sterbezimmers ist original erhalten. Die Klassik Stiftung Weimar unterhält das Haus und öffnet es für Besucher.

Goethes Haus am Frauenplan, in dem er ab 1782 bis zu seinem Tod 50 Jahre später wohnte, ist wohl die Hauptattraktion im klassischen Weimar. Nach dem Tod von Goethes letztem Enkel wurde das Haus 1886 in ein Museum umgewandelt, das die umfangreichen kunsthistorischen und naturwissenschaftlichen Sammlungen des Dichters, seine Bibliothek sowie seine Wohn- und Arbeitsräume einem breiten Publikum zugänglich macht.

In der »Herzogin Anna Amalia Bibliothek« im Grünen Schloss ist der kostbar ausgestattete Rokokolesesaal ein Besuchermagnet. Die Bibliothek, die durch einen Brand im September 2004 rund 50 000 wertvolle Bände verlor, verfügt über die weltweit bedeutendste Büchersammlung zur deutschen Klassik.

Goethes grünes Erbe

Als Großherzog Karl August von Sachsen-Weimar-Eisenach 1776 den ursprünglich barock angelegten Park an der Ilm im Stil eines englischen Landschaftsgartens umgestalten ließ, wirkte Goethe eifrig mit. In den scheinbar planlosen, tatsächlich aber kunstvollen Arrangements aus einheimischen und exotischen Gehölzen wie Gingko oder Sumpfzypresse findet die Naturbegeisterung des 18. Jahrhunderts ihren vollkommenen Ausdruck.

Während eines Rundgangs eröffnen sich durch raffiniert gesetzte Sichtachsen immer wieder interessante Ausblicke auf markante Gebäude, Denkmäler und Skulpturen. Der bekannteste Eyecatcher ist natürlich das am östlichen Ilmhang gelegene Gartenhaus Goethes, in dem der Dichter zwischen 1776 und 1782 wohnte. Es war ein Geschenk des Großherzogs, dem es aber geraten schien, seinen Geheimrat als Käufer auftreten zu lassen. Immer wieder zog sich Goethe in das bescheidene Gartenhaus zurück – zuletzt im Februar 1832, einen Monat vor seinem Tod.

STELL- UND CAMPINGPLÄTZE

CAMPINGPLATZ IM GRÜNEN

Auf dem Butterberge 1, 99438 Oettern, campingplatzimgruenen.de, GPS: 50.924346, 11.347661. Der Name ist Programm, der Platz ist umgeben von Wald und einem Feld. Dafür befindet er sich aber weit außerhalb von Weimar. Nette Betreiber, die einen herzlich willkommen heißen.

TOP ★ ERLEBNISSE

★ SPORTLICHES WEIMAR

Der Ilmtal-Radweg schlängelt sich auf 123 Kilometern durch Thüringen – auch durchs Stadtgebiet von Weimar. Ein angenehmer Effekt: Es geht immer leicht bergab, von der Quelle auf 750 Meter Höhe im Thüringer Wald bis zur Mündung in die Saale bei 120 Meter über N.N.

★ KLASSISCHES WEIMAR

Wer alle Stätten ansehen möchte, die seit 1996 bzw. 1998 zum Weltkulturerbe gehören, muss gut zu Fuß sein: Drei Punkte haben mit Weimar als Bauhaus-Geburtsort zu tun, elf Anlaufstellen fallen unter die Rubrik »Klassisches Weimar« und dazwischen liegt der Park an der Ilm. Dort ergingen sich die Geistesgrößen: Wieland, Herder, Liszt, Anna Amalia, Schiller, Goethe, Van de Velde, Gropius.

★ GOETHE-ERLEBNISWEG

Ein großes weißes G auf grünem Grund markiert den Wanderweg, der den Spuren des Nationaldichters folgt. Er ist 28 Kilometer lang und führt aus der Weimarer Innenstadt hinaus zum Schloss bei Großkochberg. Goethe legte diese Strecke ebenfalls zurück, gelegentlich aber zu Pferde, wofür er nach eigener Aussage zweieinhalb Stunden benötigte. Zum Wandern sollte man ca. sieben Stunden veranschlagen.

Weitere Informationen
weimar.de

50 SAKRALE BAUKUNST UND MEHR – ERFURT

Sakrale Baukunst und mehr – Erfurt

Das historische Zentrum Erfurts wird immer wieder als schönste Altstadt Deutschlands gerühmt. Bürgerhäuser und Kirchen, enge Gassen und romantische Plätze bestimmen das Bild. Die 1117 erstmals erwähnte Krämerbrücke gilt als architektonisches Kleinod.

Trotz der schier überbordenden Fülle an historischer Bausubstanz ist Erfurt keineswegs zu einem Freilichtmuseum erstarrt. Überall in den Gassen locken Cafés und kleine Geschäfte. An der Krämerbrücke herrscht immer ein großes Gedränge. Das steinerne Bauwerk, das in sechs Bogen die Gera überspannt, ist die einzige bebaute Brücke nördlich der Alpen.

Auf dem Domberg

Das Ensemble aus Dom und St. Severi auf dem Domberg ist das alles überragende Wahrzeichen von Erfurt. Die beiden Kirchen zählen zu den beeindruckendsten Werken mittelalterlicher Sakralbaukunst. Der Dom wurde ab dem frühen 14. Jahrhundert an der Stelle einer romanischen Basilika errichtet. Der gewaltige Chor, der sich auf einem dem Domberg vorgebauten Podest erhebt, war wohl um 1370 fertiggestellt. Das Langhaus wurde 1455 abgerissen und bis zum Ende des Jahrhunderts durch die noch heute erhaltene spätgotische Halle ersetzt. Im Inneren des Doms beeindrucken der barocke Hochaltar, das meisterhafte mittelalterliche Chorgestühl und die Tafelgemälde, die die Langhauspfeiler schmücken.
Neben dem Dom wirkt die Severikirche schlicht und zierlich. Die fünfschiffige Hallenkirche wurde zwischen 1276 und 1360 errichtet und gilt als bedeutendes Beispiel der Frühgotik. Sie zeichnet sich durch den Hochaltar aus, aber auch durch die Steinmetzarbeiten, darunter den berühmten Severi-Sarkophag.
INFO: erfurt.de

STELL- UND CAMPINGPLÄTZE

WOHNMOBILSTELLPLATZ »TOR ZUR STADT«

Gothaer Str. 30, 99094 Erfurt, erfurt-wohnmobil.de, GPS: 50.956366, 10.982378.
Am Stadtrand gelegener Stellplatz, der zur Bundesgartenschau 2021 angelegt wurde. Sanitär und Strom vorhanden. Mit der Straßenbahn gelangt man ins Zentrum.

TOP ★ ERLEBNISSE

★ ÜBER SIEBEN STÄDTE

Eisenach, Gotha, Weimar, Jena, Gera, Altenburg und mittendrin Erfurt sind die Perlen auf der Thüringer Städtekette: Über 230 Kilometer führt der Radfernweg durch Thüringen. Alle Orte sind ans Bahnnetz angeschlossen.

★ ZUR ZITADELLE

Kann es eine schönere Nutzung für eine Stadtfestung geben, als dass in ihren Mauern Menschen unterkommen und kulturelle Einrichtungen? Der Zitadelle Petersberg ist es so ergangen. Als eine der am besten erhaltenen Befestigungsanlagen Deutschlands dient die sternförmige Zitadelle heute rein zivilen Zwecken.

Weitere Informationen
thueringer-staedtekette.de, erfurt-touristinformation.de

Wichtige Sehenswürdigkeit Erfurts: die Krämerbrücke.

51 LUTHER HAUTNAH – EISENACH UND DIE WARTBURG

Im Schatten der Wartburg

Der Geburtsort Johann Sebastian Bachs wird meist nur als Ausgangspunkt für Ausflüge auf die Wartburg wahrgenommen, die seit 1999 zum UNESCO-Welterbe gehört. Dass Eisenach selbst über interessante Sehenswürdigkeiten verfügt, wird dabei leicht übersehen.

Eisenach hat viele Gesichter: In der denkmalgeschützten historischen Residenz- und Bürgerstadt prägen es Bauwerke wie das Renaissancerathaus und das barocke Stadtschloss. Unweit davon erinnert das Lutherhaus daran, dass der Reformator von 1498 bis 1501 hier lebte und eine Lateinschule besuchte. Und im Museum Automobile Welt präsentiert es sich als Industriestandort, in dem ab 1896 die Fahrzeugfabrik Eisenach Automobile produzierte, ab 1955 den Wartburg.

Bibel, Burschen, Sängerkrieg

Auf der Wartburg prangt ein weltberühmter Tintenfleck: An der Wand der Schreibstube sieht man die Hinterlassenschaft des Tintenfasses, das Martin Luther hier einst nach dem Teufel geworfen haben soll. 1521/22 hielt sich der in Eisleben geborene Reformator als »Junker Jörg« auf der Wartburg versteckt und übersetzte das Neue Testament ins Deutsche. Wie kaum ein anderer Ort ist die Wartburg mit der deutschen Geschichte verbunden. Nachdem studentische Burschenschaftler sich hier erstmalig 1817 zu einem Fest versammelten, um die Reichseinheit zu beschwören, wurde die mittelalterliche Trutzburg zu einer Weihestätte für Nationalromantiker. Verschiedene historistische Ausschmückungen sind erhalten, z. B. die Mosaiken in der Kemenate Elisabeths von Ungarn, die August Oetken Anfang des 20. Jahrhunderts schuf. Oder das Monumentalfresko von Moritz von Schwind (1804–1871) im Sängersaal: Es zeigt den legendären Sängerwettstreit des 13. Jahrhunderts.

INFO: wartburg-eisenach.de

STELL- UND CAMPINGPLÄTZE

WOHNMOBILSTELLPLATZ EISENACH

Karl-Marx-Straße 40, 99817 Eisenach, GPS: 50.978864, 10.323943. Großzügige Parzellen gegenüber einem Lebensmitteldiscounter, sehr zentrale Lage. Strom sowie Ver- und Entsorgung vorhanden.

Golden glänzt der Drachentöter Georg auf dem Marktbrunnen von Eisenach.

TOP ★ ERLEBNISSE

★ LEGENDÄRER WEG

Die Stationen der Wanderung klingen so, als handele es sich um Räume auf der Wartburg: Sängerwiese, Hohe Sonne, Drachenschlucht. Der Rundweg über 12,7 Kilometer beansprucht viereinhalb Stunden, ohne Besichtigung der Wartburg. Sie ist allerdings erst Ziel Nummer zwei auf der Strecke, die am Reuter-Wagner-Museum beginnt.

★ RENNSTEIG

Eisenach ist außerdem Ausgangspunkt für den ältesten Fernwanderweg Deutschlands. Der Rennsteig startet am Ufer der Werra im Ortsteil Hörschel und ist ein 170 Kilometer langer Weg, der über den Kamm des Thüringer Waldes bis zur Saale verläuft. Mindestens eine Etappe sollte man mal gemacht haben.

Weitere Informationen
geschichte-zu-fuss.de

Gut 200 Meter über dem Städtchen Eisenach erhebt sich die Wartburg, die bekannteste Burg der Ludowinger, erbaut um das Jahr 1067.

52 WOHNMOBIL-TOUR FÜR GRENZGÄNGER

Von der Wartburg bis Meißen

Auf gut 560 Kilometern reihen sich die geschichtsträchtigen Stätten im Süden von Thüringen und Sachsen aneinander: die Klassiker wie die Wartburg, Erfurt, Weimar und natürlich Dresden und Meißen, aber auch weniger bekannte Orte im Vogtland und im Erzgebirge. Landschaftliche Höhepunkte bilden der Thüringer Wald und das Elbsandsteingebirge.

Schon Anfangs- und Endpunkt dieser Strecke zeigen, welche hochkarätigen Sehenswürdigkeiten den Süden Ostdeutschlands als Wohnmobilregion qualifizieren. Doch klappert die Tour nicht nur Altbekanntes ab, sondern bindet auch abgeschiedene Regionen mit ein. Zwei Dinge lohnen sich daher besonders: genügend Zeit mitzubringen und die passende Lektüre; denn hier haben viele deutsche Geistesgrößen ihre Spuren hinterlassen.

Von Eisenach nach Erfurt Die Stadt zu Füßen der Wartburg wird vom Nikolaitor bis zum Stadtschloss von Jahr zu Jahr schöner – wichtig ist sie ohnehin als Gründungsstätte der SPD, der ältesten deutschen Partei, und Schauplatz großer geschichtlicher Ereignisse. Der relativ neue und einfache Stellplatz im Zentrum von Eisenach ist Ausgangspunkt für eine Fahrt durch den Thüringer Wald.

Von Eisenach nach Bad Salzungen
Der Rennsteig verläuft als Kammwanderweg einmal quer über das Mittelgebirge des Thüringer Waldes. Mit dem Wohnmobil kann man zumindest einige der Ortschaften in der Region besuchen und von dort aus zu Fuß zum ältesten Fernwanderweg Deutschlands aufsteigen. Zu sehen gibt es den Großen Inselsberg, den Wintersportort Oberhof und mit einem Abstecher in die Rhön so wunderbar moderne Wohnmobilstellplätze wie den in Bad Salzungen nahe dem dortigen Gradierwerk.

Von Bad Salzungen nach Annaberg
Einmal quer über den Thüringer Wald passiert man den sehr praktisch und malerisch gelegenen Wohnmobilstellplatz in Saalfeld, um dort gleich nebenan die Feengrotten zu besichtigen und mit einem Abstecher entlang der beeindruckenden Bleilochtalsperre, dem größten Stausee Deutschlands, steuert man das Wohnmobil in Richtung tschechische Grenze. Über Schleiz und Plauen mit seinem spätgotischen Rathaus streift die landschaftlich schöne Route über die B283 die Harmonika-Stadt Klingenberg. Wohnmobilisten ohne Eile nehmen an der Kreuzung in Morgenröthe-Rautenkranz die Straße nach Oberwiesenthal und fahren dabei dem Erzgebirge entgegen.

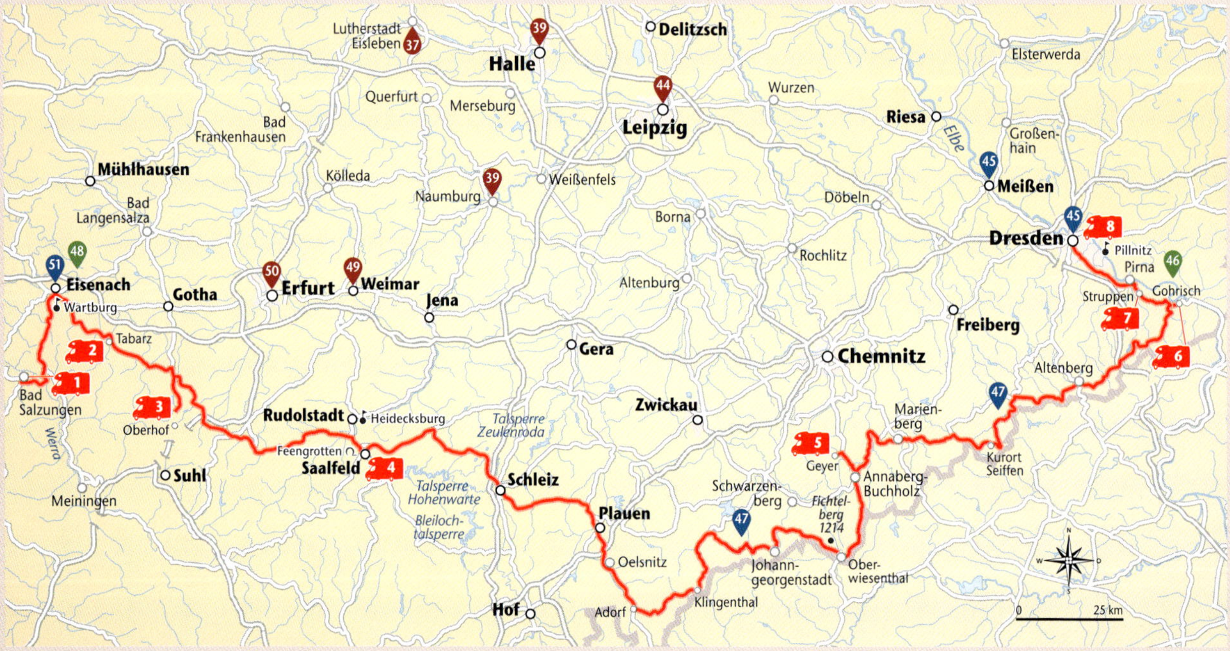

Großzügige Stellflächen bietet der Wohnmobilstellplatz in Bad Salzungen (links). Etwa 160 000 Besucher kommen jährlich in die Feengrotten bei Saalfeld – seit der Eröffnung der Schaugrotten waren es schon mehr als 19 Millionen (unten).

Von Annaberg in die Sächsische Schweiz In Annaberg-Buchholz haben zwei Gewerbe die Wirtschaft über Jahrhunderte geprägt: der Silberbergbau und das Spitzenklöppeln. Die historische Altstadt strebt als Teil der Montanregion Erzgebirge einen UNESCO-Welterbetitel an. Nach einem Aufenthalt auf dem Campingplatz im Kurort Seiffen, der für die Fertigung von Nußknackern bekannt ist, führen die B101 und die B172 bis Pirna und Bad Schandau zu den Toren des Nationalparks Sächsische Schweiz.

Von der Sächsischen Schweiz bis Dresden Den direkten Weg von Bad Schandau nach Dresden nimmt die Elbe – Wohnmobilurlauber fahren auf kleinen Landstraßen an den Tafelbergen vorbei. Den Beginn markiert Sebnitz, weiter geht es über die Burg Stolpen, eine Höhenburg auf Basaltfelsen, bis zum Stellplatz an der Bastei, der nur einen Katzensprung entfernt ist. Zur sächsischen Landeshauptstadt sind es von dort aus 40 Kilometer.

Von Dresden bis Meißen »Hier wurde die Schönheit erfunden«, sagte der Archäologe Winckelmann über die als Elbflorenz betitelte Stadt, und auch das Umland kann sich sehen lassen. Das Schloss Pillnitz, die Karl-May-Stadt Radebeul und das Barockschloss Wackerbarths Ruh liegen auf der kaum 30 Kilometer langen Strecke über die B6 nach Meißen, die verträumte Porzellanstadt mit der Albrechtsburg.

STELL- UND CAMPINGPLÄTZE

1 SOLE REISEMOBILHAFEN
Am Flößrasen 5, 36433 Bad Salzungen, sole-reisemobilhafen.de, GPS: 50.815522, 10.237724

2 WOHNMOBIL-PLATZ AM TABBS
Schwimmbadweg 6, 99891 Bad Tabarz, womo-stellplatz-badtabarz.de, GPS: 50.878117, 10.519884

3 OBERHOF CAMPING LÜTSCHESEE
Am Stausee 9, 99330 Geratal, oberhofcamping.de, GPS: 50.729484, 10.754207

4 STELLPLATZ ERLEBNISWELT SAALFELDER FEENGROTTEN
Feengrottenweg 2, 07318 Saalfeld/Saale, GPS: 50.634823, 11.340235

5 CAMPINGPARK GREIFENSTEINE
Thumer Str. 65, 09468 Geyer, greifenbachstauweiher.de, GPS: 50.641056, 12.912038

6 CARAVAN CAMPING »SÄCHSISCHE SCHWEIZ«
Dorfplatz 181D, 01824 Gohrisch, caravan-camping-saechsischeschweiz.de, GPS: 50.914088, 14.107841

7 CAMPING-STELLPLATZ STRUPPEN
Kirchberg 20, 01796 Struppen, camping-stellplatz-struppen.de, GPS: 50.938009, 14.014026

8 WOHNMOBILSTELLPLATZ AM BLÜHERPARK
Zinzendorfstraße 7, 01069 Dresden, wohnmobil-dresden.de, GPS: 51.043928, 13.743144

Göttingens Kurze Straße überragt die Pfarrkirche St. Michael (oben). Seit 1737 bestimmt die Georg-August-Universität mit das Leben der Stadt (rechts oben). Das Gauß-Weber-Denkmal in der Göttinger Wallanlage ehrt zwei der bedeutendsten Wissenschaftler der Stadt (rechts unten).

53 NOBELS WUNDER – GÖTTINGEN

Forschung und Lehre bestimmen seit 280 Jahren das Leben der Stadt

An Göttingen haben sich schon große Geister gerieben: »Die Stadt Göttingen, berühmt durch ihre Würste und Universität … enthält 999 Feuerstellen, diverse Kirchen, eine Entbindungsanstalt, eine Sternwarte, einen Karcer, eine Bibliothek und einen Ratskeller, wo das Bier sehr gut ist … Die Stadt selbst ist schön und gefällt einem am besten, wenn man sie mit dem Rücken ansieht.«

Gerade der letzte Halbsatz über Göttingen, den Heinrich Heine 1826 in Die Harzreise schrieb, gibt eine sehr persönliche Einschätzung des Schriftstellers wieder, der sich hier zwischen 1820 und 1825 mehr schlecht als recht zur Promotion in Jura gekämpft hatte. Er wird auch gerne in Göttingen zitiert, früher sah man das anders. In der niedersächsischen Stadt durfte Die Harzreise auch wegen anderer Respektlosigkeiten in den ersten Jahren nach der Veröffentlichung nicht verkauft werden.

Aufschwung durch die Universität

Doch Heine gab es in seinem bissigen Kommentar selbst zu: Göttingen ist eine schöne Stadt mit einer reichen historischen Bebauung. Die »Entbindungsanstalt« war das Accouchierhaus, das 1790 als erste Universitäts-Entbindungsklinik im deutschsprachigen Raum gegründet wurde. Heute hütet hier die Georg-August-Universität eine Musikinstrumentensammlung. Die Universität spielte schon zu Heines Zeit die erste Geige in der Stadt, ist sie doch seit ihrer Eröffnung im Jahr 1737 Göttingens größte Triebkraft. Heute sind mehr als 20 Prozent der knapp 120 000 Einwohner Studenten und ein weiterer guter Teil ist an der Universität, einer Hochschule oder Forschungseinrichtung beschäftigt.

Vor dem Dreißigjährigen Krieg florierte Göttingen als Zentrum des Handels und der Tuchmacherei. Durch die Konkurrenz englischer Stoffe ab dem 16. Jahrhundert und den Dreißigjährigen Krieg lag seine Wirt-

schaft im 18. Jahrhundert jedoch am Boden. Dies änderte sich durch die Universität: Die Professoren und Studenten brachten Geld, sie brauchten Unterkünfte, Verpflegung und Bedienstete. Fieberhaft wurde das Universitätsgebäude errichtet, samt Großer Aula und Karzer, in den Studenten auch wegen notorischer Faulheit eingesperrt werden konnten. Über die Kritzeleien der gelangweilten Übeltäter darf man sich heute in einem kleinen Museum amüsieren.

Ein Spaziergang durch die Stadt kommt einem Bummel durch fast 300 Jahre europäische Geistes- und Wissenschaftsgeschichte gleich. Von A wie Abbegg, Wilhelm, Begründer der demokratischen Polizei (1896–1900), in der Theaterstraße 2 bis Z wie Zsigmondy, Richard, Nobelpreisträger für Chemie (1910–1929), im Friedländer Weg 47 erinnern Hunderte Tafeln an berühmte Persönlichkeiten, die hier studiert, geforscht und gelehrt haben. Heines Tafel hängt übrigens in der Weender Straße 50. In der ersten Hälfte des 20. Jahrhunderts hielt Göttingen zudem einen einmaligen Weltrekord: Keine andere Stadt wurde in Verbindung mit Nobelpreisen so oft genannt. In die Wissenschaftsgeschichte ging dies als »Göttinger Nobelpreiswunder« ein. Bislang erhielten mehr als vierzig Forscher, deren Lebensläufe mit Göttingen verbunden sind, einen Nobelpreis.

Abends ist der Leinekanal romantisch beleuchtet (oben). Im Karzer der Universität vertrieben sich die eingesperrten Studenten mit Kritzeleien die Zeit (unten). Im Reinhardswald stehen mächtige Urwaldriesen (rechts oben). Das Hotel in der Sababurg liegt derzeit im Dornröschenschlaf (rechts unten).

Lichtenberg und andere Größen

An Göttingens Universität wirkten jedoch schon vor der Ära der Nobelpreise einige der klügsten Köpfe ihrer Zeit. Zu den berühmtesten zählt Georg Christoph Lichtenberg, der sowohl spitzzüngige Aphorismen verfasste als auch die Experimentalphysik begründete. Von 1770 bis zu seinem Tod 1799 hielt das »Universalgenie des 18. Jahrhunderts« Vorlesungen über Physik, Astronomie und Geografie in seinem Wohnhaus an der Gotmarstraße.

Als Bronzedenkmal steht Lichtenberg heute am Marktplatz vor dem Alten Rathaus aus dem 13. Jahrhundert, das zu den schönsten Gebäuden in Göttingen zählt und bis 1978 genutzt wurde. Im Mittelalter diente es auch als »kophus« – als Kaufhaus – und war Sitz der Kaufmannsgilde. Im mittelalterlichen Sitzungssaal, der Dorntze, wurde den Ratsherren im Winter per Fußbodenheizung »Dampf unter dem Allerwertesten« gemacht, denn dank der bis heute erhaltenen gotischen Heizanlage ließen sich die zwölf Ratsherrensitze einzeln erwärmen. Und im Ratskeller kann man wie einst Heine noch immer einkehren.

Vor dem Rathaus steht seit 1901 am Marktbrunnen die beliebte Gänseliesl-Figur. Göttingens Wahrzeichen gilt als »meistgeküsste Frau der Stadt«, weil jeder frisch promovierte Doktor der Universität ihr einen Schmatz aufdrücken muss. Ringsum stehen schöne alte Gildehäuser aus der Blütezeit Göttingens

vor dem Dreißigjährigen Krieg. Vom 1251 errichteten Schuhhof, dem ältesten Gildehaus der Stadt, besteht noch der gotische Gewölbekeller, in dem sich heute eine Gaststätte befindet. An der Ecke zum Kornmarkt markiert eine Metallplatte im Pflaster den »Vierkirchenblick«: Von hier aus sieht man die drei gotischen Kirchen St. Jacobi, St. Johannis sowie St. Albani im ältesten Teil der Stadt und die katholische Kirche St. Michael aus dem 18. Jahrhundert.

Sprachsammler und Sterngucker

Lichtenberg begegnet einem in der Altstadt noch einmal, als Bronzefigur vor der Alten Universitätsbibliothek am Papendiek. Dort arbeiteten Jacob und Wilhelm Grimm ab 1830 an Neuausgaben der Kinder- und Hausmärchen und an ihrem Großprojekt, dem Deutschen Wörterbuch. 1837 gehörten sie zu den Göttinger Sieben: sieben Professoren der Universität, die gegen die Aufhebung der Verfassung im Königreich Hannover protestierten. Dies brachte ihnen eine Entlassung und Jacob eine Verbannung aus dem Königreich ein. Ein Denkmal für die Göttinger Sieben steht auf dem Campus der Universität und wurde von Günter Grass und dessen Göttinger Verleger Gerhard Steidl gestiftet. Grass ist also auch ein mit Göttingen verbandelter Nobelpreisträger.

In der Bibliothek in der ehemaligen Paulinerkirche, die 1304 als Klosterkirche für den Dominikanerorden errichtet worden war, war Lichtenberg häufig zu Gast. Hier forschte Goethe 1801 zu seiner Farbenlehre und mit Carl Friedrich Gauß kam ein weiteres Genie, um sich Bücher auszuleihen. Der »Fürst der Mathematiker« wurde 1807 im Alter von nur 30 Jahren als Professor an die Georg-August-Universität berufen und war der erste Direktor der damals hochmodernen neuen Sternwarte in der Geismar Landstraße. Seine Lese- und Studierstube, in der er in die Welten der Mathematik, Astronomie und Physik vordrang und ganz nebenbei die ganz reale Welt vermaß, kann im Rahmen von Führungen besichtigt werden.

STELL- UND CAMPINGPLÄTZE

WOHNMOBILSTELLPLATZ EISWIESE

Windausweg 26, 37073 Göttingen, goesf.de, GPS: 51.521200, 9.930872. Großzügiger Stellplatz neben einem Freibad und von Grün umgeben. Sanitär, Strom, WLAN vorhanden.

TOP ★ ERLEBNISSE

★ NATURPARK REINHARDSWALD

Wieso die Brüder Grimm auf die Idee mit der Märchensammlung kamen, erscheint bei einer Wanderung im Reinhardswald ganz sinnig: So verwunschen und geheimnisvoll wirkt der dichte Wald mit den 1000-jährigen Eichen, meterdicken Buchen und alten Hutewaldflächen. Seit 2017 hat die über 200 Quadratkilometer große Mittelgebirgsregion Naturpark-Rang. Zahlreiche Wege führen durch den Wald – damit es Wanderern nicht wie Hänsel und Gretel ergeht, sollten sie sich an die markierten Rundwanderwege halten. Der Fernwanderweg »Diemeltaler Höhenzüge« bereichert die Streckenauswahl und verbindet die Naturschutzgebiete im Diemeltal.

★ RADSCHNELLWEG

Göttingen hat mehrere Radfernwege im Angebot, so z.B. den Leineradweg, den Leine-Heide-Radweg und den Weser-Harz-Heide-Weg. Etwas besonderes, allerdings aktuell nur vier Kilometer lang, ist der Radschnellweg, der die Göttinger Innenstadt mit dem Klinikum verbindet und nicht als Touristenroute dient, sondern als wichtige innerstädtische Verkehrsachse für Radler erstellt wurde.

Weitere Informationen
reinhardswald.de

54 NATIONALPARK KELLERWALD-EDERSEE

Eine abgeschiedene Region mitten in Deutschland, über deren 50 Bergkuppen sich der Wald legt wie ein dichter grüner Teppich: Der Nationalpark 40 Kilometer südwestlich von Kassel verdient den Namen Wildnis. Ein Viertel seiner 5738 Hektar Fläche sind seit 2011 Weltnaturerbe.

TOP ★ FIVE

★ **Urwaldsteig**
Auf 68 Kilometern führt der Wanderweg einmal um den Edersee und durchquert dabei verschiedenste Baum-Lebensräume.

★ **Schloss Waldeck**
Unübersehbar thront die Burganlage, heute mit Museum und Hotel-Restaurant, über dem Edersee. Der Bergfried, gebaut um 1400, blieb unverändert erhalten.

★ **Baumkronenweg**
Nicht im Nationalpark, sondern im Naturpark gleich nebenan führt der TreeTopWalk über 250 Meter Länge.

★ **Brückenwunder**
Wenn der Pegel im Stausee unter die Marke von 235 Metern sinkt, wird die alte Brücke von Asel sichtbar, gebaut um 1890.

★ **Kopfstand**
Unten das Dach, oben der Boden – bei Edertal-Affoldern steht ein ganzes Haus Kopf und irritiert die Sinne seiner Besucher.

Am Urwaldsteig stehen Buchen jeden Alters und in allen Wuchsformen.

Die Wissenschaft beschreibt es ganz nüchtern: Auf einem Boden aus Tonschiefer und Grauwacke steht der für ein deutsches Mittelgebirge typische bodensaure Buchenwald. Vorherrschend sind die Hainsimsen-Buchen, die mal auf steinig-kargen, mal in steilen Lagen wurzeln. Gut 40 Prozent der Buchen sind mindestens 100 Jahre alt, auf über 1000 Hektar Fläche stehen Wälder, die mehr als 160 Lenze zählen. Die Betrachter wissen das alles und sehen: eine Landschaft, die keine Straßen und Bahnlinien durchziehen und keine Dörfer zersiedeln. Sie wandern durch uralte Laubwälder und über steile Berghänge bis auf 626 Meter Höhe, hüpfen über einige der 800 Quellen und Bäche und erfreuen sich an der artenreichen Tier- und Pflanzenwelt. Die Geschichte des Nationalparks beginnt 1894 – damals wurde zum Schutz der Bauern ein Gehege eingezäunt, hinter dem der wirtschaftlich nicht nutzbare Wald lag. Seit 2004 ist er Nationalpark.

1 Hagenstein Die »Loreley des Edertals« trägt ihren Namen wegen der fantastischen Sicht auf die Eder. An ihrem Steilhang stapelt sich eine Blockhalde, durch Verwitterung und Ausspülung entstanden; zwischen den Blöcken und in den Hangmulden stehen Buchen und Eichen, viele davon urtümlich gewachsen.

2 Arensberg In dieser zentralen und seit 300 Jahren forstwirtschaftlich nicht genutzten Nationalparkzone findet sich ein dichter Urwald mit Bäumen jeden Alters – Eschen, Linden, Bergahorn und Bergulme. Zum Edersee fällt der lang gezogene 460 Meter hohe Arensberg steil ab: die Wooghölle mit ihren knorrigen und zum Teil verwachsenen Baumgestalten.

3 Ringelsberg Wie der Arensberg ein empfindlicher Parkteil, den nur die Ringelsberg-Route und ein Streckenabschnitt des Urwaldsteigs streift. Auf dem halbinselartigen Höhenzug leben Fischadler und Schwarzstörche.

4 Bloßenberg Hier herrscht Vielfalt vor: Auf den Blockhalden blüht zwischen den Krüppelwäldern der Besenginster, über Hangrücken breitet sich ein 200 Jahre alter Eichenwald aus – der Lebensraum von Waldfledermäusen und Spechten.

5 Banfetal Die Pfingstnelke ist das Symbol für den Wanderweg durch das Flusstal mit seinen blühenden Waldwiesen, den Erlen und Weidenbäumen. Etwa 75 Prozent des Weltbestands an Pfingstnelken gedeiht in Deutschland – ein nicht geringer Teil davon im Kellerwald.

6 Daudenberg Fast 465 Meter misst der Berg, der mehrere Vegetationstypen vereint: Auf der trockenen Nordseite steht ein Mischwald aus Hainbuchen, Mehlbeeren, Eichen und viel Totholz, Richtung Westen profitieren Spitzahorn und Winterlinde von einer besseren Wasserversorgung, darüber dehnt sich ein Eschen-Ulmen-Schatthang. Auf dem Gipfel wechseln sich Eschen, Linden, Ulmen und Eichen ab.

7 Bericher Holz Obwohl die spitz in die Eder ragende Halbinsel nicht im Nationalpark liegt, gilt der dortige

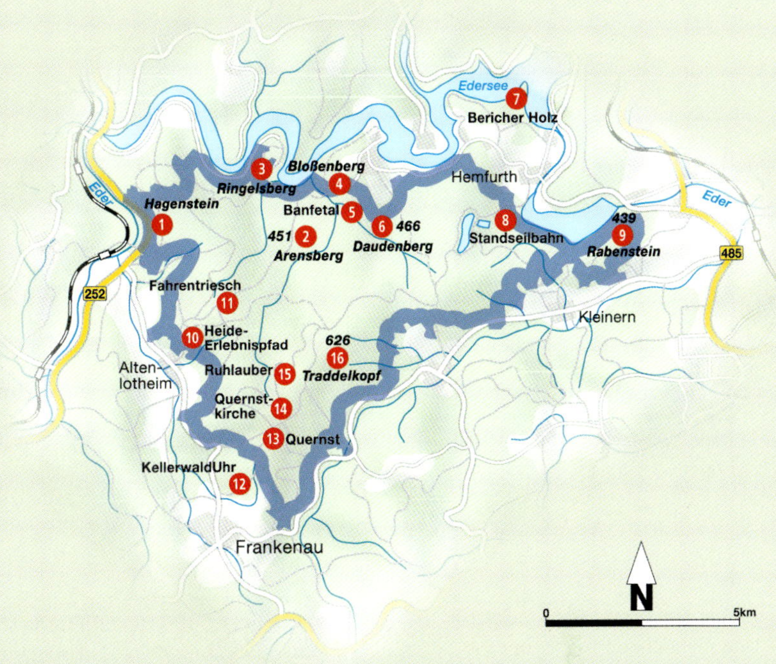

Wildtierpark Eder als Parkeinrichtung: Wolf, Luchs und Wisent leben hier in großen Gehegen, Rot-, Damm- und Muffelwild laufen frei umher.

8 Standseilbahn Zwar nicht die höchste Erhebung im Kellerwald, aber gut 500 Meter hoch: Vom Peterskopf öffnet sich eine schöne Panoramasicht. Ab Hemfurth pendelt die Bahn zum Gipfel.

9 Rabenstein Im Osten zeigt der Nationalpark erneut ein anderes Gesicht: Den Gipfel beansprucht ein Teich mit Seggensümpfen und Sinterquelle; ringsum breiten sich Hutewälder voll verwitterter Baum-Senioren.

10 Heide-Erlebnispfad Was braucht die Heide zum Wachsen, wann steht sie in voller Blüte, wie duftet sie? In der Wacholderheide oberhalb von Altenlotheim gibt der Erlebnispfad Auskunft.

11 Fahrentriesch Von den vergeblichen Versuchen, auf dem gerodeten Waldboden Ackerbau zu betreiben, erzählt das Fahrentriesch. Da man das Gebiet danach als Weideland nutzte, ist eine Gras- und Heidefläche entstanden, auf der eine Vielzahl seltener Pflanzen gedeihen.

12 KellerwaldUhr Die ungewöhnliche Schreibweise für die Nationalparkinformation deutet es an: Hier geht es um die Entstehungsgeschichte des Kellerwalds. Draußen rollt ein knapp fünf Kilometer langer waldhistorischer Lehrpfad die Entwicklung seit der letzten Eiszeit über 30 Stationen auf.

13 Quernst Von der KellerwaldUhr bis auf die Quernst, eine flache, grasbewachsene Kuppe, führt eine der schönsten Wanderungen im Park. Krönender Abschluss ist der Blick vom Aussichtsturm.

14 Quernstkirche Um das Jahr 800 entstand über einem Germanenheiligtum die Quernstkirche – lange Zeit das einzige Gotteshaus weit und breit. Schon kurz nach der Reformation verfiel die Kirche, von der heute nur noch Reste existieren.

15 Ruhlauber Seit 30 Jahren überlässt man diesen Waldabschnitt sich selbst – und kann jetzt nur staunen über die zweite Baumschicht, die sich unter den 200-jährigen Altbuchen gebildet hat. Das Totholz bildet die Grundlage für jede Menge neues Leben, beispielsweise für viele Käferarten.

16 Traddelkopf Der höchste Gipfel im Nationalpark, wenn auch nicht im Kellerwald: Auf 626 oft windgebeutelten Meter Höhe entwickelt sich erst ein lebendiger Naturwald auf der ehedem strukturarmen Fläche.

Anfahrt Auf der A44 Kassel–Dortmund bis Ausfahrt Diemelstadt und weiter auf der B252 über Korbach bis zum Hagenstein bei Kirchlotheim. Mit der Bahn bis Bad Wildungen; vom Bahnhof mit dem Bus Richtung Hemfurth, Edersee/Bringhausen (Linie 521) oder Frankenau (Linie 559).

Lage In Nordhessen.

Größe 57 km²

Höchste Erhebung Traddelkopf (626 m)

Gründung 2004

Internet nationalpark-kellerwald-edersee.de

STELLPLÄTZE

WOHNMOBILPARK EDERSEE ALM

Am Bettenhagen 2, 34513 Waldeck, wohnmobilpark-edersee-alm.de, GPS: 51.188007, 9.010188. Terrassenförmig angelegter Stellplatz, der von jeder Parzelle aus besten Blick auf den Edersee bis zum Schloss Waldeck bietet. In der obersten Reihe können nur kleine Camper stehen. Dort befinden sich auch die sanitären Einrichtungen und das Restaurant.

CAMPING TEICHMANN

Camping und Ferienpark Teichmann 6, 34516 Vöhl, camping-teichmann.de, GPS: 51.174921, 8.891214. Sehr großer Campingplatz mit allem erdenklichen Komfort am Westrand des Nationalparks. Gleich gegenüber der Bundesstraße befindet sich das Nationalparkzentrum mit zahlreichen Informationen und Tipps für Wanderungen in der Region.

55 KUNSTVOLL – DOCUMENTA-STADT KASSEL

Kunst in allen Facetten ist in Kassel seit Jahrhunderten von Bedeutung

Kassel war von 1277 bis 1866 nacheinander Hauptstadt der Landgrafschaften Hessen und Hessen-Kassel, des Königreichs Westphalen und des Kurfürstentums Hessen. Die einstige Stadt der Fachwerkhäuser und schönen Residenzen wurde im Zweiten Weltkrieg schwer zerstört. Heute ist sie dank der documenta ein Global Player in der zeitgenössischen Kunst.

Der Granitblock, von Ulrich Rückriem wirkungsvoll gespalten, neben der Neuen Galerie. Die Laser-Licht-Skulptur Laserscape Kassel von Horst H. Baumann, die vom Zwehrenturm ein Liniennetz zu Orten der Kasseler Geschichte aufspannt. Der Vertikale Erdkilometer aus massiven Messingstangen von Walter de Maria, der sich auf dem Friedrichsplatz in die Erde bohrt. Der Rahmenbau aus Stahl des Künstlerkollektivs Haus-Rucker-Co unterhalb der Terrasse zur Schönen Aussicht. Die Spitzhacke von Claes Oldenburg am Auedamm, fünf Tonnen schwer und doch scheinbar federleicht. Per Kirkebys Raumskulptur aus Backstein an der Du-Rhy-Straße. Thomas Schüttes drei Figuren Die Fremden auf dem Säulenportal am Friedrichsplatz. Am Rand der barocken Parkanlage Karlsaue Giuseppe Penones neun Meter hohe bronzene Baumskulptur Idee di Pietra, deren Äste einen Granitfindling halten. Janet Cardiffs und George Bures Millers multimedialer Video Walk, der am KulturBahnhof beginnt. Die Klanginstallation Three to one von Max Neuhaus im Treppenhaus des AOK-Gebäudes am Friedrichsplatz. Jonathan Borofskys Himmelsstürmer, der vor dem KulturBahnhof auf einem 25 Meter langen Stahlrohr in die Höhe marschiert. Vor allem aber Joseph Beuys' 7000 Eichen – Stadtverwaldung statt Stadtverwaltung. Die 7000 Bäume wurden zwischen 1982 und 1987 gepflanzt und haben Kassels Stadtbild nachhaltig verändert.

An der Karlsaue ist die Orangerie aus dem 18. Jahrhundert ein beliebter Treffpunkt (unten). Von der Wilhelmshöhe reicht der nächtliche Blick über die beleuchteten Kaskaden und Kassel (rechts oben). Die Kaskaden des Bergparks Wilhelmshöhe gehören zu einer ausgeklügelten Wasserkunst (rechts unten).

Kunst und Aufklärung

Die oben genannten Kunstwerke waren alle documenta-Beiträge und gefielen in Kassel so gut, dass für sie gespendet und gestiftet wurde, damit sie in der Stadt bleiben konnten. Die weltweit größte Ausstellung zeitgenössischer Kunst findet im Fünf-Jahres-Rhythmus in Kassel statt und ist ein Besuchermagnet: 2017 kamen rund 900 000 Menschen in das temporäre »Museum der 100 Tage«, in das sich die Stadt zu dieser Gelegenheit verwandelt. Der erste und der letzte Baum von Beuys' Kunstaktion wurde vor dem Museum Fridericianum gepflanzt, in dem 1955 die Geschichte der Kunstschau begann.

Im Fridericianum spielt Gegenwartskunst auch jenseits der documenta in wechselnden Ausstellungen eine Rolle, womit es seiner Tradition treu bleibt. Oberhofbaumeister Simon Louis du Ry, ein führender Architekt des Klassizismus, erbaute es 1779 für Landgraf Friedrich II., der sich am neu konzipierten Friedrichsplatz kein Residenzschloss wünschte, sondern, ganz im Sinn der Aufklärung, den ersten öffentlichen Museumsbau der Welt errichten ließ. Die Sammlungen waren enzyklopädisch mit Objekten aus Kunst, Wissenschaft und Technik, Handschriften, Karten und einer umfassenden Bibliothek. Das benachbarte Ottoneum, Deutschlands erster massiver Theaterbau von 1606, wurde ebenfalls von du Ry umgebaut und beherbergte das Anatomietheater. Heute ist es ein Naturkundemuseum und besitzt mit Kaspar Ratzenbergers Herbarium von 1556 die älteste systematische Pflanzensammlung Europas. In den mittelalterlichen Zwehrenturm, heute der Zentralpunkt von Laserscape Kassel und Teil der Kunsthalle Fridericianum, zog ein Observatorium ein.

Dokumentierte Kultur

Die Bibliothek des Fridericianums nutzten auch die Brüder Grimm, die einige Zeit in der Torwache am heutigen Brüder-Grimm-Platz lebten und in der Stadt laut eigener Aussage die »glücklichsten Jahre« verbrachten. 1812 und 1815 veröffentlichten sie hier die beiden Bände der Kinder- und Hausmärchen. Die Kasseler Handexemplare mit handschriftlichen Anmerkungen der Grimms gehören heute zum UNESCO-Weltdokumentenerbe. Seit 2015 beschäftigt sich das Museum GRIMMWELT auf dem Kasseler Weinberg mit dem Leben und politischen Engagement der Grimms und präsentiert anschaulich ihr sprach- und kulturwissenschaftliches Werk, von den Märchensammlungen bis zur Deutschen Grammatik.

STELL- UND CAMPINGPLÄTZE

CAMPING- UND WOHNMOBILSTELLPLATZ KASSEL

Giesenallee 9, 34121 Kassel, campingplatz-kassel.de, GPS: 51.291033, 9.487326. Direkt an der Fulda gelegener Campingplatz mit einem vorgelagerten Stellplatz. Radwege ins Stadtzentrum am Fluss entlang.

TOP ★ ERLEBNISSE

★ BUNDESWEIT RADELN

Der »Radweg Deutsche Einheit« kommt auch an Kassel vorbei – und führt von hier nach Hann. Münden. Die 10. Etappe des Bundeswegs geht über 26 Kilometer und bewältigt moderate Steigungen und etliche Abfahrten.

★ BERGPARK WILHELMSHÖHE

Seit Juni 2013 gehören der Bergpark, seine Wasserkünste und Parkbilder zum Weltkulturerbe der UNESCO – zwar nicht das gesamte Arsenal an Burgen und Wasserfällen, dafür aber die Grundidee. Die stammt von Landgraf Carl, der mit dem Park seine Version des Absolutismus bauen ließ – in die Höhe statt in die Fläche, das legt die Topografie Kassels nahe und sie begünstigte auch die Installation von Wasserkünsten, die heute so gut funktionieren wie im 18. Jahrhundert. Ganz oben, unterhalb der riesigen Herkulesfigur, steigt die Fontäne zehn Meter hoch, am Fuß des Hügels und der Wasserachse kommt die Große Fontäne auf 50 Meter. Dazwischen verteilen sich Treppen, Kaskaden, der Bachlauf unter der Teufelsbrücke und das Aquädukt, der tiefste künstlich erzeugte Wasserfall weltweit.

Weitere Informationen
kassel.de

56 BEIM HEILIGEN BONIFATIUS – FULDA

Wahrzeichen der 1250 Jahre alten Stadt ist der barocke Dom

Christliche Missionare und ein Kloster an der Fulda standen am Anfang der Stadt, in der über 1000 Jahre lang Äbte und Fürstbischöfe die Geschicke der Menschen bestimmten. Im 17. Jahrhundert entstand mit dem Dom St. Salvator einer der schönsten barocken Sakralbauten Hessens. Das Wahrzeichen Fuldas steht im Zentrum eines einmaligen Barockensembles aus klösterlichen Bauten und Adelsresidenzen.

Am Anfang stand ein klarer Auftrag: Auf Wunsch des Papstes reiste der Benediktiner Bonifatius Anfang des 8. Jahrhunderts als Missionar durch Regionen im heutigen Deutschland und gründete Klöster, die als christliche Zentren in ihre Umgebung ausstrahlen sollten. An einer Furt an der Fulda ließ er 744 seinen Lieblingsschüler Sturmius ein Kloster errichten. Als Bonifatius 754 bei einem Überfall den Tod fand, wurde er in Sturmius' Salvatorbasilika bestattet. Zeitgenossen interpretierten Bonifatius' Ermordung als Märtyrertod, weshalb sich um den »Apostel der Deutschen« ein regelrechter Kult entwickelte und das Kloster zum beliebten Wallfahrtsort aufstieg. Mit großen Ländereien versehen, bildete es als Reichsabtei den Ursprungsort Fuldas, das 1208 zur Stadt erhoben wurde.

Barocke Erneuerung

Wo Fuldas Abt Ratgar zwischen 791 und 819 als Klosterkirche die damals größte Basilika nördlich der Alpen hatte errichten lassen, ließ Fürstabt Adalbert von Schleifras Anfang des 18. Jahrhunderts von Stiftsbaumeister Johann Dientzenhofer eine prachtvolle barocke Abteikirche erbauen, die ab 1752 als Kathedrale des neu ernannten Fürstbistums Fulda diente. Die sterblichen Überreste des heiligen Bonifatius beließ man in der Krypta, die zur romanischen

Fuldas Dom St. Salvator ist als Grabeskirche des heiligen Bonifatius ein berühmtes Pilgerziel (unten). Beim Fürstlichen Gartenfest erstrahlt der Hof von Schloss Fasanerie in Blütenpracht (rechts oben). Schloss Fasanerie gilt als Höhepunkt hessischer Barockarchitektur (rechts unten).

Ratgar-Basilika gehört hatte und in die neue Kirche integriert wurde. Die Krypta mit dem Sarkophag des Heiligen ist noch heute alljährlich das Ziel Tausender Wallfahrer und der 1712 geweihte Dom St. Salvator mit der bestechend eleganten Kuppel das Wahrzeichen Fuldas geblieben. Zusammen mit der vorromanischen Michaelskirche bildet er ein architektonisch reizvolles Ensemble auf Fuldas Michaelsberg. Die 820 bis 822 errichtete Michealskirche gehört als ältester Nachbau der Grabeskirche zu den bedeutendsten Sakralbauten des Mittelalters in Deutschlands und ist mit faszinierenden Fresken aus dem 11. Jahrhundert ausgestattet.
Wer heute durch Fulda spaziert, kann im Barockviertel am Dom nachvollziehen, wie Fuldas schon damals rund 1000 Jahre alter Kern im 17. Jahrhundert erneuert wurde. Neben dem Dom erbaute der Tiroler Baumeister Antonius Peyer 1704 die Domdechanei mit schön gegliederter Fassade und Garten. Sie diente bis zur Säkularisierung 1803 als Palais des Domdechanten und ist heute Sitz des Dommuseums. Gegenüber gestaltete Dientzenhofer auch das Renaissanceschloss der Äbte um, das auf eine Burg aus dem 14. Jahrhundert zurückgeht. Der dazugehörige Schlossgarten ist heute eine grüne Oase aus barockem Garten und englischem Landschaftspark. Die barocken Bauten Palais am Bonifatiusplatz und Orangerie am Schloss vermitteln eine Ahnung, wie elegant der Adel damals lebte und feierte.

Hexenturm und Nonnenseufzer

Unterhalb der Domdechanei ist mit dem Hexenturm noch ein Turm der Stadtmauer verblieben, die den Klosterbezirk von der weltlichen Stadt trennte. Hier verlaufen die verwinkelten Gassen der mittelalterlichen Altstadt, die von Fachwerkhäusern gesäumt werden. Das alte Rathaus aus dem 16. Jahrhundert kann nur noch von außen bewundert werden, die oberen Geschosse sind in Wohnungen umgewandelt worden. Ein Geheimtipp für Pflanzenfreunde ist in der Nonnengasse der Garten der Benediktinerinnenabtei St. Maria, die im frühen 17. Jahrhundert im Stil der Spätgotik und Renaissance erbaut wurde und in ihrer ursprünglichen Bausubstanz und Größe erhalten ist. Ihre Erzeugnisse verkaufen die Schwestern in ihrem Klosterladen – darunter auch leckere »Nonnenseufzer«, ein würziges Gebäck.

STELL- UND CAMPINGPLÄTZE

WOHNMOBILSTELLPLATZ FULDA

Frankfurter Straße, 36037 Fulda, GPS: 50.542222, 9.673493. Auf einer Rasenfläche direkt neben der Fulda. Schnellrestaurant und Einkaufsmöglichkeiten gleich um die Ecke und ins Stadtzentrum nur ein kurzer Spaziergang. Sanitärcontainer und Strom vorhanden.

TOP ★ ERLEBNISSE

★ PER FAHRRAD ZUM FESTIVAL

Natürlich dürfen auch anders Gesinnte zur Burg Herzberg kommen, aber für bis zu 12 000 Hippies ist das Festival ein Veranstaltungshöhepunkt des Jahres – seit 1968. Manche der Bands haben ähnlich viele Jahre auf dem Buckel wie der Event selbst, etwa der traditionelle Schluss-Gig, die Herzberg Blues Allstars; aber auch Nachwuchs-Künstler heuern an. Am umweltfreundlichsten gelangen Musikfreunde per Bike zur Burg: Die zweite Etappe des insgesamt 225 Kilometer langen Fuldaradwegs führt vorbei.

★ WANDERTOUREN

Fulda lässt sich gut zu Fuß erkunden. Mehrere Wanderwege, die auch von Ungeübten begangen werden können, sind gut ausgeschildert und werden von der Touristinfo empfohlen. Dazu zählt beispielsweise der nur viereinhalb Kilometer lange Bonifatius-Stieg, der als Rundweg an elf bedeutenden Stationen vorbeiführt. Auf sechs Kilometern kann man zum Fulda-Auen-Park wandern oder man ist auf dem fünf Kilometer langen Rundweg um das Schloss Fasanerie unterwegs.

Weitere Informationen
burgherzberg-festival.de

Etwas ungewöhnlich wirkt der Wohnmobilstellplatz in Marburg. Deutlicher kann man Parzellen kaum voneinander abtrennen.

57 PHILIPP UND ELISABETH – MARBURG

Als Wallfahrtsort und Universitätsstadt hat Marburg historische Bedeutung

»Andere Städte haben eine Universität, Marburg ist eine Universität«, lautet ein geflügeltes Wort nicht zu Unrecht: Von den rund 81 000 Marburgern studieren über 26 000 an der Philipps-Universität. Berühmter war Marburg früher aber als Pilgerort.

Kurz nach 1800 studierten in Marburg die Brüder Grimm mit mäßiger Begeisterung Jura bei Friedrich Carl von Savigny. Die Stadt fand Jacob Grimm »sehr häßlich. Ich glaube, es sind mehr Treppen auf den Straßen als in den Häusern.« Der regen Universitätsstadt mit ihren Treppengassen, Fachwerkhäusern und dem schönen Marktplatz wird diese Beschreibung keinesfalls gerecht. Die Brüder wohnten unterhalb des Landgrafenschlosses in der malerisch am Hang gelegenen Oberstadt in der Barfüßerstraße. Ganz in der Nähe war 1527 die Philipps-Universität vom hessischen Landgrafen Philipp dem Großmütigen in einem Dominikanerkloster aus dem 13. Jahrhundert gegründet worden. Weltweit ist sie die älteste neu geschaffene protestantische Universität, die als Institution bis jetzt verblieben ist. An der Stelle des Dominikanerklosters steht heute am Lahntor die Alte Universität, ein neogotischer Bau aus dem späten 19. Jahrhundert.

Marburgs Heilige

Marburgs berühmtestes Bauwerk ist jedoch die Elisabethkirche, die im 13. Jahrhundert als erste rein gotische Hallenkirche im deutschsprachigen Raum errichtet wurde und als Grabkirche für Elisabeth von Thüringen diente. Die verwitwete Landgräfin von Thüringen hatte 1228 ein Armenhospital in Marburg gegründet und war dort 1231 verstorben. Berichte über Wunderheilungen an ihrem Grab führten dazu, dass sie 1235 heiliggesprochen wurde. In der Folge entwickelte sich die Elisabethkirche zu einer bedeutenden Pilgerstätte.

INFO: marburg.de

TOP ★ ERLEBNISSE

★ DURCH DEN BURGWALD

Die Radtour im Burgwald beginnt am Cölber Eck an der Mündung der Ohm in die Lahn. Von dort geht es aufs waldige Hochplateau des Burgwalds bis zum Christenberg, auf dessen 387 Meter hoher Kuppe eine Befestigungsanlage steht. Der Punkt ist gut gewählt: Ein weiter Blick reicht übers Rothaargebirge. Die nächste Station ist Wetter, bevor nach 39 Kilometern Cölbe das Ziel markiert.

★ LAHNTOUR

Die Lahn ist einer der beliebtesten Kanuwanderflüsse Deutschlands, und so kann man sein Kanu auch in Marburg zu Wasser lassen und die Stadt vom Fluss aus kennenlernen.
Weitere Informationen
marburg-tourismus.de

STELL- UND CAMPINGPLÄTZE

WOHNMOBILSTELLPLATZ MARBURG

Jahnstraße, 35037 Marburg,
GPS: 50.803409, 8.775670. Gleich neben Sportplatz und Bundesstraße, dafür aber nur ein kurzer Fußweg entlang der Lahn in die Altstadt und zum Schloss. Ver- und Entsorgung sowie Strom für acht Fahrzeuge vorhanden.

58 EXTERNSTEINE – RÄTSEL IM TEUTOBURGER WALD

Bizarre Sandsteinfelsen

Seit Jahrhunderten fordern die bizarren, bis zu 40 Meter hohen Sandsteinfelsen im Teutoburger Wald zu Spekulationen heraus. Geologen konnten zwar ihre Entstehung klären, die Spuren, die Menschen hier hinterließen, geben aber nach wie vor Rätsel auf.

Die Externsteine entstanden vor rund 70 Millionen Jahren, als im Zuge der Auffaltung des Teutoburger Waldes Sandsteinschichten senkrecht aufgepresst wurden. Im Lauf der Jahrmillionen legten die Kräfte der Erosion dann die Steintürme frei und erschufen jene Felsformationen, die wir heute kennen. Hineingehauene Treppen, Grotten und Höhlen sind Indizien dafür, dass Menschen die Externsteine über Jahrhunderte bearbeiteten und nutzten. Seit Archäologen in der Nähe der Steinriesen Keramiken des 10. bis 14. Jahrhunderts fanden, gilt als sicher, dass sich hier im Mittelalter Mönche aufhielten. Das vermutlich zu Beginn des 9. Jahrhunderts geschaffene monumentale »Felsrelief von der Abnahme Jesu vom Kreuz« am Eingang zum Höhlensystem des mächtigen Grottenfelsens lässt überdies vermuten, dass die Externsteine als christliche Andachtsstätte dienten. Ob das Heiligtum an der Stelle einer zerstörten heidnisch-germanischen Kultstätte entstand, ist jedoch äußerst umstritten. Bis heute hat man dafür keine Belege gefunden.

Steinerner Germane

Acht Kilometer nordöstlich der Externsteine reckt Hermann der Cherusker auf einem riesigen Siegerpodest triumphierend sein Schwert in die Höhe. Das Hermannsdenkmal, im 19. Jahrhundert vom deutschen Architekten Ernst von Bandel entworfen, erinnert an die Varusschlacht 9 n. Chr., in der ein germanisches Heer unter Hermann den römischen Feldherrn Varus schlug und das Vordringen der Römer auf rechtsrheinisches Gebiet stoppte.

INFO: externsteine-info.de

STELL- UND CAMPINGPLÄTZE

CAMPINGPLATZ QUELLENTAL

Quellenstraße 55, 32758 Detmold, campingplatz-quellental.net, GPS: 51.932543, 8.769344. Kleiner, vollkommen im Grünen gelegener Campingplatz. Abseits der Externsteine, die von hier nur mit dem Rad zu erreichen sind. Dafür kommt man aber gleichzeitig am Hermannsdenkmal vorbei.

Sternwarte oder Kultplatz? Den Externsteinen bei Horn-Bad Meinberg werden besondere Kräfte nachgesagt. Zum Sternwartefelsen führt die Mondscheinbrücke.

TOP ★ ERLEBNISSE

★ SAGENHAFTER ABSTECHER

Der 18 Kilometer lange Rundweg ab Leopoldstal folgt zunächst dem Hermannsweg. Oberhalb der Externsteine führt ein Exkurs in eine in den Fels gehauene Gasse, durch die die Römer einst ihre Karren zogen. Auf dem regulären Wanderweg geht es über Horn zurück.

★ KURZE WANDERTIPPS

Sie sind kurz, aber viele. Und außerdem zum Teil kombinierbar – die Wanderwege rund um die Externsteine. Ob nun die Bärenstein-Route auf gerade einmal zweieinhalb Kilometern oder die Knickenhagen-Route, die gleich lang ist und durch eine Heidelandschaft verläuft, wandern ist hier gut möglich. Beliebt ist die Blaubeeren-Route, die mit ihren sechs Kilometern als Qualitätsweg vom Deutschen Wanderverband ausgezeichnet wurde.

Weitere Informationen
wanderwege-nrw.de

Beeindruckend ist der Blick über den Rhein auf den MedienHafen und den Rheinturm am Abend (oben). Das Ensemble Neuer Zollhof – hier Gebäude B – wurde von Frank O. Gehry geplant (rechts).

59 GEDIEGEN SCHICK – DÜSSELDORF

Vom Dorf an der Düssel zur internationalen Wirtschaftsmetropole

Seit 1288 darf sich Düsseldorf offiziell »Stadt« nennen, seitdem war es unter anderem Sitz der Grafen von Berg, Residenz der Pfälzer Kurfürsten und ab dem 19. Jahrhundert pulsierende Industriestadt. Heute ist Nordrhein-Westfalens Landeshauptstadt zudem ein Finanz- und Dienstleistungszentrum, ein führender Messestandort sowie eine Metropole für kreative Köpfe aus aller Welt.

Kurz bevor sie den Rhein erreicht, spaltet sich die Düssel in der Ebene in vier Arme auf, die heute alle im Stadtbereich von Düsseldorf in den großen Strom münden. Wo die nördliche Düssel heute reichlich unspektakulär am Burgplatz in den Rhein eingeleitet wird, folgte in nächster Nähe schon im Mittelalter ein Weg dem Verlauf der heutigen Straße Altestadt. Vor Hochwasser geschützt, lag hier auf einer erhabenen Landzunge eine kleine Siedlung mit Händlern, Bauern und Fischern und fuhr eine Fähre über den Rhein. Eine Kirche ist hier mindestens für das 12. Jahrhundert belegt.

Als Ende des 13. Jahrhunderts ein komplizierter Streit um die Nachfolge im Herzogtum Limburg entflammte, positionierte sich Graf Adolf V. von Berg gegen den Kölner Erzbischof Siegfried von Westerburg. Der Konflikt kulminierte schließlich 1288 in der blutigen Schlacht von Worringen, bei der sich Tausende Ritter und bewaffnetes Fußvolk gegenüberstanden. Adolf, der mit seinen Verbündeten das Kriegsglück für sich entscheiden konnte, wurde in den Kämpfen von den Düsseldorfern unterstützt. Zum Dank ernannte er den Ort noch im selben Jahr zur Stadt, in der zeitgleich ein Kollegiatsstift errichtet wurde. Knapp 100 Jahre später hegte Wilhelm II. für Düsseldorf große Pläne: Er baute es zur Residenz und zum wichtigsten Wallfahrtsort seines Herrschaftsgebiets auf, das inzwischen zum Herzogtum Berg aufgestiegen war.

Moderne Architektur am alten Hafen – um Einförmigkeit zu vermeiden, wurde jedes Grundstück individuell saniert (oben). Blick in die Menschheitsgeschichte im Neanderthal Museum (unten). Spannend: Aussicht vom Hyatt Regency Hotel im MedienHafen auf den Neuen Zollhof von Frank O. Gehry, aufs Stadttor und den Fernsehturm (rechts oben). Plauderpause vorm Schlossturm (rechts unten).

Beim heiligen Apollinaris

An die Schlacht von Worringen erinnert in Düsseldorfs Altstadt seit 1988 das Stadterhebungsmonument in der Josef-Wimmer-Gasse. Die Geschichte der um die Ecke gelegenen Kirche St. Lambertus reicht jedoch bis in die Anfänge der Siedlung zurück. Als die gotische Halle 1394 vollendet war, schenkte ihr Wilhelm II. die Reliquien des heiligen Apollinaris, der seitdem als Schutzpatron der Stadt gilt. Am Standort der Kirche bedeckt heute der Stiftsplatz Düsseldorfs ältesten Friedhof, die auffällige Turmhaube ist jedoch neueren Datums. Als sie 1815 nach einem Brand erneuert werden musste, verwendete man feuchtes Holz, das sich beim Trocknen verzog – oder vom Teufel in einem Wutanfall verdreht wurde, wie man in Düsseldorf behauptet. Die Düsseldorfer mögen ihren »schiefen Turm« jedoch so gern, dass die im Zweiten Weltkrieg beschädigte Turmhaube nach alter Manier wieder durch eine krumme ersetzt wurde.

Die Lambertuskirche und der Stiftsplatz sind die ruhigen Zonen in Düsseldorfs Altstadt, in der sich zwischen Rhein und Heinrich-Heine-Allee auf einem halben Quadratkilometer mehr als 250 Lokale zur »längsten Theke der Welt« zusammenrotten und das obergärige Altbier in Hausbrauereien produziert wird.

Am Rhein entlang

Zum ältesten Siedlungsgebiet Düsseldorfs gehören aber auch der Marktplatz mit dem Rathaus, dessen ältester Teil aus dem 16. Jahrhundert stammt, sowie der Burgplatz direkt am Rhein. Hier stand einst die Burg der Grafen von Berg aus dem 13. Jahrhundert, die vom 16. bis 18. Jahrhundert als Residenzschloss der Herzöge von Jülich-Kleve-Berg und der Kurfürsten der Pfalz ausgebaut worden war. 1872 brannte der Charakterbau der Düsseldorfer Altstadt vollständig ab, nur der Schlossturm mit dem Schifffahrtsmuseum ist verblieben.

Auf dem Burgplatz kann man auf der Freitreppe in aller Ruhe den großen Pötten auf dem Rhein zusehen oder auf der Rheinuferpromenade zwischen dem Landtagsgebäude aus den 1980er-Jahren und der Oberkasseler Brücke unter Hunderten Platanen flanieren und unterwegs in eines der zahlreichen Lokale einkehren. Im reizvollen Kontrast zur Altstadt steht der MedienHafen im alten Handelshafen, wo noch die Gleisanlagen der alten Ladestraße verlaufen und die dazugehörigen Kräne stehen – archi-

tektonisch sicherlich das Spannendste, was Düsseldorf derzeit zu bieten hat. Hier ist in den letzten 20 Jahren ein Quartier mit Wohnungen, Büros, Läden, Lokalen und Clubs entstanden, das vor allem Unternehmen aus Werbung, Medien und dem Kunstbetrieb anzieht. Zwischen denkmalgeschützten Lagerhallen, die auf den neuesten Stand der Technik gebracht wurden, reihen sich an den alten Kaimauern mit den eisernen Geländern und Pollern Gebäude von renommierten zeitgenössischen Architekten, darunter Stars wie Frank O. Gehry und David Chipperfield.

Die schönen Dinge – Mode und Kunst

Die Rheinpromenade entstand als Flaniermeile erst in den 1990er-Jahren, die Königsallee schon Anfang des 19. Jahrhunderts. Die »Kö« ist ein eleganter Boulevard, der Düsseldorfs Image als Modemetropole unterstreicht. Bei einem Bummel auf der Luxusmeile und der anschließenden Schadowstraße lässt sich leicht ein Vermögen ausgeben. Bodenständiger ist allerdings die Geschichte, wie der Boulevard zu seinem Namen kam: Die ehemalige Kastanienalle wurde quasi als »Wiedergutmachung« 1851 in Königsallee umbenannt, nachdem das erzürnte Volk hier im Revolutionsjahr 1848 Pferdeäpfel auf König Friedrich Wilhelm IV. von Preußen geworfen hatte.

Kleine Modeläden findet man auch in der Altstadt, dort und in den angrenzenden Vierteln ist zudem ein Großteil von Düsseldorfs zahlreichen Museen beheimatet. Internationalen Ruf genießen die Kollektionen der Kunstsammlung Nordrhein-Westfalen, die im K20 am Grabbeplatz, im K21 im Ständehaus und im Schmela-Haus Werke des 20. und 21. Jahrhunderts präsentiert.

Architektonisch interessant ist auch der Ehrenhof; in dem expressionistischen Backsteinkomplex von Wilhelm Kreis aus den 1920er-Jahren wurde früher die Modewoche Düsseldorf organisiert. Heute dient hier die Tonhalle in einem ehemaligen Planetarium als Konzertsaal, fördert das NRW-Forum Film-, Mode- und Medienkunst und zeigt das Museum Kunstpalast Gemälde und Glaskunst. Für den künstlerischen Nachwuchs sorgt in Düsseldorf die Kunstakademie, deren Vorgängerin schon im 18. Jahrhundert gegründet wurde. Berühmte Lehrer an der Akademie waren unter anderem der Fotograf Bernd Becher und Josef Beuys, der in den 1970er- und 1980er-Jahren Düsseldorf zu einem Hotspot der internationalen Kunstszene machte.

STELL- UND CAMPINGPLÄTZE

WOHNMOBILSTELLPLATZ DÜSSELDORF

Joseph-Beuys-Ufer 27, 40479 Düsseldorf, GPS: 51.237720, 6.769512. Zentraler geht es in Düsseldorf nicht. Die Altstadt ist nur wenige Gehminuten entfernt und vor dem Wohnmobil fließt der Rhein. Es gibt jedoch keinerlei Ausstattung und nachts ist es nicht immer ruhig.

TOP ★ ERLEBNISSE

★ IN DIE PEDALE

Durch 15 fußballverrückte Städte führt die Deutsche Fußball Route NRW über 800 Rad-Kilometer – natürlich auch nach Düsseldorf und zum legendären Fortuna-Geburtsort Paul-Janes-Stadion.

★ ZONSER GRIND

Am Rheinufer sollte man unbedingt aufs Rad steigen und dem Rheinradweg flussaufwärts folgen. Der Fluss windet sich um die Naturschutzgebiete Uedesheimer Rheinbogen und Zonser Grind. Gleich dahinter folgt die kleine Ortschaft Zons, die von einer Stadtmauer umgeben ist und einen mittelalterlichen Charme verströmt.

★ IN DIE VERGANGENHEIT

Bevor sie die Stadt erreicht, fließt die Düssel durchs Neandertal – Namensgeber der ausgestorbenen Menschenart, die im Pleistozän weite Teile Europas bevölkerte. Als Steinbrucharbeiter 1856 Knochen unserer Ur-Verwandten fanden, wären sie beinahe auf der Halde gelandet. Zum Glück barg man die Funde und errichtete 1996 das Neanderthal Museum. Hier verläuft auch der Neanderlandsteig, der als Fernwanderweg durch die sanfte Hügellandschaft zwischen Rheinland und dem Bergischen Land verläuft.

Weitere Informationen
duesseldorf-tourismus.de, neanderthal.de

Am Düsseldorfer Rheinstrand lässt es sich im Sommer vortrefflich entspannen.

Der archäologische Park in Xanten dokumentiert die römische Geschichte der Stadt.

60 BEIM DRACHENTÖTER – XANTEN

Hier beginnt der Mythos um den Nibelungenhelden Siegfried

In Xanten stand vor über 2000 Jahren das römische Legionslager Castra Vetera und entwickelte sich im Mittelalter der Dom als Grabstätte des heiligen Viktor zum bedeutenden Wallfahrtsort. Heute ist die Nibelungenstadt ein geschichtsträchtiger Luftkurort.

Auf Xantens Stadtgebiet lebten schon in der Jungsteinzeit vor rund 5500 Jahren Menschen, Bedeutung gewann der Ort jedoch erst im römischen Reich, als Tausende Legionäre in dem 12/13 v. Chr. gegründeten Legionslager Castra Vetera stationiert wurden. In deren Umfeld entwickelte sich eine Siedlung, die 110 n. Chr. als Colonia Ulpia Traiana zur Stadt erhoben wurde. Xantens rund 400-jährige römische Geschichte erzählt heute das Römermuseum, das die monumentalen Thermen der Colonia Ulpia Traiana beherbergt. Das Amphitheater und die römische Stadtanlage kann man im Archäologischen Park erkunden.

Bei den Heiligen

In Xanten, so heißt es im Nibelungenlied, stand auch die Burg des Königs des »Niederlands«. Von hier zog Siegfried aus, um Drachen zu töten und den Schatz des Nibelung zu finden. Dem legendären Helden und der Geschichte rund um das Nibelungenlied widmet sich im Zentrum das SiegfriedMuseum. In die Zeit der Völkerwanderung in der Spätantike führt der Dom St. Viktor zurück. Wo der Überlieferung zufolge der römische Legionär Viktor im 4. Jahrhundert den Märtyrertod starb, errichtete man eine Steinkirche und ein Kanonikerstift, dessen Name »Ad Santos« – »Zu den Heiligen« – sich zu »Xanten« verschliff. Der heutige riesige Dom mit den kostbaren Kunstschätzen entstand jedoch zwischen 1263 und 1544. Das benachbarte StiftsMuseum bietet dazu eine faszinierende Zeitreise durch 2000 Jahre Kulturgeschichte.
INFO: xanten.de

STELL- UND CAMPINGPLÄTZE

WOHNMOBILPARK XANTEN

Fürstenberg 6, 46509 Xanten, womopark-xanten.de, GPS: 51.654529, 6.464720. Großer Stellplatz mit Ausweichplatz, Restaurant und Wellnessangebot. Nahe zur Innenstadt. Strom sowie Ver- und Entsorgung vorhanden.

TOP ★ ERLEBNISSE

★ SÜDSEE-TRÄUME

Am Niederrhein kommt zusammen, was normalerweise Tausende Kilometer trennt: Nord- und Südsee. Sie sind zwar nicht ganz echt, sondern durch Kiesaushebungen entstanden, an ihrem Freizeitwert besteht aber kein Zweifel. Im Zentrum des »Freizeitzentrums Xanten« liegen die Häfen Wardt und Vynen

★ BISLICHER INSEL

Das Naturschutzgebiet liegt außerhalb von Xanten und wird durch einen Altarm des Rheins gebildet. Es ist über den Rheinradweg gut zu erreichen und beherbergt einige Vogelbeobachtungsstationen.

Weitere Informationen
ruhr-guide.de

61 ALTE GIEBEL UND MODERNE KUNST – MÜNSTER

Picasso in der Provinz

Münster ist als Stadt der prächtigen Kirchen und Bürgerhäuser, als Schauplatz der Wiedertäufer-Prozesse und des Westfälischen Friedens landesweit ein Begriff. Weniger bekannt ist, dass es auch Standort des einzigen Picasso-Museums in Deutschland ist.

Streng genommen ist die Kirche, die sich mitten in Münster erhebt, bereits der dritte Dom. Denn der doppelchörigen Basilika aus dem 13. Jahrhundert gingen ein karolingischer und ein ottonischer Bau voraus. Einen Steinwurf vom Dom entfernt zeigt sich Münster am Prinzipalmarkt von seiner Schokoladenseite. Obwohl die Giebelhäuser lediglich »vereinfachte Rekonstruktionen« der Bauten aus dem 13. und 14. Jahrhundert sind, konnte der historische Eindruck wiederhergestellt werden: Jeder der Giebel präsentiert sich heute wie vor 100 Jahren als Unikat. Im spätgotischen Rathaus wurde 1648 der Frieden von Münster als Teil des Westfälischen Friedens nach dem Dreißigjährigen Krieg besiegelt.

Und am Turm der gotischen Lambertikirche sind bis heute drei Käfige aufgehängt. In ihnen wurden 1536 die Leichen der scheußlich hingerichteten radikalreformatorischen Wiedertäufer zur Schau gestellt.

Die Moderne hält Einzug

Das Kunstmuseum Pablo Picasso residiert im klassizistischen »Druffelschen Hof«. Seine Sammlung umfasst mehr als 800 Grafiken des genialen Künstlers, die in wechselnden Ausstellungen gezeigt werden. Darüber hinaus stellen seit 1977 in Münster international bekannte Künstler alle zehn Jahre parallel zur alle fünf Jahre stattfindenden documenta Skulpturen im öffentlichen Raum aus. Einige dieser Werke hat die Stadt erworben. Sie bilden mittlerweile einen über die ganze Stadt verstreuten reizvollen Kunstpark.

INFO: muenster.de

STELL- UND CAMPINGPLÄTZE

WOHNMOBILSTELLPLATZ NORDKIRCHEN

Am Gorbach 10a, 59394 Nordkirchen, wohnmobilstellplatz-nordkirchen.de, GPS: 51.740210, 7.533988. 21 Stellflächen mit Strom, WLAN, Ver- und Entsorgung an der 100-Schlösser-Route. Radtourenmöglichkeiten auf den gut ausgebauten Radwegen der Region bis zur Altstadt Münsters.

Der Wohnmobilstellplatz Nordkirchen ist mit viel Liebe und detailreich erstellt worden und ruhiger Ausgangspunkt für Touren durch das Münsterland.

TOP ★ ERLEBNISSE

★ RAD-METROPOLE

Schon die Aufzählung erfordert Kondition: Münster liegt auf der 100-Schlösser-Route, auf der Friedensroute, am Europa-Radweg-R1, am Werse-Radweg, am Radweg Historische Stadtkerne und an der Dortmund-Ems-Route. Die westfälische Stadt gilt als Art Mekka des Bikens und ist Ausgangsort von 4500 Kilometer Radwegen in die Umgebung.

★ PÄTTKESTOUREN

Ein Pättken ist in der Münsterländer Mundart die Verniedlichung von Pfad. Auf diesen Pfädchen lässt es sich im Münsterland hervorragend wandern und radeln. Nordkirchen nahe Münster bietet zum Beispiel gleich acht Pättkestouren an, die als Rundwege konzipiert sind.

Weitere Informationen
muensterland-tourismus.de

Gute Wasserlage: das Rheinufer von Duisburg-Ruhrort (oben), das Aquarius Wassermuseum im 100 Jahre alten Wasserturm von Mülheim (rechts).

62 GLÜCK AUF! – METROPOLE RUHR

Eine Region im Umbruch

Die Wunden, die die Deindustrialisierung schlug, sind noch lange nicht verheilt und die strukturellen Schwierigkeiten bestehen nach wie vor – dennoch entwickelt sich das Ruhrgebiet zu einer lebendigen Region. 2010 konnte Essen als Europäische Kulturhauptstadt stellvertretend für die 53 Städte des Reviers zeigen, wie sich der Wandel vollzieht.

Mit rund fünf Millionen Einwohnern ist das Ruhrgebiet Deutschlands größter Ballungsraum. Von den Anfängen der Industrialisierung bis weit in die 1960er-Jahre schlug hier das wirtschaftliche Herz der Republik. Fördertürme, Fabrikschlote und Hochöfen gaben der Region lange ihr unverwechselbares Gesicht. Als im Zuge der Globalisierung die Zechen schlossen und die Stahlkonzerne ihre Produktionsstätten ins Ausland verlagerten, setzte der Niedergang des Ruhrgebiets ein. Stahlwerke und Förderanlagen verwandelten sich in Industriebrachen, ganze Stadtviertel verödeten. Mittlerweile scheint sich das Blatt zu wenden. Vielerorts sind moderne Technologieparks entstanden und die Ruinen des Industriezeitalters werden als Erbe einer vergangenen Epoche genutzt. Stillgelegte Zechen, Eisenhütten- und Stahlwerke stehen unter Denkmalschutz und bilden heute eine Touristenattraktion.

Duisburg: ein Tor zur Welt

In der Stadt des »Tatort«-Kommissars Schimanski an der Mündung der Ruhr in den Rhein liegt der größte europäische Binnenhafen. Mit dem Seehafen Rotterdam durch den Rhein verbunden, bilden die Häfen von Duisburg-Ruhrort ein Drehkreuz im europäischen Güterverkehr. Seit in den 1980er-Jahren die Umschlagzahlen für Kohle und Erz zurückgingen und überdies die Containerschifffahrt immer mehr an Bedeutung gewann, wurde Duisburg-Ruhrort zu einem modernen Containerhafen ausgebaut.

Zeugen der Industriekultur: Das Gastschiff »Thetis« liegt am Kettwiger Stausee vor Anker (oben). Blick auf die Zentralkokerei und das Bergwerk Prosper Haniel in Bottrop (unten). Zeugnis der Avantgarde: das Folkwang Museum (rechts oben). Immer für spannende Installationen gut: der Gasometer Oberhausen (rechts unten).

Während der Strukturwandel in Duisburg-Ruhrort einen Modernisierungsschub auslöste, vollzog der Innenhafen im Herzen der Stadt eine gänzlich andere Entwicklung. Der ehemalige Getreidehafen wurde in den letzten 20 Jahren im Rahmen eines Förderprogramms des Landes Nordrhein-Westfalen in ein attraktives Wohn- und Arbeitsquartier mit einem breiten Kulturangebot umgewandelt. Obwohl der von Norman Foster 1990 vorgestellte Masterplan noch nicht vollständig umgesetzt ist, gilt Duisburgs Innenhafen schon jetzt als beispielhaft für eine gelungene Stadterneuerung.
Absolutes Highlight auf dem Areal sind die sanierten Mühlen, in denen bis Ende der 1960er-Jahre Getreide gemahlen und zu Mehl verarbeitet wurde. Die Rosiny-Mühle beherbergt heute das Kultur- und Stadthistorische Museum, das mit einer Sammlung von Atlanten und Globen des Geografen Gerhard Mercator (1512–1594) aufwartet. In der von dem renommierten Architekturbüro Herzog & de Meuron umgebauten Küppersmühle zeigt das Museum für moderne Kunst Werke von Künstlern der Gegenwart wie Jörg Immendorf, Gerhard Richter und Anselm Kiefer.

Vom Schmuddelkind zum Welterbe

Einst war Essen als rußgeschwärzte Hauptstadt der deutschen Schwerindustrie verschrien. Heute kann sich die Ruhr-Metropole mit einem Weltkulturerbe schmücken. Die Zeche Zollverein wurde als herausragendes bauliches Zeugnis des Industriezeitalters 2002 unter UNESCO-Schutz gestellt. Nirgendwo sonst lässt sich die Entwicklung des Ruhrgebiets vom Kohlenpott zur industriell geprägten Kulturlandschaft besser studieren als hier. Statt die Förderanlagen nach der Schließung des letzten Schachts im Jahr 1986 abzureißen, stellte sie das Land Nordrhein-Westfalen unter Denkmalschutz. Heute bietet das Kultur- und Eventzentrum Kreativen aller Sparten eine Bühne.
Im von Norman Foster neu gestalteten Kesselhaus von Schacht XII ist das Design-Zentrum Nordrhein-Westfalen untergebracht, in der ehemaligen Kohlewäsche des Schachts residiert das natur- und kulturhistorische Ruhrmuseum. In der ebenso wie Schacht 1/2/8 zum UNESCO-Welterbe gehörenden Kokerei der Zeche kann man sich im Sommer im Werksschwimmbad und im Winter auf der Eisbahn vergnügen. Ein Denkmalpfad, der im Rahmen von Führungen besichtigt werden kann, bietet Einblicke in die Arbeitswelt der Bergleute.
Den Schacht XII priesen Kritiker 1932 bei der Eröffnung als Wunderwerk der Technik und der Industriearchitektur. Die Backsteingebäude, die Fritz Schupp und Martin Krem-

mer planten, überzeugen durch ihre dem Bauhaus-Stil verpflichtete, funktionale Eleganz. Der Förderturm der Zeche Zollverein ist inzwischen zum Wahrzeichen des Reviers geworden.

Eine Stadt erfindet sich neu

Seit den Anfängen der Industrialisierung hat das »Grubengold« das Bild Bochums geprägt. Im Zuge des großen Zechensterbens traten Kultur und Wissenschaft in den Vordergrund: Das Schauspielhaus, gegründet 1919, gehört zu den wichtigsten Bühnen im deutschsprachigen Raum, die Ruhr-Universität zählt heute zu den zehn größten deutschen Hochschulen.
Die Erinnerung an die Ära des Kohleabbaus wird im Bergbaumuseum wachgehalten. Hier dreht sich alles um die Kohleförderung im Revier und um den Abbau von Bodenschätzen weltweit. Das in 25 Meter Tiefe angelegte Schaubergwerk ist Bochums größter Publikumsmagnet. In dem Stollensystem erfahren die Besucher alles Wissenswerte über die Arbeit der Bergleute und die Gefahren, denen sie ausgesetzt waren. Dabei kommen auch Presslufthammer, Bohrmaschinen und eine Tunnelfräsmaschine zum Einsatz. Markenzeichen des Museums wie der Stadt ist seit 1973 ein Fördergerüst der Zeche Germania, auf dem eine Aussichtsplattform installiert ist.

Von der Eisenhütten- zur Kunststadt

Auch Oberhausen, einst Zentrum der Eisenverhüttung im Ruhrgebiet, hat in den letzten Jahren durch große Bauprojekte von sich reden gemacht. Der 117 Meter hohe Gasometer der Gutehoffnungshütte wurde Anfang der 1990er-Jahre zu einem Kulturforum umgebaut, das durch seine spektakulären Ausstellungen internationale Bekanntheit erlangt hat.
Ein Außenaufzug bringt die Besucher auf das Dach, das einen weitläufigen Blick über das westliche Ruhrgebiet gewährt. In seiner unmittelbaren Nachbarschaft steht mit dem »CentrO« Europas größte Shopping-Mall mit vielen Freizeitangeboten.

STELL- UND CAMPINGPLÄTZE

KNAUS CAMPINGPARK ESSEN-WERDEN

Im Löwental 67, 45239 Essen, knauscamp.de, GPS: 51.382292, 6.995290. Klassischer Campingplatz direkt am Ruhrtalradweg und am Fluss. S-Bahn-haltestelle für Ausflüge in das Ruhrgebiet fußläufig entfernt.

TOP ★ ERLEBNISSE

★ HALDEN-WANDERUNGEN

Das Ruhrgebiet ist keinesfalls flach. Zahlreiche künstliche Berge und Hügel sieht man allüberall. Sie entstanden durch den Bergbau, als der Abraum, der bei der Kohleförderung entstand, deponiert werden musste. Diese Halden sind heute meist begrünt, haben zahlreiche Wanderwege und bieten beste Aussichtsmöglichkeiten über die Region. Beinahe jede Halde besitzt außerdem eine weithin sichtbare und vor allen Dingen markante Landmarke.

★ RUHRTALRADWEG

Vom Sauerland bis zur Mündung in Duisburg fließt die Ruhr und wird von einem Fernradweg begleitet, der durch den grünen Süden der Region verläuft. Dabei passiert er zwischen Dortmund und dem Rhein zahlreiche Campingplätze und auch Wohnmobilstellplätze.

★ BALDENEYSTEIG

Im Essener Süden kann man den Baldeneysteig wahlweise an einem oder an zwei Tagen kennenlernen. Auf den Ruhrhöhen bietet er besten Blick auf den malerischen See und führt auch an der berühmten Villa Hügel vorbei.

Weitere Informationen
metropoleruhr.de,
ruhr-tourismus.de

MUTZBRATEN UND STIPPEFÖTTCHE

Glanzlichter aus der Mitte

Alaaf und Helau – die fünfte Jahreszeit

Die Maori reiben die Nasen aneinander, die Kölner – nun ja – ihre Hinterteile. Zum Stippeföttche sind sich selbst die Gardeoffiziere nicht zu schade, zumal dieses Ritual des rheinischen Karnevals einen historischen Hintergrund hat: Es macht sich über das bierernste preußische Militär lustig. Der Spott, der sich über alles und jeden ergießt, ist ein wichtiger Karnevalsaspekt, ein anderer der schrankenlose Genuss, bevor die Fastenzeit anbricht und man dem Fleisch Ade sagen muss (carne levare). Die Traditionen der fünften Jahreszeit reichen weit zurück: Für das Jahr 1341 ist der Gebrauch des Begriffs Fastelovend für die Zeit zwischen Weiberfastnacht und Aschermittwoch belegt – in der Urkunde ging es um die Finanzierung des Treibens. Die übernehmen heute hauptsächlich Sponsoren. Auch Spenden und die Einnahmen aus Veranstaltungen tragen dazu bei, die jährlich bis zu 330 Tonnen Bonbons, 700 000 Schokoladentafeln und 220 000 Pralinenschachteln zu bezahlen, die auf rund eine Million Besucher regnen – diese Zahlen gelten für Köln, Deutschlands Karnevalshochburg mit 480 Vereinen. Während man in Köln und Aachen Alaaf ruft, heißt es in Mainz und Düsseldorf Helau. Auch dort teilen die Festzugswagen am Rosenmontag gern Seitenhiebe auf die Politik aus, wobei die Mainzer Veranstaltung Fastnacht heißt oder richtig: Fassenacht. Oft trennt sich die jeweilige Stadtgesellschaft in überzeugte Jecken und Faschings-Flüchtlinge. Während die einen Dauerbesäufnis, niveaulose Lieder und eine sechstägige Stadtvermüllung beklagen, erfreuen sich die anderen an der fröhlich-anarchischen Stimmung und dem Verschmelzen aller Unterschiede im Kostüm.

Keine Kinder von Traurigkeit: Im Karneval herrscht fröhliche Anarchie am Rhein.

Edle Tropfen im Mittelrheintal

Unter den 13 Weinanbaugebieten in Deutschland, das größte im rheinland-pfälzischen Rheinhessen mit über 26 000 Hektar Rebfläche, nimmt das Mittelrheintal mit 467 Hektar eher eine bescheidene Position ein – aber es ist aus mehreren Gründen interessant. Das liegt zum einen an den unterschiedlichen Böden. Während am oberen Mittelrhein zwischen Bingen und Koblenz Schiefer- und Grauwackeböden vorherrschen, ist das Untere Mittelrheintal von Andernach bis Bonn vulkanischen Ursprungs. Bei ersterem erstrecken sich die Weinberge auf der linken Rheinseite, Richtung Südost und Südwest ausgerichtet, während stromabwärts vorwiegend auf der rechten Rheinseite die Reben stehen. Weit über 80 Prozent sind

Hier wächst Gutes heran: Das Weinanbaugebiet Mittelrhein ist klein, aber fein.

Steil- und Steilstlagen und auch das günstige Klima teilen die Hänge auf den gut 100 Kilometern zwischen Bingen und Bonn: Die Nachtkälte sinkt nach unten, sodass die höheren Lagen doppelt privilegiert am meisten Sonnenlicht und Wärme einheimsen. Im Winter gleicht die große Wasserfläche des Rheins die gröbste Kälte aus. Die bevorzugte Sorte der Mittelrhein-Weine ist der Riesling, der auf rund 70 Prozent der Flächen gedeiht.

Traditionsreiches Fachwerk

»Bauen ist ein Lust« heißt ein Spruch auf einem rheinischen Fachwerkhaus und geht sinngemäß weiter: Wenn's nur nicht so viel kostete. Das gilt heute wie damals und vor allem fürs Fachwerk, diese aufwendige Skelettbauweise mit vertikalen und horizontalen Balken. Die Räume zwischen Ständern und Riegeln füllt das Gefache: ein Holzgeflecht mit Lehm oder Backsteinen. Am Mittelrhein kommt die Grundstruktur in vielen Varianten vor – vom ältesten Haus in Bacharach, gebaut um 1420 von dem Schiffer Peter Ackermann, bis zu den Barockformen mit Zwerchgiebeln und Ecktürmchen. Zu gängigen Schmuckelementen gehören das Andreaskreuz, die geschweiften Balken beim Feuerbock und runde Sonnenscheiben. Schöne Beispiele stehen in Boppard mit dem Bodenbach'schen Haus und entlang der Unteren Marktstraße, in Bacharach mit dem Alten Haus und an der Ober- und der Blücherstraße, in Rhens und Rüdesheim – die dortige Drosselgasse ist allerdings eine Rekonstruktion.

Farbenpracht in dunkler Sommernacht: der »Rhein in Flammen« vor der Koblenzer Festung Ehrenbreitstein.

Fünf Mal Rhein in Flammen

Die Geschichte von Deutschlands ältestem Feuerwerk gleicht ein wenig der Veranstaltung selbst: ein Spiel von hell und dunkel. Im Jahr 1931 fand das erste Feuerwerk unter dem Namen »Rhein in Flammen im Siebengebirge« statt, über 25 Jahre pausierte die Veranstaltung. Seit 1986 aber gehört sie fest ins Programm von fünf Rheinuferorten: Den Anfang macht Bonn im Mai, dann kommen Bingen und Rüdesheim Anfang Juli, Koblenz am ersten Augustsamstag und Oberwesel Mitte September. St. Goar und St. Goarshausen beenden eine Woche später die Saison. Das Publikum steht am Ufer oder auf einem der bis zu 70 Schiffe, die das Spektakel im Korso begleiten.

Explosive Vergangenheit

Das erste Mal knallte es vor etwa 500 000 Jahren in der Vulkaneifel, dem Höhenzug westlich von Koblenz, das letzte Mal vor ungefähr 13 000 Jahren. Damals stiegen riesige Asche- und Bimssteinwolken auf, der Fallout erreichte eine Mächtigkeit von 60 Metern. Seitdem scheint es ruhig in der jungen Vulkanregion, obwohl Geologen einen neuerlichen Ausbruch nicht für unwahrscheinlich halten. Beim Blick aufs Laacher Maar lässt sich ihre Sorge nachvollziehen: Dort steigen Mofetten auf, Gasblasen aus kaltem Kohlendioxid. Das größte Eifelmaar ist eigentlich gar keines, sondern die Caldera eines eingestürzten Kraters. Rund um den See ist ein Geopark eingerichtet; von hier startet auch die 280 Kilometer lange Deutsche Vulkanstraße.

Es geht um die Wurst

Wer die Thüringer Küche auf Bratwurst und Bier reduzieren wollte, würde allerhand verpassen: den Schmöllner Mutzbraten etwa, ein auf Birkenholzfeuer zubereitetes Stück Schweinekamm oder die Thüringer Klöße aus Kartoffeln. Sie begleiten Gebratenes und Gesottenes und schmecken regional sehr unterschiedlich. Das gilt auch für Leber- und Rotwürste, Sülze und Schinken oder die Knackwürstchen, die im Eichsfeld Feldgieker heißen. Auf ihre Rostbratwürste mit Kümmel und Majoran sind die Thüringer natürlich trotzdem stolz. Urkundlich belegt seit 1404, schmecken sie besonders gut zu Pilsener oder Köstritzer Schwarzbier. Den Schlusspunkt eines Thüringer Festessens setzen oft Hekeklöße mit Heidelbeeren.

Vom Stellplatz in Köln sind es nur zwei Meter bis zum Rheinradweg Richtung Dom (oben). Kölns berühmteste Silhouette bilden der Dom und Groß St. Martin (rechts oben). Hoch die Stangen: die gut besuchte Früh-Kölsch-Brauerei (rechts unten).

63 LEBENSFREUDE AM RHEIN – KÖLN

Kirchen, Kunst und Kreative

Obwohl schon beinahe 2000 Jahre alt, zählt Köln zu den vitalsten Metropolen des Landes. Als ein Zentrum moderner Kunst wie als Medienstandort genießt die Domstadt auch international einen ausgezeichneten Ruf. Im weltoffenen und liberalen Klima der Millionenstadt am Rhein hat sich eine bunte, experimentierfreudige Kreativszene entwickelt.

Die Vergangenheit ist in Köln auf Schritt und Tritt präsent. Noch bis heute geraten in dieser Stadt Bauprojekte ins Stocken, weil man auf bauliche Überreste aus der Römerzeit oder aus dem Mittelalter stößt. Gleich zwölf romanische Kirchen – jede für sich ein Meisterwerk der Sakralarchitektur – künden von der Bedeutung der Domstadt für die damalige Welt. War sie im Hochmittelalter sogar eine Zeit lang die größte deutsche Stadt mit rund 40 000 Einwohnern, sank ihr Stern im Zuge der Reformation. Reisende berichteten von Misswirtschaft und Korruption. Mit Napoleon und den Preußen, die die einstige freie Reichsstadt im Jahr 1815 besetzten und zu einem regelrechten Bollwerk gegen die Franzosen ausbauten, wendete sich erneut das Blatt. Köln öffnete sich gegenüber der modernen Welt.

Während des Zweiten Weltkriegs legten Bombenangriffe die Stadt zu mehr als 90 Prozent in Schutt und Asche. Die Bausünden des raschen Wiederaufbaus von damals sind nicht zu übersehen. Heute leben rund eine Million Menschen in Köln.

Himmelstürmende Gotik

Die Anfänge der Hohen Domkirche St. Petrus, wie der Dom offiziell heißt, gehen auf Friedrich Barbarossa und einen Raub zurück. Bei der Einnahme Mailands im Jahr 1162 erbeutete der Kaiser die Reliquien der Heiligen Drei Könige und machte sie seinem Kanzler, dem Kölner Erzbischof Reinald von Dassel (1114/1120–1167), zum Geschenk. Vermutlich um 1164 nach Köln überführt, lösten die Gebeine dort schon bald einen

früh

Die Rheinwiesen zwischen Altstadt und Fluss sind ein beliebtes Erholungsgebiet.

wahren Pilgeransturm aus. Bereits zu Beginn des 13. Jahrhunderts wurden deshalb Forderungen nach einem Abriss des zu klein gewordenen romanischen Doms und nach einer neuen Kirche laut: Größer, prächtiger als selbst die französischen Kathedralen sollte sie sein. 1248 feierte man die Grundsteinlegung.

Rund 300 Jahre später stoppten die Bauarbeiten, vermutlich aus Geldmangel und wegen fehlenden Engagements. Über Jahrhunderte prägte der Dom als Bauruine das Stadtbild. Erst im Zuge der nationalromantischen Mittelalterbegeisterung des 19. Jahrhunderts erwachte das Interesse an der Kathedrale neu. Selbst die preußischen Könige machten sich für ihre Fertigstellung nach alten Plänen stark. 1880 war es dann so weit: 632 Jahre nach Baubeginn konnte die Vollendung des Kölner Doms gefeiert werden.

Trotz der komplexen Baugeschichte verkörpert der Kölner Dom den himmelwärts stürmenden Stilwillen der Gotik auf vollkommene Weise. Nicht nur die beiden 157 Meter hohen Türme der Basilika, praktisch jedes Bauteil und der komplette Fassadenschmuck weisen nach oben. Die ganze Schwere romanischer Bauten hat sich hier in filigrane Strebewerke, Spitzbogenfenster, Pfeiler und Türmchen aufgelöst.

Im Inneren empfängt den Besucher ein fünfschiffiger Kirchenraum von schwindelerregender Höhe. Fast scheint es so, als sollten die Kreuzrippengewölbe des Mittelschiffs gegen den Himmel stoßen. Die Fenster, die insgesamt eine Fläche von 10 000 Quadratmetern einnehmen, verleihen dem Raum zusätzlich Weite. Jedes Fenster für sich ist ein Meisterwerk der Glasmalerei. Das älteste, das Bibelfenster der Dreikönigenkapelle, ist bereits um 1260 entstanden. Das jüngste, eine abstrakte Komposition aus 11263 farbigen Steinen von Gerhard Richter, schmückt seit 2007 das Südportal des Querhauses.

Unter den kostbaren Kunstschätzen des Doms sticht der Dreikönigenschrein, der in einer Vitrine im Chor ausgestellt ist, heraus. Das im späten 12. Jahrhunderts entstandene, Nikolaus von Verdun zugeschriebene Reliquiar zählt zu den bedeutendsten Goldschmiedearbeiten des Mittelalters. Es stellt eine dreischiffige Basilika dar und ist mit 74 Figuren, mit Edelsteinen, Perlen und Kameen besetzt.

In einer Kapelle an der Nordseite des Chorumgangs hängt, eingerahmt von barockem Dekor, das Gerokreuz, eine überlebensgroße Skulptur aus Eichenholz und eine der ganz frühen Darstellungen des sterbenden Christus. Das Kreuz wurde im 10. Jahrhundert geschaffen und vom Kölner Erzbischof Gero gestiftet. Die Marienkapelle an der Südseite des Chorumgangs birgt den berühmten Dreikönigsaltar von Stephan Lochner (um 1400–1451). Seit 1996 gehört der gotische Gigant zum UNESCO-Welterbe.

Straßenkunst und Hochkultur

Auf der Domplatte, wie der Platz um die Kathedrale genannt wird, herrscht fast das ganze Jahr über Hochbetrieb. Straßenmusiker, Gaukler, Pflastermaler und andere Kleinkünstler nutzen ihn als Bühne vor einem internationalen Publikum. Immerhin sechs Millionen Touristen zieht es jedes Jahr an den Dom, die meistbesuchte Sehenswürdigkeit Deutschlands.

Im Schatten der Kathedrale sind zwei der populärsten Museen Deutschlands entstanden. Das Römisch-Germanische Museum wurde zu Beginn der 1970er-Jahre an der Stelle errichtet, wo Bauarbeiter 1941 beim Ausheben eines Luftschutzkellers auf das Dionysosmosaik stießen. Es gehörte zu einem römischen Wohnhaus und bildet heute zusammen mit dem Poblicius-Grabmal das Herzstück des Museums. In den Ausstellungsräumen werden aber nicht nur archäologische Funde aus der Römerzeit, sondern auch aus der Frühgeschichte und dem frühen Mittelalter gezeigt.

Südöstlich des Doms fällt der futuristische Bau des Museums Ludwig mit seiner zinkverkleideten Sägezahndachkonstruktion ins Auge. Das Museum beherbergt eine der weltweit bedeutendsten Sammlungen zur Kunst der Klassischen Moderne und der Gegenwart. Vom Expressionismus über die abstrakte Malerei der russischen Avantgarde, dem Surrealismus und dem Bauhaus bis hin zu Fluxus, Pop-Art, Concept und Minimal Art: Jede der innovativen Kunstbewegungen des 20. Jahrhunderts ist hier mit wenigstens einem Meisterwerk ihrer prominentesten Protagonisten vertreten. August Mackes Dame in grüner Jacke gehört ebenso dazu wie Roy Lichtensteins M-Maybe oder Gerhard Richters Akt auf einer Treppe.

Das Museum ist aus einer Sammlung von Werken der Pop-Art-Kunst, die die Schokoladenfabrikanten Irene und Peter Ludwig 1976 der Stadt Köln schenkten, hervorgegangen. Sie wurde mit den Beständen moderner

Gold und Steine: Ein Kölner Pilgerziel ist der goldene Dreikönigsschrein (oben), ein Kölner Kulturziel das Diözesanmuseum in der kriegszerstörten Kolumba-Kirche (unten).

Unter dem mächtigen Turm von Groß St. Martin genießt man in den Restaurants am Rheingarten in der Altstadt das Leben (unten). Nach dem Besuch der Domstadt genießt man die Aussicht auf die Rheinauen (rechts oben). Gehört zu Köln wie der Dom und das Kölsch: der Karneval (rechts unten).

Kunst des Wallraf-Richartz-Museums zusammengeführt und durch Ankäufe kontinuierlich erweitert. 1993 überließ das Ehepaar Ludwig seine umfangreiche Picasso-Kollektion dem Museum, das nun über die weltweit drittgrößte Sammlung von Werken des Maler-Genies verfügt.

Durch die Gassen der Altstadt

Auch wenn die Kölner Altstadt eigentlich das ganze Areal zwischen Ringstraße und Rhein umfasst: Wenn die Kölner von der Altstadt sprechen, meinen sie immer nur das Viertel, das sich südlich des Doms zwischen Rathaus und Flussufer erstreckt. Nicht nur im Karneval herrscht hier fast 24 Stunden am Tag ein munteres Treiben. In den Gassen und an den Plätzen des Viertels stehen die Brauhäuser, Kneipen und Weinstuben dicht an dicht.
Die Altstadt gilt als das touristische Vergnügungsviertel Kölns.
Ihr Wahrzeichen ist die Basilika Groß St. Martin, eine der zwölf romanischen Kirchen der Stadt. Bis heute dominiert der mächtige, von schlanken Ecktürmchen eingefasste Vierungsturm des 1172 geweihten Gotteshauses das Rheinufer südlich der Hohenzollernbrücke.
Hinter der Kirche liegt der sich zum Fluss hin öffnende Fischmarkt, für viele Kölns schönster Platz. Im Westen säumen ihn schmale, in hellen Pastelltönen leuchtende Giebelhäuser.
Am Stapelhaus erinnern nur noch ein Treppenturm und der Name an seine einstige Funktion. Das historische Gebäude wurde während des Zweiten Weltkriegs zerstört und in den 1960er-Jahren durch einen Neubau ersetzt. Bis zur Aufhebung des Stapelrechts im Jahr 1815 mussten Händler, die auf dem Rhein reisten, in den Stapelhäusern ihre Waren lagern und zum Kauf anbieten oder aber Stapelgeld zahlen. Köln besaß dieses Privileg seit 1259 und verdankte ihm einen Gutteil seines Reichtums. Heute trifft sich in den Sommermonaten ein bunt gemischtes Publikum in den vielen Outdoor-Restaurants am Fischmarkt.
Das im Herzen der Innenstadt am Alten Markt gelegene Rathaus zieht dank seiner Renaissancelaube und des Glockenspiels, das viermal am Tag erklingt, die Besucher an.
Unter dem im Zweiten Weltkrieg zerstörten und durch ein funktionales Gebäude ersetzten sogenannten »Spanischen Bau« wurden die Überreste eines Prätoriums entdeckt. Die Fundamente des Prachtgebäudes, in dem einst der Statthalter der römischen Provinz Germania inferior residierte, sind durch eine Beton-

decke gesichert und können besichtigt werden. Vom Prätorium aus gelangt man auch zu einem begehbaren römischen Kanal, durch den einst Abwasser in den Rhein flossen.

In der archäologischen Zone am Rathausplatz legen Grabungen die Überreste der mittelalterlichen jüdischen Siedlung frei. Bis zum Pogrom des Jahres 1349 war in Köln die größte jüdische Gemeinde nördlich der Alpen ansässig. In nicht allzu ferner Zukunft soll hier ein jüdisches Museum entstehen.

Im Süden wird der Rathausplatz durch den 2001 eröffneten Neubau des Wallraf-Richartz-Museums abgeschlossen. Der hermetisch wirkende Kubus aus hellem Tuffstein ist ein Entwurf des Kölner Architekten Oswald Mathias Ungers (1926–2007). Die Bestände des Museums decken alle Epochen der europäischen Kunstentwicklung vom Mittelalter bis zum 19. Jahrhundert ab. Die Sammlung mittelalterlicher Meister mit Werken der berühmten Kölner Malerschule um Stephan Lochner gilt als bedeutendste der Welt. Dank einer »ewigen Leihgabe« Gérard Corbouds verfügt das Museum außerdem über die umfangreichste Kollektion impressionistischer Gemälde in Deutschland.

Glitzerpassagen und Andachtsräume

Kölns pulsierendes Geschäftszentrum, das sich westlich der Altstadt bis zum Hohenzollernring erstreckt, wartet mit Shopping-Passagen, originellen Läden, Kunst im öffentlichen Raum und einigen spektakulären Beispielen moderner Architektur auf. Das Kolumba, der 2007 eröffnete Neubau des Diözesanmuseums, ist ein Meisterwerk des Pritzker-Preisträgers Peter Zumthor (geb. 1943). Es erhebt sich als eleganter, fast monolithischer Baukörper aus grauem Backstein auf den Mauerresten von St. Kolumba. Die um 980 gebaute romanische Kirche stand nach 1945 in Trümmern. Die zwischen 1947 und 1950 hineingesetzte Marienkapelle des Kölner Architekten Gottfried Böhm gab der Erinnerung an die Zerstörungen des Weltkriegs Raum. Die Ausstellungen des Diözesanmuseums spannen einen weiten Bogen von der mittelalterlichen bis zur zeitgenössischen Sakralkunst.

STELL- UND CAMPINGPLÄTZE

REISEMOBILHAFEN KÖLN

An der Schanz, 50735 Köln, GPS: 50.962896, 6.984565. Nördlich der Altstadt, die über den Rheinradweg sehr einfach zu erreichen ist, auch zu Fuß. Ver- und Entsorgung und Strom vorhanden. Abends gemütlicher Blick auf den Rhein.

TOP ★ ERLEBNISSE

★ WAHNER HEIDE

Klingt seltsam, aber zwischen der vielbefahrenen A3 und dem Flughafen Köln-Bonn erstreckt sich die Wahner Heide mit einem wunderbaren Naturschutzgebiet. Hier wandert man stundenlang durch Wald und Heidelandschaft und kann ganz nebenbei noch beim Planespotting Flugzeuge beobachten.

★ DHÜNNTAL

Auf der rechten Seite beginnt schon bald das Bergische Land, wo man in einem malerischen Tal zum Altenberger Dom wandern oder die Große Dhünntalsperre besuchen kann.

Weitere Informationen
koeln.de

64 HEILBAD DER RÖMER – AACHEN

Karls »neues Rom«

Untrennbar ist Aachen, die Stadt im Dreiländereck von Deutschland, Belgien und den Niederlanden, mit Karl dem Großen verbunden. Der Herrscher, der sich selbst als legitimer Nachfolger der römischen Kaiser sah, wollte aus Aachen ein »neues Rom« machen. In der prächtigen Kapelle seiner Pfalz, aus der der Dom entstand, hat dieser Traum überdauert.

Der erste Eindruck: Aachen wirkt jung. Die fast 38 000 Studenten der Rheinisch-Westfälischen Technischen Hochschule mischen das Stadtbild kräftig auf. Touristen aus aller Welt steuern internationales Flair bei. Der Hauptgrund für ihren Besuch in Deutschlands westlichster Großstadt? Natürlich der mächtige Dom, die Reste der mehr als 2000-jährigen Geschichte Aachens – schon um Christi Geburt errichteten die Römer hier ein Heilbad –, beeindruckende Museen und das Rathaus. Es entstand im 14. Jahrhundert an der Stelle eines verfallenen Palastbaus, der Aula Regia, aus karolingischer Zeit. Aus der gleichen Epoche stammt auch der aus Bruchsteinen errichtete Granusturm.

Das Erbe eines echten Europäers

Es gibt viele Gründe, den Aachener Dom zu besichtigen: Das Gotteshaus birgt die Grablege Karls des Großen, es war zwischen 936 und 1531 die Krönungskirche der deutschen Könige und ist bis heute ein anerkannter Wallfahrtsort. Als Zeugnis europäischer Sakralbaukunst, das über die Jahrhunderte gewachsen ist und die architektonische Formensprache verschiedener Epochen in sich vereinigt, wurde der Dom 1978 als erstes Bauwerk Deutschlands in die UNESCO-Liste des Weltkulturerbes aufgenommen.

Die um 800 geweihte Pfalzkapelle Karls des Großen, die den Kern des Doms bildet, ist eines der besterhaltensten und beeindru-

Das Herz des Aachener Doms ist das um das Jahr 800 errichtete Oktogon (unten). Ein weiteres Markenzeichen Aachens sind die Printen (rechts oben). Die Carolus-Thermen stehen in Aachens Badetradition (rechts unten).

ckendsten Baudenkmäler der Karolingerzeit. Der achteckige Zentralraum mit massiven Pfeilern erstreckt sich über zwei Stockwerke und schließt mit einem gewaltigen Klostergewölbe ab, das zur Zeit seiner Entstehung die größte Kuppel nördlich der Alpen war. Das Oktogon ist von einem 16-seitigen Umgang umgeben, dessen Obergeschoss die Empore des Zentralbaus bildet. Auf der Westseite befindet sich der berühmte Kaiserthron, von dem aus Karl der Große die Messe verfolgen konnte. Historiker sind sich einig, dass er mit dem Bau dieses Gotteshauses, das Ravennas byzantinischer Kirche San Vitale nachempfunden ist, einen machtpolitischen Zweck verfolgte. Hier sollte der Mittelpunkt eines erneuerten römischen Reichs liegen.
Dieser zentralistische Gedanke stand vermutlich auch hinter der Überführung der kostbarsten christlichen Reliquienschätze nach Aachen. Die Windeln Jesu, sein Lendentuch, ein Kleid Marias und das Enthauptungstuch Johannes des Täufers ruhen seit Mitte des 13. Jahrhunderts im vergoldeten und mit Edelsteinen verzierten Marienschrein, der zu den bedeutendsten Goldschmiedearbeiten des Mittelalters gehört. Seit 1312 werden die Reliquien alle sieben Jahre den Gläubigen gezeigt. Das Ereignis zieht jedes Mal Tausende von Pilgern an.
Der zwischen 1355 und 1414 errichtete Hallenchor, der einen bescheideneren karolingischen Vorgängerbau ersetzte, ist ein Meisterwerk gotischer Sakralbaukunst. Das »Glashaus von Aachen«, wie er auch genannt wird, besteht scheinbar komplett aus Fenstern. Im Polygon des Chors wird der Karlsschrein aufbewahrt. Die Umbettung des 814 verstorbenen Herrschers hatte Friedrich II. im Jahr 1215 veranlasst.

Museen und Mäzene

Aachen verfügt über einige hervorragende Museen, die auf Stiftungen privater Sammler zurückgehen. Das Suermondt-Ludwig-Museum etwa ist nach seinen größten Mäzenen, dem Bankier Barthold Suermondt und dem Ehepaar Irene und Peter Ludwig, benannt. Es zeigt Gemälde und Skulpturen aus allen Epochen der europäischen Kunstgeschichte sowie feine Goldschmiedekunst. Auch das Ludwig-Forum für moderne Kunst geht auf eine Initiative der Schokoladenfabrikanten Ludwig zurück. Das Ehepaar stiftete fast 3000 Werke zeitgenössischer Kunst für den Aufbau der Sammlung. Dem Couven-Museum, das der Wohnkultur des 18. und 19. Jahrhunderts gewidmet ist, haben die Ludwigs ihre Fliesenkollektion vermacht. Es residiert in einem entzückenden Rokokobau.

STELL- UND CAMPINGPLÄTZE

WOHNMOBILSTELLPLATZ BAD AACHEN

Branderhofer Weg 11, 52066 Aachen, aachen-camping.de, GPS: 50.761735, 6.102873. Großzügige Parzellen mit Sanitär, Strom und WLAN.

TOP ★ ERLEBNISSE

★ HOHES VENN

Nur eine kurze Fahrt ist es mit dem Wohnmobil rüber nach Belgien, wo das Hohe Venn mit zahlreichen Wanderwegen aufwartet, die zum Teil grenzüberschreitend durch eine raue und beinahe unwirkliche Landschaft verlaufen. Auf Holzbohlenwanderwegen ist man hier unterwegs und kann Abstecher nach Roetgen und Monschau zu Kaiser Karls Bettstatt unternehmen.

★ EIFELSTEIG

Der Eifelsteig beginnt als Fernwanderweg in Kornelimünster vor den Toren der Stadt Aachen. Er führt durch eine sanfte und zum Teil einsame Hügellandschaft bis Trier an der Mosel. Die erste Etappe lässt sich auch bei einem Campingaufenthalt bewältigen.

Weitere Informationen
aachen.de

Der Marktplatz mit dem Alten Rathaus aus dem 18. Jahrhundert ist seit 1000 Jahren Bonns Zentrum (oben). Das Münster wurde im 11. Jahrhundert als romanische Stiftskirche St. Cassius und Florentius erbaut (rechts oben). Die Wiese im Hofgarten wird gerne zum Sonnenbaden genutzt (rechts unten).

65 BEETHOVENS ERSTE – BONN

Die Bundesstadt blickt auf eine 2000-jährige Geschichte zurück

Auf Bonner Stadtgebiet bauten die Römer 12 v. Chr. ein befestigtes Lager, im Mittelalter entwickelte sich die Stadt rings um das mächtige Münster. Von 1597 bis zur Säkularisation war Bonn die Residenz der Kurfürsten von Kurköln, 1949 kam es in der BRD erneut zu Hauptstadtehren – als angenehm bescheidenes Provisorium, das über 40 Jahre bestand.

Beethovens erste Stadt und Wirkungsstätte war unzweifelhaft Bonn. In der Stadt am Rhein kam er 1770 im Gartenflügel des Hauses Bonngasse 20 zur Welt und hier lebte er bis 1792. Ganz in der Nähe wurde er in der gotischen Kirche St. Remigius aus dem 14. Jahrhundert getauft. Das Taufbecken ist noch vorhanden, doch die barocke Orgel, auf der er als junger Mann spielte, wurde im Zweiten Weltkrieg zerstört. Beethovens Geburtshaus ist heute ein Museum mit einer bedeutenden Beethoven-Sammlung, die unter anderem den letzten Hammerflügel des Komponisten sowie die Originalhandschriften der Mondscheinsonate und der Pastorale umfasst. Für Musikfreunde ist ein Antrittsbesuch in der Bonngasse quasi ein Muss und die Musik des Meisters kann man alljährlich beim hochkarätigen Bonner Beethoven-Fest genießen.

Beethoven begegnet einem in Bonn aber noch andernorts. In Granit gehauen sinniert er sitzend in der schönen Rheinaue nahe dem Rosengarten des großen Parkgeländes, das die Bonner als zentrumsnahes Erholungsgelände nutzen. Als Bronzebüste blickt er in Bad Godesberg im idyllischen Redoutenpark ernst in die Ferne. Der Ort spielte eine wichtige Rolle in Beethovens Leben, denn in der Redoute, die damals als klassizistischer Ballsaal für Kurfürst Max Franz neu erbaut worden war, durfte er 1792 als 21-Jähriger vor Joseph Haydn musizieren. Danach stand ihm der Weg nach Wien offen, in das er noch im selben Jahr als ein Schüler Haydns zog.

Cassius und Florentius

Als klassisches Denkmal steht der Komponist zudem auf dem Münsterplatz. Dort blickt er vor der ehemaligen Hauptpost, einem hübschen Rokokopalais aus dem 18. Jahrhundert, auf das altehrwürdige Münster, dessen Entstehung und Existenz eng mit der langen Geschichte der Stadt verbunden ist. Im Bonner Stadtgebiet lebten bereits vor rund 2000 Jahren im Legionslager Castra Bonnensia und in der dazugehörigen Siedlung Vicus Bonnensis an der römischen Rheintalstraße schätzungsweise bis zu 10 000 Menschen. Wo heute das Münster steht, befand sich einst eine römische Kultstätte und lag ein Gräberfeld, an dessen Rand im 4. Jahrhundert Christen in einer schon bald zerstörten cella memoriae ihrer Verstorbenen gedachten. An ihrer Stelle wurde im 6. Jahrhundert ein christlicher Saalbau errichtet, in dem Gläubige bestattet wurden und der als heiliger Ort galt, weil er der Überlieferung zufolge über der letzten Ruhestätte von Märtyrern erbaut worden war.

Für das 7. Jahrhundert ist hier eine Kirche zu Ehren der Märtyrer Cassius und Florentius belegt, die im 2. Jahrhundert wegen ihres christlichen Glaubens enthauptet worden waren und in Bonn als Stadtpatrone verehrt werden. Das Bauwerk war als Grabkirche der beiden Heiligen eine Pilgerstätte, in deren Umkreis sich immer mehr Priester niederließen. Im 8. Jahrhundert wurde das Cassius-Stift gegründet, das bis 1802 bestand. Rings um die Stiftskirche St. Cassius und Florentius entstand eine villa basilica, eine dörfliche Ansiedlung von Geistlichen; zusammen mit dem Marktdorf rund um den heutigen Marktplatz bildete sie den mittelalterlichen Kern und die Keimzelle des heutigen Bonn. Im 11. Jahrhundert wurde die Stiftskirche und an ihrer Stelle die dreischiffige romanische Basilika des Münsters errichtet, das in seiner fast 1000-jährigen Geschichte zahlreiche Umbauten erfuhr. Die Reliquien von Cassius und Florentius hütet es jedoch noch immer in der Krypta. Die Reste der cella memoriae wurden 1928 bei Ausgrabungen unter dem Münster entdeckt und in das Rheinische Landesmuseum verbracht. Derzeit wird geplant, dieses älteste christliche Zeugnis des Rheinlands wieder an seinen Ursprungsort zurückzubringen und in einem Pavillon neben dem Münster als faszinierendes Relikt der Stadtgeschichte zu präsentieren. Doch auch jetzt gibt es nicht nur im, sondern auch um das Münster schon viel zu sehen, insbesondere den 900 Jahre alten Kreuzgang und zwei kolossale liegende Granitköpfe des Bildhauers Iskender Yediler neben dem Ostchor. Sie erinnern ziemlich

Beethoven ist auf dem Münsterplatz als Denkmal verewigt (oben). Der Kanzlerbungalow wurde von 1964 bis 1999 genutzt und steht seit 2001 unter Denkmalschutz (unten). Die Kunst- und Ausstellungshalle der Bundesrepublik Deutschland gehört zur Museumsmeile (rechts oben). Im »Langen Eugen« ist die UN eingezogen (rechts unten).

plastisch an die enthaupteten Märtyrer Cassius und Florentius.

Vom Rhein nach Poppelsdorf

Im Bonner Stadtgarten wiederum verkörpert die von Markus Lüpertz in Bronze gegossene Hommage an Beethoven den Sieg des Genies über das Gebrechen und zeigt den am Ende seines Lebens tauben Komponisten nicht als erhabenen Helden, sondern als verletzte Figur. Von der Grünanlage mit Konzertpavillon und einem beliebten Biergarten am Rhein gelangt man direkt in den Hofgarten, wo der monumentale Barockbau des ehemaligen Kurfürstlichen Schlosses als Hauptgebäude der Rheinischen Friedrich-Wilhelms-Universität dient. Von dort führt die Poppelsdorfer Allee als grünes Band eines barocken Gesamtensembles quer durch die Stadt zum Poppelsdorfer Schloss, das in der ersten Hälfte des 18. Jahrhunderts für die kurkölnischen Herrscher errichtet wurde und nun als Sitz einiger Institute der Universität dient.

Der Weg der Demokratie

Doch zurück zu Beethoven, der sich vor der Beethovenhalle genialisch zerzaust in Beton präsentiert. Als Bronzebüste ist er auch im Inneren von Siegfried Wolskes markantem Bau zu sehen, dessen grünes Kupferdach sich seit 1959 wie eine Welle am Rhein aufschwingt. Als Bonn Hauptstadt der BRD war, wählte die Bundesversammlung zwischen 1974 und 1989 hier den Bundespräsidenten.

Die Beethovenhalle ist damit einer der 40 »Orte der Demokratie«, die im Stadtgebiet aufgrund ihrer historischen Bedeutung in der »Bonner Republik« durch Informationstafeln als solche gekennzeichnet sind. Der Hofgarten, auf dem die größten Demonstrationen gegen die Regierungen jener Jahre stattfanden, ist eine von 18 Stationen am »Weg der Demokratie« durch das ehemalige Regierungsviertel. Dieser führt auch zum Bundeskanzleramt und Sep Rufs Kanzlerbungalow, zum Palais Schaumburg, in dem Staatsgäste empfangen wurden, zur Villa Hammerschmidt, dem Sitz des Bundespräsidenten, zum ehemaligen Abgeordnetenhaus »Langer Eugen« und zum Bundeshaus mit dem Plenarsaal des Parlaments, heute Sitz des World Conference Center Bonn (WCCB).

STELL- UND CAMPINGPLÄTZE

CAMPING GENIENAU

Im Frankenkeller 49, 53179 Bonn, campingplatz-genienau.de, GPS: 50.654071, 7.201730. Kleiner, freundlicher Platz im Süden der Stadt direkt am Rhein mit Blick auf das gegenüberliegende Siebengebirge.

TOP ★ ERLEBNISSE

★ KOTTENFORST

Stundenlange Spaziergänge, Waldwanderungen und auch Radtouren sind in dem weitläufigen Wald möglich, der sich südlich von Bonn fast ganz ohne Erhebung erstreckt. Zahlreiche Kreuzungen in dem Waldgebiet haben ihre eigene kleine Geschichte zu erzählen.

★ SIEBENGEBIRGE

Ein Muss ist der Besuch des Siebengebirges auf der rechten Rheinseite. Entweder wandert man hinauf zu den Gipfeln namens Petersberg, Löwenburg und Co. Oder man nutzt die Zahnradbahn ab Königswinter, um zur legendären Ruine Drachenfels zu gelangen.

★ DIE MEILE

Eine Meile misst drei Kilometer – in Bonn. Entlang der Magistrale reihen sich fünf Museen aneinander: vom zoologischen Museum König über das jüngst sanierte Haus der Geschichte, das Kunstmuseum und die Bundeskunsthalle bis zum Deutschen Museum Bonn Technik.

Weitere Informationen
bonn.de

66 INBEGRIFF DES ROKOKO – SCHLOSS AUGUSTUSBURG

Die Brühler Schlossanlage vermittelt das Lebensgefühl eines Rokokofürsten

In der ersten Hälfte des 18. Jahrhunderts wurden Schloss Augustusburg und das Jagdschlösschen Falkenlust als erste bedeutende Bauwerke des Rokoko in Deutschland errichtet. Das Gesamtkunstwerk aus Architektur, Bildhauerei, Malerei und Gartenbau gehört seit 1984 zum Welterbe der UNESCO.

Als Clemens August I. von Bayern 1723 zum Erzbischof von Köln ernannt wurde, stieg er auf diese Weise zugleich zum Kurfürsten von Kurköln auf, wie die weltlichen Territorien des Erzstifts und Kurfürstentums Köln kurz genannt wurden. Die kurfürstliche Residenz befand sich damals schon in Bonn, denn Köln war bereits im Jahr 1288 als Freie Reichsstadt aus dem Herrschaftsbereich des Kurstaats ausgeschieden. Clemens August I. war der letzte der Wittelsbacher Herrscher, die zwischen 1583 und 1761 das Kurfürstentum regierten. Unter seiner Herrschaft entfaltete der nach Versailler Vorbild organisierte kurkölnische Hof seine mit Abstand größte Pracht.

Eine Bühne für den Hof

Clemens August I. war Erzbischof von Köln, ein bedeutender geistlicher Reichsfürst und Inhaber mehrerer kirchlicher Ämter, er war aber auch – oder vor allem – ein barocker Lebemann, dessen prunkvolle Hofhaltung die anderer Regenten im damaligen Nordwestdeutschland bei Weitem übertraf und nicht zuletzt die Staatskasse sprengte. Er unterhielt ein riesiges Gefolge, feierte rauschende Feste, vergnügte sich bei Theater- und Opernaufführungen, förderte als Mäzen die Künste, besaß zahlreiche Mätressen und huldigte seiner großen Leidenschaft für die Jagd. Um diesem Lebensstil den angemessenen Rahmen und dem Hofleben eine gran-

Schloss Augustusburg war ein stilbildendes Bauwerk des 18. Jahrhunderts (unten). Den Schlosspark entwarf Dominique Girard ab 1728 (rechts oben). Das Max Ernst Museum in Brühl ist dem bedeutenden Künstler gewidmet (rechts unten).

diose Bühne zu bieten, ließ er unter anderem in Bonn das Kurfürstliche und das Poppelsdorfer Schloss ausbauen und die Poppelsdorfer Allee anlegen.

Ein kostbares »Ferienhaus«

Jenseits dieser Hauptresidenzen begann er bereits ab 1725, zwei Jahre nach seinem Amtsantritt, gut 20 Kilometer außerhalb von Bonn in Brühl eine Schlossanlage zu errichten, die seinen Vorstellungen vollendet entsprach. Hier entstand auf den Fundamenten einer Wasserburg aus dem 13. Jahrhundert Schloss Augustusburg als Sommerresidenz, zu der auch das Jagdschlösschen Falkenlust gehörte. Rund 40 Jahre dauerten die Bauarbeiten an der 1768 vollendeten herrschaftlichen Dependance, ein unglaublicher Aufwand an Arbeit und Kosten für eine Schlossanlage, in der sich der Kurfürst bestenfalls einige Wochen im Sommer aufhielt. Für den Bau und die Gestaltung verpflichtete Clemens August führende Künstler aus Bayern, Italien, Österreich und Frankreich. Der berühmte Barockbaumeister Johann Conrad Schlaun errichtete die dreiflügelige Anlage mit Walmdach und Ehrenhof innerhalb von drei Jahren, für die Gestaltung der Fassaden und der Paradezimmer zeichnete der Münchner Hofbaumeister François de Cuvilliés der Ältere verantwortlich. Er plante auch das bezaubernde Rokoko-Jagdschloss Falkenlust nach dem Vorbild der Amalienburg im Münchner Schlosspark Nymphenburg, von dessen Dach aus die Falken bei der Jagd beobachtet werden konnten. Balthasar Neumann, der geniale Architekt der Würzburger Residenz, kreierte mit dem prunkvollen Treppenhaus im Mittelflügel das elegante Herzstück, ein Raumkunstwerk aus Marmor und Stuck, dessen Deckenfresko »Großmut und Großherzigkeit des Clemens August« der lombardische Maler Carlo Carlone schuf. Zahlreiche weitere Gemälde im Schloss sind Werke des Münchner Hofmalers George Desmarées.

Der barocke Schlosspark wurde nach französischem Vorbild geometrisch mit ornamentalen Parterres, seitlichen Gehölzen und Fontänen von dem Gartenarchitekten Dominique Girard angelegt, der auch die barocken Gärten der Münchner Schlösser Nymphenburg und Schleißheim sowie den Belvedere-Garten in Wien gestaltete. Nachdem er im 19. Jahrhundert in einen englischen Landschaftsgarten umgewandelt worden war, ist er heute wieder sorgfältig rekonstruiert und ein Musterbeispiel barocker Gartenkunst.

STELL- UND CAMPINGPLÄTZE

CAMPINGPLATZ HEIDER BERGSEE

Heider Bergsee, 50321 Brühl, heiderbergsee.de, GPS: 50.829280, 6.877434. Am Stadtrand gelegener Platz mitten im Grünen und am See. Voll ausgestattet, mit dem Rad gelangt man zu den Schlössern.

TOP ★ ERLEBNISSE

★ GROSSE RUNDE

Nur für sportlich Ambitionierte geeignet, dafür vermittelt die Tour einen guten Querschnitt durchs Rheinland vom feinen Brühl mit den beiden Schlössern und dem nicht immer ganz so feinen Kölner Süden: Die knapp 50 Kilometer lange Radstrecke führt zunächst immer am Rhein entlang, der sich entlang der »Sürther Riviera« ganz mondän zeigt, erreicht dann Brühl und tritt den Rückweg über Hürth und den Decksteiner Weiher an.

★ GROSSER MEISTER

Das Museum des großen Dadaisten und Surrealisten ist beinahe auch ein Schloss: Im Innenhof des dreiflügeligen Brühler Pavillons aus dem Klassizismus steht der gläserne Pavillon mit seinem »schwebenden« Eingangsplateau. Nicht weit entfernt liegt Max Ernsts Geburtshaus in der Schlossstraße. Die Sammlung des Museums Max Ernst umfasst Werke aus 70 Schaffensjahren, aber auch Geschenke an seine letzte Frau Dorothea Tanning und über 700 Fotografien.

Weitere Informationen
tourismus.bruehl.de

67 NATIONALPARK EIFEL

Als einer der jüngsten deutschen Nationalparks befindet sich das 10 700 Hektar große Gebiet noch in der Entwicklungsphase – hin zu einer Landschaft, in der die Natur sich selbst überlassen bleibt. Schon nach 15 Jahren regt sich in der neu entstandenden Wildnis jede Menge neues Leben.

TOP ★ FIVE

★ Rotwein erwandern
Der Spätburgunder liebt die Ahr südlich der Eifel– ein Rotweinwanderweg führt mitten durchs Anbaugebiet.

★ Sterne sehen
Je geringer die Lichtverschmutzung, desto heller die Sterne: Im Nationalpark lässt sich in klaren Nächten die Milchstraße erblicken.

★ Natur erklären
Die Eifel ist die Heimat des Baumpredigers Peter Wohlleben. In Wershofen unterhält er seine Waldakademie und bietet Kurse an.

★ Glas machen
Die Glasbläserei hat eine lange Tradition in Monschau: Wie die heiße Masse aus Sand, Pottasche und Kalk Form gewinnt, zeigt die Glashütte.

★ Übersicht haben
Einen guten Blick auf die Gemünder Eichenwälder gibt der Feuerwachturm Wolfgarten.

Weit im Westen von Nordrhein-Westfalen macht sich ein grüner Flecken auf der Landkarte breit: der waldreiche, hügelige Nationalpark Eifel mit seinen Buchen-Mischwäldern, mit den großen Wasserflächen von Rurtalsperre und Urftstausee und dem offenen Grasland der Dreiborner Hochfläche. Längst gehorcht die Natur hier wieder ihren eigenen Gesetzen und erfüllt damit die Leitlinien der Weltnaturschutzorganisation IUCN: Sie gibt als Ziel vor, dass 30 Jahre nach der Gründung drei Viertel des Parks vollkommen naturbelassen sind. Im Jahr 2034 soll der Wald dann 87 Prozent der Fläche einnehmen – das ist umso bemerkenswerter, als dass im Holz- und Braunkohlerevier Eifel noch um 1820 kaum ein Baum stand. Der angestrebte Wildwuchs geht aber nicht zu Lasten der Besucherfreundlichkeit: ein 240 Kilometer langes Wandernetz zieht sich durch den Nationalpark; darunter finden sich auch barrierefreie Wege.

1 Hürtgenwald Im nördlichen Teil haben Kalden-, Schlie- und Odenbach ihre Täler ins Gestein geschnitten. Eine schöne Wanderung führt durch den heute vollkommen friedlichen Wald, an dessen Südhängen Traubeneichen wurzeln – 1944 fand hier die »Allerseelenschlacht« statt, eine der verlustreichsten für die amerikanischen GIs.

2 Kermeter Das ökologische Herzstück des Nationalparks, in dessen kühleren Bereichen die Buchen einen Hallenwald bilden. An den südlichen Hängen wachsen Eichen, deren dunkelgrünes Laub im Sommer einen schönen Kontrast zum gelb blühenden Wachtelweizen bildet.

3 Aussichtspunkt Hirschley Aus 512 Meter Höhe bietet sich ein schöner Blick auf die Rurtalsperre und die steilen Hänge des Nordufers.

4 Trappistenabtei Mariawald Zuerst war es nur eine Pietà in einem hohlen Baum, bald entstand eine Kapelle,

Am Rurstausee bei Heimbach geht der Tag zur Neige.

STELLPLÄTZE

CAMPING RURSEE

Seerandweg 26, 52152 Simmerath, camping-rursee.de, GPS: 50.618154, 6.376696. Einer von vielen Campingplätzen, die sich am Ufer oder zumindest in der Nähe des Rurseeufers befinden. Schöne Aussichtspunkte in der Nähe sowie Rad- und Wanderwege. Auch zu den Anlegern der Fahrgastschiffe ist es nicht weit.

EIFEL-WOHNMOBILPARK VOGELSANG

Vogelsang 40, 53937 Schleiden, eifel-wohnmobilpark-vogelsang.de, GPS: 50.579512, 6.444393. Mittendrin statt nur dabei heißt es hier auf alle Fälle. Zentraler geht die Lage im Nationalpark kaum. Gleich neben der Anlage Vogelsang mit wunderbaren Ausblicken und besten Ausgangsmöglichkeiten für Wanderungen über die Dreiborner Hochfläche und zur ehemaligen Siedlung Wollseifen. Ver- und Entsorgung vorhanden, aber Stromsäulen konnten wegen der Nationalparklage nicht errichtet werden.

dann eine Kirche und ab 1480 ein Kloster: Die Zisterzienser blieben mehr als 300 Jahre in Mariawald oberhalb von Heimbach. Später zogen wieder Mönche ein – bis das Trappistenkloster 2018 schloss. Die Pietà steht heute in der Pfarrkirche Heimbach.

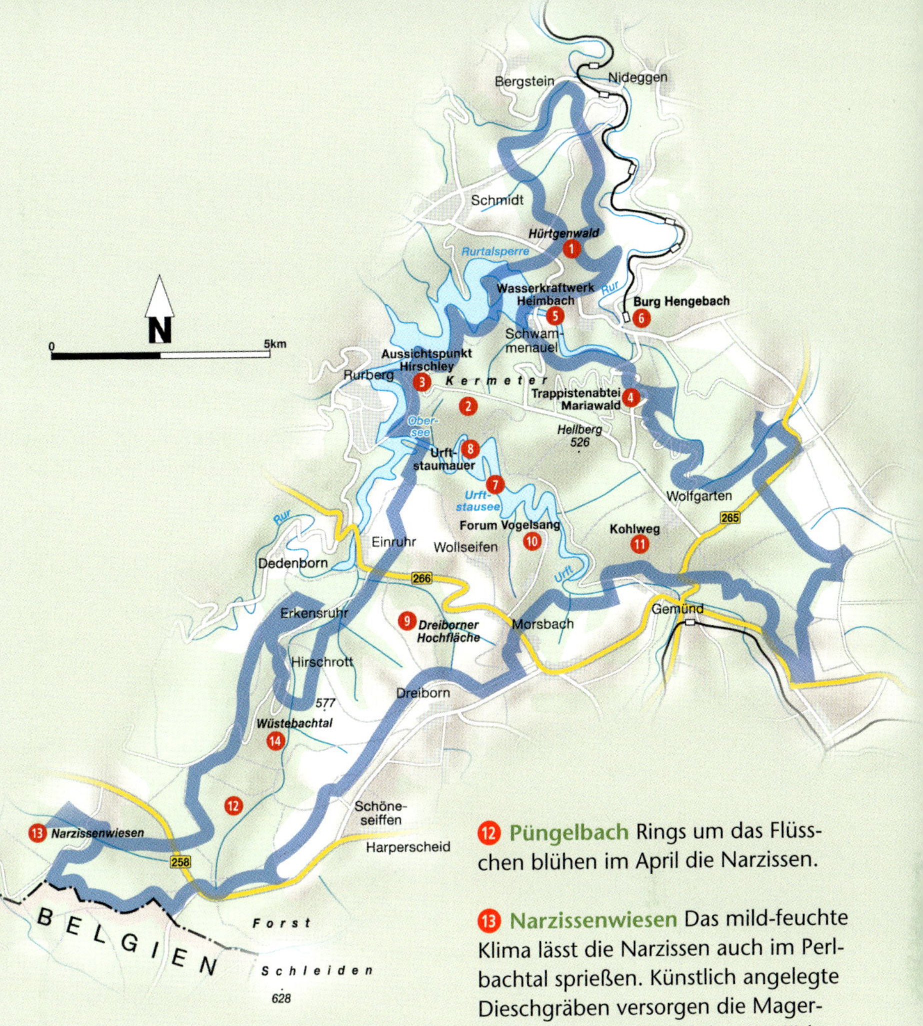

5 Wasserkraftwerk Heimbach Der Architekt Georg Frentzen setzte 1905 ein Kraftwerk in reinstem Jugendstil ans Staubecken am Ufer der Rur. Sein Wasser bezieht das Elektrizitätswerk über den Kemeterstollen aus der fast 70 Meter höher gelegenen Urfttalsperre. Nach wie vor in Betrieb, befindet sich heute ein Industriemuseum im komplett erhaltenen Jugendstilbau.

6 Burg Hengebach Mindestens so spannend wie die mittelalterliche Vergangenheit der Höhenburg ist die Geschichte ihrer Erhaltung im frühen 20. Jahrhundert. Ein Bürgerverein erwarb und sicherte die Burgruine, die erst 1972 wieder vollständig instand gesetzt wurde. Jedes Jahr im Juni findet hier das Kammermusikfest »Spannungen« statt.

7 Urftstausee Als eine von drei Talsperren im Nationalpark bunkert der aufgestaute See mehr als 45 Millionen Kubikmeter Wasser. In ihrem Verlauf fließt die Urft durch breite Sohlentäler mit Auen, Wäldern und Wiesen. Vielerorts zeigt sich der für die Eifel typische schwarze Schiefer.

8 Urftstaumauer Bei ihrem Bau 1905 war sie die größte Talsperre Europas mit einer 226 Meter langen und bis zu 50 Meter hohen Staumauer. Am Nordende gibt es ein Café mit schöner Aussicht. Vom Schiffsanleger fahren Elektroboote zu den Haltestellen Einruhr und Rurberg.

9 Dreiborner Hochfläche Vielen dürfte der Name »Truppenübungsplatz Vogelsang« vertrauter klingen: Bis 2005 probten hier Soldaten den Ernstfall. Nach der Schließung und Eingliederung in den Nationalpark offenbarte sich eine 33 Quadratkilometer große, einzigartige Graslandschaft, aus der das »Eifelgold«, der Ginster, gelb hervorleuchtet. Weil auf dem Gelände immer noch verborgene Munition liegen kann, gilt ein strenges Wegegebot.

10 Forum Vogelsang Noch eine zweite Bedeutung schwingt bei »Vogelsang« mit: Ab 1934 stand hier eine »Ordensburg« der Nationalsozialisten. Bis 1939 diente der Gebäudekomplex, der heute unter Denkmalschutz steht, als Schulungszentrum für den Führungsnachwuchs.

11 Kohlweg Vor dem Schutz des Waldes lag seine Ausbeutung als Holzkohlelieferant für die Eisenindustrie. Zur Erinnerung an diese etwa 600 Jahre währende Nutzung erinnert der Kohlweg von Gemünd zur Kohlweghütte.

12 Püngelbach Rings um das Flüsschen blühen im April die Narzissen.

13 Narzissenwiesen Das mild-feuchte Klima lässt die Narzissen auch im Perlbachtal sprießen. Künstlich angelegte Dieschgräben versorgen die Magerwiesen mit Wasser, auf denen Mädesüß und Bärwurz gedeihen.

14 Wüstebachtal Mehrere Schieferstollen sind heute mit einem Gitter versperrt, das die neuen Stollenbewohner schützen soll: Fledermäuse.

Anfahrt Auf der A4 Köln–Aachen bis Ausfahrt Düren, weiter über die B56 Richtung Zülpich, in Froitzheim rechts abbiegen nach Nideggen, dort weiter nach Schmidt. Die Bahn bedient die Stationen Gemünd und Heimbach.

Lage Der Nationalpark Eifel liegt zwischen Nideggen im Nordosten und der deutsch-belgischen Grenze im Südwesten, ca. 60 km südwestlich von Köln.

Größe 107 km^2

Höchste Erhebung Forst Schleiden (628 m)

Gründung 2004

Internet nationalpark-eifel.de

68 WEIN UND BURGEN – NATURPARK PFÄLZERWALD

Westlich der Weinstraße bietet der Pfälzerwald naturnahe Waldlandschaften

Im Zentrum der Pfalz erstreckt sich mit dem Pfälzerwald ein dünn besiedeltes Mittelgebirge aus rotem und ockerfarbenem Buntsandstein. Hier findet man bizarre Felsformationen, ein riesiges Waldgebiet mit Kiefern, Eichen und Buchen, romantische Burgen und im östlichen Hügelland ausgedehnte Weinbaugebiete im milden Klima der Weinstraße.

Zwischen Grünstadt im Norden und Landstuhl im Westen zieht sich der Naturpark Pfälzerwald links des Rheins Richtung Süden bis an die französische Grenze. Das knapp 1800 Quadratkilometer große Gebiet umfasst ein gutes Drittel der Pfalz und bildet zusammen mit den angrenzenden nördlichen Vogesen das deutsch-französische UNESCO-Biosphärenreservat Pfälzerwald-Nordvogesen.

Jakobsweg und Kuckucksbähnel

Die vielgestaltige Landschaft mit Wäldern, Flüssen, Mooren und markanten Felsen kann man auf einem viele Tausend Kilometer langen Wegenetz zu Fuß und mit dem Fahrrad wunderbar erkunden – und in den verschiedenen Regionen gibt es immer wieder Neues zu entdecken: nördlich von Hochspeyer sanft gewelltes Hügelland im nördlichen Pfälzerwald oder südlich davon im mittleren Pfälzerwald eine fast geschlossene Waldlandschaft, die sich bis zur Queich erstreckt. Am Ostrand bildet der rund 30 Kilometer lange Gebirgszug Haardt den Abschluss zum Hügelland der Weinstraße und zur Oberrheinischen Tiefebene. Hier ist das Klima so mild, dass nicht nur der Wein hervorragend gedeiht, sondern sogar Edelkastanien wachsen, die einst von den Römern in der Region eingeführt wurden. Den Südteil des Pfälzerwaldes schließlich bildet der felsenreiche Wasgau.

Unterhalb des Dahner Jungfernsprungs dampft der historische Zug der Bundenthaler-Bahn (unten). Das Hambacher Schloss ist eine Symbolstätte der deutschen Demokratie (rechts oben). In Neustadt an der Weinstraße dominiert der Weinbau die Landschaft (rechts unten).

Auf dem historischen Jakobsweg, der auf dieser Etappe von Speyer in das rund 150 Kilometer entfernte Kloster Hornbach führt, gelangt man von Neustadt an der Weinstraße über die Haardt nach Lambrecht. In dem über 1000 Jahre alten Städtchen lohnt die Klosterkirche St. Lambrecht mit den gotischen Malereien einen Besuch und eine Fahrt mit dem Kuckucksbähnel. Der nostalgische Museumszug dampft durch das Elmsteiner Tal unterhalb der Burgruinen Breitenstein, Spangenberg und Erfenstein in das Örtchen Elmstein, über dessen Fachwerkhäusern die Ruine der mittelalterlichen Burg Elmstein aufragt.

Schuhe beim Felsenland

Südwestlich von Elmstein bietet das Gräfensteiner Land mit seinen Wäldern und Wiesen ein Dorado für Naturfreunde – und mit der Felsenburg Gräfenstein bei Merzalben eine imposante Burgruine. Nicht weit entfernt liegt Pirmasens am Westrand des Pfälzerwalds. In der ehemaligen Schuhmetropole kann man Stadtluft schnuppern, ein Schuhmuseum besuchen oder im unterhaltsamen Science Center Dynamikum unter die Forscher gehen. In Niedersimten erinnert in den tiefen, kalten Gängen der Festungsanlage Gerstfeldhöhe das Westwall-Museum an die Schrecken des Zweiten Weltkriegs. Östlich von Pirmasens gehört zur Burgruine Lemberg ein Informationszentrum über die deutschen und französischen Burgen der Region und bietet eine Burgschänke Stärkung für weitere Herausforderungen – Sportkletterer mögen sich danach vielleicht im nahen Dahn am 70 Meter hohen Jungfernsprung probieren. Der markante Buntsandsteinfelsen gehört zum Klettergebiet Südpfalz, das fast den gesamten Wasgau umfasst, und ist neben dem Teufelstisch eine der spektakulärsten Felsformationen im Dahner Felsenland. Hier bietet zudem die Dahner Burgengruppe mit den Burgen Altdahn, Grafendahn und Tanstein reichlich Pfälzerwaldromantik und man kann im Biosphärenhaus in Fischbach auf einem abenteuerlichen Baumwipfelpfad den Wald aus der Vogelperspektive erleben. Einen traumhaften Blick über die waldigen Kuppen des Pfälzerwaldes bietet aber auch bei Annweiler die Reichsburg Trifels aus dem 12. Jahrhundert. Die heutige Anlage ist zwar weitgehend eine eher freie Rekonstruktion der Neuzeit, aber dennoch beeindruckend – und wahrlich legendär: 1193 saß hier Richard Löwenherz als Gefangener ein, und glaubt man der mittelalterlichen Blondelsage, fand ihn sein ergebener Troubadour Blondel, weil er den Gesang des englischen Königs aus dem Kerker hörte.

STELL- UND CAMPINGPLÄTZE

CAMPINGPLATZ WAPPENSCHMIEDE

Talstraße 60, 67487 St. Martin, campingplatz-wappenschmiede.de, GPS: 49.301109, 8.089977. Kleiner, uriger Campingplatz in einem Tal am Rande des Pfälzerwaldes. Wandermöglichkeiten zum Felsenmeer und zum Hambacher Schloss.

TOP ★ ERLEBNISSE

★ TEUFELSTISCH

Eine 14 Meter hohe Felsformation schuf die Natur hier und hinterließ dabei ein malerisches Gebilde, das als Teufelstisch bezeichnet wird. Wie ein fragiles Gerüst offenbart sich das Tischbein mit einer beängstigenden Tischplatte, die eines der beliebtesten Wanderziele im Pfälzerwald ist.

★ WEINBAUZENTRUM

Kiwis, Feigen, Mandelbäume und Edelkastanien beweisen: Mitten im Weinanbaugebiet herrscht ein Klima, wie es eher nach Italien passt als in die Pfalz. Gut für Neustadt an der Weinstraße, an dessen sonnenverwöhnten Hängen die Trauben reifen. In seiner Altstadt künden die Giebelhäuser vom bürgerlichen Wohlstand, von den Hängen der Haardt grüßt das Hambacher Schloss, eine Wiege der deutschen Demokratie.

Weitere Informationen
pfaelzerwald.de/naturpark-pfaelzerwald

Die römische Porta Nigra ist das Wahrzeichen Triers (oben). Bei Kröv macht die Mosel eine Schleife (rechts unten). Der Hauptmarkt ist das Zentrum der Stadt (rechts oben).

69 HISTORIE MIT FLAIR – TRIER UND DAS MOSELTAL

Unvergleichliche Flusslandschaft

Dass bereits die Römer das Moseltal zu schätzen wussten, zeigen die großartigen Bauwerke, die sie in Trier hinterließen. Um 371 schrieb der Dichter Decimius Ausonius eine Hymne auf das liebliche Flusstal und rühmte seine »weintragenden Höhen, wo Bacchus schön duftenden Wein reifen lässt«. Eine Begeisterung, die Reisende aus aller Welt bis heute teilen.

Gleichgültig, ob man es per Schiff, per Auto oder auf Schusters Rappen erkundet: Das Moseltal ist aus jeder Perspektive schön. Den Römern, die Trier zu einer Residenzstadt ausbauten, folgten im Mittelalter die Ritter, die auf den Höhen zahlreiche Burgen wie die Burg Eltz und die Ehrenburg errichteten. Die Region ist Weinanbaugebiet und uraltes Kulturland. Die traditionsreichen Winzerorte entlang des Flusses sind für ihre Gastfreundschaft bekannt.

Römische Einrichtungen

Wie in keiner anderen deutschen Stadt ist in Trier das Erbe der Römer präsent. Nirgendwo sonst im Land finden sich so viele gut erhaltene römische Baudenkmäler auf so engem Raum. Die berühmte Porta Nigra, die Konstantinsbasilika, die Thermen und das Amphitheater bezeugen die immense Bedeutung, die die Stadt im Römischen Reich besaß. Trier, das für sich beansprucht, die älteste Stadt auf deutschem Boden zu sein, wurde vermutlich um 18/17 v. Chr. zur Zeit des Kaisers Augustus (reg. 30 v. Chr.–14 n. Chr.) gegründet. Die Ruinen römischer Freizeiteinrichtungen wie die heute durch einen Glasbau geschützten Thermen am Viehmarkt oder das Amphitheater belegen, dass Trier bereits gegen Ende des 1. Jahrhunderts eine blühende Stadt gewesen sein muss.

Die Porta Nigra, eines des besterhaltenen Stadttore der antiken Welt und das Wahr-

STELL- UND CAMPINGPLÄTZE

REISEMOBILPARK TREVIRIS

In den Moselauen, 54294 Trier, camping-treviris.com, GPS: 49.740090, 6.624938. Großer Stellplatz in Nachbarschaft zum Campingplatz. Beide erstrecken sich unmittelbar am Moselufer. Flussabwärts gelangt man auch zu Fuß schnell zur Römerbrücke und damit in die Altstadt Triers.

zeichen der Stadt, entstand vermutlich um 180 n. Chr. als Teil einer neuen Stadtbefestigung. Auch nach fast 2000 Jahren wirkt diese mächtige, 30 Meter hohe, 36 Meter breite und 21 Meter tiefe Doppeltoranlage beeindruckend und einschüchternd zugleich. Historiker vermuten, dass sie sichtbares Zeichen städtischen Wohlstands sein sollte. Die vermutlich gleichfalls im 2. Jahrhundert entstandenen Barbarathermen belegen diese These. Die zur Zeit ihrer Entstehung zweitgrößte Wellness-Oase des Römischen Reichs zeugt vom gewachsenen politischen Gewicht und der enormen Wirtschaftskraft der Stadt Augusta Treverorum, aus der später Trier hervorging.

In den Wirren der Spätantike stieg Trier sogar zu einem Zentrum der römischen Welt auf. Constantius Chlorus (reg. 293–306) regierte von hier aus den Westteil des Reichs. Unter seiner Ägide sind vermutlich die Kaiserthermen entstanden. Sein Sohn Konstantin der Große (272–337) ließ, bevor er die Alleinherrschaft über das Imperium an sich riss und die Kapitale kurzerhand nach Byzanz verlegte, in Trier eine riesige Palastaula mit Thronsaal errichten. Die Konstantinsbasilika, übrigens der größte erhaltene Einzelraum der antiken Welt, wird seit Mitte des 19. Jahrhunderts als Kirche genutzt und zählt heute zu den touristischen Hauptattraktionen der Stadt. Auch der romanische Dom, genau wie die Römerbauten Teil des UNESCO-Welterbes Trier, gehört zum Pflichtprogramm für alle Besucher. Er wurde ab dem frühen 4. Jahrhundert über einem römischen Palast errichtet und ist die älteste Bischofskirche Deutschlands.

Die Märchenburg Eltz

Bei Münstermaifeld ragt in einem Waldgebiet, auf einem Felssporn thronend, eine Burg wie aus dem Bilderbuch auf. Angesichts der vielen Aufbauten, Türmchen und Erker ist man fast versucht anzunehmen, dass sie eine Schöpfung des romantisierenden 19. Jahrhunderts ist. Tatsächlich aber ist die Burg Eltz schon mehr als 800 Jahre alt und seit 33 Generationen in Familienbesitz. Ihr romantischer Look rührt daher, dass sie über die Jahrhunderte von mehreren Linien der Familie Eltz bewohnt und auch gemeinschaftlich vererbt wurde. Da jede Linie über Generationen das Recht für sich in Anspruch nahm, sich ein eigenes Domizil auf dem Burggelände zu errichten, zeigt sich Burg Eltz heute als Wunderwerk miteinander verschachtelter Wohntürme. Sie befindet sich in Privatbesitz, kann aber besichtigt werden.

TOP ★ ERLEBNISSE

★ WANDERN AM ABGRUND

Ein Höhepunkt, der Todesangst heißt? Nicht ganz zu unrecht angesichts dieser Weinbaulage. Am Calmont-Klettersteig markiert die Bremmer Todesangst fast schon das Ende eines etwa drei Kilometer langen Weges, der sich entlang der steilsten Weinbauflanke Deutschlands schlängelt. Die Hänge am calidus mons, dem »warmen Berg«, steigen bis zu 70 Grad steil an auf mehr als 300 Meter Höhe. Unterwegs eröffnen sich herrliche Ausblicke auf die Moselschleife.

★ MOSELRADWEG

Flussaufwärts radelt man auf dem Moselradweg nicht nur nach Luxemburg, wo man einen kleinen Abstecher in das Nachbarland unternehmen kann, sondern auch zur Mündung der Saar. Warum also nicht gleich dort mal abbiegen und den Saarradweg kennenlernen?

★ GENIESSEN BEIM WINZER

Die Gerichte sind einfach, der gereichte Wein oft ein Genuss: Die Straußwirtschaften an der Mosel bringen oft auf einer sonnigen Terrasse oder im kühlen Gewölbekeller ihre eigenen Erzeugnisse direkt an die Kunden. Eine wichtige Bedingung: Sie dürfen nur vier Monate im Jahr geöffnet haben.

Weitere Informationen
trier.de

Im Kurfürstlichen Palais residierten bis 1794 die Trierer Erzbischöfe. Das im Renaissance- und Rokokostil erweiterte Schloss liegt unmittelbar neben der Konstantinsbasilika.

70 BETÖRENDE LORELEY – DAS MITTLERE RHEINTAL

Die Romantik lässt grüßen

Den Reiz des oberen Mittelrheintals zwischen Bingen und Koblenz entdeckten schon die Romantiker: Die Begeisterung von Friedrich Schlegel oder Clemens von Brentano, zahlreiche Reiseberichte und idealisierende Landschaftsbilder setzten eine erste Reisewelle in Gang. Seit dem Jahr 2002 steht der 67 Kilometer lange Rheinabschnitt mit seinen 40 Burgen auf der UNESCO-Welterbeliste.

Eine Schifffahrt auf dem Rhein steckt voller Überraschungen: Hinter Bingen auf dem linken und Rüdesheim am rechten Ufer tritt der Fluss in das Rheinische Schiefergebirge ein und windet sich durch ein enges Tal. Seit Römerzeiten wird an den steilen, sonnigen Hängen Weinbau betrieben. Hinter jeder Flussbiegung tauchen Burg- und Festungsruinen auf, die Wahrzeichen des Rheintals. Ab dem 11. Jahrhundert als Zollburgen errichtet, die den Schiffsverkehr auf dem Rhein überwachen sollten, bezeugen sie die Bedeutung des Flusses als Handelsweg. Beiderseits des Rheins haben sich schmucke Winzerorte entwickelt.

Legenden am Flusslauf

Nicht nur die Burgruinen in luftiger Höhe, auch die traditionsreichen Städte des Mittelrheintals hatten es den Romantikern zu Beginn des 19. Jahrhunderts angetan. Wo einst Maler ihre Skizzen anfertigten, zücken heute Touristen die Kameras und halten die romantischen Ecken und Ansichten im Bild fest. Gleich dort, wo der Rhein in das Rheinische Schiefergebirge eintritt, ragt bei Bingen auf einer Insel mitten im Fluss der Mäuseturm auf. Um diesen Turm, der von dem hartherzigen Mainzer Bischof Hatto II. (gest. 970) gebaut wurde, rankt sich eine Schauergeschichte: Weil er seine Kornkammern trotz einer Hun-

Das Mittelrheintal erkunden: vom Schloss Sayn (rechts oben) über die Loreley (rechts unten) bis Bacharach mit der Burg Stahleck (unten).

gersnot verschlossen hielt, soll Hatto hier gefangen gehalten und bei lebendigem Leib von Mäusen gefressen worden sein.
Einige Kilometer stromabwärts ist Bacharach der vielleicht romantischste Ort am Mittelrhein. Seine malerische Lage unterhalb der Burg Wahleck entzückte schon Victor Hugo, der Bacharach »eine der schönsten Städte der Welt« nannte. Bis heute ist der mittelalterliche Ortskern von einer begehbaren Mauer umgeben. Fachwerkbauten und die Ruine der gotischen Wernerkapelle oberhalb von Bacharach tragen zum romantischen Flair bei.
Das rechtsrheinische Städtchen Kaub bildet mit der über den Weinbergen aufragenden Burg Gutenfels die Kulisse für die gedrungene Burg Pfalzgrafenstein. Die Zollstation, die Ludwig der Bayer im 14. Jahrhundert auf einer Insel im Rhein errichten ließ, gilt bis heute als ein Symbol der Rheinromantik.

STELL- UND CAMPINGPLÄTZE

CAMPING LORELEYBLICK

An der Loreley 49-50, 56329 St. Goar, camping-loreleyblick.de, GPS: 50.141912, 7.722580. Gleich gegenüber vom Loreleyfelsen mit bestem Blick auf die Loreley. Allerdings auch unmittelbar neben der Bundesstraße und den Bahngleisen. Voll ausgestattet.

Südlich von Boppard, das den Beinamen »Nizza am Rhein« trägt, lenken die »Feindlichen Brüder«, zwei nebeneinanderliegende Ruinen, die Blicke auf sich. Die Burgen Sterrenberg und Liebenstein gehörten zwei Brüdern, die dieselbe Frau verehrten. Heinrich Heine (1797–1856) widmete der Liebesgeschichte mit tragischem Ausgang ein Gedicht in seinem Buch der Lieder.

Mythos Loreley

Eigentlich wirkt der 132 Meter hohe, nur spärlich bewachsene Schieferfelsen bei Rheinkilometer 555 aus der Nähe betrachtet gar nicht so überwältigend. Dennoch steht er im Ranking der touristischen Hauptattraktionen Deutschlands ganz weit oben. Die Geschichte von der schönen Tochter des Vaters Rhein, die auf der Loreley sitzend durch ihren sirenenhaften Gesang die Schiffer betört und vom Kurs abkommen lässt, hat ihn weltberühmt gemacht. Mittlerweile ist das »Märchen aus uralten Zeiten«, wie es in Heinrich Heines Gedicht Lied von der Loreley heißt, sogar den asiatischen Touristen ein Begriff. Das Besucherzentrum auf dem Felsplateau erklärt, dass die Loreley ein bis heute von Schiffern gefürchteter Ort ist, dessen Gefährlichkeit mit den Strömungsverhältnissen im Fluss zusammenhängt. Die berüchtigten Riffe sind zwar beseitigt, der Rhein fließt hier aber, da er sich stark verengt, so schnell, dass es immer wieder zu Schiffsunglücken kommt.

TOP ★ ERLEBNISSE

★ TURNER-ROUTE

Er gilt als einer der Väter der Rheinromantik: William Turner. Der englische Maler bereiste mehrfach den Rhein und fand in den alten Burgen, den Hängen voller Rebstöcken und den wechselnden Lichtstimmungen ideale Motive – viele seiner Standorte lassen sich heute noch leicht ausmachen. Die William-Turner-Route zeichnet den Weg des Romantikers anhand von 26 Bronzeplatten nach – noch ist der von einer fantastischen Internetaufbereitung begleitete Prozess im Gang; eine Ergänzung zum rechtsrheinischen Rheinsteig und dem Rheinburgenwanderweg zwischen Bingen und Remagen-Rolandseck.

★ RHEINSCHIFFFAHRT

Das Mittelrheintal ist eine der beliebtesten Regionen für eine Flusskreuzfahrt in Deutschland. Kein Wunder, nirgendwo anders kann man auf so kurzer Distanz so viele Burgen und Schlösser auf ganz bequeme Art von außen besichtigen. Statt einer mehrtägigen Kreuzfahrt kann man aber natürlich auch eine mehrstündige Fahrt auf einem Ausflugsschiff wählen.

Weitere Informationen
welterbe-oberes-mittelrheintal.de

Jugendstilmosaik in der Künstlerkolonie auf der Mathildenhöhe (oben). Dort sieht man unter der Kuppel an der Ausstellungshalle zur russischen Kapelle mit den Zwiebeltürmen (rechts).

71 REIZVOLLE ZWISCHENLAGE – DARMSTADT

Die ehemalige hessische Residenzstadt liegt an Bergstraße und Odenwald

Von Darmstadt verläuft seit der Römerzeit am Westrand des Odenwaldes die Bergstraße. »Bergstraße« heißt aber auch die liebliche Landschaft zwischen Darmstadt und Heidelberg, die durch den Odenwald vor kalten Ostwinden geschützt ist und deshalb ein besonders mildes Klima besitzt. Zwischen romantischen Burgen und Fachwerkstädtchen gedeihen hier Wein, Mandelbäume und sogar Südfrüchte.

Wo sich heute Darmstadt erstreckt, siedelten vor rund 6000 Jahren Menschen. Zudem begann an der Westkante des Odenwalds oberhalb der Rheinebene eine Art natürliche Trasse, die seit Menschengedenken als Weg entlang des großen Stroms genutzt wurde.

Die kleine fränkische Siedlung Darmstadt, die möglicherweise schon im 8. Jahrhundert bestand, erhielt 1330 die Stadtrechte und erlebte in der Folge einen wirtschaftlichen Aufschwung, weil sie am nördlichen Ende dieser uralten Verbindung Richtung Süden lag. Seine Lage an der Bergstraße war sozusagen der unique selling point des bäuerlichen Marktortes, der darüber hinaus den Schutz einer Wasserburg der Grafen Katzenelnbogen genoss.

Im 16. Jahrhundert stieg Darmstadt zur Residenzstadt der Landgrafen bzw. ab 1805 der Großherzöge von Hessen-Darmstadt auf. Die alte Wasserburg am historischen Marktplatz, die die Katzenelnbogen bereits zu einem Schloss ausgebaut hatten, wurde nun in eine prächtige Residenz zuerst im Stil der Renaissance umgestaltet und dann aufwendig barock erweitert. Heute haben im Schloss Universitätsinstitute und Bibliotheken ihren Sitz. Wie nobel der Hochadel hier rund 400 Jahre lang lebte, zeigen die Möbel und Kunstwerke im Schlossmuseum.

Auf dem benachbarten Luisenplatz wurde das Kollegiengebäude 1780 als Ministeriumssitz erbaut. Heute beherbergt es das Regierungspräsidium. Der »Lange Ludwig«, wie

HABE EHRFVRCHT VOR DEM ALTEN
VND MVT DAS NEVE FRISCH

ihn die Darmstädter nennen, in der Mitte des Platzes ist ein überdimensioniertes Denkmal zu Ehren des Großherzogs Ludewig I. Unter seiner Herrschaft wurde 1820 die erste hessische Verfassung erlassen, die jedoch den Bürgern kaum ein Mitspracherecht zugestand. Im Inneren des Monuments kann man über 172 Stufen zu einer Aussichtsplattform hinaufsteigen und dort den Blick über die Stadt genießen.

Jugendstil auf der Mathildenhöhe

Am Wissenschafts- und Konferenzzentrum darmstadtium vorbei führt der Weg vom Schloss hinauf zur Mathildenhöhe, wo der Hochzeitsturm des Jugendstilarchitekten Joseph Maria Olbrich aufragt und gleich daneben die goldenen Dächer der russischen Kirche in der Sonne glitzern. Zusammen mit dem Platanenhain und den Jugendstilhäusern der Künstlerkolonie ist die Mathildenhöhe ein städtebauliches Gesamtkunstwerk. Von 1899 bis zum Beginn des Ersten Weltkrieges wirkten hier oben Joseph Maria Olbrich, Peter Behrens, Bernhard Hoetger und rund 20 weitere Künstler, die mit ihren Arbeiten und Ausstellungen Impulse zur Entwicklung der Moderne setzten. Mit ihren Häusern, Einrichtungen, Möbeln, Gärten und Kunstwerken ist die Mathildenhöhe ein bedeutendes Beispiel für künstlerisch-experimentelles Schaffen im Geist der internationalen Reformbewegung des frühen 20. Jahrhunderts, 2021 wurde die Künstlerkolonie Mathildenhöhe zum Weltkulturerbe der UNESCO geadelt.

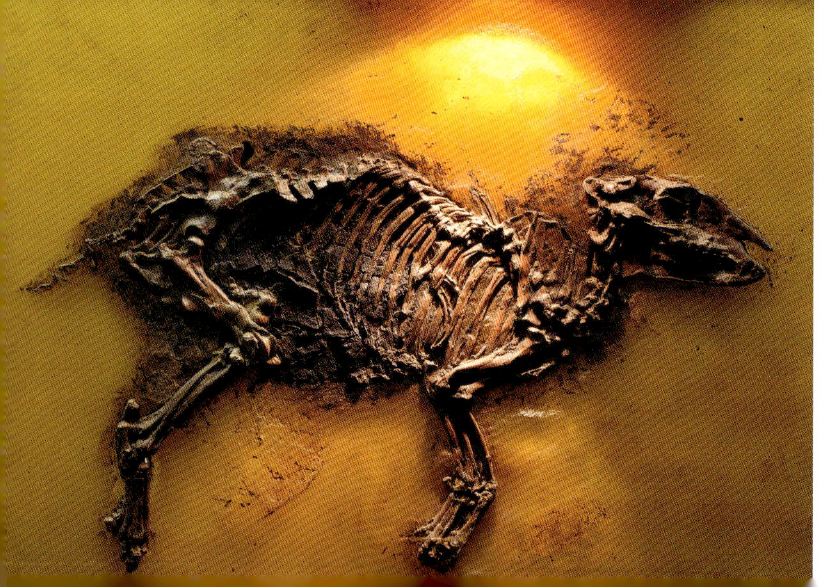

Moderne Architektur zeigt das Kongresszentrum in der Innenstadt (oben), rund 47 Millionen Jahre alt ist das etwa hundegroße Urpferdchen aus der Grube Messel (unten). Um Heppenheims Marktplatz scharen sich Fachwerkhäuser aus dem 17. und 18. Jahrhundert (rechts oben). Mehr als 1000 Jahre alt ist das Torhaus von Kloster Lorsch (rechts unten).

In den Odenwald

Unterhalb des Parks Rosenhöhe, in dem im Sommer mehr als 10 000 Rosen blühen, beginnt in nächster Nähe zum 200 Jahre alten Botanischen Garten noch auf Darmstädter Stadtgebiet der Odenwald. In der sanft gewellten Mittelgebirgslandschaft spuckten vor Hunderten Millionen Jahren Vulkane, plätscherte vor 250 Millionen Jahren das Zechsteinmeer, bauten die Römer Kastelle und Villen und findet man heute inmitten von Wäldern, Feldern und Wiesen mittelalterliche Burgen und malerische Fachwerkstädtchen.

Zu den ältesten Siedlungen im inneren Odenwald gehört das Städtchen Michelstadt, das mit einem schönen gotischen Rathaus und einer Apotheke aufwartet, die möglicherweise schon im 16. Jahrhundert gegründet wurde. Michelstadts Existenz ist bis zurück zum Jahr 741 belegt, die Geschichte des Ortes beginnt als fränkisches Gut mit einer Burg. Im 9. Jahrhundert schenkte Ludwig der Fromme das Gebiet der »Mark Michlinstadt« dem

Gelehrten Einhard, der zu den führenden Köpfen der karolingischen Renaissance zählte. Einhard ließ im heutigen Ortsteil Steinbach die Einhardsbasilika erbauen, die als eine der wenigen Kirchen in Deutschland noch einen großen Teil der originalen karolingischen Bausubstanz besitzt. Das stimmungsvolle Bauwerk ging zusammen mit den Ländereien nach Einhards Tod in den Besitz des Klosters Lorsch über.

Blüten und Burgen

Von Darmstadts Zentrum führt der Weg nach Süden zur Bergstraße. Abseits der Straße kann man hier auf dem »Burgenweg« von Darmstadts Jagdschloss Kranichstein mit Blick über die Rheinebene von Burg zu Burg bis zum Heidelberger Schloss wandern. Der »Blütenweg«, der sich durch eine farbenfrohe Gartenwelt windet, ist besonders reizvoll zur Mandelblüte im März, wenn im Rest der Republik der Frühling noch auf sich warten lässt. Ein Höhepunkt sind der Schlosspark und der anschließende Exotenwald von Weinheim mit riesigen Rhododendren, einer 300 Jahre alten Libanonzeder und turmhohen Mammutbäumen.

In der Region entdeckt man hübsche Städtchen mit malerischen Fachwerkhäusern. Besonders geschlossen sind die historischen Zentren von Heppenheim und Ladenburg, das als einstiges römisches Lopodunum zudem antike Ausgrabungen zu bieten hat. Nach Bensheim, in dessen Altstadt mit dem 1395 erbauten Walderdorffer Hof das älteste erhaltene Fachwerkhaus Südhessens steht, wartet Lorsch mit den faszinierenden Relikten einer karolingischen Benediktinerabtei aus dem 8. Jahrhundert auf. Diese gehörte im 13. Jahrhundert zu den reichsten Klöstern des Landes und wurde 1564 aufgehoben. Das einzig vollständig erhaltene Bauwerk der Anlage ist die Torhalle aus der Zeit der karolingischen Renaissance im 9. Jahrhundert, deren Zauber man sich kaum entziehen kann. Sie gehört zusammen mit den Ruinen und archäologischen Relikten der Klosteranlage zum UNESCO-Welterbe. Der Klostergarten auf dem Gelände des uralten Komplexes wurde nach dem Lorscher Arzneibuch angelegt, der ältesten bekannten medizinisch-pharmazeutischen Handschrift aus dem deutschen Raum.

STELL- UND CAMPINGPLÄTZE

CAMPINGPLATZ AM STEINRODSEE

Triftweg 33, 64331 Weiterstadt, camping-steinrodsee.de (GPS: 49.942833, 8.604626). Weit außerhalb der Stadt, dafür aber mitten in einem Erholungsgebiet inklusive Seezugang. Komplett ausgestattet. Mit dem Rad ist Darmstadt gut erreichbar.

TOP ★ ERLEBNISSE

★ FOSSILE SCHÄTZE

Deutschlands erste Weltnaturerbestätte ist eine einmalige Fundgrube: Über ein schmales Bohrloch kommt hier ans Tageslicht, was 47 Millionen Jahre im Ölschiefer geschlummert hat: Urpferdchen, Beuteltiere und Halbaffen, aber auch Krokodile und Schlangen. Sie alle sind einst auf den sauerstoffarmen Grund eines tropischen Maarsees gesunken, den spätere Ablagerungen wie einen Tresor verschlossen. Die Austellung »Zeit und Messel Welten« informiert über die urzeitlichen Vorgänge, die Grabungstechnik und den Weg zum Weltnaturerbe 1995.

★ FELSENMEER

Eine Wanderung zum Felsenmeer sollte man sich nicht entgehen lassen, wenn man im Odenwald unterwegs ist. Die Tour verläuft am Highlight deutlich im Auf und Ab und führt dabei teilweise über die vielen Steine und Felsen, die das sogenannte Felsenmeer bilden.

Weitere Informationen
darmstadt.de,
tourismus-odenwald.de,
grube-messel.de

72 AUF DEM 50. BREITENGRAD – MAINZ

Gutenbergs Geburtsstadt erlebte ihre Glanzzeit im Mittelalter

Die Landeshauptstadt von Rheinland-Pfalz liegt exakt auf dem 50. Grad nördlicher Breite und am Rheinkilometer 500 auf halbem Weg zwischen Bodensee und Nordsee. Die Geschichte der strategisch gelegenen Stadt reicht 2000 Jahre bis in römische Zeit zurück. Heute lockt Mainz mit seinem Dom, exzellenten Museen und Weingemütlichkeit.

In Mainz sitzt das ZDF und erheitert alljährlich die Fernsehnation mit seiner Mainzer Fastnachtssitzung – selbstverständlich gibt es in der Hochburg der rheinischen Fastnacht auch ein Fastnachtsmuseum, in dem man Orden, Narrenkappen, Garde-Uniformen, Kostüme und vieles mehr bewundern kann. Die Geschichte der »Määnzer Fassenacht«, die, wie das Museum erzählt, »seit 1837 in organisierter Form« gefeiert wird, reicht jedoch lange nicht so weit zurück wie die der Stadt selbst.

Römisches Mogontiacum

Die Keimzelle der Stadt am linken Rheinufer war das Legionslager Mogontiacum, das 13/12 v. Chr. gegenüber der Mainmündung auf einer Anhöhe über dem Rhein gegründet wurde und Ende des 1. Jahrhunderts n. Chr. zur Hauptstadt der römischen Provinz Germania superior aufstieg. Relikte jener Zeit sind z. B. die Überreste des römischen Aquädukts im Zahlbachtal, die in Mainz einfach »Römersteine« heißen, oder das Theater aus dem 2. Jahrhundert neben dem Bahnhof Römisches Theater. Rund 10 000 Menschen fanden in diesem größten römischen Bühnentheater nördlich der Alpen Platz. Die beeindruckende Große Jupitersäule wurde im 1. Jahrhundert zu Ehren des Gottes Jupiter aufgestellt, eine Nachbildung der reich skulptierten Säule steht heute vor dem Landtag, die Originalrelikte hütet das Landesmuseum. Herausragende Objekte nicht nur aus römischer Zeit präsentiert zudem das Römisch-Germanische Zentralmuseum im

Ein Ausflugsdampfer fährt auf dem Rhein am Dom und dem Rathaus vorbei (unten). Der Mainzer Markt ist das lebenssprühende Zentrum der Stadt (rechts oben). In der Abenddämmerung macht man es sich in der Altstadt bei einem Wein gemütlich (rechts unten).

Kurfürstenschloss am Rheinufer, im dazugehörigen Museum für Antike Schiffahrt sind spektakuläre antike Schiffe zu sehen.

Aurea Moguntia

Die römischen Legionen verließen Mogontiacum um die Mitte des 4. Jahrhunderts; zu jener Zeit lebten in der Siedlung nachweislich bereits Christen. Gut 100 Jahre später gehörte Mogontiacum zum fränkischen Reich und erlebte einen steilen Aufstieg als Handelsplatz. Historische Bedeutung erlangte dieser im 8. Jahrhundert, als der heilige Bonifatius, der »Apostel der Deutschen«, um 745 Bischof von Mainz wurde und von hier aus auf Missionsreisen ging. Unter seinem Nachfolger Lullus wurde Mainz Erzbistum und im 10. Jahrhundert hatte sich die nunmehrige Aurea Moguntia zur größten Kirchenprovinz nördlich der Alpen entwickelt. Symbol der Herrschaft und des Reichtums der Erzbischöfe, die zugleich als Kurfürsten von Kurmainz erhebliche weltliche Macht besaßen, ist der im 10. Jahrhundert gegründete kaiserliche Dom St. Martin, der seit über 1000 Jahren als gewaltiges »Domgebirge« aus rotem Sandstein das Stadtbild prägt. Die beeindruckende romanische Kirche war Krönungsort von Königen und hütet im Inneren Kunstschätze.

Freie Stadt Mainz

Seine Glanzzeit erlebte Mainz ab 1244, nachdem es von Erzbischof Siegfried III. von Eppstein umfassende Rechte erhalten hatte und damit von der bischöflichen Herrschaft befreit war. Die nunmehr Freie Stadt wurde von den Bürgern weitgehend selbst verwaltet; unter dem militärischen Schutz des Rheinischen Städtebundes florierte der Handel. Auch die jüdische Gemeinde, die als eine der ältesten in Europa seit dem 10. Jahrhundert in Mainz belegt ist, prosperierte wieder, nachdem sie 1096 während der Kreuzzüge in einem Massaker fast ganz ausgelöscht worden war. Die große Blüte endete im 15. Jahrhundert. 1435 wurden die Juden für weit über 100 Jahre vertrieben, 1462 verlor Mainz seinen Status als Freie Stadt und als Kurfürstliche Residenzstadt an Bedeutung. Doch gerade in dieser Zeit des Niedergangs wurde hier Weltgeschichte geschrieben: 1450 erfand Johannes Gutenberg in Mainz den Buchdruck mit beweglichen Lettern. Dem Sohn der Stadt ist ein sehenswertes Museum gewidmet und Studierende der nach ihm benannten Universität sorgen seit 1477 dafür, dass die alte Stadt jung bleibt.

STELL- UND CAMPINGPLÄTZE

CAMPINGPLATZ MAARAUE

Maaraue 48, 55246 Wiesbaden, campingplatz-maaraue.de, GPS: 50.002284, 8.285475. In der Nähe der Mainmündung, gegenüber der Mainzer Innenstadt, die über eine Brücke gut erreichbar ist. Komplett ausgestatteter Campingplatz in ruhiger Lage am Fluss.

TOP ★ ERLEBNISSE

★ RHEINSCHIFFFAHRT

Auch hier gilt natürlich, dass man den Rhein am besten bei einer Schiffstour kennenlernt. Ausflüge nach Wiesbaden und Bingen sind eine wunderbare Möglichkeit hierfür.

★ GROSSE TROPFEN

Die Römer erkannten bereits den Standortvorteil im milden Rheintal und setzten die ersten Reben rund um Mainz – seitdem sind in Rheinhessen 26 600 Hektar Rebfläche hinzugekommen, das ist Rekord unter den deutschen Weinbaugebieten. Der Wein fließt also durchs Stadtleben und die Mainzer Blutbahnen, gespeist durch Veranstaltungen wie das Marktfrühstück jeden Samstag, den Weinmarathon im April (42 Gläschen auf 500 Meter) oder den Ausschank der Mainzer Winzer am Obertor.

Weitere Informationen
mainz-tourismus.de

Vorne der Brückenturm der Nibelungen-Rheinbrücke, im Hintergrund der Dom St. Peter (oben) und dessen sehenswerter Altar (rechts unten). Aus dem 11. Jahrhundert stammt der älteste erhaltene jüdische Friedhof Europas (rechts oben).

73 KRIEMHILDS HEIMAT – NIBELUNGENSTADT WORMS

In der Stadt am Rhein spielt das Nibelungenlied eine bedeutende Rolle

Worms besteht seit rund 2000 Jahren und als eine der ältesten Städte Deutschlands blickt es auf eine bewegte Vergangenheit zurück. Geschichte wurde hier unter anderem auf dem Reichstag von 1521 geschrieben, als Kaiser Karl V. über Martin Luther die Reichsacht verhängte. In der Literatur ist Worms als eine Stadt des Nibelungenlieds verewigt.

Auf Wormser Stadtgebiet siedelten schon vor rund 7000 Jahren Bauern, wurden rund 4000 Jahre alte Gräber aus der Bronzezeit gefunden, stand um die Zeitenwende ein römisches Militärlager und lebten in der Siedlung Borbetomagus wohl germanische Vangionen. Aus der Civitas vangionum erwuchs eine Stadt namens »Worms«, die im Mittelalter ihre wirtschaftliche Blüte erlangte. Worms war eines der Machtzentren unter Karl dem Großen im 9. Jahrhundert, danach residierten hier die salischen Herzöge und staufische Herrscher hielten Hof. Worms hat eine faszinierende Geschichte zu bieten, die Fantasie von Generationen beflügelt es jedoch bis heute als literarischen Schauplatz: »Uns ist in alten mæren / wunders vil geseit, von helden lobebæren / von grôzer arebeit ...« beginnt die erste der 2400 Strophen des mittelalterlichen Nibelungenliedes, das seit 2008 zum UNESCO-Welterbe gehört. Seinen Anfang nimmt es im Burgundenreich, das im 5. Jahrhundert am Rhein existierte. Aventüre für Aventüre erzählt es von der Königstochter Kriemhild aus Worms, um die Siegfried aus Xanten erfolgreich wirbt. Für den Königssohn und (fast) unverwundbaren Drachentöter endet die Liebesgeschichte tödlich und der Nibelungenschatz landet auf dem Grund des Rheins, wo er noch heute gesucht wird.

STELL- UND CAMPINGPLÄTZE

WOHNMOBILSTELLPLATZ WORMS

Kastanienallee, 67547 Worms, GPS: 49.634546, 8.375336. Einfacher Stellplatz in einem Gewerbegebiet und neben einem Kirmesplatz. Strom vorhanden, die Ver- und Entsorgungsstation ist etwas entfernt.

Auf den Spuren des Nibelungenlieds

Das wahre »Nibelungengefühl« bekommt man schon, wenn man nach Worms auf der Nibelungenstraße über den Rhein durch das Tor im Nibelungenturm einfährt und sich vom Blick auf die Domtürme angemessen beeindrucken lässt. Die Nibelungen sind in Worms überall präsent. Gleich an der Uferpromenade wirft ein schlecht gelaunter Hagen aus Bronze den Nibelungenschatz in den Rhein und an der nahen staufischen Stadtmauer schuf der Wormser Künstler Eichfelder auf dem Torturmplatz Siegfrieds Grab nach dem Vorbild eines prähistorischen Hügelgrabs. Durch das »Fischerpförtchen« in der Mauer soll übrigens im Jahr 1521 Martin Luther gehuscht sein, kurz bevor das Wormser Edikt die Reichsacht über den von diesem Zeitpunkt an Vogelfreien verhängte. Heute darf sich der Reformator in Worms groß präsentieren und kommt auf dem Lutherplatz zu damals ungeahnten Ehren. Das dortige Lutherdenkmal ist nämlich das größte Reformationsdenkmal der Welt.

Neben dem Torturmplatz geht das Nibelungenmuseum dem Mythos auf den Grund, den man sich im »Hörturm« des Gebäudes erzählen lassen kann. Dort oben hat man zudem einen schönen Blick über die Stadt und auf den Marktplatz. Dort hält ein entspannter Siegfried als Brunnenfigur den Schwanz des toten Drachen in der Hand, zeigt an der Stadtbibliothek ein Relief den Einzug Siegfrieds in Worms und spielt an der Mauer Volker von Alzey ein Lied.

»Vor dem münster wît«

Am Dom St. Peter bricht »vor dem münster wît« zwischen Kriemhild und Brünhild ein Streit aus, mit dem das Drama bekanntermaßen seinen Lauf nimmt. Der heutige Dom entstand jedoch erst lange nach diesem literarisch verewigten Zank auf dem ehemaligen römischen Forum der Stadt. Im frühen 7. Jahrhundert errichteten Brunichild, Witwe des fränkischen Königs Sigibert I., und ihr Nachfolger Dagobert I. dort eine Kirche, so heißt es zumindest in der Überlieferung. Das mag sehr legendär klingen, allerdings besaß Worms sicher schon 614 einen Bischof und eine Hauptkirche. Der heutige spätromanische Dom wurde im 12. Jahrhundert erbaut und ist neben den Bischofskirchen in Speyer und Mainz der dritte der drei rheinischen Kaiserdome. Die »Krone der Stadt« schmücken ein filigraner barocker Hochaltar von Balthasar Neumann von 1749 und ein reich geschnitztes Chorgestühl. Zu den mittelalterlichen Steinskulpturen gehört auch die Figur des Dombaumeisters, den gerade ein Affe beißen will.

TOP ★ ERLEBNISSE

★ RHEINTERRASSENWEG

Wer die unverwechselbare Rheinregion mit ihren historischen Städten und Dörfern näher erkunden will, der kann sich auf den rund 75 Kilometer langen RheinTerrassen-Weg begeben, der zwischen Worms und Mainz verläuft. Am schönsten ist er zur Zeit der Weinlese, wenn überall die Straußenwirtschaften öffnen und den legendären Federweißen und Zwiebelkuchen anbieten.

★ KULTURERBE WARMAISA

Zusammen mit Schpira (Speyer) und Magenza (Mainz) bildete Warmaisa (Worms) die jüdischen SchUM-Städte, bedeutende jüdische Gemeinden im Mittelalter. Während von der Synagoge von 1034 nur noch die Stiftungstafel erhalten ist, besteht der »Heilige Sand« als ältester jüdischer Friedhof bis heute. Das Raschitor, die rekonstruierte Synagoge von 1175 mit Mikwe und das jüdische Museum belegen das jüdische Erbe der Stadt.

Weitere Informationen
worms.de

74 BEIM GOLDENEN HUT – SPEYER

Die Domstadt bietet eine Zeitreise durch eine jahrtausendelange Geschichte

Auch in Speyer bewegt man sich auf uraltem Pflaster. Hier lockte das milde Klima bereits vor Jahrtausenden in das Gebiet der Stadt auf der rheinland-pfälzischen Seite des Oberrheins, der heute die Grenze zu Baden-Württemberg bildet. Bis zu seiner Regulierung im 19. Jahrhundert mäanderte der große Strom in zahllosen Schleifen und immer wieder neuen Variationen durch das Tal.

Einige Relikte, die man in und um Speyer auf den Terrassen oberhalb des Rheins fand, datieren bis in die Jungsteinzeit zurück. Aus der Bronzezeit stammt hingegen der »Goldene Hut von Schifferstadt«. Rund 3400 Jahre ist der reich punzierte Kegel aus Goldblech alt, der vermutlich als Zeremonialhut bei sakralen Kulten getragen wurde. Die Bedeutung seiner Ornamente gibt seit seiner Entdeckung im Jahr 1835 ein Rätsel auf, das bislang nicht geknackt werden konnte. Neuesten Forschungen zufolge könnten sie sogar eine Art Kalender darstellen. Damit böte der spektakuläre Fund noch eine weitere Sensation.

Kelten und Römer

Lange nach den Menschen, die einst den goldenen Hut mit größter Sorgfalt im Schifferstädter Boden vergruben, siedelten im 2. Jahrhundert v. Chr. Kelten auf Speyrer Territorium und um 10 v. Chr. gründeten hier die Römer einen Militärposten an der Rheintalstraße. Aus der Siedlung rund um die Kastelle, die bis zum Abzug der Soldaten 83 n. Chr. errichtet wurden, entwickelte sich die Stadt Speyer. Der Goldene Hut von Schifferstadt ist heute ein Höhepunkt in der Ausstellung des Historischen Museums der Pfalz in Speyer. Zu sehen sind hier prähistorische Artefakte sowie keltische und römische Relikte, die in

Am Ende der Maximilianstraße, der ehemaligen römischen Via Triumphalis, ragt der mächtige Mariendom auf (unten). Am anderen Ende der Straße steht das ehemalige Stadttor Altpörtel (rechts oben). Den Elwedritsche ist in Speyer ein eigenes Museum gewidmet (rechts unten).

der Pfalz gefunden wurden, der Domschatz, kulturhistorisch bedeutende Objekte der Neuzeit und ein Weinmuseum. Wer sich für die neuesten Funde interessiert und Archäologie hautnah erleben möchte, kann im »Archäologischen Schaufenster« in der Gilgenstraße die wechselnden Ausstellungen besuchen, dort in der »Gläsernen Werkstatt« bei der Arbeit des Restaurators zusehen und an einer rekonstruierten römischen Straßenfront wie durch Fenster in Glaskästen mit prähistorischen Fundstücken blicken.

Glaube und Macht

Ab dem 6. Jahrhundert gehörte Spira, wie es jetzt hieß, zum fränkischen Reich. Im 7. Jahrhundert wurde es zum Bischofssitz erhoben – bereits zum zweiten Mal in seiner Geschichte, denn einen Bischof hatte es hier schon im 4. Jahrhundert gegeben. Von nun an machte die Siedlung am Rhein Karriere: Die Karolinger bauten eine Königspfalz, Speyer wurde 1294 zur Freien Reichsstadt und bis 1570 fanden dort 50 Reichstage statt. Speyers wachsende Bedeutung zeigt sich auch durch die belegte Existenz einer jüdischen Gemeinde ab dem 11. Jahrhundert, die mit ihren weitreichenden Verbindungen bis in den Mittelmeerraum und nach Asien eine wirtschaftliche und geistige Elite bildete. Sie stand in enger Verbindung mit den jüdischen Gemeinden in Worms und Mainz, die neben Speyer zu den sogenannten SchUM-Städten gehörten. Im »Judenhof« ist bis heute eine Mikwe für das rituelle Bad aus dem 12. Jahrhundert erhalten, gleich nebenan widmet sich das Museum SchPIRA dem jüdischen Leben im Speyer jener Zeit.

Speyers Bedeutung zeigt sich jedoch am deutlichsten an seinem kaiserlichen Mariendom, dessen Bau um 1025 unter Konrad II. begann. Das größte Gotteshaus des christlichen Abendlandes sollte nach Wunsch des salischen Kaisers mit dieser Kirche errichtet werden, wollte er doch mit diesem Monumentalbau seinen religionspolitischen Machtanspruch gegenüber dem Papsttum demonstrieren. Entstanden ist eine atemberaubende Kirche der Superlative, die im Lauf der Jahrhunderte als Grablege salischer, staufischer und habsburgischer Herrscher diente. Allein deren Krypta bildet die größte romanische Säulenhalle Europas. Um die architektonische Wucht dieses größten romanischen Bauwerks der Welt zu erleben, nähert man sich ihm am besten vom Stadttor Altpörtel über die breite ehemalige Via Triumphalis, die heutige Maximilianstraße. .

STELL- UND CAMPINGPLÄTZE

WOHNMOBILSTELLPLATZ SPEYER

Am Technik Museum, 67346 Speyer, hotel-speyer.de, GPS: 49.311648, 8.450311. Ideal gelegener Stellplatz direkt neben dem Technikmuseum. In die Innenstadt und zum Dom ist es ebenfalls nicht weit. Der Platz gehört zum Hotel nebenan. Ruhige Lage und mit Strom sowie Ver- und Entsorgung.

TOP ★ ERLEBNISSE

★ WELTERBE-WEG

Eine gute Kondition – beim Radeln wie beim Schauen – sollte man mitbringen, dann sind die 65 Kilometer zwischen dem Kloster Lorsch und dem Dom zu Speyer der reine Genuss. Die Strecke verläuft meist eben durchs Oberrheintal und über die ersten Ausläufer der Bergstraße.

★ WELTERBE-RADWEG

Hierfür sollte man schon etwas konditionsstärker und geübter sein. Der als schwer ausgewiesene Radweg verbindet die beiden Weltkulturstätten Speyerer Dom und Kloster Lorsch. 60 Kilometer radelt man, die man aber auf dem Rückweg mit mehreren Umstiegen per Bahn verkürzen kann.

★ ELWEDRITSCHE-JAGD

Zur Gattung regionaler Fabelwesen gehört der Pfälzer Elwedritsch – ein huhnähnliches Tier mit miserablen Flugfähigkeiten. Das ihm gewidmete Museum in der Antoniengasse 3, zugleich das kleinste Museum Speyers, klärt über die Umstände seiner Jagd in Parkanlagen und Weinbergen auf und gibt in der Weinstube Gelegenheit, sich Mut anzutrinken.

Weitere Informationen
speyer.de

Am ehemaligen Reichskammergericht in Wetzlar arbeitete Goethe 1772 als Hospitant (oben). Der Limburger Dom ist ein Meisterwerk des rheinischen Übergangsstil von der Spätromanik zur Frühgotik (rechts).

75 JERUSALEMS LIEBE – RUND UM DAS LAHNTAL

Im Lahntal führen Abstecher in den Westerwald und Taunus

Ab Wetzlar bildet die Lahn die Grenze zwischen dem Westerwald im Norden und dem Taunus im Süden. Hier kann man dem Fluss nach Limburg folgen oder sich über den Westerwald dem Rhein nähern bzw. durch den Taunus den Main erreichen. In der Region spielten sich goethesche Tragödien ab, stehen vollendete und unvollendete Dome, liegt eine berühmte Mineralwasserquelle und Europas größtes Tonvorkommen.

In den Leiden des jungen Werther schrieb Goethe: »Das Haus, die Nachbarschaft, die Stadt kam in Aufruhr«, nachdem sich der Held des Romans mit einer Kugel in den Kopf selbst getötet hatte. In dem 1774 erschienenen Bestseller verarbeitete der Schriftsteller persönliche Erlebnisse und Ereignisse aus dem Jahr 1772, in dem er sich als frischgebackener Jurist als Hospitant des Reichskammergerichts in besagter »Stadt« aufhielt. Sie ist leicht als Wetzlar zu erkennen, das als Sitz des höchsten Gerichts im Heiligen Römischen Reich zu jener Zeit als »Hauptstadt des Rechts« galt. Dort verliebte er sich – wie sein Romanheld – in eine unerreichbare Frau, Charlotte Buff, überstand seinen Liebeskummer jedoch besser als sein Bekannter Karl Wilhelm Jerusalem. Dieser war wie Goethe Jurist und nahm sich 1772 aufgrund seiner unerfüllten Liebe zu der verheirateten Elisabeth Herd in Wetzlar das Leben – auf eben diese Weise, wie sie Goethe später in seinem Roman übernahm. Das Haus am Schillerplatz, in dem das Vorbild für den Werther lebte und starb, ist heute als Jerusalemhaus eine Gedenk- und Forschungsstätte. Die ehemalige Niederlassung des Deutschen Ordens, in der Charlotte – im Roman Werthers geliebte »Lotte« – geboren wurde und aufwuchs, ist heute als Lottehaus ein Museum mit Mobiliar aus dem 18. Jahrhundert sowie Exponaten zur Familie Buff und der zeitgenössischen Rezeption der Leiden des jungen Werther.

Der Dom zu Wetzlar ist eine der ältesten Simultankirchen Deutschlands (oben). Limburgs Alte Lahnbrücke führt schon seit 700 Jahren über den Fluss (unten und rechts unten). Durch Wetzlars Altstadt winden sich malerische Gassen (rechts). Blick auf den Dom von Wetzlar und die alte Steinbrücke über die Lahn (rechts unten).

Der unvollendet Vollendete

Wer heute durch Wetzlar schlendert, wird außerdem noch viele andere Gebäude entdecken, die schon zu Goethes Zeiten existierten. Denn tatsächlich ist die Altstadt mit ihren jahrhundertealten Häusern aus Gotik, Renaissance und Barock als geschlossenes Ensemble größtenteils so erhalten, wie sie gegen Ende des 18. Jahrhunderts bestand.

Sicherlich spazierte Goethe auch über die Alte Lahnbrücke, die seit dem 13. Jahrhundert über den Fluss führt und zu den ältesten erhaltenen Brücken in Hessen gehört, und sah die verbliebenen Reste der alten Stadtbefestigung aus dem 13. und 14. Jahrhundert. Auch das Gebäude des ehemaligen Reichskammergerichts ist noch vorhanden, ein Museum über die Rechtsinstitution befindet sich heute im Kameralenpalais des Assessors Franz von Pape, den Goethe persönlich kannte. In seinem barocken Palais Papius zeigt ein Museum Wohnkultur aus Renaissance und Barock.

Vor allem aber stand zu Goethes Zeit auch der Dom Unserer Lieben Frau, der ab etwa 1230 an der Stelle einer älteren Kirche errichtet worden war. Er ist ein etwas irritierendes Bauwerk. Aus dunklem Stein erbaut, sieht man noch den Rest der ursprünglichen romanischen Kirche, weitaus heller ist die Hallenkirche, die im 13. Jahrhundert errichtet wurde, und von dieser hebt sich deutlich der rote Sandstein der gotischen Fassade aus dem 14. Jahrhundert ab, an der ein Turm aufragt. Der geplante zweite Turm wurde nie fertiggestellt. Das Ganze ist das Ergebnis akuter Finanzknappheit, der sich Wetzlar im Lauf der Jahrhunderte wiederholt ausgesetzt sah. Und da man die alte Kirche immer nur so weit abriss, wie die neue nachgebaut wurde, entstand mit der Zeit ein Bauwerk, das vom romanischen Gemäuer bis zur frühbarocken Turmhaube eine Vielzahl von Stilen und Bautechniken in sich vereint und merkwürdigerweise doch eine Einheit bildet.

Kannenbäckerland und Goldener Grund

Nach Wetzlar schlängelt sich die Lahn dem Rhein Richtung Westen zu und bildet die Grenze zwischen Westerwald im Norden und Taunus im Süden. Kurz vor Limburg fließt sie durch Runkel, das mit Fachwerkhäusern sowie der Ruine einer romanischen – und romantischen – Burg aus dem 12. Jahrhundert aufwartet. Hoch über der mittelalterlichen Brücke über dem Fluss hat man von dort einen schönen weiten Blick über das Lahntal.

Von Runkel aus kann man Richtung Norden in einem Bogen über Sträßchen, durch

Wälder und bäuerliche Landschaften über den Westerwald bis hinunter nach Koblenz fahren. Unterwegs hält man beispielsweise in Montabaur, um durch die Altstadt zu bummeln und einen Blick auf das barocke Schloss Montabaur zu werfen, das aus einer mittelalterlichen Burg hervorging. Von dort ist es nicht weit in das Kannenbäckerland. In Europa ist dies die Region mit dem größten Tonvorkommen, demzufolge findet man hier Töpfereien, Töpfermuseen und Töpfermärkte sowie in Höhr-Grenzhausen das Keramikmuseum Westerwald mit Exponaten zur Geschichte der Keramik bis zur Gegenwart. Auf der Kannenbäckerstraße gelangt man von dort nach Koblenz.

Richtung Süden führt der Weg in den Taunus, wo bei Brechen der Goldene Grund mit seinen überaus fruchtbaren Lössböden beginnt. Im nahen Selters dreht sich natürlich viel um das berühmte Mineralwasser, dessen Quelle in Niederselters sprudelt. Dort informiert auch ein Museum über alles Wissenswerte zum Thema. Von dort hat man die Wahl, ob man lieber Richtung Wiesbaden zum Rhein oder nach Frankfurt am Main weiterfahren möchte.

Wer der Lahn bei Runkel treu bleibt, erreicht mit Limburg eine der hübschesten Städte am Fluss. Der malerische historische Kern der Bischofsstadt ist relativ unversehrt erhalten geblieben und steht heute als Ensemble unter Denkmalschutz.

Über den verwinkelten Gassen mit den Fachwerkhäusern aus dem 13. bis 18. Jahrhundert ragt der berühmte Dom St. Georg auf, der 1235 geweiht wurde und dessen sieben Türme die sieben Sakramente verkörpern. Er stellt ein meisterhaftes Beispiel der rheinischen Spätromanik dar, weist jedoch schon Übergänge zur gotischen Architektur auf. Eine kunsthistorische Sensation sind die romanischen Fresken aus der Entstehungszeit des Doms im 13. Jahrhundert, die erst Ende des 20. Jahrhunderts bei Restaurierungsarbeiten entdeckt wurden.

Gleich neben der imposanten Kirche steht die mittelalterliche Felsenburg, deren Geschichte bis in das 8. Jahrhundert zurückreicht. Noch älter als Schloss Limburg ist die allgemeine Siedlungsgeschichte auf dem Domberg: Hier haben wohl schon vor 2500 Jahren Kelten gesiedelt – nachvollziehbar, bei der Lage!

STELL- UND CAMPINGPLÄTZE

CAMPING WETZLAR

Dammstraße 52-54, 35576 Wetzlar, camping.care, GPS: 50.572277, 8.508932. Freundlicher Campingplatz mit voller Ausstattung und Einstiegsmöglichkeit für Kanutouren auf der Lahn.

TOP ★ ERLEBNISSE

★ DURCHS LAHNTAL

Den intensivsten und umweltfreundlichsten Einblick in die Region gibt sicher die Fahrradtour auf dem ufernahen Lahntalradweg. Er führt von der Lahnquelle bei Netphen im Siegerland über gut 245 Kilometer autofreie Strecke nach Lahnstein am Rhein vorbei an Schlössern, über alte Brücken, am Schiffstunnel in Weilburg und durch die malerischen Altstädte von Marburg, Wetzlar und Limburg.

★ STAND-UP-PADDELN

Nicht nur mit dem Kanu kann man die Lahn bei Wetzlar wunderbar erleben. Wer lieber stehend über das Wasser gleiten möchte, entscheidet sich für SUP, das Stand-up-Paddeln. Einstiegsmöglichkeiten gibt es in Wetzlar und Umgebung mehrere.

Weitere Informationen
wetzlar.de,
montabaur.de,
limburg.de

In Alt-Saarbrücken bietet die barocke Ludwigskirche in der Abenddämmerung einen zauberhaften Anblick (oben). Die Völklinger Hütte gehört zum UNESCO-Welterbe und ist Symbol für die Bergbautraditionen des Saarlands (rechts).

76 MICHEL UND MARIANNE – AN DER SAAR

Im Südwesten ist die Geschichte deutsch-französisch geprägt

In den letzten Jahrhunderten waren die Gebiete des heutigen Saarlands immer wieder Pendler zwischen deutschen und französischen Welten: Unter Ludwig XIV. und Napoleon gehörte es zu Frankreich, im 19. Jahrhundert zu Preußen und Bayern, dann zum Deutschen Reich und nach den beiden Weltkriegen hielt es einen Sonderstatus inne. 1957 schloss sich das Saarland per Volksentscheid wieder Deutschland an.

Der deutsche Michel und Frankreichs Marianne lächelten sich 1960 als Maskottchen gut gelaunt an, als in Saarbrücken der Deutsch-Französische Garten unter der Schirmherrschaft des damaligen deutschen Bundeskanzlers Konrad Adenauer und des französischen Ministerpräsidenten Michel Debré als Symbol der deutsch-französischen Freundschaft eröffnet wurde. Die Geschichte des rund 50 Hektar großen Areals in nächster Nähe zur französischen Grenze könnte man als symptomatisch für das deutsch-französische Verhältnis in den letzten 150 Jahren ansehen: Im 19. Jahrhundert wurde das von Bauern genutzte Gelände in eine Grünanlage umgewandelt, in das die damals preußischen Saarbrücker gerne ihre Ausflüge unternahmen. Im Deutsch-Französischen Krieg 1870/71 gehörte es zum Schlachtfeld bei den Spicherer Höhen und bald darauf wurde hier ein Friedhof für die Gefallenen angelegt. Im Deutschen Reich entstand auf dem Terrain der Kaiser-Wilhelm-Park, in dem zu den Jahrestagen der Schlacht mit unvermeidlichem Pomp und großem Hurra der deutsche Sieg und die Reichseinigung gefeiert wurden.

Die Grenze hatte sich durch die deutsche Annexion der Gebiete in Elsass-Lothringen verschoben, doch als diese nach dem Ersten Weltkrieg wieder an Frankreich zurückgingen, lag das Gelände auf einmal erneut am Rand des Saargebiets. Dieses unterstand gemäß dem Versailler Vertrag dem Völker-

In den Kasematten der Vauban-Festung Saarlouis reihen sich heute ganz unmilitärisch Cafés und Lokale.

bund und wurde von Frankreich verwaltet. Im Januar 1935 stimmten die Saarländer für die Rückkehr ins Deutsche Reich und schon kurz darauf wurden unter den Nationalsozialisten die Bunker und Panzersperren des Westwalls in Vorbereitung auf den Krieg angelegt. Die Festungslinie verlief unter anderem genau durch das heutige Parkgelände. Als der Garten in den 1950er-Jahren als Gemeinschaftsprojekt für die erste und einzige deutsch-französische Gartenschau angelegt wurde, hatte das damals autonome Saarland 1955 in einem Referendum den Beitritt zur Bundesrepublik Deutschland beschlossen, der bis 1957 vollzogen wurde. Nur mit der Angleichung der Währung dauerte es noch zwei Jahre länger. Heute ist der Park ein Erholungsgebiet für Deutsche und Franzosen und die Grenze an der Goldenen Bremm hat ihren trennenden Charakter längst verloren.

Gedenken im Verborgenen

Über die wechselhafte Geschichte der Region im Spannungsfeld zwischen Deutschland und Frankreich erzählt am Saarbrücker Schloss anschaulich das Historische Museum Saar. Seine Dauerausstellungen beschäftigen sich unter verschiedenen Aspekten mit der Zeit zwischen 1870/71 und den 1950er-Jahren. Die barocke Schlossanlage befindet sich links der Saar an der Stelle, an der bereits im Mittelalter eine Burg und danach ein Renaissanceschloss gestanden hatten. Reste dieser Vorgängerbauten sind vor wenigen Jahren wieder freigelegt worden, sodass Besucher des Museums heute unter dem Schlossplatz 14 Meter in die Tiefe steigen können. Dort erkunden sie die historischen Kasematten samt schaurigem Verlies und unter anderem im Burggraben ein altes Ballhaus.
Als das Saarland nach einer Volksabstimmung 1935 wieder an Deutschland fiel, zog in das Schloss die Geheime Staatspolizei ein. In der Ausstellung über die NS-Zeit bis 1945 ist auch eine original erhaltene Gestapo-Arrestzelle im Keller des Schlosses zu sehen, an deren Wände die verzweifelten Gefangenen Botschaften einritzten. Im Gedenken an die Gräuel des nationalsozialistischen Deutschlands wurde der Platz vor dem ehemaligen

Gestapo-Hauptquartier Anfang der 1990er-Jahre zum Platz des Unsichtbaren Mahnmals umgestaltet. Die dunklen Pflastersteine des Mittelstreifens sind an der Unterseite mit 2146 Ortsnamen jüdischer Friedhöfe beschriftet – ein unsichtbares Gedenken und damit ein starkes Symbol für die Verdrängung von Geschichte.

Stengels Handschrift in Saarbrücken

Das Saarbrücker Schloss gehört zusammen mit der prächtigen Ludwigskirche, die unter den evangelischen Barockkirchen in einem Atemzug mit der Dresdner Frauenkirche genannt werden kann, zu den Wahrzeichen Saarbrückens. Sie stehen beide im Alt-Saarbrücken, das 1909 zusammen mit den bis dato selbstständigen Städten St. Johann an der Saar und Malstatt-Burbach zu Saarbrücken zusammengeschlossen wurde.
Im ehemaligen Fischerdorf St. Johann auf der anderen Seite der Saar bildet der St. Johanner Markt das Zentrum, etwas abseits steht die barocke Basilika St. Johann. Hofbaumeister Friedrich Joachim Stengel, der in Saarbrücken als Architekt auch für den Bau des Schlosses (1738), der Friedenskirche (1751) und der Ludwigskirche (1775) verantwortlich zeichnete, erbaute sie 1754. An ihrem Standort soll bereits im 7. Jahrhundert eine Kapelle gestanden haben, die von Bischof Arnulf Johannes dem Täufer geweiht wurde.

Die Sonnige an der Saar – die Festungsstadt Saarlouis

Ist Saarbrücken die offizielle Hauptstadt des Saarlandes, sein politisches und wirtschaftliches Zentrum, so gilt für viele Saarlouis als »heimliche Hauptstadt« des kleinsten Flächenlandes in Deutschland. Für die Einwohner steht fest, dass Saarlouis der Liebling des Sonnenkönigs Ludwig XIV. war und ohne Zweifel von dem französischen Herrscher auch sein Wappen erhielt. Bourbonische Lilien, Wolken und eine Sonne sind darauf zu sehen sowie das Motto dissipat atque fovet – »Sie (die Sonne) zerstreut (die Wolken) und erwärmt (die Erde).«
Dies alles klingt wirklich ganz nach Ludwig XIV., der – und das ist bis ins Letzte belegt – die quirlige Stadt 1680 zur Sicherung von Frankreichs Nordgrenze gründete und von seinem genialen Baumeister Vauban als eine der seltenen Überschwemmungsfestungen anlegen ließ: Am Altarm der Saar, wo sich heute der grüne Stadtpark erstreckt, betrat man einst die Festung über die Brücke mit einer Schleuse. Mit deren Hilfe konnte man das Saarwasser aufstauen und damit Umland und Gräben der Festung fluten, um militärische Attacken abzuwehren.

Die ehemalige Benediktinerabtei Mettlach ist heute der Firmensitz von Villeroy & Boch (oben). In Merzig lebt im Wolfspark Werner Freund ein Wolfsrudel (unten).

Hinter dem Brunnen am Saarbrücker Schlossplatz strahlt die weiße Fassade des Rathauses (oben). In Nennig wurde das größte römische Mosaik nördlich der Alpen ausgegraben (unten). Bei Mettlach vollzieht die Saar eine spektakuläre Schleife (rechts oben). Das Saarpolygon erinnert an das Ende des Bergbaus an der Saar (rechts unten).

Zu den mittlerweile romantisch verwilderten Steinbrüchen, von denen Vauban im 17. Jahrhundert das Baumaterial holen ließ, führt ab dem Flughafen Düren ein gut zwölf Kilometer langer Rundwanderweg. Hoch über dem Saartal entdeckt man entlang des »Vauban-Steigs« aber auch an einer Felswand die »Drei Kapuziner«, die vermutlich gallorömische Götter darstellen, und von der mächtigen Teufelsburg aus dem 14. Jahrhundert blickt man in die Ferne

über das Saartal. Saarlouis will heute nicht mehr Grenzen festigen, sondern als Europastadt Barrieren überwinden. Mit anderen Festungsstädten der Großregion – Homburg, Luxemburg und zehn Städten in Lothringen – hat es sich zu einem Verband zusammengeschlossen, der durch kulturellen Austausch und gemeinsame Aktionen das militärische Erbe in ein völkerverbindendes umwandeln möchte. In seinem Stadtbild ist die Festungsanlage teilweise noch deutlich erkennbar – und soll es auch bleiben –, sei es am sechseckigen Grundriss der Altstadt oder an deren zentralem, 10 000 Quadratmeter großem Markt, der früher als Parade- und Exerzierplatz diente. Hier steht auch die ehemalige Kommandatur. Am Rathaus erzählt aus den 1950er-Jahren ein riesiges Relief des Bildhauers Nikolaus Simon die Geschichte der Stadt. In die Kasematten, die im 19. Jahrhundert von den Preußen erbaut wurden, sind heute zahlreiche Lokale eingezogen. Sie bilden zusammen die »längste Theke des Saarlands«.

In der »verbotenen Stadt« – Völklinger Hütte

Verdankt Saarlouis seine Existenz dem Militär, so ist Völklingens Aufstieg eng mit der Industrialisierung verbunden. Schon in der frühen Neuzeit brachten hier Eisen und Kohle Wohlstand in das Bauerndorf, so wie auch im restlichen Saarland bis vor wenigen Jahrzehnten Kohle und Stahl die regionale Wirtschaft dominierten. In Völklingen entstand bereits 1572 im heutigen Stadtteil Geislautern eine große Eisenschmelze und 1621 begann man hier, Steinkohle im Tagebau zu gewinnen. Mit den Hugenotten kam zudem im frühen 17. Jahrhundert das Knowhow für die Glasproduktion in die Stadt. Unter Napoleon und im Anschluss unter den Preußen wurde die Industrialisierung vorangetrieben und brachte man die Bergbau- und Hüttenanlagen im 19. Jahrhundert auf den modernsten Stand. Dieser Trend setzte sich im 20. Jahrhundert fort: In der 1873

gegründeten Völklinger Hütte arbeiteten in Spitzenzeiten rund 17 000 Menschen, bis in den 1970er-Jahren die weltweite Stahlkrise auch das Saarland erreichte. 1986 wurde der letzte Hochofen gelöscht und die »Alte Völklinger Hütte« stillgelegt.
Seit 1994 gehört diese gigantische »Kathedrale der Industriekultur« als ein fantastisch erhaltenes Zeugnis der Industriekultur und der Technikgeschichte des 19. und frühen 20. Jahrhunderts zum Welterbe der UNESCO. Statt glühender Hitze und schwarzen Kohlestaubs bietet die Völklinger Hütte jedoch mittlerweile Platz für Ausstellungen und Kulturveranstaltungen sowie den Landschaftsgarten »Das Paradies«, in dem sich die Natur mit den Relikten der Industrie zu einem reizvollen organischen Ganzen verbindet. Die Anlagen der »Hidd«, wie die Völklinger ihre Hütte nennen, waren einst eine für Fremde »verbotene Stadt«, heute können hier Besucher die gigantischen Schwungräder in der Gebläsehalle bestaunen, die Sinteranlagen und die Kokerei besichtigen und sich von den imposanten Hochöfen und dem Aufstieg zur Gichtbühne beeindrucken lassen, auf der die Arbeiter in 27 Meter Höhe die Hochöfen beschickten. Feuer, Wasser, Erde, Luft: In der Möllerhalle führt das interaktive ScienceCenter Ferrodrom auf unterhaltsame Weise in die faszinierende Welt der Eisenindustrie ein, für die alle Elemente gezähmt und kontrolliert werden müssen.

An der Straße des Feuers

Das gezähmte Feuer ist denn auch das Thema der Straße des Feuers Saarmoselle, die grenzübergreifend zu Stätten der Industriekultur und Deutschland und Frankreich führt. Eine Hauptstation im Saarland ist die Völklinger Hütte, eine andere die ehemalige Benediktinerabtei Mettlach. Hinter deren barocken Mauern kann man sich heute im Unternehmenssitz von Villeroy & Boch auf eine Zeitreise durch die Geschichte der Keramik und der Keramikkunst begeben und in einem Landschaftspark mit dem Alten Turm, der einstigen Abteikirche aus dem 10. Jahrhundert, das älteste Gebäude des Saarlandes entdecken.

STELL- UND CAMPINGPLÄTZE

CAMPINGPLATZ SAARLOUIS

Marschall-Ney-Weg 2, 66740 Saarlouis, campingplatz-saarlouis.de,
GPS: 49.318118, 6.740145. Freundlicher Campingplatz in grüner Stadtrandlage mit guter Erreichbarkeit. Einkaufsmöglichkeiten nicht weit entfernt.

TOP ★ ERLEBNISSE

★ WEITER BLICKWINKEL

Der 1250 Meter lange Baumwipfelpfad bei Mettlach-Orschotz führt in bis zu 23 Meter Höhe über Buchen, Eichen und Douglasien hinweg zum Aussichtspunkt Cloef. Höhepunkte der barrierearmen Wanderung sind der 42 Meter hohe Aussichtsturm und der Panoramablick aufs perfekte Halbrund der Saarschleife.

★ DREI-BRAUEREIEN-RUNDE

Gleich drei Brauereien begegnet man auf diesem Radweg über Merzig, Losheim und Mettlach. Dabei legt man auf einem Rundweg knapp 46 Kilometer zurück, was in einer Tagestour trotz der 300 Höhenmeter gut zu schaffen ist.

★ BEGEHBARE SKULPTUR

Fast 30 Meter hoch, aus Stahl gefertigt, auf einer Bergehalde gebaut: Das z-förmige Saarpolygon ist wie ein architektonischer Abschiedsgruß an den Bergbau im Saarland. Über 133 bzw. 132 Treppenstufen in den beiden Pylonen erreichbar, eröffnet sich von der Aussichtstribüne ein weiter Blick über die Berghalde Duhamel.

Weitere Informationen
kulturbesitz.de

77 MIT DEM WOHNMOBIL AM FLUSS ENTLANG

Von Köln nach Heidelberg

Im Mittelpunkt dieser Wohnmobilreise steht ganz eindeutig der Rhein. Mal durchfließt er Großstädte wie Köln, Wiesbaden und Mainz, mal strömt er an steilen Reb- und Berghängen und kleinen Fachwerkorten vorbei. Links- dann rechtsrheinisch fahren Wohnmobilisten neben dem Strom und es sollte Zeit bleiben, die Geschichte und Geschichten rund um Vater Rhein aufzunehmen.

Schon immer war Deutschlands längster Fluss eine Lebensader und ein Handelsweg – der Grund, warum sich Menschen ansiedelten und Städte gründeten. Bereits die Römer erkannten einen weiteren Vorteil der Region: Sonne, gute Böden und daher beste Weinlagen an den steilen Hängen. All diese Qualitäten machen eine Fahrt von Köln bis Mannheim bis heute lehrreich und zugleich attraktiv. Den Schlusspunkt der fünften Traumroute setzt eine andere Stadt am Fluss: Heidelberg zu beiden Seiten des Neckars.

Von Köln bis Bonn Deutschlands viertgrößte Stadt geizt nicht mit ihren Reizen: Dom, Altstadt, Groß St. Martin, das Rathaus und die Rheinpromenade – alles liegt dicht beieinander. Gleiches gilt auch für den Reisemobilhafen, der mit der südlich gelegenen Altstadt über den Rheinuferweg verbunden ist. Mittendurch bahnt sich der Fluss seinen Weg, dessen Ufer immer attraktiver werden, etwa in Deutz mit der großen Freitreppe am Rheinboulevard. Gute Adressen fürs Ausgehen verteilen sich über die ganze Stadt: von Mülheim über Ehrenfeld bis Sülz. Kaum 20 Kilometer südlich der Domstadt, auf der B51 schnell erreicht, liegt Brühl, gleichfalls eine Welterbe-Stadt, mit den Schlössern Augustusburg und Falkenlust.

Von Bonn bis Koblenz Auch nach dem Abzug der Bundesregierung kein Kind von Traurigkeit: Bonn ist längst wieder das, was es im Kern stets war – eine friedliche Kleinstadt mit großer Universität. Dank der Museumsmeile verfügt Bonn heute über ein reiches Kulturangebot, dank des Siebengebirges über schöne Naherholungsziele. Nur der Wohnmobilstellplatz der Stadt hat dringenden Aufholbedarf. Wie gut, dass es auch Campingplätze gibt. Die beliebteste Strecke für Wohnmobilfahrer, die von Bonn nach Koblenz wollen, ist die B9. Sie bringt einen zum Wohnmobilstellplatz in Andernach, von wo aus man mit einem Ausflugsschiff zum beeindruckenden Kaltwassergeysir gelangt. Am nächsten Tag fährt man weiter zum Campingplatz gegenüber von Deutschem Eck und Festung Ehrenbreitstein, wo die Mosel in den Rhein mündet.
Von Koblenz bis Mainz Der schönste Abschnitt des Rheintals, genauer gesagt des Mittelrheintals folgt südlich von Koblenz und man hat die Auswahl, das Wohnmobil entweder auf der linksrheinischen B9 oder der rechtsrheinischen B42 nach Süden zu steuern. Orte wie Boppard, St. Goar und Bacharach reihen sich genauso aneinander wie die vielen Burgen und Schlösser, beginnend mit Burg Lahneck, Schloss Stolzenfels, die nie zerstörte Marksburg, die Burgen Katz und Maus und am Ende des engen Mittelrheintals der Binger Mäuseturm. Dazwischen verteilen sich insgesamt mehr als 60 Burgen auf die Region, das ist weltweit einmalig und ein Grund dafür, dass die »Kulturlandschaft Oberes Mittelrheintal« seit

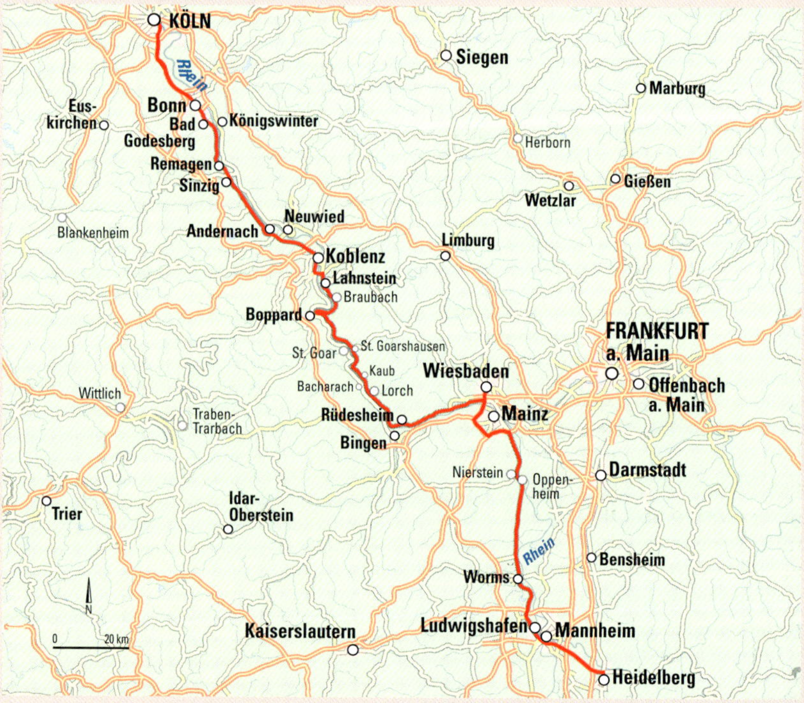

2002 zu den UNESCO-Welterbestätten gehört. Die Rheinromantik spürt man hüben wie drüben vor allem beim Spaziergang durch die Weinberge und bewaldeten Hänge oberhalb der Schiefer- und Fachwerkstädtchen. Zahlreiche Stellplätze und Campingplätze bieten eine Auswahl, die es in ihrer Zahl in sich hat. Ab Bingen bzw. Assmannshausen-Rüdesheim verläuft der Rhein geradliniger, die Ufer werden flacher und die Städte größer. Vor der Einfahrt nach Wiesbaden liegt die »Wein- und Sektstadt« Eltville mit ihrer schönen Rheinpromenade.

Von Mainz bis Worms Wiesbaden auf der rechten und Mainz auf der linken Rheinseite geben viel Gelegenheit für Besichtigungen. Während in der hessischen Landeshauptstadt noch architektonische Zeugen der eleganten Bäderkultur des 19. Jahrhunderts stehen, etwa das neoklassizistische Kurhaus, beherrscht der Dom St. Martin die nur halb so große rheinland-pfälzische Hauptstadt. Auch wenn es den Rest des Jahres nicht so schick daherkommt wie Wiesbaden, kann Mainz doch im Karneval punkten: Die »Määnzer Fassenacht« zieht Jecken jeder Art an. Die Weinlandschaft südlich von Mainz heißt Rheinhessen, obwohl sie in Rheinland-Pfalz liegt. In der größten Weinbauregion Deutschlands reiht sich eine gute Weinlage an die andere. Nach knapp 60 Kilometern endet diese Etappe in Worms.

Von Worms bis Heidelberg Es muss nicht sein, aber es hilft, wenn man sich ein bisschen mit dem Nibelungenlied auskennt: In Worms spielen sich wichtige Teile der Sage ab. Details verrät das Nibelungenmuseum in der Stadtmauer. Nach einem Rundgang durch den uralten Dom St. Peter rückt, am einfachsten über die Autobahnen zu erreichen, das letzte Ziel ins Visier: Heidelberg, mit Alter Brücke, Schloss und Philosophenweg die vielleicht romantischste Stadt Deutschlands – Wohnmobilstellplatz inklusive.

STELL- UND CAMPINGPLÄTZE

1 CAMPING BERGER
Uferstraße 71, 50996 Köln, camping-berger-koeln.de, GPS: 50.891443, 7.023115

2 RHEINCAMPING SIEBENGEBIRGSBLICK
53424 Remagen, siebengebirgsblick.de, GPS: 50.645819, 7.206544

3 REISEMOBILSTELLPLATZ AM CAMPINGPLATZ »GOLDENE MEILE«
Simrockweg 9-13, 53424 Remagen, camping-goldene-meile.de, GPS: 50.576643, 7.247604

4 WOHNMOBILSTELLPLATZ ANDERNACH
Uferstraße 5, 56626 Andernach, GPS: 50.441372, 7.408251

5 WOHNMOBILHAFEN URMITZ
56220 Urmitz, GPS: 50.418386, 7.524500

6 KNAUS CAMPINGPARK KOBLENZ/RHEIN-MOSEL
Schartwiesenweg 6, 56070 Koblenz, knauscamp.de, GPS: 50.366163, 7.604580

7 WOHNMOBILHAFEN AM KRÄNCHEN
Johannesstraße 41, 56112 Lahnstein, wohnmobilhafen-lahnstein.de, GPS: 50.309168, 7.598584

8 CAMPINGPARK SONNENECK
An der B9, 56154 Boppard, sonneneck-camping.de, GPS: 50.247929, 7.628710

9 CAMPING LORELEYBLICK
An der Loreley 49-50, 56329 St. Goar, camping-loreleyblick.de, GPS: 50.144034, 7.722081

10 WOHNMOBILPARK BINGEN
Ausserhalb 11, 55411 Bingen am Rhein, wohnmobilpark-bingen.de, GPS: 49.968722, 7.944161

11 INSELCAMPING KOLLERSEE
Kollerinsel 2, 68782 Brühl, inselcamping-kollersee.de, GPS: 49.380498, 8.479869

12 WOHNMOBILSTELLPLATZ LADENBURG
Heidelberger Str. 56, 68526 Ladenburg, wohnmobilstellplatz-ladenburg.de, GPS: 49.465434, 8.615440

Bei einem Ausflug auf den Loreleyfelsen kann man nicht nur dem Treiben auf dem Rhein zuschauen, sondern auch sein Wohnmobil auf dem Campingplatz erkennen.

Die Inschrift am Wiesbadener Kurhaus erinnert an die »Wasser der Mattiaker« (unten). Badegenuss verspricht die römisch-irische Kaiser-Friedrich-Therme (rechts oben). Und die Nerobergbahn bringt mittels Wasserkraft Besucher auf Wiesbadens Hausberg (rechts unten).

78 WASSERREICH – WIESBADEN

Im »Bad in den Wiesen« kurten schon die Römer

In Hessens Landeshauptstadt wussten schon die Römer die schönen Dinge des Lebens zu genießen und im 9. Jahrhundert kannte man den Ort mit den heißen Quellen als Wisibada. 1000 Jahre später war das »Bad in den Wiesen« zur »Weltkurstadt« aufgestiegen, in der es sich Kaiser und Hofstaat gut gehen ließen. Die eleganten Bauten jener Zeit prägen das Bild der Stadt zwischen Rhein und Taunus.

In Frankfurt tobt das Geschäftsleben rund um Börse und Banken … weniger auffällig wird in Wiesbaden auch viel Geld bewegt, beispielsweise in den Versicherungen, die hier ihren Hauptsitz haben. Besonders stilvoll wechseln in der traditionsreichen Spielbank beträchtliche Beträge ihren Besitzer. Bereits 1772 erteilte Fürst Carl von Nassau-Usingen der Stadt die Glücksspielerlaubnis; seitdem heißt es hier, wenn auch mit Unterbrechungen, für Glücksritter und Gelegenheitsspieler faites vos jeux! Zu den berühmtesten Besuchern der Spielbank zählte der Schriftsteller Fjodor Dostojewski, für den hier der Rubel ganz und gar nicht rollen wollte: 1865 verspielte er in Wiesbaden seine gesamte Reisekasse. Literarisch war Dostojewskis Pechsträhne ein Glücksfall, da er seine Erfahrungen in seinem Roman Der Spieler verarbeitete, für dessen fiktiven Schauplatz Roulettenburg Wiesbaden wohl als Vorbild diente.

Kaiserliche Eleganz

Das Casino residiert heute im alten Weinsaal des Kurhauses, das Friedrich von Thiersch 1907 an der Stelle eines Vorgängerbaus aus dem 19. Jahrhundert errichtete. Bei der Einweihung drängelte sich seinerzeit die Prominenz, selbst Kaiser Wilhelm II. feierte mit. Der Monarch hielt sich alljährlich einige Zeit zur Erholung in der damaligen »Weltkur-

stadt« auf. Mit deren Thermal- und Mineralquellen kurierten der alte Adel und die neue Geldelite aus ganz Europa im 19. Jahrhundert auf höchstem Niveau ihre Zipperlein und Gebrechen.
Mit dem Bäderboom wuchs die Stadt von einem Provinznest mit 2500 Einwohnern um 1800 zu einer Großstadt mit 100 000 Menschen im Jahr 1900 an. Ab Mitte des 19. Jahrhunderts bis zum Ersten Weltkrieg erlebte Wiesbaden eine fieberhafte Bautätigkeit. Es gönnte sich nicht nur ein neues Kurhaus, sondern auch mit der angrenzenden Kolonnade Europas längsten Säulengang, in dem man lustwandelte und heute die Automaten des »Kleinen Spiels« des Casinos klingeln. Darüber hinaus spendierte man sich ein neogotisches Rathaus (1887), unterhielt sich mit dem neobarocken Hessischen Staatstheater (1894) und sorgte – jeweils im neogotischen Stil – mit der Marktkirche (1862), der Bergkirche (1879) und der Ringkirche (1894) für das Seelenheil der Protestanten sowie mit der Pfarrkirche St. Bonifatius (1849) für das der Katholiken. Dank dieser schnellen Bebauung innerhalb kürzester Zeit bildet Wiesbadens Innenstadt heute ein nahezu geschlossenes Flächenensemble des Historismus und Jugendstil, das rundum von eleganten Villenvierteln gesäumt wird.

Auf heißen Quellen

Wer heute Wiesbadens Kurangebot genießen möchte, muss weder adelig noch Millionär sein. Und wer nicht unbedingt eine Kur braucht, sondern sich in schönem Ambiente verwöhnen möchte, taucht in das Becken der Kaiser-Friedrich-Therme ein. Sie wurde 1913 als Jugendstil-Badetempel errichtet, klassisch mit Tepidarium als trockenem Wärmeraum und Sudatorium mit heißem Dampf. Die ganze Anlage ist eine Reminiszenz an ein Bad, wie es die Römer gutgeheißen hätten, die auf dem Gebiet der Wiesbadener Innenstadt im 2. Jahrhundert n. Chr. in der Siedlung Aquae Mattiacorum lebten.
Die »Wasser der Mattiaker«, so die Bedeutung des Namens, sind die Thermal- und Mineralquellen, die in Wiesbaden in Brunnen aus der Erde treten. Allein aus dem öffentlichen Kochbrunnen sprudelt täglich eine halbe Million Liter heißes Wasser. Am Kochbrunnenplatz residiert die Hessische Staatskanzlei – typisch Wiesbaden – im ehemaligen Grand Hotel Rose und das nahe Luxushotel Schwarzer Bock, dessen Geschichte ins 15. Jahrhundert zurückreicht, hat seine eigene Thermalquelle. Die nutzten wohl schon die Römer, denn im Keller des Anwesens finden sich Reste eines Hypocaustums. Wer auf sich hielt, wohnte eben damals schon mit Fußbodenheizung.

STELL- UND CAMPINGPLÄTZE

REISEMOBILHAFEN WIESBADEN

Wörther-See-Straße 29, 65187 Wiesbaden, reisemobilhafen-wiesbaden.de,
GPS: 50.055974, 8.210896. Geschotterter Platz mit Sanitäranlagen und guter Erreichbarkeit der Wiesbadener Innenstadt.

TOP ★ ERLEBNISSE

★ RADACHTER

Nein, man hat keine Acht im Rad - hoffentlich zumindest - sondern, man lernt Wiesbaden auf zwei kombinierbaren Touren kennen. Die Südschleife des Radachters ist 42 Kilometer lang und verläuft zu Teilen auch auf dem Rheinradweg. Die Nordschleife ist mit 23 Kilometern deutlich kürzer und bringt einen dafür hinaus in die hügelige Umgebung Wiesbadens.

★ GENIALER ANTRIEB

Stolze 245 Meter ragt der Neroberg, der Hausberg von Wiesbaden, über der Stadt auf, seit 1888 bezwungen von einer Standseilbahn. Als letzte ihrer Art in Deutschland funktioniert der Antrieb mit Wasserballast. Vor der Talfahrt werden die Wagen am Gipfel mit maximal 7000 Liter Wasser befüllt. Sie ziehen beim Hinabfahren ihr Pendant in die Höhe. Das Opelbad, der Bergpark und eine russische Zwiebelturmkirche sind Gipfelattraktionen.

Weitere Informationen
wiesbaden.de

Kontraste beleben das Stadtbild: zum einen der Rathausplatz auf dem Römerberg (oben), zum anderen die Skyline mit einigen der höchsten Bürogebäude Europas (rechts).

79 FACHWERK UND FINANZTÜRME – FRANKFURT

Skyline-City »Mainhattan«

Die Mainmetropole hat viele Facetten: Ihre Hochhäuser formen die einzige echte Skyline Deutschlands, ein Wahrzeichen für das Finanzzentrum von Weltrang. Am Römerberg wird Frankfurts Vergangenheit als Schauplatz von Kaiserkrönungen und Tagungsort des ersten frei gewählten deutschen Parlaments sichtbar. Und die Kultur- und Theaterszene genießen Bewohner und Besucher gleichermaßen.

Frankfurt, lange als »Krankfurt« verschrien, zählt mittlerweile zu den attraktivsten deutschen Großstädten. Viele Bausünden der Nachkriegszeit wurden korrigiert. Im Schatten der Bankentürme hat sich die Innenstadt in eine glitzernde, internationale City verwandelt. Fast ein Drittel der rund 747 000 Einwohner Frankfurts besitzt einen ausländischen Pass und trägt so wesentlich zur Weltstadt-Atmosphäre von »Mainhattan« bei.

Rund um den Römerberg

In der »kleinsten Metropole der Welt«, wie die Frankfurter ihre Stadt liebevoll nennen, liegen die meisten Highlights nahe beieinander. Als Ausgangspunkt für eine Erkundung bietet sich der Römerberg, das Herz des alten Frankfurts, an. Lange Zeit war der im Zweiten Weltkrieg zerstörte Platz recht trübselig, nachdem die Fachwerkgiebelbauten an der Ostseite nach alten Vorlagen wiedererstanden, gilt er als Frankfurts »gute Stube« – erst recht, seit das Altstadt-Zentrum 2016 bis 2018 spektakulär rekonstruiert wurde.

Die fünf Treppengiebelbauten des Rathauses wurden allerdings schon in den 1950er-Jahren wieder aufgebaut. Der Römer, wie das Rathaus heißt, blickt auf eine 600-jährige Geschichte zurück. Über die Jahrhunderte wurde das Ratsgebäude mehrmals durch den Kauf von Nachbarhäusern erweitert. Erst an der Wende zum 20. Jahrhundert erhielt die

Helaba

Im Handelssaal der Frankfurter Börse werden jährlich Billionen Euro umgesetzt (oben). Gemächlicher geht es in der Bibliothek im Goethehaus zu (unten). Von der Long Island Summer Lounge hat man einen großartigen Blick auf das Bankenviertel (rechts). Zum Gemalten Haus heißt die Apfelweinwirtschaft hinter dem Glasfenster – eine der ältesten in Frankfurt (rechts unten).

zum Römerberg ausgerichtete Häuserzeile eine neugotische Fassade und einen Balkon. Die gotische Alte Nikolaikirche an der Südseite des Römerbergs ist einer der wenigen original erhaltenen Bauten in der Altstadt. Ihr heutiges Erscheinungsbild erhielt sie bereits im 15. Jahrhundert. Rund um den Römerberg finden sich bedeutende Bauwerke der deutschen Geschichte. Wenige Schritte sind es bis zur Paulskirche auf dem gleichnamigen Platz. In der Kirche tagte zwischen Mai 1848 und Mai 1849 die Frankfurter Nationalversammlung, das erste frei gewählte deutsche Parlament. Auch wenn ihm kein Erfolg beschieden war, gilt die Paulskirche seitdem als Symbol der Demokratie. Bis 1944 diente der 1789 bis 1833 errichtete klassizistische Bau als evangelische Hauptkirche Frankfurts. Seit seinem Wiederaufbau finden in dem ehedem größten und modernsten Saal Frankfurts Gedenkfeiern und Festveranstaltungen statt, etwa die Verleihung des Friedenspreises des Deutschen Buchhandels.

Hinter den Giebelhäusern an der Ostseite des Platzes ragt der massive Turm des Doms St. Bartholomäus auf. In dem Gotteshaus wurden zwischen 1562 und 1792 verschiedene Kaiser des Heiligen Römischen Reichs Deutscher Nation gewählt und gekrönt.
Der Archäologische Garten vor dem Dom zeigt die ausgegrabenen Überreste einer römischen Siedlung und einer mittelalterlichen Pfalz. 2016 feierte man die Eröffnung des »Stadthauses am Markt«, das über dem nun vor Wind und Wetter geschützten archäologischen Garten errichtet wurde. Im Süden begrenzt der lang gestreckte Bau der Kunsthalle Schirn den Domplatz.

Museen auf Schritt und Tritt

Die einzigartige Museumsmeile in Frankfurt-Sachsenhausen zieht sich am südlichen Mainufer vom Eisernen Steg bis zur Friedensbrücke hin. An wohl keinem anderen Ort in Deutschland gibt es eine solche Vielfalt an Sammlungen auf so engem Raum. Die Bandbreite reicht vom Ikonenmuseum und dem Museum für Angewandte Kunst über das Weltkulturen-Museum und das Film- sowie das Architekturmuseum bis hin zu einem Skulpturen- und einem Regionalmuseum.
Im Museum für Kommunikation kann man sich einen Überblick über die Geschichte der Nachrichtentechnik verschaffen. Das Städel, eines der bedeutendsten deutschen Kunstmuseen, bildet das Herz des Museumsufers. Es residiert in einem prunkvollen Neorenaissancebau des 19. Jahrhunderts, der zu Beginn der 1990er-Jahre sowie ab 2010 erweitert wurde. Die Sammlung erfasst das ganze Spektrum der europäischen Kunstentwick-

lung vom Mittelalter bis in die Gegenwart. Das Konzept für die Kulturmeile wurde von Peter Behrens, einem renommierten Stadtplaner, entwickelt und in den 1980er-Jahren umgesetzt. Für den Aus- und Umbau der repräsentativen Villen, in denen die meisten Museen residieren, konnten namhafte Architekten gewonnen werden. Der Neubau des Museums für Kommunikation ist ein Entwurf des Stuttgarter Architekturbüros Behnisch & Partner.

Goethe, Oper, Ebbelwoi

In Frankfurt sind Kultur und Kommerz nicht weit voneinander entfernt. Ein Besuch im Goethehaus lässt sich leicht mit einer Besichtigung der Börse oder einem Abstecher zur Alten Oper verbinden. Bis heute gehört das spätbarocke Gebäude am Großen Hirschgraben, in dem am 28. August 1749 Johann Wolfgang Goethe das Licht der Welt erblickte, zu Frankfurts Hauptattraktionen. Obwohl es nach den Kriegszerstörungen rekonstruiert wurde, kann man hier doch einen guten Eindruck von den Lebensverhältnissen im Hause Goethe gewinnen. Die Einrichtung wurde anhand der historischen Quellen nachgebaut. Über den Goetheplatz geht es zum historischen Börsengebäude, einem Neorenaissancepalast, der zwischen 1874 und 1879 entstand. Wer von der Besuchergalerie aus den Parketthandel beobachten möchte, muss sich einen Tag vorher anmelden. Seit ihrer Wiedereröffnung im Jahr 1981 ist auch die Alte Oper ein Wahrzeichen des neuen Frankfurt. Der Wiederaufbau des zwischen 1873 und 1880 errichteten, im Zweiten Weltkrieg stark zerstörten Prachtbaus leitete eine neue Phase der Stadtentwicklung ein. Es wird allerdings nicht mehr als Opernhaus, sondern als Konzert- und Kongresszentrum und sogar Talkshowbühne genutzt.

Was wäre eine Frankfurt-Tour ohne einen Abstecher nach Alt-Sachsenhausen, dem legendären Kneipenviertel hinter dem Deutschherrnufer an der südlichen Mainseite? Mehr als 120 »Ebbelwoi-Wertschafte«, wie der Frankfurter sagt, Weinstuben, Klubs und Bars soll es in dem Viertel geben. Die Straßenlokale vor den romantischen Fachwerkhäusern in der Kleinen und Großen Rittergasse, in der Klapper- und der Paradiesgasse sind an warmen Tagen bis tief in die Nacht gut besetzt. Die Gäste lassen es sich dann bei einem »Schöppche« Apfelwein und Handkäs gut gehen.

STELL- UND CAMPINGPLÄTZE

CAMPINGPLATZ MAINKUR

Frankfurter Landstraße 107, 63477 Maintal, campingplatz-mainkur.de, GPS: 50.138354, 8.783790. Direkt am Mainufer gelegen, von wo aus man mit dem Rad in die Stadt gelangt. Sehr gute Ausstattung mit Strom und Wasser direkt an der Parzelle.

TOP ★ ERLEBNISSE

★ BLITZBLANK SANIERT

Neue Altstadt klingt sinnlos – außerhalb von Frankfurt. Dort sanierte und baute man auf dem 7000 Quadratmeter großen Areal zwischen Römerberg, Domplatz, Schirn und Braubachstraße eine neue Version der 1944 zerbombten Fachwerkstadt unter dem Namen Dom-Römer. Insgesamt entstanden 35 Neubauten, darunter 15 Rekonstruktionen; eine der aufwendigsten betraf das Haus Zur goldenen Waage von 1619. Geführte Rundgänge erklären in 90 Minuten die wichtigsten Neuerungen.

★ REGIONALPARK RUNDROUTE

190 Kilometer ist die Radstrecke lang, die einmal rund um Frankfurt verläuft und Städte wie Mainz, Bad Homburg und Hanau verknüpft. Wie praktisch, dass man von jedem Ort aus per Bahn wieder zum Ausgangspunkt zurückkommt und man so die Tour auf mehrere Tage und Etappen aufteilen kann.

★ ABSOLUT OBEN

Als einziger Wolkenkratzer in Frankfurts Skyline öffnet der Maintower seine beiden Aussichtsplattformen für Besucher. Aus 200 Meter Höhe bietet sich ihnen ein fantastischer Blick von Deutschlands vierthöchstem Gebäude.

Weitere Informationen
frankfurt.de

DER SÜDEN

Wälder, Wein und Alpenglühen

Attraktionen des Südens: die Walhalla bei Regensburg (oben), gut ausgeschilderte Deutsche Alpenstraße (unten), und Weinbauidyll am Bodensee (links).

80 ROMANTIK AM NECKAR – HEIDELBERG

Stadt mit Starqualitäten

Kein anderer Ort in Deutschland ist so oft besungen worden wie die Neckarstadt Heidelberg. Von Goethe über Hölderlin bis zu Fred Raymond, der hier sein Herz verloren glaubte: Sie haben mit ihren Liedern und Gedichten der Universitätsstadt poetische Denkmäler gesetzt. Millionen Gäste aus aller Welt spüren jedes Jahr dem Mythos Heidelberg nach.

Es klingt absurd, aber schuld an der Schönheit und baulichen Geschlossenheit Heidelbergs ist der Pfälzische Erbfolgekrieg: Er legte die Stadt 1693 in Schutt und Asche und machte einen Neuanfang unumgänglich. Bis heute dominieren deshalb barocke Bürgerhäuser, die dem mittelalterlichen Straßennetz angepasst wurden, das Stadtbild. Diese Verbindung von barocker Bebauung und mittelalterlicher Straßenführung macht den besonderen Reiz von Alt-Heidelberg aus. In dem Gewirr enger Gassen rund um den Marktplatz herrscht allzeit ein großes Gedränge. Die Kneipendichte ist extrem hoch und stellte wohl schon immer eine Versuchung dar. Im Karzer der 1728 errichteten Alten Universität saßen bis 1914 Studenten ein, die das Heidelberger Nachtleben allzu sehr genossen hatten. Die Wände sind mit Graffiti der Zecher übersät.

Das Schloss, ein geschichtsträchtiger Ort

Heidelberg verdankt sein Flair dem Ensemble aus Altstadt, der Alten Brücke über den Neckar und der berühmten Schlossruine, die malerisch am bewaldeten Hang des Königstuhls liegt. Die Dichter der Heidelberger Romantik priesen sie als sichtbares Zeugnis vergangener Mittelalterherrlichkeit. Auf den Gemälden von William Turner erscheint sie

Die Universitätsstadt zeigt ihre besten Seiten: die Karl-Theodor-Brücke (unten) und die Schlossruine am Königstuhl (rechts oben). Der Studentenkarzer ist heute ein Museum (rechts unten).

in einem geheimnisvollen Licht. Romantische Gefühle stellen sich heute wohl eher selten ein: Rund eine Million Menschen besichtigen die berühmte Ruine Jahr für Jahr. Das Interesse der Besucher gilt vor allem der wechselhaften Schlossgeschichte und dem mit einem Fassungsvermögen von rund 219 000 Litern größten Weinfass der Welt im Fasskeller.
Die Anfänge des Heidelberger Schlosses gehen auf eine mittelalterliche Festung zurück, die im 16. und 17. Jahrhundert zu einer Residenz ausgebaut wurde. Der unter Kurfürst Ottheinrich von der Pfalz (reg. 1556–1559) entstandene und nach ihm benannte Ottheinrichsbau zählt zu den frühen Renaissancepalästen in Deutschland. Noch die Ruine beeindruckt durch eine Schaufassade mit reichem Figurenschmuck. Im Untergeschoss residiert heute das Deutsche Apothekenmuseum. Als letzte Erweiterungsmaßnahme ließ Kurfürst Friedrich V. von der Pfalz (reg. 1610–1623) einen Palast für seine Ehefrau Elisabeth Stuart, den sogenannten Englischen Bau, errichten. Friedrich V. ist als böhmischer »Winterkönig«, der die Schlacht am Weißen Berg gegen die katholische Liga verlor und mit der Reichsacht belegt wurde, in die Geschichte eingegangen. Sein Prunkbau mit einer großen Rittertreppe wurde während des Dreißigjährigen Krieges stark zerstört. Der Pfälzische Erbfolgekrieg (1688–1697) und ein Blitzeinschlag verwandelten das Schloss endgültig in eine Ruine und bereiteten seine romantische Idealisierung vor.

Ein Weg für gewisse Stunden

Der auf einer Anhöhe am Nordufer des Neckars verlaufende Philosophenweg gewährt nicht nur unvergleichliche Ausblicke auf die Stadt und ihr Schloss, sondern lockt auch mit fast schon mediterranem Flair. Dank des milden Heidelberger Klimas gedeihen im Philosophengärtchen, das als Naturbalkon der Stadt gilt, Zitronen- und Mandelbäume, Zypressen und selbst Palmen. Die Meriankanzel, ein weiterer Aussichtspunkt am Spazier- und Wanderweg, bietet genau den Blick auf Heidelberg, den der Kupferstecher Matthaeus Merian 1620 in der berühmten Großen Stadtansicht festgehalten hat.
Seinen Namen verdankt der Philosophenweg nicht etwa den großen Denkern, die in Heidelberg lehrten, sondern den Studenten, die den romantischen Ort bereits im 19. Jahrhundert für sich entdeckten und sich hier zu Schäferstündchen trafen.

STELL- UND CAMPINGPLÄTZE

WOHNMOBILSTELLPLATZ HEIDELBERG

Harbigweg 3, 69124 Heidelberg, wohnmobilstellplatz-heidelberg.com, GPS: 49.391604, 8.671063. Großzügig geschotterte Fläche mit Strom sowie Ver- und Entsorgung. Mit dem Fahrrad oder dem ÖPNV gelangt man in die Altstadt und zum Schloss.

TOP ★ ERLEBNISSE

★ SCHLENDERN AUF DER HÖHE

Wenn wandern in Heidelberg, dann sicher über den Philosophenweg. Den legendären Weinbergweg am Sonnenhang des Heiligenberges frequentier(t)en Professoren, Philosophen und Dichter und wärmten sich am Anblick von Altstadt, Fluss und Bergen.

★ LADENBURG

Einfach aufs Rad setzen und dem Neckarradweg wenige Kilometer folgen. So gelangt man nach Ladenburg, ein nettes ebenfalls sehenswertes kleines Örtchen. Anschauen sollte man sich hier auch den Wohnmobilstellplatz für den nächsten Aufenthalt in der Region.

★ JAZZ AUS DER HÖHLE

Ein echter Dauerbrenner: Als ein paar Kommilitonen 1954 das Cave in der Krämergasse gründeten, konnten sie nicht ahnen, wie lange ihre schummrige Jazzkneipe Bestand haben würde. Inzwischen sind gut 65 Jahre daraus geworden, in denen der älteste Studentenjazzclub Deutschlands Szene-Größen wie Louis Armstrong, Ella Fitzgerald und Dizzy Gillespie empfangen hat.

Weitere Informationen
heidelberg.de

81 NATIONALPARK HUNSRÜCK-HOCHWALD

Der jüngste Nationalpark in Deutschland kam im Mai 2015 hinzu: Als Gemeinschaftsprojekt der Bundesländer Rheinland-Pfalz und Saarland erstreckt er sich von Nonnweiler nach Kempfeld. Der Naturpark Saar-Hunsrück umschließt ihn wie eine große grüne Pufferzone.

TOP ★ FIVE

★ Vorbild Nepal
Die knapp 100 Meter hohe Hängeseilbrücke Geierlay überspannt das Mörsdorfer Bachtal auf einer Länge von 360 Metern.

★ Kelten-Welten
Der Sirona-Weg verbindet keltische Siedlungen und andere historische Stätten im Hunsrück und dem Nahetal.

★ Grubenfahrt
In mehr als 30 Gruben wurde in der Region Schiefer gefördert – das Besucherbergwerk Herrenberg in Bundenberg zeigt, wie's lief.

★ Vanitas-Faktor
Das stillgelegte Hoxeler Viadukt mitten im Hunsrücker Hochwald gehörte zur Hunsrückquerbahn.

★ Heimat-Orte
Filmfreunde finden nicht weit vom östlichen Parkende Schauplätze von Egar Reitz' »Heimat«-Reihe – Woppenroth, Gehlweiler und Simmern.

Nur knapp die Hälfte des Naturparks ist als Nationalpark ausgewiesen – das erscheint wenig, doch immerhin bleiben 14 000 Fußballfelder, in denen am liebsten gar nichts passieren soll. Oder besser gesagt: Der Mensch hält sich raus, denn die Natur verändert sich ohnehin fortwährend.
Die Ausgangslage unterscheidet sich innerhalb des neuen Nationalparks, deshalb hat man ihn in drei Zonen eingeteilt. Die Wildnisbereiche nehmen 30 Prozent der Gesamtfläche von 10 100 Hektar ein. Bis ins Jahr 2045 soll ihr Anteil auf drei Viertel gestiegen sein. In den Entwicklungszonen gilt es, die Natur auf ihre zukünftige Rolle als Wildnis vorzubereiten, etwa durch die Entnahme von nicht standortheimischen Fichten – auch um Platz zu schaffen für die Rotbuchen, die etwa die Hälfte der Parkfläche einnehmen. Auch das Verfüllen von Gräben, damit Moore renaturiert werden können, zählt zu den pflegerischen Eingriffen. Unter dem Begriff Pflegezone sammelt sich die restliche Fläche.
Das Mittelgebirge Hunsrück hat an vielen Stellen eine intensive Nutzung hinter sich: Ackerbau, Viehhaltung, Rohstoffgewinnung, holz- und wasserwirtschaftlich begründete Eingriffe haben die Landschaft über Jahrhunderte geformt. Vom 15. bis ins 19. Jahrhundert war der Hochwald ein Zentrum der Eisenverarbeitung. Der Abgeschiedenheit der Lage ist es zu verdanken, dass viele Zeugnisse der Geschichte erhalten blieben, manche stammen noch aus der Kelten- und Römerzeit.
Was den neuen Park neben seiner ungewöhnlichen längs gestreckten Form hervorhebt: Mitten drin liegen vier Enklaven – die Ortschaften Börfink, Muhl, Thranenweier und Hujetsägemühle, gute Ausgangspunkte für Erkundungen. Für Menschen, die Interesse an der Entwicklung des Nationalpark-Gedankens haben, ist der Abstecher in den Westen also sehr lehrreich: Während sich im Nationalpark Eifel die Wildnis schon über ein gutes Dutzend Jahre selbst überlassen bleibt, steht der Prozess im Hunsrück erst am Anfang.

1 Erbeskopf Die höchste Erhebung von Rheinland-Pfalz misst 816 Meter und liegt einen Steinwurf außerhalb

Ein Rothirsch durchstreift den Nationalpark Hunsrück-Hochwald.

der Nationalparkgrenzen. Ob das auch mit der Gestaltung seines Gipfelplateaus zu tun hat? Das ziert seit 2011 u. a. eine begehbare Skulptur. Zum Erbeskopf führen außerdem drei Skilifte, in der warmen Jahreszeit sorgt eine Sommerrodelbahn für die rasante Talfahrt.

2 Rosselhalden Wenn Quarzit, das seit 380 Millionen Jahren vorherrschende Gestein des Mittelgebirges, Felsrippen ausbildet und andere Verwitterungserscheinungen zeigt, sprechen die Ranger von Rosselhalden – beispielsweise bei Touren zum 668 Meter hohen Wehlenstein.

3 Dollbergschleife Eine Route begleitet Wanderer rund um Hermeskeil quer durch die Geschichte: Die elf Kilometer lange Dollbergschleife passiert sowohl den keltischen Ringwall von Otzenhausen als auch den »Züscher Hammer«, das größte Eisenhüttenwerk des Hunsrücks im 17. Jahrhundert, und die Talsperre Nonnweiler. Sie ist das größte Trinkwasserreservoir in Rheinland-Pfalz und dem Saarland.

4 Thranenweier Rund um den kleinen Ort findet sich ein Mosaik aus Borstgraswiesen. Zwischen den grünen, borstigen Halmen, die auf sauren und stickstoffarmen Böden gedeihen, wächst das seltene Heilkraut Arnika.

STELLPLÄTZE

WOHNMOBILSTELLPLATZ HERMESKEIL

Labachweg 1, 54411 Hermeskeil, GPS: 49.653714, 6.941116. Der Nationalpark hat noch Aufholbedarf in Sachen Campingtourismus. Stellplätze und sogar Campingplätze sind eher Mangelware. Einen schönen Stellplatz findet man aber in Hermeskeil. Er ist allerdings sehr einfach und bietet nur Platz für vier Fahrzeuge.

5 Idarwald In diesen Teil des Hunsrücks führen zahlreiche Wanderungen – beispielsweise auf den Idarkopf. Der Ausflug zum Gipfel auf 746 Meter Höhe lohnt sich auch wegen der verlängerten Aussicht: Der 28 Meter hohe Idarkopfturm gewährt eine schöne Sicht auf den Großen Feldberg im Taunus, aufs Pfälzer Bergland und bis in die Eifel und zur Fuchskaute im Westerwald.

6 Wildfreigehege Wildenburg Rund 42 Hektar misst das Areal an der Wildenburg, zu dem auch ein Wildkatzenzentrum gehört. Etwa 1000 der 5000 derzeit in Deutschland lebenden Wildkatzen sollen im Hunsrück leben. Ihren Namen trägt ein 6,5 Kilometer langer Rundweg, der am Freigehege startet.

7 Saar-Hunsrück-Steig An zwei Stellen schneidet der 362 Kilometer lange Wanderweg den Nationalpark: Vom westlichen Ende bei Nonnweiler führt er über den höchsten Saarland-Gipfel, den Dollberg, bis zum Erbeskopf und kurz nach Sensweiler in einer Schleife bis Herborn – die Etappen 9, 10 und 11. Über 100 Rundwanderweg erweitern den Steig, sie heißen »Traumschleifen«.

8 Hunolsteiner Klammtour Eine der schönsten Traumschleifen führt durch die Hölzbachklamm bei Morbach. Gut 100 Meter vor der Mündung in die Dhron bildet der Bach den wohl schönsten Wasserfall im Hunsrück. Die Tour beginnt in Hunolstein an der gleichnamigen Burgruinie, die um das Jahr 1180 entstand.

9 Ochsenbruch Moosbeere, Wollgras und Sonnentau wachsen im Ochsenbruch – die Moore im Hunsrück heißen Brücher. Eine Park-Besonderheit sind die Hangbrücher, knapp zehn Prozent dieser Flächen werden derzeit renaturiert. Im Nationalpark treten Feuchtgebiete in vielen Erscheinungsformen auf, u. a. als staunasse Wälder, Bruchwälder, Feuchtwälder, Zwischen- und Übergangsmoore.

Anfahrt Je nach Einstieg von Norden her über die B269, von Westen über die B327 bzw. A1, von Süden und Osten her über die A62 und die B41. Außerdem direkt per Zug: von Idar-Oberstein, von Neubrücke und Türkismühle aus.

Lage Im Viereck von Trier, Saarbrücken, Kaiserslautern, Idar-Oberstein.

Größe 10 000 ha

Höchste Erhebung Erbeskopf (816 m)

Gründung 2015

Internet
nationalpark-hunsrueck-hochwald.de

82 SCHLICHTE PRACHT – KLOSTER MAULBRONN

In Maulbronn kommt man von den Weinbergen direkt ins Paradies

Nördlich der Alpen gibt es kein anderes Kloster, dessen mittelalterliche Bauten nahezu unverändert in solcher Geschlossenheit erhalten sind. In Maulbronn erlebt man aber auch eine Kulturlandschaft, die von der Abtei über Jahrhunderte gestaltet wurde. Seit 1993 gehört sie zu den Welterbestätten.

Schlichte Steinkirchen ohne luxuriöse Baukunst, ohne Türme, Krypta und Empore – so hatte es Bernard von Clairvaux im 12. Jahrhundert gefordert. Die Zisterziensermönche, die 1147 das Kloster Maulbronn gründeten, folgten den Vorgaben des Reformators. Und doch schufen sie und ihre Nachfolger ein traumhaft schönes Ensemble mittelalterlicher Architektur, das heute zum UNESCO-Welterbe gehört.

Noch aus der Gründungszeit stammt die Chorschranke in der Kirche. Deren romanische Portale wurden vor knapp 900 Jahren geschaffen und stellen die ältesten datierbaren Türen Deutschlands

Der Kreuzgang des Klosters verbindet Kirche, Kapitelsaal, Schlaf- und Speisesaal und zeigt romanische und gotische Bauteile (rechts). Das Brunnenhaus ist wohl das meistfotografierte Motiv im Kreuzgang (rechts oben).

dar. Als die Zisterzienser um 1200 die Gotik aus Frankreich mitbrachten, entstanden die eleganten Refektorien sowie die Vorhalle der Kirche, die mit ihren Säulenbündeln zu den ersten gotischen Meisterwerken in Deutschland gehört. Da in diesem Raum traditionell der biblische Sündenfall thematisiert wurde, heißt er »Paradies«.

STELL- UND CAMPINGPLÄTZE

STROMBERG CAMPING

Diefenbacher Str. 70, 75438 Knittlingen, strombergcamping.de, GPS: 49.035156, 8.833266. Campingplatz in ruhiger Waldrandlage mit eigenem Restaurant.

Wasser und Wein

Maulbronn bietet die einmalige Gelegenheit, eine mittelalterliche Klosterstadt samt der dazugehörigen Kulturlandschaft zu erleben. Die Abtei wurde 1806 säkularisiert und bildet heute den von einer Mauer umschlossenen Ortskern. Auf die Mönche geht auch Maulbronns Tradition des Weinbaus zurück, die nicht nur Kenner fasziniert. Gut 850 Jahre ist die Weinlage am Eilfingerberg schon alt, deren Terrassen genauso wie die Fischweiher und das Wasserwirtschaftssystem von den Mönchen angelegt wurden.

INFO: kloster-maulbronn.de

TOP ★ ERLEBNISSE

★ KULTUR- UND WEINLEHRPFAD

Wandern ist in diesem Zusammenhang vielleicht ein wenig übertrieben. Nicht ganz eineinhalb Kilometer ist man auf dem Pfad unterwegs, auf dem man an Streuobstwiesen tolle Ausblicke über Maulbronn genießen kann. Ganz nebenbei erfährt man Wissenswertes über das Kloster und den Weinanbau.

★ EINE ANNÄHERUNG

Es ist nur ein kurzer Weg, der von Westen aufs Kloster zuführt, doch er bietet einiges auf: einerseits an zeitgenössischer Kunst, andererseits an Bedeutung. Acht bekannte Künstler steuerten Skulpturen bei, den gemeinsamen Nenner mit der Klosterarchitektur bildet nach Ansicht der Initiatoren die Qualität. Sinn und Funktion der Werke liegt darin, die Konzentration des Besuchers einzufangen und seine Aufmerksamkeit aufs Kloster zu lenken.

Weitere Informationen
enzkreis.de

Schloss Karlsruhe ist das Zentrum einer barocken Planstadt, die im 18. Jahrhundert mitten im Hardtwald angelegt wurde (unten). Im Vierordtbad tauchen die Karlsruher seit 1873 unter (rechts). Die Großherzoglich Badische Krone muss heute niemand mehr tragen – sie ruht im Badischen Landesmuseum (rechts unten).

83 BREIT GEFÄCHERT – KARLSRUHE

Die badische Residenzstadt wurde im 18. Jahrhundert am Reißbrett geplant

Ludwig XIV. hatte es vorexerziert: Der Herrscher ist die Sonne und seine Residenz das symbolische Zentrum der Macht. Nach diesen Prinzipien ließ Markgraf Karl Wilhelm von Baden-Durlach 1715 Karlsruhe mitten im Hardtwald als absolutistische Idealstadt anlegen.

Der größte Teil der winzigen Markgrafschaft Baden-Durlach lag am mittleren Oberrhein. Nennenswerte Siedlungen waren dort einzig Pforzheim und Durlach, die 1718 als Residenzorte dienten. Als Markgraf Karl Wilhelm 1709 an die Macht kam, hatte er in europäischen Städten studiert und als Offizier im Spanischen Erbfolgekrieg gedient. Die Welt muss ihm eng erschienen sein in Durlach, dessen vom Krieg gebeutelte Einwohner weder seine Begeisterung für kostspielige exotische Pflanzen teilten noch Sinn für einen großzügigen Ausbau des Schlosses besaßen.

Die Sonnenstrahlen der Macht

Nachdem dies geklärt war, ließ Karl Wilhelm mitten im Hardtwald ein barockes Schloss errichten – die leuchtende Sonne im Mittelpunkt einer Anlage, von der 32 Alleen strahlenförmig in alle Himmelsrichtungen führen. Eine planmäßig angelegte Stadt entstand nur an den neun südlichen Alleen und hatte deshalb einen fächerförmigen Grundriss, der noch heute deutlich zu erkennen ist.

Die »Fächerstadt« Karlsruhe füllte sich mit Leben: 1718 zog der Hof von Durlach ein, zudem lockte Karl Wilhelm mit modernen Methoden fast 2000 Bürger aus Baden, Frankreich, Italien, Polen und der Schweiz in seine barocke Planstadt. Religionsfreiheit, die Freiheit von Leibeigenschaft und Fron, Steuer- und andere Privilegien waren überzeugende Argumente. Heute ist die Großstadt die »Residenz des Rechts« als Sitz des Bundesgerichtshofs und des Bundesverfassungsgerichts.

INFO: karlsruhe.de

STELL- UND CAMPINGPLÄTZE

CAMPING DURLACH

Tiengener Str. 40, 76227 Karlsruhe, ka-camping.de, GPS: 49.007219, 8.482914. Campingplatz mit voller Ausstattung in Stadtrandlage. Bahngleise und ein vielbefahrener Verkehrsknotenpunkt sind in der Nähe.

TOP ★ ERLEBNISSE

★ TOUR MIT NATUR

Seit Sommer 2017 verbindet eine große Fahrradrunde verschiedene Landschaftszonen in und um Karlsruhe: Durch acht Schutzgebiete und drei Naturräume führt die zumeist flache Strecke, die am Karlsruher Schloss beginnt. Rheinebene, Hardtwald und die Kinzig-Murg-Rinne liegen noch im Stadtgebiet, dazu kommt eine Schleife durchs Kraichgau und den Nördlichen Schwarzwald. Etwas Kondition sollten Radler mitbringen: Die Route misst 48 Kilometer.

★ MUSEUM MIT IMPULSEN

Als Vorbild galt dem Gründungsdirektor des ZKM, Heinrich Klotz, ganz unbescheiden das Bauhaus – und was er und sein Nachfolger mit dem Zentrum für Kunst und Medien auf die Beine stellten, braucht den Vergleich nicht zu scheuen. Das ZKM enthält mit dem Museum für Neue Kunst und dem Medienmuseum zwei Ausstellungsbereiche, die sich einerseits mit Geschichte und Kritik der Medien beschäftigen, andererseits mit Kunst aus der zweiten Hälfte des 20. Jahrhunderts bis zur Gegenwart. Beheimatet ist der ZKM im »Hallenbau A«, einer früheren Munitionsfabrik.

Weitere Informationen
karlsruhe-tourismus.de

Eine Stadtbesichtigung erfordert Kondition (oben). Eine Augenweide sind allein die Seerosen in der Wilhelma (rechts).

84 KULTUR UND GENUSS IM LÄNDLE – STUTTGART

Zwischen Wald und Reben

Schon allein ihre Geografie macht die Hauptstadt Baden-Württembergs einzigartig: Stuttgart liegt in einem Talkessel, die Differenz zwischen Talsenke und Talrändern beträgt bis zu 350 Meter. Ringsum halten Höhenzüge Wind und Regen fern, sodass selbst Weinbau im Stadtgebiet möglich ist. Zum schönen Gesamteindruck tragen die vielen Parkanlagen bei.

Stuttgart ist nicht nur wegen seiner herrlichen Parks und Gärten eine Reise wert. Die Stadt verfügt über eine bunte Kulturlandschaft und ausgezeichnete Museen. Obwohl Zweckbauten der Nachkriegszeit die City prägen, gibt es sehenswerte historische Baudenkmäler. Während auf dem Stadtgebiet 630 000 Menschen leben, wohnen in der Region fast 2,7 Millionen. Für die Geselligkeit sorgen Weinstuben und die bäuerlichen Besenwirtschaften.

Stuttgarts grüne Lunge

Ursprünglich war der Schlossgarten eine Parkanlage, die sich vom neuen Schloss schier endlos Richtung Nordosten bis an den Neckar und zum Rosensteinpark hinzog. Doch dann kam »Stuttgart 21« – und ungeachtet aller Bürgerproteste schlugen die Bagger eine riesige Schneise in den mittleren Teil des Parks. Trotz der Beeinträchtigungen, die die Baustelle am neuen Hauptbahnhof mit sich bringt, bleibt der größte Teil des Parks von dem Projekt unberührt. Nach wie vor lädt der Untere Schlossgarten zu ausgedehnten Spaziergängen ein. An seinem Nordende bildet das klassizistische Schloss Rosenstein ein Entree zu dem gleichnamigen Landschaftspark, der mit 100 Hektar Fläche wohl der größte Park seiner Art in Südwestdeutschland ist. Park und Schloss wurden in der ersten Hälfte des 19. Jahrhunderts unter König Wilhelm I. von Württemberg (1781–1864) angelegt. Seit der Bundesgartenschau des Jahres 1977 sind die Anlagen mit dem Schlossgarten durch Grünflächen verbunden.

Die Stuttgarter Markthalle (oben) und das Porsche Museum am gleichnamigen Platz (unten). Die Wiesen am Schlossplatz vor dem Neuen Schloss (rechts oben). Die neue Stadtbibliothek Stuttgart kommt ohne Schnickschnack aus (rechts unten).

Im Nordosten des Rosensteinparks lockt ein besonderes Highlight: Die Wilhelma ist der einzige zoologisch-botanische Garten Deutschlands. Ab 1840 ordnete König Wilhelm I. an, hinter dem Wilhelma-Theater ein Bad- und Gartenhaus im maurischen Stil zu bauen, das sich zu einem kleinem Schloss auswuchs. Das Vorbild lieferte, der damaligen Mode folgend, die Alhambra im andalusischen Granada. Bis heute lassen sich in den historischen Gewächshäusern exotische Pflanzen aus aller Welt bestaunen. Im Wechsel der Jahreszeiten verändert der Park sein Erscheinungsbild: Im April verwandeln Magnolien den maurischen Garten in ein rosa-weißes Blütenmeer, später blühen Rhododendren und Azaleen, im Herbst verfärben sich die mächtigen Laubbäume, die zum Teil aus der Gründungszeit stammen. Erst nach dem Zweiten Weltkrieg wurde mit der Anlage eines Zoos begonnen. Mittlerweile leben rund 9000 Tiere in der Wilhelma.

Das historische Zentrum

Wer weiß schon, dass Stuttgart einen der schönsten Renaissanceplätze Deutschlands zu bieten hat? Der Schillerplatz im Herzen der Stadt wurde zu Beginn des 17. Jahrhunderts unter Herzog Friedrich I. neu gestaltet und in der Bebauung dem prächtigen Schloss angepasst. Das erst zu Beginn des 18. Jahrhunderts vollendete Prinzenpalais ähnelt einem florentinischen Palast, auch dem spätgotischen »Fruchtkasten« verpasste Heinrich Schickhardt (1558–1635) eine neue Fassade. Heute ist der ehemalige Kornspeicher eines der ältesten erhaltenen Häuser Stuttgarts.

Die Anfänge des Alten Schlosses gehen auf das 10. Jahrhundert zurück, doch im 16. Jahrhundert wurde es zum Renaissancepalast mit Arkadenhof umgebaut. Im Süden des Schillerplatzes ist der frühgotische Chor der Stiftskirche ein Hingucker.

Der Platz vor dem Neuen Schloss bildet ein Zentrum des urbanen Lebens in Stuttgart. Von Blumenrabatten gesäumte Grünflächen laden an heißen Sommertagen zu Ruhepausen ein. Im Winter lockt eine Eisbahn Schlittschuhläufer an. Im barocken Schloss selbst hat heute das baden-württembergische Finanzministerium seinen Sitz. Der Bau wurde 1746 von Herzog Carl Eugen von Württemberg angestoßen. Allerdings überforderten die Wünsche des eitlen Regenten die Staatskasse. Der Herzog, der 1793 starb,

erlebte die immer wieder verzögerte Fertigstellung seines Traumschlosses nicht mehr. Erst unter seinem Neffen Herzog Friedrich II. konnte der Bau vollendet werden. Auch die Anlage des Schlossgartens verdankt die Stadt dem unter Napoleon zum König von Württemberg ernannten Friedrich. Während das wuchtige Staatstheater die Ostseite dominiert, dehnt sich an der Westseite des Schlossplatzes der spätklassizistische Königsbau aus dem 19. Jahrhundert aus. Hinter dem Portikus aus 26 wuchtigen Säulen verbergen sich Cafés und Ladengeschäfte.
Den architektonischen Kontrast zu den historischen Gebäuden rund um den Schlossplatz bildet das Kunstmuseum. Der 2006 eingeweihte Bau besteht aus einem Natursteinkubus, der von einem Glaswürfel umhüllt ist. Das Museum besitzt die weltweit größte Sammlung der Werke von Otto Dix sowie Gemälde von Rebecca Horn und Willi Baumeister.

STELL- UND CAMPINGPLÄTZE

CAMPING CANNSTATTER WASEN

Mercedesstraße 40, 70372 Stuttgart, campingplatz-stuttgart.de, GPS: 48.793833, 9.219423. Der Name verrät es schon: Wenn Volksfest herrscht, dann hört man das auf dem angrenzenden Campingplatz. Aber ansonsten besticht die zentrale Lage direkt am Neckar-Ufer und fußläufige Erreichbarkeit des Stadtzentrums und des Stadions.

Kunst und Technik

Immer wieder hat Stuttgart durch spektakuläre Museumsbauten Maßstäbe gesetzt: Die 1984 eröffnete Neue Staatsgalerie des schottischen Architekten James Stirling gehört dazu. Mit ihr wurde dem klassizistischen Gebäude der Alten Galerie ein postmodernes Meisterwerk zur Seite gestellt. Elemente verschiedener Baustile von der Antike bis zur Klassischen Moderne werden hier auf originelle Weise kombiniert. Der u-förmige Grundriss des Museums zitiert zwar die Alte Galerie, doch lockern vorgebaute Rampen und die geschwungene Glasfront des Eingangsbereichs ihre klassizistische Strenge auf. In beiden Gebäuden erwartet den Besucher ganz große Kunst vom Mittelalter bis zur Klassischen Moderne und der Gegenwart.
Die beiden Museen, die Stuttgarts bekannte Autohersteller errichten ließen, locken Technikfreaks und sind zu Wallfahrtsorten für Freunde moderner Architektur geworden. Im Mercedes-Benz-Museum in Bad Cannstatt führen zwei sich in Form einer Doppelhelix windende Rampen die Besucher durch die Ausstellung. Experten sind sich einig, dass die Architekten bei der Konstruktion an die Grenzen des technisch Machbaren vorgestoßen sind. Auch das neue Porsche Museum präsentiert sich als kühner architektonischer Entwurf und bautechnisches Bravourstück zugleich: Nur von wenigen Stützen getragen, scheint der schräg gestellte Schauraum auf dem Werksgelände in Zuffenhausen gerade vom Boden abzuheben.

TOP ★ ERLEBNISSE

★ PANORAMAWEG

Die Landeshauptstadt Stuttgart liegt bekanntlich in einem Talkessel. Das bedeutet gleichzeitig, dass man am Rande dieses Kessel auf einem Panoramaweg wandern und die Aussicht über die Stadt genießen kann.

★ ERBE-HAUS

In einer hochkonzentrierten Zeit von nur 21 Wochen entstanden Häuser und Wohnungen, in der sich die Moderne konstituierte: Die Weissenhofsiedlung ging 1927 aus einer vom Deutschen Werkbund angestoßenen Ausstellung hervor. Die beiden Häuser des Schweizer Architekten Le Corbusier zählen seit 2016 zum Weltkulturerbe.

Weitere Informationen
stuttgart-tourist.de

Tübingens berühmteste Ansicht ist die Neckarfront mit dem gelben Hölderlinturm (oben). Die Allegorie der Gerechtigkeit und des Wohlstandes ziert seit 1877 das Rathaus (rechts unten). Staunen pur bietet das gehäkelte Korallenriff im MUT (rechts oben).

85 DICHTER- UND DENKERSCHMIEDE – TÜBINGEN

Seit über 500 Jahren gibt die Universität in der Stadt den Ton an

Was haben der Theologe Hans Küng, der Philologe und Schriftsteller Walter Jens und Papst Benedikt XVI., der Astronom Johannes Kepler und der Psychiater Alois Alzheimer, die Alt-Bundespräsidenten Roman Herzog und Horst Köhler, die Dichter Wilhelm Hauff und Eduard Mörike gemeinsam? Sie alle und zahllose andere berühmte Geistesgrößen und unbekannte Durchschnittsschlaue studierten oder lehrten an Tübingens altehrwürdiger Alma Mater.

Wo sich zwischen Schwarzwald und Schwäbischer Alb Tübingen an den Neckar schmiegt, lebten in der Eiszeit Jäger und Sammler. Jahrtausende später siedelten sich Bauern an, trieben Kaufleute Handel und wohl schon im 11. Jahrhundert erbauten die Grafen von Tübingen eine Burg. An deren Stelle thront seit dem 16. Jahrhundert das Renaissanceschloss Hohentübingen über der Stadt, die mit ihren Gassen und Fachwerkhäusern wie ein schwäbisches Postkartenidyll erscheint.

Die entscheidende Investition in Tübingens Geschichte tätigte jedoch Graf Eberhard »im Bart« von Württemberg, als er hier 1477 eine der ersten Universitäten Europas gründete. Damals lebten in der Stadt wohl rund 3000 Menschen, heute besitzt sie knapp 85 000 Einwohner – und rund 29 000 Studenten, die für frischen Wind in den alten Gemäuern sorgen.

Geist und Technik

Unterhalb des Schlosses schlägt das Herz der Altstadt am Marktplatz rund um den Neptunbrunnen. Imposante Bürgerhäuser säumen den dreieckigen Platz, dominiert wird das Ensemble jedoch vom prächtigen Rathaus von 1435, das im Lauf der Jahrhunderte immer wieder erweitert und umgebaut wurde. Die Malereien an der Hauptfassade wurden 1877 zum 400-jäh-

rigen Jubiläum der Universität angebracht, bereits seit 1511 drehen sich dagegen im Ziergiebel unermüdlich die Räder der kunstvollen astronomischen Uhr des Tübinger Astronomen und Mathematikers Johannes Stöffler. Noch heute funktioniert dieses präzise Wunderwerk der Mechanik einwandfrei.

Auf dem kurzen Spaziergang vom Marktplatz zum Neckar kommt man in der Münzgasse an der Alten Aula von 1547 vorbei, die bis zum Jahr 1845 als Hauptgebäude der Eberhard Karls Universität diente. Am Balkon des Hauses sieht man deren Wappen mit den zwei gekreuzten Zeptern, die für die einstige Unabhängigkeit und gerichtliche Eigenständigkeit der Universität stehen.

In der uralten Straße finden sich auch der ehemalige Karzer, das »Cotta-Haus«, in dem der berühmte Cotta-Verlag im 17. und 18. Jahrhundert von Goethe über Hölderlin bis zu den Brüdern Humboldt »die Bücher der ersten Wissenschaftler und Literaten« herausbrachte. Gegenüber hütet die gotische Stiftskirche St. Georg einen Altar des Dürer-Schülers Hans Schäufelein und Glasfenster des Straßburger Meister Peter Hemmel von Andlau. Von ihrem Turm hat man einen herrlichen Blick auf die steilen roten Dächer der Altstadt.

STELL- UND CAMPINGPLÄTZE

CAMPINGPLATZ TÜBINGEN

Rappenberghalde 61, 72070 Tübingen, neckarcamping.de, GPS: 48.511020, 9.035777. Überschaubarer Campingplatz, der alles bietet, was man braucht. Liegt direkt am Neckar und am Stadtrand. Die malerische Altstadt ist dennoch gut zu Fuß zu erreichen.

Hölderlins Turm

Nur eine Gasse entfernt fanden ab dem 15. Jahrhundert Studenten in der Alten Burse Unterkunft und Unterricht bei Größen wie dem Humanisten Philipp Melanchthon. Auch heute widmen sich in dem rosa Gebäude Philosophen und Kunsthistoriker ihren Studien. Im 19. Jahrhundert befand sich in der Burse zeitweise das erste Klinikum der Universität, in dem auch der Dichter Friedrich Hölderlin psychiatrisch behandelt wurde. 1807 als unheilbar entlassen, lebte der psychisch Kranke bis zu seinem Tod 1843 bei der Familie des Schreinermeisters Zimmer am Neckar in einem alten Turm der Stadtbefestigung. Der Hölderlinturm ist heute Gedenkstätte und Museum sowie Veranstaltungsort für Lesungen und Tagungen.

Der gelbe Turm mit dem spitzen Dach ist ein markantes Gebäude der berühmten Neckarfront, die man bei einer Fahrt mit einem Stocherkahn besonders gut in Augenschein nehmen kann – oder bei einem Spaziergang auf der idyllischen Neckarinsel. Dort schlendert man parallel zum Fluss auf einer romantischen Allee unter 200 Jahre alten Platanen. Angeblich wurden die mächtigen Bäume vom letzten Scharfrichter der Stadt gepflanzt, der zum Gemeindewege-Inspektor »umgeschult« worden war.

TOP ★ ERLEBNISSE

★ JAKOBSWEG

Zwischen Ammer- und Neckartal liegt der lang gestreckte Spitzberg, den auf der einen Seite Wald bedeckt, auf der anderen Seite Rebstöcke. Die Wurmlinger Kapelle steht auf seinem Gipfel auf 475 Meter Höhe – zu erreichen über den 16 Kilomter langen Rundwanderweg ab Tübingen.

★ STOCHERKAHNRENNEN

Im Frühsommer brodelt der Neckar, wenn zum Stocherkahnrennen rund 50 Boote gegeneinander antreten. Sie schieben sich über die 2,5 Kilometer lange Strecke an der beachtlichen Kulisse von 15 000 Zuschauern vorbei. Die schnellsten Kähne erreichten nach 20 Minuten das Ziel, die Verlierer müssen nicht nur Lebertran trinken, sondern auch das nächste Rennen organisieren.

★ FRÜCHTETRAUF

Rund um Tübingen erstreckt sich der sogenannte Früchtetrauf mit einer Vielzahl an Premiumwanderwegen, die einheitlich mit einem roten Apfel ausgeschildert sind. Neben ausgezeichneten Wanderwegen lassen sich außerdem verschiedene Etappentouren und Themen-Radtouren auf dem Fahrrad erleben.

Weitere Informationen
tuebingen-info.de

86 DURCH DIE BERGLANDSCHAFT

Von Freiburg zum Bodensee

Auf dieser Wohnmobilreise bewegt man sich fast gar nicht vorwärts. So scheint es zumindest. Denn Start- und Zielort sind eigentlich gar nicht so weit voneinander entfernt. Fährt man aber im Zickzack durch den Schwarzwald sowie über die Schwäbische Alb, zeigt der Kilometerstand des Wohnmobils schnell mehr an als gedacht. Doch es lohnt sich: Viele landschaftliche Höhepunkte liegen an der Strecke und zum Abschluss lockt der Bodensee.

Eine gesegnete Region – vor allem von oben. So ausdauernd wie hier scheint in Deutschland selten die Sonne und der äußerste Südwesten bricht regelmäßig nationale Temperaturrekorde. Und wenn es im Rheingraben zu heiß werden sollte, verspricht der Schwarzwald Abkühlung. Baden-Baden und Calw markieren die nördlichsten Punkte der Strecke, Lindau und Konstanz die südlichsten.

Von Freiburg nach Haslach Unter dem filigranen Münster genießen Freiburgs knapp 230 000 Einwohner das besondere Stadtklima. Das hat viel mit den Sonnenstunden, aber auch mit der großen Universität und der ökologisch-fortschrittlichen Orientierung im Dreiländereck zu tun. Auf direktem Wege sind es nur 44 Kilometer bis Haslach – aber die Umwege auf der Schwarzwald-Panoramastraße und der Hochstraße über Hinterzarten, die auch mit einem Wohnmobil gut machbar sind, verschaffen viele neue Eindrücke.

Von Haslach nach Baden-Baden
Erst die B500 nach Wolfach und später die B28 nach Bad Peterstal, so lautet die Empfehlung für die nächste Etappe. Am Weg liegen der Nationalpark Schwarzwald, Mummelsee und Hornisgrinde sowie jede Menge Campingplätze, von denen aus man auf die Wanderwege der Region einsteigen kann. Nach so viel Natur wird's in Baden-Baden mondän. Hier kurten einst die Reichen und die – nach einem Spielbankbesuch – nicht mehr ganz so Reichen und flanierten durch die Alleen.

Klein, aber charmant ist der Stellplatz in Forbach.

Von Baden-Baden nach Rottweil
Auf der L340 dauert es etwa eine Stunde bis Calw – ohne Zwischenhalte. Die rentieren sich vor allem in der Papiermacher- und Flößerstadt Gernsbach oder in Bad Herrenalb, dem Ort der sieben Täler mit seinem Kletterparadies am Falkensteinfelsen. Weiter geht die Wohnmobil-Tour durch so schöne Orte wie Horb oder Rottweil. Hier lässt man das Wohnmobil auf dem Stellplatz Turm und Kristalle stehen. Kristalle gibt es

direkt nebenan im Kristall-Museum. Auf den Turm geht es mit einem Lift. Immerhin handelt es sich um einen Fahrstuhl-Testturm.

Von Rottweil nach Ravensburg
Südlich von Rottweil gelangt man nach Bad Dürrheim, wo sich ein unfassbar großer Wohnmobilstellplatz, der aus verschiedenen Abschnitten besteht, über mehrere Areale ausbreitet. Ideal ist der Platz nicht nur für Alleinreisende, sondern auch für Gruppentouren, wenn man mal mit mehreren Fahrzeugen unterwegs ist.
Im nahe gelegenen Immendingen schaut man fasziniert bei der Donauversickerung zu, während der Stellplatz in Beuron an der noch jungen Donau in einem abgeschiedenen Talabschnitt liegt und absolute Ruhe und Erholung verspricht. Über Bad Waldsee, wo das Hymer-Museum jeden Wohnmobilisten interessieren dürfte, gelangt man schließlich in die Spielestadt Ravensburg.

Von Ravensburg nach Lindau Die frühere freie Reichsstadt blickt auf eine wechselvolle Geschichte, die im Museum Humpis-Quartier aufbereitet wird, das sieben Gebäude aus der Zeit seit 1380 aufschließt. Mit einem Abstecher über Wangen auf der B32 oder über das Tettnanger Schloss entlang der B467 endet die kurze Etappe in Lindau. Für die bayerische Bodenseestadt sollte unbedingt Zeit bleiben, um den Leuchtturm, das Alte Rathaus und die Peterskirche zu bewundern.

Von Lindau nach Überlingen Wie Perlen auf einer Kette reihen sich Wasserburg, Friedrichshafen, Immenstadt und Meersburg aneinander. Gleichzeitig ist die Uferstraße immer etwas anstrengend und gut gefüllt. Wie gut also, dass zahlreiche Campingplätze die Fahrt unterbrechen und man sich dadurch die beste Tageszeit zur Weiterfahrt aussuchen kann.

STELL- UND CAMPINGPLÄTZE

1 TERRASSENCAMPING SANDBANK
Seerundweg 9, 79822 Titisee-Neustadt, camping-sandbank.de,
GPS: 47.886436, 8.137142

2 REISEMOBILSTELLPLATZ AN DEN HEILQUELLEN
Schwarzwaldstraße, 77740 Bad Peterstal-Griesbach,
GPS: 48.433968, 8.213997

3 WOHNMOBILSTELLPLATZ BADEN-BADEN
Hubertusstraße 2, 76532 Baden-Baden, GPS: 48.782244, 8.203819

4 REISEMOBILPARK TURM UND KRISTALLE
Fronstraße 7, 78661 Dietingen, reisemobilpark-turm-und-kristalle.de,
GPS: 48.200230, 8.646206

5 REISEMOBILHAFEN BAD DÜRRHEIM
Huberstraße 34/2, 78073 Bad Dürrheim, womo-badduerrheim.de,
GPS: 48.011752, 8.534686

6 WOHNMOBILSTELLPLATZ BEURON
Abteistraße 24, 88631 Beuron,
GPS: 48.053023, 8.967519

7 WOHNMOBILSTELLPLATZ THERME
Unterurbacher Weg 26,
88339 Bad Waldsee,
GPS: 47.914426, 9.760346

8 WOHNMOBILSTELLPLATZ RAVENSBURGER SPIELELAND
Hangenstraße, 88074 Meckenbeuren, spieleland.de,
GPS: 47.709109, 9.592607

9 CAMPING ESCHBACH
Höhenstraße 16, 88142 Wasserburg (Bodensee), camping-eschbach.de,
GPS: 47.567934, 9.639202

10 CAMPINGPLATZ ALPENBLICK
Strandbadstraße 13, 88709 Hagnau am Bodensee,
campingplatz-alpenblick.de,
GPS: 47.672344, 9.328552

An der jungen Donau übernachtet man ruhig und in Sichtweite zur Abtei.

87 BESTES WETTER – FREIBURG IM BREISGAU

Grün und groovy

Das südbadische Freiburg an den westlichen Ausläufern des Schwarzwalds ist als Hochburg der Ökologiebewegung bekannt. Früher als anderswo wurde in Deutschlands sonnigster Stadt gegen die Kernkraft protestiert und mit alternativen Lebensformen experimentiert.

Freiburg ist nicht nur die südlichste, sondern mit durchschnittlich 1650 Sonnenstunden im Jahr auch die heiterste deutsche Großstadt. Im Sommer spielt sich hier das Leben bis nachts im Freien ab. Überall in der Altstadt sieht man Leute, die sich in den »Bächle« die Füße kühlen. Die schmalen Kanäle, die aus dem Fluss Dreisam gespeist werden, gehören zu den Wahrzeichen der Stadt. Schon seit dem 12. Jahrhundert durchziehen sie die Gassen. Das junge, vitale und weltoffene Freiburg blickt auf eine lange Geschichte zurück, die sich in den stattlichen Bürger- und Kaufmannshäusern rund um den Dom spiegelt. Das historische Kaufhaus etwa sticht durch seinen roten Anstrich und

Wahrzeichen in Deutschlands wärmster Stadt: »Bächle« am Rathausplatz vor dem Alten und dem Neuen Rathaus (rechts). Die Tauben kann der Wasserspeier am Freiburger Münster nicht schrecken (rechts oben).

zwei mächtige Eckerker aus der Häuserfront des Münsterplatzes hervor. In der südlichen Altstadt, dem einstigen Handwerkerviertel, laden tausenderlei Läden zum Stöbern ein. Bis heute nutzen Gaukler und Musiker den Augustinerplatz als Freilichtbühne. Das studentische Publikum ist ihnen sicher: Freiburgs Albert-Ludwigs-Universität, gegründet 1457, zählt zu den renommiertesten Unis in Deutschland.

Das Münster: ein Juwel der Gotik

Zwar kann es das von 1200 bis 1513 erbaute Freiburger Münster von den Ausmaßen her nicht mit Kathedralen wie dem Kölner Dom aufnehmen, dennoch ist es ein gotisches Meisterwerk. Der 116 Meter hohe Turm wurde vom Kunsthistoriker Jacob Burckhardt als »schönster Turm auf Erden« gerühmt. Seine durchbrochene Spitze diente vielen Kirchen als Vorbild, so zum Beispiel in Warschau und in Münster.

INFO: freiburg-fuer-alle.de

STELL- UND CAMPINGPLÄTZE

WOHNMOBILSTELLPLATZ FREIBURG

Suwonallee 1, 79108 Freiburg im Breisgau, stellplatz-freiburg.de, GPS: 48.015894, 7.834870. Strom, Ver- und Entsorgung vorhanden. ÖPNV, um in die Altstadt zu kommen, in der Nähe.

TOP ★ ERLEBNISSE

★ SCHAUINSLAND

Wandertouren, wohin man blickt. Freiburg lockt zu zahlreichen Wanderungen mit unterschiedlichen Schwierigkeitsstufen. Gemütlich geht es zum Beispiel auf der zehn Kilometer langen Tour vom Münsterplatz nach St. Ottilien zu. Aber auch von Schauinsland zurück nach Freiburg wandert man auf 14 Kilometern recht entspannt, nachdem man den Hausberg Freiburgs mit der Gondel erreicht hat. Doch es geht auch anspruchsvoller, so zum Beispiel vom Dreisamtal nach Hinterzarten oder auf dem Hexentalrundweg.

★ VORSICHT TRACK

Der Totenkopf auf dem Schild macht Sinn: Mountainbiker, die sich auf den »Baden to the Bone« wagen, sollten Erfahrung mitbringen. Über 3,2 Kilometer und 400 Höhenmeter führt der im Herbst 2017 eröffnete und streckenweise steile Trail vom Rosskopf über Rottecksruhe unterhalb der Burg vorbei bis zum Zähringer Bombenloch.

★ FEINE GRAFIK

Das Haus der Graphischen Sammlung im Augustinermuseum verwahrt einen grandiosen Schatz: 7000 Zeichnungen, Druckgrafiken und Fotografien mit einem Schwerpunkt auf der Druckgrafik des 16. Jahrhunderts. Baldung, Dürer und Holbein – ganz nah.

Weitere Informationen
mountainbike-freiburg.com

88 NATIONALPARK SCHWARZWALD

Riesig erscheint der Schwarzwald und mit 7500 Quadratkilometern rekordverdächtig groß sind die Naturparks Schwarzwald Mitte/Nord und Südschwarzwald zusammengenommen. Da nimmt sich der 2014 gegründete Nationalpark mit gut 100 Quadratkilometern klein aus. Aber er hat es in sich.

TOP ★ FIVE

★ **Großvatertanne**
Lange Zeit stand die riesige Tanne am Wilden See allein – die bis unten reichenden Äste zeigen es an. Vermutlich wurde sie um 1800 gepflanzt.

★ **Hängebrücke**
Die 380 Meter lange Hängebrücke Wild Line spannt sich bei Bad Wildbad 60 Meter über den Baumkronen.

★ **Buchkopfturm**
Schlanke 44 Meter hoch, gebaut aus 13 Tonnen Stahl und Weißtanne: Der sechseckige Turm bei Maisach garantiert gute Sicht.

★ **Westweg**
Die 285 Kilometer lange Strecke von Pforzheim bis Basel war 1900 der erste Fernwanderweg Deutschlands.

★ **Schwarzwaldhochstraße**
Zwischen Höhenlagen von 600 bis 1000 Metern verläuft die Panoramastraße über 60 Kilometer von Baden-Baden nach Freudenstadt.

Der Naturraum des noch jungen Nationalparks, dem einzigen in Baden-Württemberg, lebt von seinen Gegensätzen: Hier wirken die Wiesen, Seen und lichten Mischwälder lieblich, dort erscheinen die Nadelgehölze düster und die Felsen und Blockhalden schroff – und das nicht nur an einem der 180 Nebel- oder 200 Regentage im Jahr. Der Nationalpark ist zweigeteilt: 2447 Hektar misst das nördliche Gebiet um den Hohen Ochsenkopf, 7615 Hektar die Fläche am Ruhestein – der Gipfel selbst zählt nicht zum Nationalpark, weil hier Skibetrieb herrscht. Die Zweiteilung des Parks hat politische, wirtschaftliche und vor allem menschliche Ursachen. Nicht alle An- und Bewohner waren begeistert von der Gründung des Parks 2014.
Die menschliche Prägung der Landschaft lässt sich noch an vielen Stellen ablesen – etwa an den Grinden, den hoch gelegenen ehemaligen Weideflächen, auf denen nun Latschenkiefern, Heidekraut und Pfeifengras wachsen und Auerhuhn, Wiesenpieper und Kreuzotter eine Heimat finden. Dieser Lebensraum erfordert Pflege und fällt deshalb unter die Managementflächen, die ein Viertel des Parks an seinen Randbereichen ausmachen. Im Entwicklungsnationalpark sollen bis 2044 die anderen 75 Prozent in jenen Status unangetasteter Wildnis übergehen, die einen Nationalpark nach den Kriterien der Weltnaturschutzorganisation IUCN erst definieren.

Der 1053 Meter hohe Schliffkopf ist über breite Wege gut zu erreichen. Besonders bei Inversionswetterlagen liefert er schöne Fotomotive.

1 Ruhestein Wie es sich für Deutschlands höchstes Mittelgebirge gehört, liegt das Nationalparkzentrum, untergebracht in der Jugendstilvilla Klump, auf 900 Meter Seehöhe. Die Architektur des Besucherzentrums gleicht vom Sturm umgeworfenen Baumriesen. Hier beginnt ein Baumkronenpfad, der über den an dieser Stelle 120 Jahre alten Nadelwald führt.

2 Lotharpfad Seit es Wetteraufzeichnungen gibt, hat noch nie ein Orkan dieser Stärke im Schwarzwald gewütet – am 26. Dezember 1999 erreichte »Lothar« Windgeschwindigkeiten von bis zu 200 Stundenkilometern und entwurzelte Millionen von Bäumen auf einer Fläche von 50 000 Fußballfeldern. Der kürzeste und beliebteste Pfad im Park führt über Stege, Leitern und Treppen zu einer Aussichtsplattform, die von Jahr zu Jahr zeigt, wie die Natur dem Chaos erwächst.

3 Wilder See Der Bannwald um den fast kreisrunden und elf Meter tiefen Karsee entwickelt sich seit mehr als 100 Jahren unangetastet. Zwei aus der Karwand tretende Quellen speisen den See, der in der letzten Eiszeit aus der »kalten Stelle« eines Gletschers entstand.

4 Hornisgrinde Der höchste Berg im Nordschwarzwald misst 1163 Meter – und er trägt mit der Grinde eine Schwarzwälder Besonderheit im Namen und auf dem Gipfelplateau. Die feuchten Heiden entstanden nach der Rodung und anschließenden Beweidung der Hochflächen. Schon mehr als 6000 Jahre besteht das Hochmoor im südöstlichen Gipfelbereich. Seine Torfschicht ist bis zu fünf Meter mächtig. Ein Holzbohlenweg führt über das Moor, ein Streckenabschnitt des Westwegs. Die Hornisgrinde, auf der ein Ausflugslokal entstehen soll, liegt knapp außerhalb der Parkgrenze.

5 Allerheiligen-Wasserfall Das Wasser des Grindenbachs fällt in mehreren Kaskaden fast 100 Meter tief – eingefasst von den steilen, moosgrün bewachsenen Felsen einer Schlucht und dichtem Bergwald. Den höchsten Wasserfall im nördlichen Schwarzwald bei Oppenau peilen mehrere Wanderrouten an – zum Beispiel der gut dreieinhalb Kilometer lange Rundweg von der Klosterruine Allerheiligen.

6 Walderlebnispfad Bühl Beginnend an der Burg Windeck erschließen zehn Stationen das Thema Wald – von »Unser Wasser« bis »Totes Holz lebt«. Auf halber Strecke liegt der Aussichtspunkt Bühler Stein mit weitem Blick ins Rheintal.

7 Renchtalsteig Eine Wanderstrecke für ambitionierte Tourengänger: Der Renchtalsteig ab Bottenau führt in fünf Etappen über 96 Kilometer durch alle Landschaften des Schwarzwalds: das Rebland bei Oberkirch, die Grinden an der Alexanderschanze, den 1000 Meter hohen Schliffkopf, über weite Hochflächen und enge Täler.

STELLPLÄTZE

WOHNMOBILSTELLPLATZ FORBACH

Murgtalstraße 1, 76596 Forbach, GPS: 48.688837, 8.362301. Sehr kleiner und einfacher Stellplatz für gerade mal fünf Fahrzeuge. Aber toller Betreiber, der sehr engagiert ist. Strom, WLAN sowie Ver- und Entsorgung sind vorhanden.

NATURCAMP TANNENFELS

Ruhesteinstraße 413, 72270 Baiersbronn, naturcamp-tannenfels.de, GPS: 48.527974, 8.305681. Ruhiger Campingplatz in Ortsrandlage und im Tal direkt am Ufer der Murg. Schöne, gepflegte Sanitäranlagen und große Parzellen.

8 Karlsruher Grat Hier gehört Schwindelfreiheit ins Gepäck: Die berühmteste Bergsteigerroute im Schwarzwald, auch Eichhaldenfirst genannt, braucht den Vergleich mit alpinen Klettersteigen nicht zu scheuen. Kombinieren lässt sich die Tour über die Felsen mit dem wilden Gottschlägtal und den Edelfrauengrab-Wasserfällen. Wenn im späten Frühjahr der seltene Heideginster und der Besenginster blühen, leuchtet der Grat in sattem Gelb. Ausgangsort der Wanderung ist Ottenhöfen, der höchste Punkt am Bosensteiner Eck liegt auf 818 Metern.

Anfahrt Ausgangspunkt von Norden ist Baden-Baden, von Westen Offenburg und von Südosten Freudenstadt. Das Besucherzentrum liegt unmittelbar an der Schwarzwaldhochstraße (B500). Drei Autobahnen, A8, A5 und A81, bringen Autofahrer ans Ziel, der ICE-Bahnhof Karlsruhe alle Bahnreisenden.

Lage Innerhalb des Naturparks Schwarzwald Mitte/Nord sind zwei Teile abgetrennt – der nördliche rings um den Hohen Ochsenkopf, der größere südliche Teil um den Ruhestein.

Größe 100,62 m^2

Höchste Erhebung Dreifürstenstein in der Gipfelregion Hornisgrinde (1150 m)

Gründung 2014

Internet nationalpark-schwarzwald.de

An den Hängen der Mondhalde bei Oberrotweil wächst der Wein im begünstigten Binnenklima des Kaiserstuhls. An klaren Tagen reicht der Blick bis zu den Vogesen.

89 LÄNDERVERBINDENDES NASS – DER BODENSEE

Urlaubsparadies am Alpenrand

Das »schwäbische Meer«, wie der größte deutsche Binnensee auch genannt wird, zählt dank seines milden Klimas zu den beliebtesten Urlaubszielen in Deutschland. Der Kontrast von Wasser, Bergen und lieblicher Hügellandschaft macht den Reiz der Region aus. Schmucke Städte und die vielfältigen Uferformen sorgen für touristische Abwechslung.

Ist es der Panoramablick auf die Schweizer Alpen oder der landschaftliche Reichtum? Sind es die kulturellen Angebote von Konstanz, Friedrichshafen und Lindau oder die Weinkeller von Meersburg und Hagnau? Was auch immer den Ausschlag gibt, Argumente für einen Aufenthalt am Bodensee finden sich leicht. Auf der Reichenau warten bedeutende Kirchenbauten, auf der Blumeninsel Mainau kunstvoll angelegte Parks und Gärten. Das Nordufer wird von sanft geschwungenem Hügelland eingerahmt. Hier hat der Wein- und Obstanbau eine lange Tradition. Und die charmanten Städte und Dörfer, die sich an den Ufern wie Perlen an einer Schnur reihen, sind für ihre Gastfreundschaft bekannt. Ein 260 Kilometer langer Radrundweg, der zu den beliebtesten Routen Europas zählt, verbindet die Attraktionen des Ufers.

Mittelalterliche Mauern und barocke Pracht

Ausgangspunkt einer Bodensee-Erkundung ist Meersburg. Das 5000-Einwohner-Städtchen wird von einer Festung überragt, die bis zur Säkularisation im Besitz der Meersburger Fürstbischöfe war. Das barocke Neue Schloss, dessen Treppenhaus nach Plänen von Balthasar Neumann entstand, liegt nur einen Steinwurf von der Burg entfernt. Im Fürstenhäusle, von Annette von Droste-Hülshoff 1843 ersteigert, erinnert ein kleines Museum an die westfälische Dichterin, die im Jahr 1848 hier starb. Gut 40 Meter unterhalb von Burg und Schloss schmiegt sich die Unterstadt mit ihren farbenfroh gestrichenen Fachwerkbauten und dem Gredhaus an den See.

Auch in Lindau am bayerischen Ufer prangt üppiger Anstrich an zahlreichen Gebäuden.

Entspannt genießen rund um den Bodensee: Restaurants in Meersburg (rechts oben), Ankerplätze vor Wasserburg am bayerischen Ufer (unten). Einblicke in die Steinzeit bieten Rekonstruktionen prähistorischer Siedlungen im Pfahlbaumuseum Unteruhldingen (rechts unten).

So erzählt die Südfassade des Rathauses in historisierenden Bildern die Geschichte des Ortes. In der Altstadt, die ein Bahndamm und eine Straßenbrücke mit dem Festland verbinden, steht eine dichte Ansammlung von Gotik-, Renaissance- und Barockbauten. Die Hafeneinfahrt der Insel bewacht der bayerische Löwe. Hinter ihm glänzen die bunt glasierten Dachziegel des Mangturms in der Sonne.

Auch Konstanz, die größte Stadt am Bodensee, hat ihr Wahrzeichen am Wasser: die Imperia. Die Statue einer Kurtisane, die Papst und Kaiser in ihren Händen hält, erinnert seit 1993 auf skurrile Weise daran, dass das Schicksal des Konstanzer Konzils von 1414 bis 1418 nicht unwesentlich von Prostituierten beeinflusst wurde.

Romanisches Kleinod Reichenau

Die Insel Reichenau steht dank ihrer drei romanischen Kirchen, die als bedeutende Zeugnisse der frühmittelalterlichen Klosterkultur gelten, seit dem Jahr 2000 auf der UNESCO-Welterbeliste. Das Kloster Reichenau wurde um 724 von dem Mönch Pirminius gegründet und stieg unter den Karolingern zu einem bedeutsamen geistigen Zentrum im Heiligen Römischen Reich Deutscher Nation auf. Die Handschriften der Reichenauer Malschule zählen zu den großartigsten Meisterwerken mittelalterlicher Buchmalerei.

Die dreischiffige Basilika St. Georg, errichtet um das Jahr 900, erhielt später einige Anbauten. Die spektakulären Wandmalereien des Langhauses sind 1000 Jahre alt, sie zeigen Szenen aus dem wundertätigen Leben Jesu Christi, etwa die Auferweckung des Lazarus und die Beruhigung des Sturms über dem See Genezareth.

Etwa zeitgleich entstand der heute sichtbare Bau der Kirche St. Peter und Paul. An der Ostseite der Säulenbasilika, die auf den Fundamenten eines älteren Saalbaus ruht, ist das frühere romanische Aussehen noch erkennbar. Der Innenraum wurde Mitte des 18. Jahrhunderts im Stil des Rokoko neu ausgestaltet. Auch die Münsterkirche St. Maria und Markus steht an der Stelle eines aus der Zeit des Pirminius stammenden Holzbaus. Ihr Langhaus wurde 1048 geweiht, der spätgotische Ostchor im 15. Jahrhundert angefügt.

STELL- UND CAMPINGPLÄTZE

CAMPINGPLATZ NONNENHORN

Seestraße 32, 88149 Nonnenhorn, campingplatz-nonnenhorn.de, GPS: 47.573420, 9.608824. Einer der kleineren Campingplätze von den vielen, die am Bodensee zur Verfügung stehen. Direkter Zugang zum Wasser und komplette Ausstattung. Befindet sich zwischen Kressbronn und Lindau, beide Orte lassen sich mit dem Fahrrad gut erkunden.

TOP ★ ERLEBNISSE

★ UMRUNDUNG

Die Zahlen sprechen für sich: Der Ufersaum des Bodensees misst 270 Kilometer und fast genauso lang ist der Bodenseeradweg. Beinahe durchgehend verläuft die Strecke unmittelbar am Wasser: 170 Kilometer in Deutschland, 72 auf Schweizer Boden und 28 Kilometer durch Österreich. Rund 220 000 Biker fahren Teilstücke oder umrunden den ganzen Bodensee in sieben Etappen.

★ WASSERFREUDEN

Den Bodensee erlebt man am besten natürlich nicht nur vom Ufer aus. Rein ins Wasser, heißt die Devise, und das funktioniert auf vielfältige Weise. Badestrände gibt es jede Menge, aber auch Möglichkeiten zu segeln oder mit dem Paddleboard den See zu genießen. Am Campingpark Gohren werden hierfür sogar Kurse angeboten.

★ GRENZÜBERSCHREITENDE SCHIFFSTOUREN

Jeder größere Ort am Bodensee hat einen Schiffsanleger, von wo aus man bei einer gemütlichen Fahrt auch zu den Städten und Gemeinden in der Schweiz oder in Österreich gelangt.

Weitere Informationen
bodensee.eu,
echt-bodensee.de,
bodensee-radweg.com

Über die Donau reicht der Blick zum Ulmer Münster mit dem höchsten Kirchturm der Welt (oben). In Biberach an der Riss steht die barocke Kirche St. Martin am Marktplatz (rechts).

90 FREIHEIT AN DER ILLER – OBERSCHWABEN

Die Schwaben haben schon 1525 die Menschenrechte eingefordert

Im Süden Baden-Württembergs und im angrenzenden Bayern erstreckt sich die sanfte grüne Hügellandschaft Oberschwabens von Donau und Schwäbischer Alb bis zum Bodensee im Süden und zum Lech im Osten. In der historischen Region liegen idyllische Dörfer, schwelgen Kirchen und Klöster in üppigem Barock und behaupteten sich uralte Städte jahrhundertelang gegen die Machtansprüche von Adel und Klerus.

Oberschwabens Terrain modellierten die Gletscher der Eiszeit vor rund 11 500 Jahren zu einer sanften Hügellandschaft. Heute liegen hier Wiesen, Felder und Obstgärten, Wälder auf den Höhen und Auen in den Flusstälern, Moore, Seen und Weiher. Es ist eine schöne Region, die als Siedlungsland auf eine lange Geschichte zurückblickt. In römischer Zeit gehörte sie zur Provinz Raetia und im Mittelalter zum Herzogtum Schwaben. Als sich das Herzogtum im 13. Jahrhundert auflöste, zerfiel Oberschwaben in zahllose Territorien, in denen der Adel oder die Kirche herrschten – oder die Bürger der Reichsstädte. Im 19. Jahrhundert fiel die Region an die Königreiche Württemberg und Bayern westlich bzw. östlich der Iller, die noch heute grob die Grenze zwischen Bayern und Baden-Württemberg bildet.

In Ulm und um Ulm

Wo die Iller in die Donau mündet, liegt Ulm am Nordufer des Stroms in Baden-Württemberg und Neu-Ulm an der Südseite in Bayern. Als »Hulma« – sumpfiger Ort – wurde Ulm 854 in einer Urkunde König Ludwigs des Deutschen erwähnt und war im 9. Jahrhundert eine Königspfalz.
Die florierende Siedlung wurde 1274 zur Freien Reichsstadt ernannt, die sich mit den »Schwörbriefen« im 14. Jahrhundert eine schriftliche Verfassung gab.
»Venediger Macht, Augsburger Pracht, Nürnberger Witz, Straßburger Geschütz und

Die barocke Kirche St. Lorenz in Kempten wurde ab 1652 über den Grundmauern früherer romanischer und gotischer Kirchen errichtet (oben). Das historische Zentrum von Memmingen zeugt von reichem Bürgerstolz (unten). Kloster Weingarten ist der Inbegriff barocker Pracht (rechts oben). Das Hymer Museum in Bad Waldsee zeigt Zeitzeugen der Mobilität (rechts unten).

Ulmer Geld regiert die Welt«, hieß es im Mittelalter. Ulm war eine reiche Stadt und besaß nach Nürnberg das größte Territorium unter den Freien Reichsstädten. Das Ulmer »Geld« ist der Ulmer Barchent. Der Stoff wurde in solch hervorragender Qualität aus Leinen und Baumwolle gewebt, dass er, mit dem Siegel der Stadt verplombt, so wertvoll wie Bargeld war. So überrascht es nicht, dass Ulms Bürger ab dem 14. Jahrhundert den Bau eines prächtigen Münsters finanzieren konnten. Der gotische Bau dominiert bis heute die Silhouette der Stadt und hütet Kunstwerke aus sieben Jahrhunderten. Traumhaft ist das gotische Chorgestühl, das Jörg Syrlin der Ältere zusammen mit Michel Erhart im 15. Jahrhundert schnitzte und mit Hunderten Figuren versah. Überragt wird das Ganze vom höchsten Kirchturm der Welt, der 161,53 Meter misst. Wer ihn erklimmt, sieht in der Tiefe das mittelalterliche Fischerviertel, gotische und Renaissancehäuser in der Altstadt und moderne Architektur in der Neuen Mitte.

Wird Ulm, das 1530 protestantisch wurde, vom gotischen Münster dominiert, so sind die Gebiete südlich der ehemals Freien Reichsstadt vom Barock der katholischen Gegenreformation geprägt. In Laupheim strahlt die Pfarrkirche St. Petrus und Paulus, Biberach bezaubert mit St. Martin und die Kirche von Kloster Ochsenhausen mit den Klängen der Orgel von Joseph Gabler. Lupenreinen Barock bieten auch das Prämonstratenser-Kloster in Rot an der Rot und in Steinhausen die vielleicht schönste Dorfkirche der Welt.

Die Memminger Menschenrechte

Der einstige römische Militärposten Memmingen liegt bereits in Bayern. Im Mittelalter profitierte die seit 1286 freie Reichsstadt von ihrer Lage an der Kreuzung der Salzstraße, die von Salzburg und Berchtesgaden nach Westen führte, und der Handelsstraße, die von Ulm nach Italien verlief. Von Memmingens Wohlstand im Mittelalter zeugt seine Altstadt mit ihren Toren, Türmen und Giebeln. Das Geschick seiner Handwerker belegt das Siebendächerhaus, in dem die Gerber Felle trockneten. Sie profitierten von Memmingens mittelalterlicher Wasserkunst, die damals eine technische Meisterleistung darstellte. Verblieben ist von dem ausgeklügelten System nur der Kanal der Memminger Ach, die, von malerischen Häusern begrenzt, durch die Altstadt fließt.

Ein Symbol des Memminger Selbstbewusstseins ist das Rathaus aus der Renaissance, das beeindruckendste Zeugnis oberschwäbischen Freiheitswillens sind allerdings die Zwölf Artikel von Memmingen. Sie wurden 1525 im Bauernkrieg von 50 Vertretern

der Aufständischen als Forderung an die weltlichen und geistlichen Herrscher des Schwäbischen Bundes verfasst und gelten als eine erste schriftliche Formulierung der Menschenrechte.
»Ist der Brauch bisher gewesen«, heißt es im dritten Artikel, »dass man uns für Eigenleute (Leibeigene) gehalten hat, welches zu Erbarmen ist, angesehen dass uns Christus alle mit seinen kostbarlichen Blutvergießen erlöst und erkauft hat, den Hirten gleich wie den Höchsten, keinen ausgenommen. Darum erfindet sich mit der Schrift, dass wir frei sind und sein wollen.«

Streit in Kambódounon

Das südlich gelegene Kempten gehört offiziell schon zum Allgäu. Es war schon dem antiken Geografen Strabo um Christi Geburt als keltische Siedlung Kambódounon bekannt und zählt zu den ältesten Städten Deutschlands. In römischer Zeit war Cambodunum ein bedeutender Verwaltungssitz der Provinz Raetia, dessen Relikte heute im Archäologischen Park Cambodunum zu sehen sind. Im Mittelalter wird Kemptens Geschichte kompliziert, prallten hier doch auf engstem Raum die Interessen der mächtigen katholischen Fürstabtei Kempten und der wohlhabenden Handelsstadt aufeinander, die im Spätmittelalter Reichsstadt und 1530 evangelisch geworden war. Im Dreißigjährigen Krieg standen sich die beiden engen Nachbarn als unversöhnliche Feinde gegenüber.
Im säkularisierten Bayern wurde Kempten 1806 vereint, doch noch heute kann man im Stadtbild die beiden Sphären erkennen: In der Altstadt zeugen das gotische Rathaus und die prächtigen Patrizierhäuser vom Stolz der Reichsstadt, die Häuser in den gewundenen Altstadtstraßen stammen teilweise noch aus dem 15. Jahrhundert und in der gotischen St.-Mang-Kirche begann die Reformation in Kempten. In der Neustadt dominiert hingegen der Barock der Geistlichkeit: Ab 1652 wurde hier anstelle des alten Benediktinerstifts aus dem 8. Jahrhundert, das im Dreißigjährigen Krieg zerstört worden war, die erste neue monumentale Klosteranlage Deutschlands erbaut und im 18. Jahrhundert in opulenter Rokokopracht ausgestaltet.

STELL- UND CAMPINGPLÄTZE

WOHNMOBILSTELLPLATZ ULM/ NEU-ULM

Öschweg 6, 89231 Neu-Ulm, donaubad.de, GPS: 48.383383, 9.986386. Relativ junger Wohnmobilstellplatz, der bei Vollbelegung auch Ausweichplätze auf den davor gelegenen Parkplätzen bietet. Ver- und Entsorgung sowie Strom vorhanden. Zu Fuß kommt man entlang der Donau bequem in die Ulmer Innenstadt.

TOP ★ ERLEBNISSE

★ RUNDRADWEGE

Bad Saulgau macht es den Radlern leicht. Eine Vielzahl an Rundradwegen führt jeweils vom Stadtzentrum in das Umland. Mit Längen von 16 bis über 70 Kilometern ist für jeden etwas dabei.

★ GLÜCKSSUCHERWEG

Der gut sechseinhalb Kilometer lange Glückssucherweg verläuft durch Memmingen und auch am dortigen Wohnmobilstellplatz vorbei. Er ist aber nur einer von vielen sogenannten Glückswegen in der Region, die zum Wandern einladen.

★ 80 EXPONATE

Schon mal eine »Wanderniere« auf der Straße gesehen oder einen DDR-Caravan Marke Eigenbau? Im Erwin Hymer Museum in Bad Waldsee haben auch ausgefallene Wohnwagen eine neue Heimat gefunden, neben vielen Eigenfabrikaten. Insgesamt sind vom Schäferkarren von 1850 bis zu aktuellen Campern über 80 Exponate aus der »Welt des mobilen Reisens« ausgestellt.

Weitere Informationen
kempten.de

Ländliche Gelassenheit: Weinlage Würzburger Stein (oben). Blick auf die Stadt und die Alte Mainbrücke (rechts).

91 WEINLAND – WÜRZBURG UND MAINFRANKEN

Ein Fest barocker Sinnlichkeit

Das unterfränkische Würzburg, reizvoll in einem Talkessel am Mittellauf des Mains gelegen, ist mit Attraktionen gespickt: Es gibt die prunkvolle Barockresidenz, eine mittelalterliche Burg und eine rege Kulturszene. In der überschaubaren Altstadt, versteckt zwischen Kirchen und Bürgerhäusern, laden altfränkische Weinstuben zum Trinken und Genießen ein.

Nur 17 Minuten dauerte der Angriff am 16. März 1945, dann lagen 90 Prozent der historischen Würzburger Innenstadt in Schutt und Asche. Bei dem Bombenangriff starben in der Stadt mehr als 5000 Menschen. Zuvor ein architektonisches Kleinod mit einer wahren Fülle an barocken Kirchen und Bürgerhäusern, ging Würzburgs Wiederaufbau nach 1945 nur schleppend voran. Dennoch erinnern in der Stadt, in der der Barockbaumeister Balthasar Neumann (1687–1753) wirkte, zahlreiche Bauwerke an ihre Blütezeit.

Trutzburg mit bewegter Geschichte

Das bekannteste Wahrzeichen Würzburgs thront auf einem nach drei Seiten steil abfallenden Bergplateau hoch über dem linken Mainufer im Westen der Stadt. Als Amtssitz der Würzburger Fürstbischöfe, die hier zwischen dem 13. und dem 18. Jahrhundert residierten, war die Festung über Jahrhunderte immer wieder umkämpft. So verschanzten sich während des Bauernkriegs von 1524/1525 Anhänger des Bischofs Konrad von Thüngen hinter ihren Mauern und verteidigten sie erfolgreich gegen ein Heer aus Bauern und Würzburger Bürgern. Götz von Berlichingen soll ihr Anführer gewesen sein. Im Dreißigjährigen Krieg nahmen schwedische Truppen unter ihrem König Gustav II. Adolf die Burg ein und plünderten sie. Bei der Bombardierung im März 1945 brannten große Teile der Festung aus, der Wiederaufbau zog sich über mehr als 40 Jahre bis 1990 hin.

PLAZA

Würzburgs Herzstück: die Residenz mit dem kostbaren Spiegelkabinett. Der Raum wurde im März 1945 komplett zerstört, jedoch in den 1980er-Jahren in aufwendiger Kleinarbeit nach alter Herstellungstechnik restauriert.

Die bauliche Anlage der Burg spiegelt ihre wechselvolle Geschichte. Belagerungen und Brände forderten die Fürstbischöfe immer wieder zu Erweiterungen und Modernisierungen der Befestigungen heraus. Unter den geistlichen Bauherren sticht Fürstbischof Julius Echter von Mespelbrunn (reg. 1573 bis 1617) hervor. Der Gründer der Würzburger Universität war ein entschiedener Parteigänger der Gegenreformation, der auch Hexenprozesse initiierte. Echter baute die unter Bischof Konrad von Querfurt um 1200 an der Stelle einer fränkischen Anlage errichtete mittelalterliche Burg zu einem Renaissancepalast um. Der im Osten durch die monumentale Echterbastei begrenzte mittlere Hof mit der Pferdeschwemme geht auf seine Amtszeit zurück.

Dem Echterschen Hof schließt sich der jüngste Teil der Festung an, ein nach dem Fürstbischof Johann Philipp von Greiffenclau (reg. 1699–1719) benannter und im Süden und Westen von Barockbauten umgebener Hof. Einst waren in den Gebäuden das Zeughaus und die Kommandantur untergebracht. Heute beherbergen sie das Mainfränkische Museum mit einer spektakulären Sammlung von einmaligen Werken des Bildschnitzers Tilman Riemenschneider (1460–1531). Die mittelalterliche Burg liegt im Westen des Echterschen Hofes und ist mit diesem durch eine Steinbrücke verbunden.

Obwohl die Würzburger Fürstbischöfe im Laufe der Jahrhunderte auch an diesem Teil der Anlage viele bauliche Veränderungen vornahmen, ist der ursprüngliche Grundriss erhalten geblieben: Niedrige Gebäude mit Spitzdächern umgeben einen lang gestreckten Hof. In der Mitte des Platzes ragt ein 40 Meter hoher Bergfried aus der Gründungszeit der Burg auf. Der romanische Rundbau der Marienkirche am Nordflügel des Hofes wurde bereits um das Jahr 1000 errichtet. Vom barocken Lustgarten des Bischofs von Greiffenclau geht ein weiter Blick über den Main auf das vieltürmige Würzburg. Übrigens saß in der Festung Marienberg die letzte in Franken verurteilte »Hexe«, Maria Renata Singer von Mossau, ein. Im Alter von 80 Jahren erhielt die Nonne und Priorin 1749 eine Begnadigung zum Tod durch das Schwert statt auf dem Scheiterhaufen.

Europas schönstes Pfarrhaus

Napoleon nannte die Würzburger Residenz, die wie wohl kein zweites Barockschloss in Deutschland den Hang absolutistischer Herrscher zu Repräsentation und Prachtentfaltung symbolisiert, despektierlich »Europas schönstes Pfarrhaus«. Der Palast entstand zwischen 1719 und 1744 in der Ära der Fürstbischöfe aus dem Hause Schönborn. Sie lockten als große Förderer der Baukunst renommierte Architekten nach Würzburg und beauftragten sie mit der Vervollkommnung der Stadt. Mit dem Bau ihrer neuen Residenz nun wollten sie mit dem französischen König und dem Kaiser in Wien gleichziehen und ein den Schlössern Versailles und Schönbrunn ebenbürtiges Gesamtkunstwerk schaffen. Offensichtlich ist ihnen das gelungen: Bis heute preisen Bauhistoriker die Würzburger Residenz als Höhepunkt barocker Palastarchitektur. Dem mit der Planung und Durchführung der Bauarbeiten beauftragten Balthasar Neumann standen namhafte Architekten aus Frankreich, Italien und Deutschland zur Seite. Ihre Ideen flossen in den Bau ein, der dennoch die Handschrift Neumanns trägt und dessen in sich geschlossene und einheitliche Anlage als einzigartig gilt. Diese vollkommene Synthese verschiedener Spielarten des europäischen Barocks, die Neumann gelang, brachte der Residenz bereits 1981einen Eintrag in die UNESCO-Weltkulturerbeliste ein. Unter all den luxuriös ausgestatteten Sälen und Räumen, die die Residenz auszeichnen, ragt Neumanns dreiläufiges Treppenhaus heraus. Es führt vom Vestibül des Mittelbaus ins Obergeschoss. Bis heute erregt das riesige, freitragende Gewölbe Erstaunen und Bewunderung. Unter Zeitgenossen galt die Konstruktion als instabil, Kollegen rieten Neumann gar von der Ausführung ab. Trotz aller Bedenken hat sie aber selbst den Bombenangriff im Jahr 1945, der große Teile der Residenz zerstörte, unbeschadet überstanden. Das von Giovanni Battista Tiepolo (1696–1770) geschaffene Fresko, das Neumanns Gewölbe schmückt, zählt zu den größten zusammenhängenden Deckengemälden der Welt: ein in künstlerischer wie technischer Hinsicht absolutes Meisterwerk und ein Höhepunkt der europäischen Freskenmalerei. Das Bildprogramm, das sich dem Betrachter beim Aufstieg ins Obergeschoss erschließt und das in der Überhöhung Europas als Zentrum der zivilisierten Welt, als Hort von Wissenschaft und Kunst mündet, verursacht bei vielen Leuten heute allerdings staunendes Stirnrunzeln und Kopfschütteln.

Der Weinkeller in der Residenz (oben) und das Treppenhaus von Balthasar Neumann unter dem Deckenfresko Tiepolos (unten).

Ein von wildem Wein überwucherter Giebel in Dinkelsbühl (oben) und das Weinfest in Zeil am Main (unten). In Schloss Veitshöchheim vergnügte sich die höfische Gesellschaft (rechts oben). In Bocksbeuteln sind nicht nur, aber vorwiegend Weine aus Franken verfüllt (rechts unten).

Spaziergang durch die Jahrhunderte

Als fürstbischöfliche Residenzstadt ist Würzburg mit prächtigen Sakralbauten üppig ausgestattet. Durch die Jahrhunderte haben sich viele der geistlichen Landesherren, die zwischen 1168 und 1803 über das Hochstift herrschten, mit der Errichtung von Gotteshäusern selbst ein Denkmal zu setzen versucht. Im überschaubaren Zentrum finden sich deshalb Kirchenbauten aus fast allen Epochen der mehr als 1000-jährigen Geschichte der Stadt.

Der 1189 geweihte Dom St. Kilian wird oft als großartiges Zeugnis salischer Baukunst in Deutschland gepriesen. Tatsächlich aber wurde er immer wieder im Stil der jeweiligen Zeit erweitert und neu ausgestattet – bis er im Zweiten Weltkrieg in sich zusammenstürzte. Der Wiederaufbau zog sich bis 1967 hin und war von heftigen Kontroversen begleitet. Die Diskussionen darüber, ob die barocken Hinzufügungen bei der Rekonstruktion der ursprünglich romanischen Kirche berücksichtigt werden sollten oder nicht, endeten in einem Kompromiss. Der Dom wurde im romanischen Stil unter Verwendung noch intakter barocker Elemente wieder aufgebaut. St. Kilian zeigt sich heute deshalb als ein architektonischer Zwitter, der aus einem romanischen Langhaus, einem barocken Querschiff und einem barocken Chor mit stuckverzierten Gewölbedecken besteht.
Die beiden Barockaltäre des Querschiffes gehören zu den wenigen Kunstschätzen der Kirche, die den Krieg unversehrt überstanden haben. Sie werden Pietro Magno zugeschrieben, einem Tessiner »Wanderkünstler«, der auch den einst reichen Stuckdekor der Kirche schuf.
Die mit dunklem Marmor ausgekleidete Schönbornkapelle, ein Anbau im Norden des Querschiffs von St. Kilian, gilt als architektonisches Kleinod, das bereits in der ersten Hälfte des 18. Jahrhunderts unter Federführung von Balthasar Neumann als Grablege für die Familie Schönborn entstand.
Auch die Anfänge der in der Nähe stehenden Stiftskirche Neumünster gehen auf eine romanische Basilika zurück, die ähnlich dem Dom an der Wende vom 17. zum 18. Jahrhundert in eine Barockkirche umgewandelt wurde. Dabei fiel das Westportal einer auffallend prächtigen Schaufassade zum Opfer, während den Westchor ein Kuppelbau ersetzte. In der Westkrypta der Neumünster Kirche befindet sich die Grablege der Frankenapostel Kilian, Kolonat und Totnan, die hier angeblich den Märtyrertod starben. Die

nördliche Seitentür der Kirche führt in das Lusamgärtchen, einen kleinen, baumbestandenen Kreuzganghof, in dem Walther von der Vogelweide bestattet worden sein soll. Die Marienkapelle an der Nordseite des Würzburger Marktplatzes ist eine hochgotische Bürgerkirche, entstanden zwischen 1377 und 1479 an der Stelle einer geschleiften Synagoge. Das Gotteshaus, in dem Balthasar Neumann bestattet liegt, besticht durch den Kontrast zwischen hellem Anstrich und rotbraun gefassten Bogenfenstern.

Herrliche Tröpfchen in Mainfranken

Das fränkische Weinland, das die beiderseits des Mains gelegenen Gebiete zwischen Aschaffenburg im Westen und Bamberg im Osten umfasst, zählt zwar nicht zu den größten, wohl aber zu den besten deutschen Weinanbaugebieten. Seit rund 1200 Jahren werden hier auf einer Anbaufläche von rund 6000 Hektar Weine produziert, die auch international einen ausgezeichneten Ruf genießen. Ihre Herkunft ist schon an der charakteristischen Flasche leicht zu erkennen: Silvaner, Scheurebe oder Bacchus werden hier in die typisch fränkischen, bauchigen Flaschen namens Bocksbeutel abgefüllt.
Die Region ist als traditionsreiche Kulturlandschaft bekannt. Dank bestens erhaltener historischer Ortskerne haben die Winzerstädtchen entlang des Mains viel von ihrem altertümlichen Charme bewahrt. Ortschaften wie Sommerhausen, Marktbreit, Iphofen oder Dettelbach bezaubern durch ihre altfränkischen Fachwerkbauten, ihre reich geschmückten Kirchen und barocken Rathäuser. Fast scheint es so, als hätten die Befestigungsmauern, die sie bis heute umgeben, auch die Zeit und den Fortschritt abgewehrt. Tatsächlich aber ist Mainfranken längst aus dem Dornröschenschlaf erwacht und die Moderne ist in fast jeden Winkel vorgedrungen. Die Städte und Dörfer der Region haben sich für Gäste aus aller Welt herausgeputzt. Das Angebot an Gasthäusern und Weinstuben, die in altfränkischem Ambiente Spezialitäten – und freilich eine Auswahl edler Tropfen aus Weinfranken – anbieten, ist riesengroß.

STELL- UND CAMPINGPLÄTZE

WOHNMOBILSTELLPLATZ WÜRZBURG

Dreikronenstraße 2, 97070 Würzburg, GPS: 49.797310, 9.923586. Einfacher Stellplatz am Rande eines Parkplatzes. Direkt am Main, von wo aus man zu Fuß oder mit dem Rad gut am Ufer entlang in die Innenstadt gelangt. Ver- und Entsorgung sowie Strom vorhanden.

TOP ★ ERLEBNISSE

★ STEINWEINPFAD

Der Würzburger Stein gilt als fränkische Paradelage – keine deutsche Großstadt baut derart auf den Wein wie die Residenzstadt und an keiner Stelle wird das deutlicher als auf dem Steinwegpfad. Er führt in einer längeren Ost- und einer kurzen Westschleife insgesamt vier Kilometer durch die Reblage. 25 Stelen geben Auskunft zu Sorten, Anbau und Handwerk.

★ SCHIFFSTOUR AUF DEM MAIN

An der Anlegestelle Alter Kranen, gleich gegenüber vom Wohnmobilstellplatz, startet die rund 40-minütige Fahrt auf dem Main zum Rokokogarten in Veitshöchheim. Alternativ kann man auch für eine dreistündige abendliche Rundfahrt an Bord gehen.

★ WERN-RADWEG

Einem ganzen Fluss an nur einem Tag mit dem Fahrrad folgen, das ermöglicht der Wern-Radweg mit seinen 78 Kilometern Länge. Er verläuft parallel zum Wern und endet an der Mündung in den Main.

Weitere Informationen
wuerzburg.de,
frankentourismus.de

92 DAS »FRÄNKISCHE« ROM – BAMBERG

Ausgezeichnetes Kulturerbe

Die ehemalige fürstbischöfliche Residenzstadt Bamberg wurde von Krieg und Zerstörung weitgehend verschont. Sie kann deshalb eine über die Jahrhunderte gewachsene Altstadt vorweisen. Als in sich geschlossenes Ensemble sakraler und profaner Bauten gehört die Altstadt seit 1993 zu den UNESCO-Welterbestätten.

Es liegt wohl nicht nur an den sieben Hügeln, über die sich Bamberg erstreckt, dass sich der Vergleich mit der Ewigen Stadt aufdrängt: Als einstiges Zentrum eines fürstbischöflichen Bistums ist der oberfränkische Ort ähnlich wie Rom mit Sakralbauten reich bedacht. Vor allem in der Bergstadt rund um den Dom befinden sich Kirchen und Klöster auf engstem Raum. Das auf einer Anhöhe im Norden des Dombergs thronende Kloster Michaelsberg etwa geht auf eine Gründung des ersten Bamberger Bischofs zurück. Die ursprünglich romanische Abteikirche wurde wie die Basilika St. Theodor, die Obere Pfarre und Bambergs ältestes Gotteshaus St. Gangolf später barockisiert. Die Bamberger Kirchen formen ein imaginäres Kreuz, dessen Schnittpunkt bis 1779 die Tattermannsäule bildete. Heute markiert ein Hohlraum im Boden, mit einer Glasplatte überdeckt, als »negative« Säule den Platz, der im Mittelalter als »Nabel der Welt« galt. Heinrich II. soll sie zum Mittelpunkt des Reiches bestimmt haben, da Bamberg seine bevorzugte Residenz war.

Der Dom und sein Reiter

Die Silhouette der Stadt wird von den vier 81 Meter hohen Türmen des Doms beherrscht. Die doppelchörige Basilika gilt als herausragendes Beispiel mittelalterlicher Sakralbaukunst. Sie entstand am Übergang von der Romanik zur Gotik zwischen 1215 und 1237. Kaiser Heinrich II. hatte den Vorgängerbau um 1004 veranlasst, den Brände stark beschädigten. Wissenschaftliche Untersuchungen belegen, dass die Brandruine nur peu à peu abgetragen und das Abbruchma-

Ansichten einer unzerstörten Stadt: Die Altstadtsilhouette mit Dom, Kloster Michaelsberg und dem Alten Rathaus (unten), ein Sommertag am Alten Rathaus (rechts oben). Verständlicherweise immer gut besucht ist der Stellplatz am Altstadtrand (ganz rechts unten).

terial wieder verwendet wurde. Während der zuerst errichtete Ostchor noch alle Stilelemente eines spätromanischen Kirchenbaus aufweist, finden sich am Westchor bereits Merkmale frühgotischer Architektur.
In der Basilika zieht der berühmte Bamberger Reiter, der unter einem Baldachin auf einer Konsole an einem Chorpfeiler steht, die Menschen bis heute in seinen Bann. Das 2,30 Meter hohe Standbild, vermutlich zu Beginn des 13. Jahrhunderts von einem unbekannten Meister geschaffen, zählt zu den bedeutendsten Kunstwerken der Stauferzeit. Bis vor Kurzem wurde über die Identität des steinernen Reiters spekuliert. Dabei kamen zumeist die Namen staufischer Herrscher ins Spiel. Mittlerweile darf als gesichert gelten, dass der erste ungarische König Stephan I. (969–1038) als Vorbild diente.

In der Bürgerstadt

Die Inselstadt zwischen dem westlichen und dem als Teil des Main-Donau-Kanals genutzten östlichen Regnitz-Arm ist seit jeher das Viertel der Bürger und Kaufleute. Bis heute künden stattliche Fachwerkbauten und barocke Bürgerhäuser von dem Wohlstand, den Handel und Gewerbe hier schufen. An jeder Ecke und in jedem Winkel der Altstadt laden reich geschmückte Hausfassaden, Giebel und Erker zum Schauen und Staunen ein. Dass sich trotz der Fülle an historischer Bausubstanz nicht der Staub von Jahrhunderten über Bamberg gelegt hat, ist den Studenten der 1972 gegründeten Universität zu verdanken: In der Altstadt herrscht stets emsiges Treiben. Auch die Einzelhändler und Kunsthandwerker, die hier ansässig sind, tragen zu der lebendigen, urbanen Atmosphäre bei. Ihre fein dekorierten Läden laden Besucher zum Stöbern und Staunen ein.
Touristische Hauptattraktion der Inselstadt ist sicherlich das Rathaus, das auf Eichenpfählen in der Regnitz steht und durch Brücken mit beiden Ufern verbunden ist. Der außergewöhnliche Bau aus dem 14. Jahrhundert sollte wohl die Grenze zwischen Berg- und Inselstadt markieren. Im 18. Jahrhundert wurde das Rathaus nach Plänen des Rokoko-Architekten Michael Küchel (1703–1769) im Stil der Zeit »modernisiert«. Nur das Untergeschoss und der Fachwerkbau des Rottmeisterhäuschens, das an den Torturm angebaut ist und fast über dem Fluss zu schweben scheint, blieben von den Umbaumaßnahmen verschont.

STELL- UND CAMPINGPLÄTZE

WOHNMOBILSTELLPLATZ BAMBERG

Heinrichsdamm 33, 96047 Bamberg, GPS: 49.885927, 10.902966. Ein bisschen Glück muss man haben. Für die Beliebtheit dieser Stadt ist der Stellplatz etwas unterdimensioniert. Aber von hier aus gelangt man zu Fuß oder mit dem ÖPNV gut in die attraktive Altstadt. Die Ver- und Entsorgungsstation befindet sich vor dem eigentlichen Stellplatz. Strom vorhanden.

TOP ★ ERLEBNISSE

★ BRAUEREIENWEG

Nicht fünf oder neun, nein 13 Brauereien verbindet ein Wanderweg durch das Vorland des fränkischen Jura auf 32 Kilometern. Sollte die Kondition entweder für die Strecke oder für die Kostproben der oberfränkischen Brauereikunst nicht reichen, gibt es auch eine kürzere Variante über zehn Brauereien.

★ KLEIN VENEDIG

Mit dem Ausflugsschiff fährt man entspannt an Klein Venedig vorbei, blickt auf den Dom und lernt die letzte noch in Betrieb befindliche Schleuse des alten König-Ludwig-Kanals kennen. Mit Snacks und Bierwörschtla lässt man es sich während der dreistündigen Bootsfahrt gut gehen.

★ JEANS-WANDERUNG

Für die Wandertour muss man keine Jeans tragen, aber es würde thematisch passen. Auf gut 15 Kilometern wandert man auf den Spuren eines gewissen Löb Strauss, der sich nach seiner Auswanderung in die USA Levi nannte und Weltruhm erlangte.

Weitere Informationen
bamberg.de,
landkreis-bamberg.de,
welterbe.bamberg.de

Entlang der Regnitz versprüht Bamberg eine südländische Leichtigkeit – ein bezauberndes fränkisches Klein-Venedig.

Im Markgräflichen Opernhaus von 1748 finden noch immer Aufführungen statt (oben). Typisch für das Bayreuther Rokoko sind die Wasserspiele und der Sonnentempel der Eremitage (rechts).

93 MUSIK UND BIER – OBERFRANKEN

Nordbayerns Residenzstädte erzählen Kultur- und europäische Geschichte

Oberfranken ist am Oberlauf und den Quellflüssen des Mains gelegen und erstreckt sich im Norden Bayerns über den Frankenwald hinweg bis zur tschechischen Grenze. Bevor die Region im frühen 19. Jahrhundert an das neu gegründete Königreich Bayern fiel, teilte sie sich in die Territorien des Hochstifts Bamberg, des Markgraftums Bayreuth-Kulmbach und des Herzogtums Sachsen-Coburg auf.

Im Hochsommer erlebt Bayreuth zur Festspielzeit das immer wieder gleiche Spektakel, wenn auch mit wechselnden Akteuren. Auf der Bühne des Festspielhauses auf dem Grünen Hügel arbeiten sich Jahr für Jahr Dirigenten, Regisseure, Sänger und Musiker an Rheingold, Lohengrin, Der fliegende Holländer und anderen Wagner-Werken ab, vor der Bühne arbeitet sich das Publikum, wenn es denn zur Prominenz gehört, erst einmal auf dem obligatorischen roten Teppich ab. Mit Bildern einer winkenden Bundeskanzlerin, abgedankten Fußballhelden und so manchen VIPs, die halt auch unbedingt »dabei sein« möchten (im fernen München nennt man diese Spezies die »Adabeis«), schafft es Oberfrankens Hauptstadt zumindest einmal im Jahr in die Schlagzeilen der überregionalen Presse.

Im mystischen Abgrund

Mit dem Bayreuther Festspielhaus hat sich Richard Wagner auch jenseits der Musik ein Denkmal gesetzt. Ein eigenes Opernhaus nur für Wagner-Werke – dies schien auch in den 1870er-Jahren auf den ersten Blick ein vom Größenwahn geküsstes Unterfangen, doch Bayreuths Stadtväter nutzten die Gunst der Stunde und stellten dem Lieblingskomponisten des »Märchenkönigs« Ludwig II. ein Grundstück zur Verfügung, auf dem er seine Vorstellungen von einem Opernhaus umsetzen konnte. Um eine optimale Akustik zu erhalten, ließ Wagner von Architekt Otto

Das Richard-Wagner-Festspielhaus steht auf dem Grünen Hügel in Bayreuth. Alljährlich ist das Opernhaus mit der fantastischen Akustik Schauplatz der Bayreuther Festspiele.

Brückwald den Innenraum nur mit Holz verkleiden und verzichtete auf Logen an den Seiten des Zuschauerraums. Selbst die Stühle blieben ungepolstert, damit möglichst wenig Schall geschluckt wird. Damit das Publikum nicht durch die Musiker vom Geschehen der Bühne abgelenkt wird, erfand Wagner den »mystischen Abgrund«. In diesem tiefsten Orchestergraben der Welt gehen die Instrumentalisten quasi auf Tauchstation und sind für die Zuschauer nicht zu sehen.

1876 begannen die ersten Bayreuther Wagner-Festspiele mit der Uraufführung des Rings der Nibelungen vor einem illustren Publikum. Unter anderem gaben sich Kaiser Wilhelm I., Franz Liszt – dessen Sterbehaus in Bayreuth heute ein Museum ist – und Peter Tschaikowski die Ehre. Seitdem ist Bayreuth das leuchtende Beispiel auch für reine Kosten-Nutzen-Denker, dass es sich lohnt, in Kultur zu investieren.

Wagner war jedoch nicht der Erste, der in dem Städtchen am Roten Main der Kunst huldigte. Bayreuths Stern hatte ab 1603 zu leuchten begonnen, nachdem Markgraf Christian Ernst von Brandenburg-Bayreuth seine Residenz von der Kulmbacher Plassenburg nach Bayreuth verlegt hatte. Im 18. Jahrhundert förderten Markgraf Christian Ernst und nach ihm Markgraf Friedrich und Markgräfin Wilhelmine im heutigen Oberfranken barocke Pracht und opulente Raumgestaltungen im typischen Bayreuther Rokoko. Unter ihrer Ägide entstanden die Eremitage samt Altem Schloss von 1715, Wasserspielen, Orangerie und Sonnentempel, das Neue Schloss von 1753 mit dem faszinierenden Spiegelscherbenkabinett und das Markgräfliche Opernhaus von 1748. Dieses schönste und größte erhaltene Barocktheater Europas wird noch immer bespielt und gehört zum UNESCO-Welterbe.

Bier am Main

Nach dem Ende der glanzvollen Ära unter Friedrich und Wilhelmine sank Bayreuths Stern im späten 18. Jahrhundert unter anderem auch, weil die Staatskasse mittlerweile stark geplündert war. 1810 fiel das Markgraf-

tum an das junge Königreich Bayern und in der Folge in die oberfränkische Bedeutungslosigkeit.
Dieses Schicksal hatte Kulmbach schon eher ereilt, als es ab 1603 seine Stellung als Residenz an Bayreuth hatte abgeben müssen. Bis zu jenem Zeitpunkt hatten die Herrscher der Region in der Plassenburg residiert, die auf einem Bergsporn oberhalb des Städtchens thront und in der Renaissance zu einer bedeutenden Festung ausgebaut wurde. Den Anfang machten die Dießen-Andechser Herzöge von Meranien, dann kamen die Orlamünder und schließlich ab dem 15. Jahrhundert die Burggrafen von Nürnberg aus dem Haus Hohenzollern, die sich ab 1415 Markgrafen von Brandenburg-Kulmbach nannten.
Kulmbach, das günstig an der Kreuzung von Handelsstraßen und nahe dem Zusammenfluss des Roten und Weißen Mains liegt, erblühte in jenen Jahrhunderten vor allem durch die Produktion von Textilien und den Handel mit diesen Erzeugnissen. Von der mittelalterlichen Bebauung sind in der hübschen Altstadt, deren Gebäude heute vorwiegend aus Renaissance und Barock stammen, noch ein paar Bauwerke erhalten geblieben, nicht zuletzt einige Stadttürme und das Badhaus, in dem man heute in einem Museum mittelalterliche Badefreuden nachvollziehen kann.
In die jahrhundertealte Geschichte des Kulmbacher Bierbrauens – das für den wirtschaftlichen Wohlstand der Stadt immer noch eine wichtige Rolle spielt – entführt dagegen das Bayerische Brauereimuseum im Mönchshof, auf dessen Gelände möglicherweise schon im Mittelalter Bier gebraut wurde. Dort lernt man im Bayerischen Bäckereimuseum zudem alte Brotbacktechniken kennen. Kulmbachs eindrucksvollstes Bauwerk ist jedoch noch immer die Plassenburg, deren Schöner Hof zu den bezauberndsten architektonischen Schöpfungen der deutschen Renaissance gehört.

In der mächtigen Festung residieren heute verschiedene Museen und präsentiert das Landschaftsmuseum Obermain eine Reproduktion der berühmten Ebstorfer Weltkarte, der größten Weltkarte des Mittelalters.

God save the Queen

Nördlich von Kulmbach liegt schließlich Coburg gleichsam auf einer bayerischen Halbinsel, die nach Thüringen hineinragt. Als 1918 die Monarchie in Deutschland ihr Ende fand, konnten Coburgs Bürger nach der Auflösung des Herzogtums Sachsen-Coburg und Gotha 1919 in der ersten freien Volksabstimmung Deutschlands wählen, ob der neu gegründete Freistaat Coburg zu Thüringen oder zu Bayern gehören sollte. Mit deutlicher Mehr-

Coburgs prächtiges Schloss Ehrenburg aus dem 16. Jahrhundert beherbergt die Landesbibliothek Coburg (oben). Die imposante Renaissancefestung Plassenburg ist das Wahrzeichen von Kulmbach (unten).

Das Wasserschloss Mitwitz steht nahe Coburg an der Mündung der Föritz in die Steinach (oben). Verwunschene Gartenlandschaft am Herzog-Alfred-Brunnen im Schlossgarten von Coburg (unten). Waldweg durch das Höllental im Frankenwald (rechts oben). Die Basilka und Wallfahrtskirche Vierzehnheiligen ist den 14 Nothelfern geweiht (rechts unten).

heit votierten die Coburger für den Freistaat Bayern. Nach dem Zweiten Weltkrieg war man in Coburg zwar vorwiegend froh, dank dieses Votums zur westlichen Bundesrepublik zu gehören, fand sich aber auf einmal ziemlich abgeschlagen ohne das für die Stadt wichtige Thüringer Hinterland in nächster Nähe zur deutsch-deutschen Grenze wieder. Doch Coburg hat auch dies gut überstanden, wie so manche anderen Zerstörungen und Durststrecken im Verlauf seiner langen Geschichte. Großen Anteil am letztendlich guten Überleben der Stadt hat die mächtige Veste Coburg, unter deren Schutz Coburg rund 1000 Jahre lang stand. Urkundlich erwähnt wurde die imposante Festung bereits 1056, den rund 150 Jahre langen Ausbau zu einer der größten Burganlagen

Deutschlands erlebte sie schon bald danach. Als Martin Luther unter Reichsacht stand, arbeitete er hier 1530 monatelang an seiner Bibelübersetzung und hielt in der Osterwoche jenes Jahres unten in der Stadt in der Morizkirche Predigten. Die Kirche, deren Geschichte bis 1330 zurückreicht, ist das älteste erhaltene Gotteshaus der Stadt. Heute sind in der uneinnehmbaren Festung bedeutende Kunst- und kulturgeschichtliche Sammlungen unter anderem mit Kupferstichen, venezianischen Gläsern, Werken von Albrecht Dürer und anderen altdeutschen Meistern untergebracht.

Den Grundstock der Sammlungen legten im 19. Jahrhundert die Herzöge von Sachsen-Coburg und Gotha, deren Vorfahren seit dem 15. Jahrhundert im Herzogtum Sachsen-Coburg regierten und Coburg zu ihrer Residenz ausgebaut hatten. 1543 ließen sie mit Schloss Ehrenburg am Fuß des Festungsbergs eine wunderschöne Stadtresidenz am beeindruckenden Schlossplatz errichten und 1690 zu einer prächtigen barocken Dreiflügelanlage mit einer opulenten Kirche ausbauen. Der damals neue, sogenannte Riesensaal, dessen Decke Atlasfiguren tragen, bot mit über 400 Quadratmeter Fläche reichlich Platz zum Feiern. Im 19. Jahrhundert erhielt das Schloss eine gotisierende Fassade von Karl Friedrich Schinkel und die Innenräume wurden im prunkvollen Empire gestaltet.

Gleich beim Schlossplatz erstreckt sich die gut erhaltene Altstadt, in der sogar noch Reste der Stadtmauer zu sehen sind. Städtebaulich besonders interessant sind dort aber auch die neogotischen Ensembles aus dem 19. Jahrhundert, die wie sonst in kaum einer anderen europäischen Stadt eine unglaubliche Geschlossenheit aufweisen. Den großen Marktplatz im historischen Kern säumen unter anderem das Rathaus von 1577 und das reich verzierte Stadthaus von 1601, das einst als »Cantzley« die herzogliche Verwaltung beherbergte. Zwischen diesen

markanten Renaissancegebäuden steht mitten auf dem Platz seit 1865 ein Denkmal für den britischen Prinzgemahl Albert, das seit wenigen Jahren von plätschernden Wasserfontänen umgeben ist. Der Ehemann der britischen Königin Victoria kam 1819 als Albrecht von Sachsen-Coburg und Gotha in Schloss Rosenau bei Coburg auf die Welt und schaffte es als Sprössling eines winzigen Herzogtums in der deutschen Provinz, eine der besten Partien der Welt zu ergattern. Albert ist somit der Ururgroßvater der heutigen Queen Elizabeth, deren Familie ihren Nachnamen Sachsen-Coburg und Gotha – für englische Zungen eine Herausforderung – 1917 während des Ersten Weltkriegs in »Windsor« änderte.

Ein Gebirge aus Tälern

Wer kleine Dörfer und sattes Grün liebt, kommt zwischen Coburg im Westen und Kulmbach bzw. Bayreuth im Süden bei einem Abstecher in den Frankenwald auf seine Kosten. Die »grüne Krone Bayerns« erstreckt sich im Freistaat »ganz oben« zwischen Fichtelgebirge und Thüringer Wald und bildet mit diesem zusammen eines der größten geschlossenen Waldgebiete in Mitteleuropa. »Im Frankenwald«, lautet ein bekannter Spruch, »gibt es keine Berge, sondern Täler.« Das klingt erst einmal merkwürdig, ist aber eine gelungene Beschreibung des ruhig gewellten Reliefs der Region, die weniger einem Mittelgebirge denn einer Hochfläche gleicht, in die sich enge Fluss- und Bachtäler im markanten »V« teilweise über 200 Meter tief gegraben haben. Früher verschaffte in dem einst bettelarmen Gebiet der Abbau von Tonschiefer den Bauern ein Zubrot. Millionenfach produzierten sie in Heimarbeit aus dem »Blauen Gold« Schiefertafeln, wie sie noch über die 1960er-Jahre hinaus in den Schulen zum Lesen- und Schreibenlernen verwendet wurden. Der Schiefer hat aber auch die Architektur des Frankenwalds geprägt. Mit dem blaugrau leuchtenden Stein wurden die Häuser gedeckt und Fassaden verziert. Bis heute werden im Schieferwerk Lotharheil bei Geroldsgrün Dachschindeln aus dem schönen Naturstein abgebaut, der heute auch deshalb eine Renaissance erlebt, weil er so gut Wärme speichert.

STELL- UND CAMPINGPLÄTZE

WOHNMOBILSTELLPLATZ BRAUEREI REICHOLD

Hochstahl 24, 91347 Aufseß, brauerei-reichold.de, GPS: 49.884029, 11.267311. Einmal direkt über das Gelände der Brauerei und schon steht man mit Blick ins Grüne auf einer der großzügig angelegten Parzellen. Einkehrmöglichkeit in der Brauerei ist selbstverständlich gegeben. Strom, Brötchenservice und Sanitär vorhanden.

TOP ★ ERLEBNISSE

★ RADELN OHNE GRENZEN

Die ehemalige deutsch-deutsche Grenze hat sich von der Todes- zur Lebenszone entwickelt: Entlang des »Grünen Bandes« gibt es zahlreiche Naturschutzgebiete. Mehrere Radtouren durchziehen die Region Coburg-Rennsteig – etwa die 30 Kilometer lange »Radtour ohne Grenzen«. Sie startet in Bad Rodach und führt über die Gedenkstätte Billmutshausen zurück nach Oberfranken.

★ AUFSTIEG MIT AUSSICHT

Der Panoramablick sucht seinesgleichen: Vom Staffelberg reicht die Sicht bis ins Maintal und weit in die Fränkische Schweiz hinein. Die zwölf Kilometer lange Wanderung startet in Bad Staffelstein, führt mit Sicht auf Kloster Banz bis zur Basilika Vierzehnheiligen und über satte Wiesen aufs Staffelbergplateau zum 539 Meter hohen Gipfel.

★ RADTOUR NACH ENTENHAUSEN

Rund drei Stunden radelt man mit Zwischenstopp am Oberfränkischen Bauernhofmuseum bis Schwarzenbach an der Saale, wo das Erika Fuchs Haus einen spannenden Einblick in die Welt der Donaldisten ermöglicht.

Weitere Informationen
bayreuth.de,
kulmbach.de,
coburg.de

Der prächtige Herkulesbrunnen von 1602 schmückt die noble Maximilianstraße vor der Kulisse der Basilika St. Ulrich und Afra (oben). Zwar nicht am Lech, aber immerhin mit Blick auf die Wertach übernachtet man in Augsburg (rechts oben). Das 1886 erbaute Kurhaus im Stadtteil Göggingen ist eine Rarität aus der Gründerzeit (rechts unten).

94 GELD UND FRIEDEN – AUGSBURG

Hier wurden Kaiser gekauft und der Religionsfriede beschlossen

Zusammen mit Kempten, Köln, Trier und anderen ist Augsburg Mitglied im exklusiven Klub der ältesten Städte Deutschlands. Im 15. und 16. Jahrhundert erlebte die Stadt einen beispiellosen Aufstieg zu einer der weltweit führenden Wirtschafts- und Finanzmetropolen. 1555 wurde hier der Reichs- und Religionsfrieden geschlossen, der Katholiken und Lutheranern die freie Ausübung ihrer Religion zugestand.

Augsburgs Geschichte begann 15 v. Chr., als im heutigen Stadtteil Oberhausen ein Legionslager gegründet wurde, um das sich die Siedlung Augusta Vindelicorum entwickelte, die schon bald über 10 000 Einwohner besaß. Ende des 1. Jahrhunderts lief es Kempten den Rang ab und wurde die neue Hauptstadt der römischen Provinz Raetia. Das römische Augsburg erhielt im Jahr 121 von Kaiser Hadrian das Stadtrecht und wehrte sich erfolgreich gegen die Angriffe germanischer Stämme. Das Römische Museum besitzt einen Siegesaltar aus dem 3. Jahrhundert, der vom Sieg der Römer gegen die Juthungen in einer Schlacht bei Augsburg erzählt. An Augsburger Leben in der Spätantike erinnert aber auch der Sarkophag der heiligen Afra in der gotischen Basilika St. Ulrich und Afra, an deren Standort sich schon in spätrömischer Zeit eine Kirche befunden hatte. Der Legende zufolge wurde die Heilige im Jahr 304 auf Augsburger Stadtgebiet als christliche Märtyrerin ermordet und vermutlich gab es damals auch schon einen christlichen Bischof in der Stadt. Dies lassen zumindest die Fundamente unter dem romanisch-gotischen Dom Unserer Lieben Frau vermuten, die möglicherweise zu einem Bischofssitz mit frühchristlicher Kirche gehörten.

Ein neues Wirtschaftszeitalter

Augsburg florierte schon in römischer Zeit als Handelsstadt, zur Weltmetropole in Sachen Wirtschaft und Finanzen stieg es am Übergang vom Spätmittelalter in die

Weihnachtsstimmung auf dem Christkindlesmarkt auf dem Rathausplatz (oben). Der Goldene Saal des Rathauses dient für verschiedene Veranstaltungen (unten). Das Zentrum Augsburgs erreicht man von hier aus schnell (rechts oben). Vor mehr als 1000 Jahren wurde Augsburgs Bischof Ulrich heiliggesprochen – hier ein Standbild am Dom (rechts unten).

frühe Neuzeit auf. Damals zählte es mit rund 30 000 Einwohnern zu den größten Städten des Heiligen Römischen Reichs und bildete einen Knotenpunkt im Netz bedeutender Handelsstraßen.

Bereits 1156 hatte Augsburg von Kaiser Friedrich Barbarossa das Stadtrecht erhalten und 1276 war es zur Freien Reichsstadt erklärt worden. Augsburg war eine Stadt der Patrizier und der Zünfte, die bis ins 16. Jahrhundert an der Stadtregierung beteiligt waren. Den Wandel von der Naturalien- zur Geldwirtschaft markierte 1540 die Gründung der ersten Börse Deutschlands. Sie zog 1830 in ein prächtiges Gebäude am heutigen Rathausplatz, das im Zweiten Weltkrieg zerbombt wurde. Seitdem hat man freien Blick auf Augsburg Wahrzeichen: das Rathaus mit dem riesigen Reichsadler an der Fassade und dem Goldenen Saal für Festempfänge. 1624 wurde der Renaissancebau mit sechs Stockwerken errichtet – damals eine technische Meisterleistung und architektonische Sensation.

Fuggergeld aus aller Welt

Die Börse war auf Betreiben der Familie Fugger gegründet worden, die seit 1367 in der Stadt ansässig war und es in kürzester Zeit zu enormem Reichtum gebracht hatte. Ihr internationales Wirtschaftsimperium basierte anfänglich auf dem Textilhandel und erweiterte sich auf den Erzhandel und den Bergbau, beides die größten Wachstumsbranchen jener Zeit. Das Geld sprudelte für die Fugger auch fleißig durch ihre Geschäftsbeziehungen mit der katholischen Kirche. Der reiche Klerus konnte diskret in Fuggersche Unternehmungen investieren, darüber hinaus vergaben die Fugger auch Kredite an die Kirche und stiegen zu den »Bankiers der Päpste« auf, die zudem den lukrativen Ablasshandel finanztechnisch organisierten. Großen politischen Einfluss erlangten sie unter Kaiser Maximilian I., der ab 1493 das Reich regierte. Seine Kriege und seinen aufwendigen Lebensstil finanzierte er auch mit Krediten der Fugger, die im Gegenzug Landbesitz und Bergbauprivilegien erhielten. Den größten Coup landeten sie 1519, als Jakob Fugger, der reichste Geschäftsmann des Heiligen Römischen Reichs, die damals unvorstellbare Summe von 543 585 Gold-Gulden investierte, damit die Kurfürsten Spaniens König Karl V. zum Kaiser wählten. Ihren Betrag zu dieser Überzeugungssumme

leisteten auch die Welser, deren Handelsimperium ebenfalls in Augsburg einen Sitz hatte, sowie italienische Banken. Insgesamt flossen 851 918 Gulden an sechs der sieben Kurfürsten … und die Strategie zeigte Erfolg: Als Wunschkandidat der reichen Handelshäuser kam der spanische Habsburger auf den Thron – und damit war für die finanzstarken Imperien der Weg zu den Schätzen in der Neuen Welt geebnet. Die Macht der Fugger schwand nach dem Dreißigjährigen Krieg, verarmt ist die Familie jedoch nie. Ihre Spuren sind bis heute in Augsburg zu sehen, sei es an den prächtigen Renaissance-Fuggerhäusern in der Maximilianstraße, der opulenten Fuggerkapelle in der Kirche St. Anna oder auch in der Fuggerei, die als kleiner Ausgleich für all den erworbenen Reichtum für arme Augsburger Bürger gegründet wurde.

Auf dem Weg zum Frieden

Die Wirtschaftsmetropole Augsburg besaß jedoch auch politische Bedeutung. Ab dem 12. Jahrhundert hatten hier immer wieder Reichstage stattgefunden. 1530 wurde hier mit der von Philipp Melanchthon verfassten Confessio Augustana eine grundlegende Rechtsschrift des lutherischen Glaubens dargelegt und 1555 der Augsburger Reichs- und Religionsfriede beschlossen. Bereits 1548 hatte sich Augsburg als erste Paritätische Reichsstadt proklamiert, in der Politik und Verwaltung zu gleichen Teilen in der Hand von Katholiken und Protestanten lag. Sieben Jahre später wurde auf dem Reichstag das reichsweite Recht zur freien Religionsausübung der beiden Konfessionen beschlossen, zumindest für die Landesherren, die die Religion in ihren Territorien bestimmen konnten. Die Gräuel des Dreißigjährigen Kriegs konnte der Religionsfrieden nicht abwenden, doch gilt er noch heute als ein Meilenstein auf dem Weg zur religiösen Toleranz. 1650 feierten Augsburgs Protestanten und Katholiken endlich die Gleichberechtigung ihrer Konfessionen in ihrer Stadt, was den Augsburgern einen deutschlandweit einmaligen Feiertag bescherte: Am 8. August wird hier das Hohe Friedensfest gefeiert. In dessen Sinne beschäftigt sich in Augsburg seit einigen Jahren ein eigenes Friedensbüro mit der friedlichen Koexistenz der beiden christlichen Konfessionen sowie der gesellschaftlichen und kulturellen Vielfalt einer modernen Großstadt. Dazu stellt es alljährlich ein mehrwöchiges Veranstaltungsprogramm auf die Beine.

STELL- UND CAMPINGPLÄTZE

WOHNMOBILSTELLPLATZ WERTACH

Bürgermeister-Ackermann-Straße 1, 86156 Augsburg, GPS: 48.369662, 10.877854. In Bahnhofsnähe gelegener kleiner Stellplatz, der schnell belegt ist. Guter Ausgangspunkt zur Erkundung der Augsburger Innenstadt. Strom vorhanden.

TOP ★ ERLEBNISSE

★ GUT ZUHÖREN

Die Lauschtouren durch Bayerisch-Schwaben haben schon viele Tourismus-Preise gewonnen – beginnend am Augustusbrunnen startet der fünf Kilometer lange App-Rundgang »WasSerleben in Augsburg – die heimliche Hauptstadt der Brunnen, Kanäle und Kraftwerke«.

★ SEGWAY

Die Fugger und die Augsburger Puppenkiste erlebt man zugleich, wenn man sich bei einer geführten Segway-Tour durch die Innenstadt Augsburgs begleiten lässt.

★ SOZIAL WOHNEN

Einen Gulden – das entspricht 88 Cents – Jahresmiete kostet eine der 140 Zweizimmerwohnungen in der Fuggerei, dazu kommen täglich drei Gebete für das Seelenheil der Fugger: So hat es Jakob Fugger 1521 verfügt, als er die älteste bestehende Sozialsiedlung der Welt für verarmte Bürger stiftete. Ihre Idylle kann man heute besichtigen. Informationen zu Augsburgs goldenem Zeitalter bietet das Fugger-Welser-Museum.

Weitere Informationen
augsburg.de,
bayerisch-schwaben.de

95 EINMAL DURCH DEN FREISTAAT

Von Würzburg nach Füssen

Diese Route heißt nicht von ungefähr »Romantische Straße«: Vom Main bis zu den Alpen, vom mittelalterlichen Rothenburg ob der Tauber bis Schloss Neuschwanstein, das die Mittelalter-Fantasien des bayerischen Märchenkönigs spiegelt, verbindet sie auf 360 Kilometern, was viele für typisch deutsch halten. Über eine Wohnmobil-Reise fern aller Klischees.

Schon der Beginn dieser Strecke ist ein Paukenschlag oder, um im romantischen Bild zu bleiben, ein Lautenklang: Würzburg mit der Alten Mainbrücke, der Festung Marienberg und der Residenz markiert das Zentrum des fränkischen Weinlands. Vom hiesigen Stellplatz am Mainufer aus geht es schnurstracks nach Süden über die Fränkische Alb, durchs Donauries und das Allgäu bis an den Alpenrand nach Füssen. Die nach eigenen Angaben bekannteste und beliebteste deutsche Ferienstraße besteht bereits seit 1950.

Von Würzburg bis Bad Mergentheim Die Residenzstadt der Fürstbischöfe im Rücken, geht es via Wertheim, Baden-Württembergs nördlichste Stadt an der Mündung der Tauber in den Main, nach Tauberbischofsheim. Dort umrahmt das Kurmainzische Schloss den Türmersturm, das Wahrzeichen der Stadt. Über die fränkische Barockstadt Lauda-Königshofen führt die B290 durchs Taubertal bis Bad Mergentheim.

Von Bad Mergentheim bis Rothenburg ob der Tauber Früher eine Residenzstadt mit Deutschordensschloss, heute wegen des Schloss- und des Kurparks bekannt, für das Alte Rathaus und den Milchlingbrunnen: Bad Mergentheim. An der nächsten Station, in Weikersheim, sollte zumindest für den Beifahrer ein Glas Tauberschwarz drin sein, eine Rotweinsorte, die man hier seit 500 Jahren trinkt. Am Abend stellt man das Wohnmobil auf dem Stellplatz vor der Stadtmauer in Rothenburg ob der Tauber ab.

Von Rothenburg bis Dinkelsbühl In der Tauber-Stadt hat das Mittelalter überlebt: Innerhalb der erhaltenen und begehbaren Stadtmauer mit dem Kobolzeller, dem Klingen-, Röder- und weiteren Toren liegen Marktplatz und Renaissancerathaus, die Pfarrkirche, das Plönlein und zahlreiche Fachwerk- und Patrizierhäuser.

Von Dinelsbühl bis Nördlingen Auch in Dinkelsbühl steht die Stadtmauer samt 16 Türmen noch und umgibt eine der besterhaltenen mittelalterlichen Städte Deutschlands um das Münster St. Georg. An der Wörnitz entlang geht es über Wallerstein mit der kunstvollen Pestsäule ins knapp 30 Kilometer entfernte Nördlingen.

Von Nördlingen bis Donauwörth Wieder eine Stadtmauer, diesmal komplett erhalten seit 1327 und rundum begehbar. Am besten zu erkennen sind die mittelalterlichen Strukturen vom Daniel aus, dem 90 Meter hohen Turm der St.-Georgs-Kirche, von dem der Türmer sein »So Gsell so« über die alten Giebel ruft. Vom kreisrunden Städtchen im Nördlinger Ries führt die B25 über das schöne Harburg nach Donauwörth. Wer einen etwas ungewöhnlichen, aber liebevoll hergestellten Stellplatz erleben möchte, macht einen Abstecher nach Wertingen. Der dortige Platz ist sternförmig angelegt.

Von Donauwörth bis Augsburg Ein Treffpunkt der Handelswege: Hier mündet die Wörnitz in die Donau und die Reichsstraße bildet die Achse der historischen Altstadt zwischen dem Rat- und dem Fuggerhaus. Das steht seit 1537 – und liefert das Stichwort fürs nächste Ziel: Augsburg, die größte und älteste Stadt der Strecke. Der Stellplatz an der Wertach ist zentral und ideal für eine Besichtigung Augsburgs und der Puppenkiste.

Von Augsburg bis Landsberg am Lech Die Römergründung Augsburg verdient einen längeren Aufenthalt, sei es, um eine Runde durch die Altstadt zu drehen oder um den Wegen des Lechs und anderer Stadtbäche nachzuspüren. Auch Brechthaus und Fuggerei stellen gute Anlaufpunkte dar, bevor man den Camper auf die B2 in Richtung Süden leitet. Mehrere Campingplätze entlang des Lechs verlocken immer wieder zu einer Fahrtunterbrechung. In Landsberg sind es die Attraktionen, die sich sternenförmig vom Marienbrunnen am Alten Rathaus ausbreiten: vom Lechwehr bis zum Bayertor und von der Stadtpfarrkirche bis zum Jungfernsprung.

Von Landsberg bis Schongau
Genau auf der Sprachgrenze zwischen Schwäbisch und Bayerisch liegt Schongau mit seinem lang gestreckten Marienplatz vor dem wuchtigen Ballenhaus aus dem Jahr 1420. Die Stadt mit der gut erhaltenen Stadtmauer und der traurigen Hexenvergangenheit ist ein guter Ausgangspunkt für Touren in den Pfaffenwinkel.

Von Schongau bis Füssen Dass die Route auf der B17 an Steingaden nicht vorbeikommt, liegt an der »Wallfahrtskirche zum gegeißelten Heiland auf der Wies«, kurz der Wies, der wohl schönsten bayerischen Rokokokirche. Die steuert man am besten außerhalb der Besucher-Rushhour an! Das Gleiche gilt für Schloss Neuschwanstein. Am Märchenschloss von Ludwig II. begeistert die Lage, die Kühnheit, die verbaute Technik und die unstillbare Sehnsucht des Königs nach Harmonie – eine echte Krönung der Romantischen Straße. Die Wohnmobilstellplätze liegen alle in einem Gewerbegebiet in Füssens Norden.

STELL- UND CAMPINGPLÄTZE

1 WOHNMOBILSTELLPLATZ BAD MERGENTHEIM
Arkau 5, 97980 Bad Mergentheim,
GPS: 49.493078, 9.793436

2 CAMPING SCHWABENMÜHLE
Weikersheimer Str. 21, 97990 Weikersheim, camping-schwabenmuehle.de,
GPS: 49.457678, 9.926339

3 WOHNMOBILSTELLPLATZ ROTHENBURG P2
Nördlinger Str., 91541 Rothenburg ob der Tauber,
GPS: 49.370417, 10.183366

4 DCC SEECAMP DINKELSBÜHL
Kobeltsmühle 6, 91550 Dinkelsbühl, campingplatz-dinkelsbuehl.de,
GPS: 49.081295, 10.333502

5 LECH-CAMPING
Seeweg 6, 86444 Affing,
lech-camping.de,
GPS: 48.436660, 10.928616

6 CAMPINGPLATZ LANDSBERG AM LECH
Pössinger Au 1, 86899 Landsberg am Lech, camping-landsberg.com,
GPS: 48.031142, 10.885237

7 VIA CLAUDIA CAMPING LECHBRUCK AM SEE
Via Claudia 6, 86983 Lechbruck am See, via-claudia-camping.de,
GPS: 47.711585, 10.817539

8 WOHNMOBILPLATZ SPORTSTUDIO FÜSSEN
Abt-Hafner-Straße 2, 87629 Füssen,
wohnmobilstellplatz-fuessen.de,
GPS: 47.582508, 10.703378

9 WOHNMOBILPARK FÜSSEN
Abt-Hafner-Straße 7a, 87629 Füssen, wohnmobilpark-fuessen.de,
GPS: 47.582259, 10.702027

10 WOHNMOBILPLATZ FÜSSEN CAMPER‘S STOP
Abt-Hafner-Straße 9, 87629 Füssen,
wohnmobilplatz.de,
GPS: 47.582048, 10.701178

Spitzer Turm und Burg Wertheim blicken auf die Mündung der Tauber in den Main.

Zwei Aspekte einer alten Stadt: die Kaiserburg mit dem Heidenturm und dem Tiefen Brunnen (oben) und der Blick von der Burg über die Altstadt auf den Tiergärtnertorturm aus dem 14. Jahrhundert (rechts).

96 LEBEN IM SCHUTZ DER BURG – NÜRNBERG

Metropole des Mittelalters

Die fränkische Hauptstadt Nürnberg, heute als Veranstaltungsort des Christkindlesmarkts und der Spielwarenmesse weltbekannt, blickt auf eine lange Tradition als urbanes Zentrum zurück: Zwischen dem 11. und 16. Jahrhundert hielten die Kaiser des Heiligen Römischen Reichs Deutscher Nation mindestens einmal im Leben Hof auf der mächtigen Burg und erwiesen damit auch der Stadt ihre Reverenz.

Bis heute künden viele Patrizierhäuser und Kaufmannshöfe des 15., 16. und 17. Jahrhunderts in der Nürnberger Altstadt vom Stolz und dem Reichtum einer selbstbewussten Bürgerschaft. Zwar wurden große Teile der mittelalterlichen und frühneuzeitlichen Bausubstanz im Zweiten Weltkrieg zerstört, doch ging man beim Wiederaufbau zum Glück sehr behutsam vor: Die Neubauten fügen sich ins mittelalterliche Stadtbild ein, die historischen Straßenverläufe blieben erhalten. Heute ist Nürnbergs von einem vollständig erhaltenen Festungsring umgebene Altstadt das pulsierende Zentrum einer modernen Großstadt im historischen Gewand.

Im Südosten Nürnbergs erinnert das Reichsparteitagsgelände an das düsterste Kapitel der Nürnberger Geschichte. Auf dem 25 Quadratkilometer umfassenden Areal fanden zwischen den Jahren 1933 und 1938 die monströsen Parteitage der NSDAP statt. Nur noch wenige Bauten aus dieser Zeit sind bis heute erhalten – die gigantische Kongresshalle etwa, in der nun ein Dokumentationszentrum untergebracht ist.

Über allem thront die Burg

Wie kein zweites Bauwerk bezeugt die Burganlage im Norden der Altstadt die überragende Bedeutung Nürnbergs für die mittelalterliche Welt. Historische Quellen belegen, dass auf dem heutigen Standort der Burg bereits unter dem Salier-Herrscher Heinrich III. (reg. 1046–1056) eine Festung gestanden haben muss. Die Anfänge

Fränkisches Idyll: eine Gondel auf der Pegnitz vor dem Henkersteig.

der noch sichtbaren Wehranlage gehen jedoch auf den Staufer Konrad III. (reg. 1138–1152) zurück, der im Westen des Sandsteinplateaus eine kaiserliche Pfalz errichten ließ. Friedrich I. Barbarossa hat hier festliche Empfänge gegeben. Unter seinen Nachfolgern entstand der zweigeschossige Palas, der bis heute den Westen des Plateaus beherrscht. Das Wahrzeichen der Anlage ist jedoch der Sinwellturm, ein weithin sichtbarer Bergfried.

Als kunsthistorisch bedeutendstes Relikt der Stauferzeit gilt die Doppelkapelle, die sich an den Palas im Südosten der Anlage anschließt. Sie wurde um 1200 errichtet und macht in ihrem Aufbau die Undurchlässigkeit der Ständegesellschaft anschaulich: Die Kapelle besteht aus zwei Stockwerken, die nicht etwa über eine Treppe, sondern nur durch eine rechteckige Öffnung miteinander verbunden sind. Während sich in dem düsteren, nur vom Burghof aus zugänglichen Untergeschoss das »niedere Volk« zum Gottesdienst versammelte, war das helle, lichtdurchflutete Obergeschoss, das durch den Palas betreten wurde, dem Kaiser und seinem Hofstaat vorbehalten.

Neben der Kaiserpfalz befindet sich die Burggrafenburg, die im 12. Jahrhundert als Residenz der Nürnberger Burggrafen entstand. Während des Bayerischen Krieges von 1420 bis 1422 stark zerstört, wurde die Anlage danach vom Rat der Stadt Nürnberg käuflich erworben.

Die reichsstädtischen Bauten nehmen den ganzen Osten des Plateaus ein. Bauhistorikern gelten sie als Ausdruck des selbstbewussten Wunsches der Nürnberger Stadtväter, auf dem Burgberg präsent zu sein. Bereits 1377 ließ der Rat den Wachturm »Lug-ins-Land« errichten, von dem aus nicht etwa das Nürnberger Umland, sondern die in der Nachbarschaft residierenden Burggrafen beobachtet werden sollten. Die unter Federführung des Nürnberger Steinmetzes und Stadtbaumeisters Hans Beheim (1455/60 bis 1538) errichtete Kaiserstallung zwischen Fünfeckigem Turm und Lugins-Land nutzte der Tross des Kaisers als Unterkunft und städtisches Kornhaus.

Kirche der Bürger

Der sich nördlich der Pegnitz bis zur Burg erstreckende Teil der Altstadt ist nach der Sebalduskirche benannt. Weithin sichtbar überragen die 80 Meter hohen Türme des Gotteshauses das Gewirr der Gassen und engen Straßen. Generationen selbstbewusster Nürnberger Patrizier haben die Kirche, eine dreischiffige, romanische Basilika aus dem 13. Jahrhundert, erweitert und verändert. Der spannungsreiche Kontrast zwischen romanischen und gotischen Bauelementen ist eines ihrer besonderen Kennzeichen. Hinter den Strebepfeilern und spitzen Fenstergiebeln der Seitenschiffe, die zwischen 1309 und 1350 im gotischen Stil entstanden, werden die Obergaden des alten romanischen Mittelschiffs mit den typischen Rundbogenfenstern sichtbar. Im Innern der Kirche öffnet sich das schmale Langhaus zur weiten Halle des polygonalen spätgotischen Ostchors, der ab 1361 an der Stelle eines als zu klein empfundenen romanischen Vorgängerbaus errichtet wurde. Die kunstvoll bemalten hohen Fenster bilden hier einen besonderen Blickfang. Das sogenannte Kaiserfenster stiftete Maximilian I. im Jahr 1514, die Entwürfe zum Bamberger Fenster steuerte Albrecht Dürer (1471–1528) bei. Das bedeutendste Kunstwerk in der Kirche aber ist das Sebaldusgrab, ein von Peter Vischer d. Ä. um 1580 geschaffenes, freistehendes Baldachingrab, in dem der Reliquienschrein des Hl. Sebald, des Schutzpatrons von Nürnberg, aufbewahrt wird.

Jede Menge Aushängeschilder

Gleich gegenüber dem Ostchor von St. Sebald befindet sich das alte Rathaus, ein lang gestreckter Prachtbau, dessen elegante, nach dem Vorbild eines italienischen Renaissancepalastes gestaltete Fassade in der baulichen Enge nicht recht zur Geltung kommt. Die Konstruktionsplanungen zum Gebäude übernahm der Nürnberger Stadtbaumeister Wolf Jacob Stromer (1561–1614) im Auftrag des Nürnberger Rates, die ausführenden Architekten waren jedoch Hans und Jakob Wolff der Jüngere (1571–1620). Einmal mehr sollte hier ein Gebäude symbolisch für das Selbstverständnis der Stadtoberen stehen: Über dem mittleren der drei Eingangsportale, in deren üppiger Ausgestaltung sich bereits das Zeitalter des Barock ankündigt, ist ein Pelikan zu sehen, der seine Jungen mit seinen Eingeweiden und seinem Blut füttert. Kunsthistoriker deuten diese Skulptur als Allegorie auf die aufopferungsvolle Sorge des Rats um das Wohl der Stadt.
Nürnbergs altes Rathaus präsentiert sich als vierflügelige Anlage, die einen Brunnenhof umschließt. Im Süden und Osten sind Teile

Die reich ausgestattete Pfeilerbasilika St. Sebald (oben). Biergartenbesucher genießen den Nachmittag (unten).

Städtische Ziele für alle Sinne: der berühmte Christkindlesmarkt (oben). Knusprige Schäufele werden in Böhm's Herrenkeller serviert (unten). Am Hauptportal befindet sich das Glockenspiel »Männleinlaufen« (rechts oben). Die Straße der Menschenrechte verläuft vor dem Germanischen Nationalmuseum (rechts unten).

des mittelalterlichen Vorgängerbaus erhalten geblieben. In den berüchtigten Lochgefängnissen im Kellergewölbe des Südflügels, wo während des Mittelalters Verdächtige einsaßen, können sich Interessierte über Folter- und Verhörmethoden der damaligen Zeit informieren. Der berühmte gotische Saal, der bei seiner Fertigstellung im Jahr 1340 der größte profane Raum nördlich der Alpen war, nimmt das Obergeschoss des Südflügels ein. Über die Jahrhunderte war er Schauplatz wichtiger politischer Ereignisse. Kaiser und Könige machten auf ihrem Weg zur Burg im Rathaussaal Station und empfingen Abgesandte der Stadt. 1525 fanden hier die berühmten Nürnberger Religionsgespräche statt, die mit dem Bekenntnis des Rats zur Reformation endeten.

Im Zweiten Weltkrieg brannte die Halle vollständig aus. Die grandiosen Wandmalereien, die Albrecht Dürer aus Anlass einer Restaurierung 1520 gestaltet hatte, gingen verloren. Nur die Kassettendecke von Paul Juvenell konnte im Zuge der Wiederaufbaumaßnahmen rekonstruiert werden.

Große Gestalter

Der südlich des Rathauses gelegene Hauptmarkt ist als Schauplatz des Nürnberger Christkindlesmarktes weit über die Grenzen der Stadt hinaus bekannt. Weniger bekannt ist, dass Kaiser Karl IV. 1349 den Platz an der Stelle des jüdischen Wohnquartiers anlegen ließ und seine Bewohner vertrieben oder gar ermordet wurden. Dort, wo einst die Synagoge stand, wurde zwischen 1352 und 1358 die Frauenkirche errichtet, die bis heute die Ostseite des Hauptmarkts dominiert und zu den bedeutendsten Kirchenbauten Nürnbergs zählt. Das Gotteshaus, das vermutlich unter der Federführung von Peter Parler (1330–1399), dem Hofarchitekten Karls IV. und Erbauer des Prager Veitsdoms, entstand, beherbergt einige berühmte Kunstwerke. Dazu gehören der Tucheraltar, das Werk eines unbekannten Meisters aus dem 15. Jahrhundert, oder das Peringsdörffersche Epitaph von Adam Kraft (1455–1509). Seit dem Jahre 1801 dient die Frauenkirche als katholische Pfarrkirche.

Gleich unterhalb der Burg steht das Dürerhaus, das der berühmteste Sohn der Stadt 1509 erwarb und in dem er bis zu seinem Tod 1528 lebte: ein unbedingtes Muss für jeden Nürnberg-Besucher. In dem altfränkischen, vierstöckigen Fachwerkbau ist heute ein Museum untergebracht. Die Stadt Nürnberg kaufte das Haus am Tiergärtnertorplatz

um 1826, nachdem es seit Albrecht Dürers Tod sage und schreibe 24-mal den Besitzer gewechselt hatte.

Nürnberger Seitenwechsel

Seit jeher ist der südlich der Pegnitz gelegene Teil Alt-Nürnbergs das Geschäftsviertel der Stadt. Auf der Lorenzer Seite, wo einst die Handwerker und Kaufleute ansässig waren, haben heute Kaufhäuser, Banken und Geschäftsdependancen ihren Sitz. Die Stadt Nürnberg unterhielt hier große Vorratsspeicher. Das Unschlitthaus und die imposante Mauthalle an der Königstraße sind nur zwei von mehreren Kornhäusern, die der Rat betrieb, um die Bevölkerung auch in Krisenzeiten mit Getreide versorgen zu können. Die stolze, 84 Meter lange und 30 Meter breite Mauthalle wurde von dem Stadtbaumeister Hans Beheim zwischen 1498 und 1502 errichtet. Ab 1572 waren hier das Zollamt und die Stadtwaage untergebracht. Im Vergleich dazu wirkt das der Westfront gegenüberliegende Zeughaus geradezu unscheinbar. Es ist der einzige erhaltene Teil des weitaus größeren städtischen Waffenarsenals und beherbergte einst die Wohnung des Zeugmeisters. Im Herzen der südlichen Altstadt ragen die beiden Türme der gotischen Basilika St. Lorenz empor. Offensichtlich wollten die Mitglieder der Lorenzer Gemeinde mit diesem Bau der nur wenig älteren Sebalduskirche ein ebenbürtiges Gotteshaus zur Seite stellen. Wie diese erfuhr auch St. Lorenz über die Jahrhunderte etliche Erweiterungen. Vermutlich noch vor der Einweihung des ursprünglich um das Jahr 1250 begonnenen Baus wurden die Außenwände der Seitenschiffe bis an die äußere Kante der Strebepfeiler »verschoben«, um innen Platz für eine wachsende Zahl von Gemeindemitgliedern zu schaffen. In der Mitte des 15. Jahrhunderts erhielt St. Lorenz wie die Nachbarkirche nördlich der Pegnitz den gewaltigen Ostchor, der den gesamten Baukörper bis heute dominiert.

St. Lorenz birgt zahlreiche bedeutende Kunstschätze, darunter etwa das »Sakramentshäuschen« von Adam Kraft und den »Engelsgruß« von Veit Stoß (1447–1533), eine überlebensgroße Figurengruppe aus Lindenholz, die Maria und den Erzengel Gabriel bei der Verkündigung zeigt.

STELL- UND CAMPINGPLÄTZE

KNAUS CAMPINGPARK NÜRNBERG

Hans-Kalb-Straße 56, 90471 Nürnberg, knauscamp.de, GPS: 49.423138, 11.121643. Klassischer Campingplatz mit vollständiger Ausstattung und zentraler Lage zur Besichtigung des Dokumentationszentrums. Mit dem ÖPNV geht es in die Innenstadt.

TOP ★ ERLEBNISSE

★ STILLER KANAL

Ludwig-Donau-Main-Kanal heißt er mit vollem Namen, doch seit er 1950 aufgelassen wurde, nennen ihn alle nur »Alter Kanal«. Seiner Schönheit nimmt das nichts: Die Treidelpfade am Ufer eignen sich bestens als Radwege. Vom Volksfestplatz in Nürnberg etwa führt eine 47 Kilometer lange Strecke nach Neumarkt in der Oberpfalz, immer am Kanal entlang.

★ ECHTE DRAUFGÄNGER

Der Bikepark Osternohe bei Schnaittach ist nichts für Weicheier, dafür sprechen schon die Stationen – Rakete, Snake oder Holzkicker. Auf der Blue Line können sich Anfänger Mut und Können für Downhill- und Freeride-Tracks antrainieren, Startpunkt für alle ist die Bergstation auf 546 Metern.

★ WAHRE SCHÄTZE

So vielfältig wie seine Sammlung erscheint die Architektur des Germanischen Nationalmuseums: Gegründet 1852, bildet ein altes Kartäuserkloster die Keimzelle des riesigen Komplexes, den heute moderne Glaselemente erhellen. Das größte kulturhistorische Museum des deutschen Sprachraums zeigt eine Auswahl von 25 000 Objekten.

Weitere Informationen
nuernberginfos.de

97 HEIMAT DES ARCHAEOPTERYX – DAS ALTMÜHLTAL

Ein Mekka für Hiker und Biker

Hektik ist ein Fremdwort im idyllischen Altmühltal, durch das sich der am langsamsten fließende Fluss Bayerns schlängelt. Am Ufer verläuft einer der beliebtesten Radwege Deutschlands durch traditionsreiche Orte wie Pappenheim, Solnhofen und Eichstätt.

Südlich von Treuchtlingen durchbricht die Altmühl die Fränkische Alb und windet sich durch das Karstgebirge. Ihr Weg wird von Felsen, von Wald und Wiesen gesäumt. Wanderer und Radfahrer zieht die Landschaft besonders an. Ihre Touren führen von Gunzenhausen bis zur Mündung in die Donau bei Kelheim. Auf rund 230 Kilometer Länge bietet die Altmühl viele Sehenswürdigkeiten. Sechs Kilometer südlich von Pappenheim, einem Städtchen aus dem Mittelalter, liegt Solnhofen, als Fundort des versteinerten »Urvogels« Archaeopteryx. Bis heute stoßen Paläontologen in den umliegenden Steinbrüchen auf Fossilien. In der ehemaligen fürstbischöflichen Residenzstadt Eichstätt zeigt sich der Hang der geistlichen Landesherren zu barocker Prachtentfaltung in imposanten Kirchen und Klöstern. Dagegen zeigt sich bei Walting die Natur in voller Schönheit in der Gungoldinger Wacholderheide.

An der Altmühlmündung

Die letzten 34 Kilometer vor ihrer Mündung in die Donau wird die Altmühl Teil des Main-Donau-Kanals. In der Nähe von Kelheim zwängt sich die Donau durch bis zu 40 Meter hohe Felswände. Die »Weltenburger Enge« wurde bereits 1840 von König Ludwig I. unter Schutz gestellt und bildet bis heute ein Rückzugsgebiet für seltene Tiere und Pflanzen. Am Eingang zum Donaudurchbruch liegt das 617 n. Chr. errichtete Benediktinerkloster Weltenburg mit einer Abteikirche der Gebrüder Asam und der ältesten Klosterbrauerei der Welt.

INFO: altmuehltal.de

STELL- UND CAMPINGPLÄTZE

WOHNMOBILSTELLPLATZ TREUCHTLINGEN AM KURPARK

Kästleinsmühlenstraße 20, 91757 Treuchtlingen, GPS: 48.960403, 10.918581. Großer Stellplatz mit Einkaufsmöglichkeiten und der Altmühltherme gleich um die Ecke. Strom und Sanitäreinrichtung vorhanden.

Die Burg Randeck am nördlichen Rand des Altmühltals entstand vermutlich schon im 10. Jahrhundert.

TOP ★ ERLEBNISSE

★ DIE HEIDE BLÜHT

Einer der schönsten Wanderwege geht von Pfalzpaint aus durch die duftende Gungoldinger Wacholderheide, quert die Altmühl und steigt zur Arnsberger Leite auf. Vom Höhenzug aus öffnet sich eine herrliche Sicht aufs Flußtal. Die Wanderung über Kipfenberg und auf der anderen Altmühlseite zurück dauert etwa vier Stunden.

★ GEOGRAFISCHER MITTELPUNKT

Der geografische Mittelpunkt von Bayern liegt mitten im Naturpark Altmühltal und lässt sich auf einer kurzen Wanderung ab Kipfenberg gut erreichen. Außerdem lädt die Region zu Touren auf dem Altmühltal-Panoramaweg und zu seinen Schleifentouren ein.

Weitere Informationen
naturpark-altmuehltal.de

98 UNSCHLAGBARE LAGE – BURGHAUSEN

Machtentfaltung über 1050 Meter

Auf dem Burgberg hoch über der Salzach liegt die längste Burganlage der Welt – sie gab der Stadt den Namen und bestimmte ihre Geschicke über Jahrhunderte. Heute bietet sie viel Anlass für Stolz in Burghausen mit seinen bunten Bürgerhäusern und dem großen Jazzfestival.

Bei einem Ort, der seit Jahrzehnten derart an der Grenze klebt, bedarf es einiger Vorstellungskraft, um sich seine Machtfülle im späten Mittelalter zu vergegenwärtigen – denn: Burghausen war bedeutsam. Einerseits spielte die Stadt als wichtiger Flussübergang im Salzhandel eine Rolle, andererseits floss viel Kapital der Wittelsbacher in ihre Burganlage, diese nie eingenommene Festung mit bis zu elf Meter hohen Mauern. Eine Bastion, die ihresgleichen sucht: Sie erstreckt sich über einen Kilometer Länge, gebaut um sechs Höfe, ausgestattet mit Türmen und schweren Toren. Die wichtigsten Gebäude wie Palas, Dürnitz und Kemenate liegen hinter dem Halsgraben ganz am Ende der Anlage rings um den Haupthof. Auch der Kerker befindet sich hier und, vor allem, die Schatzkammer. Die war für Wittelsbacher Verhältnisse gut gefüllt – zumindest in dem Zeitraum von gut 100 Jahren, als Heinrich, Ludwig und Georg regierten, alle jeweils »der Reiche« genannt. Diese drei Herzöge der Linie Landshut-Bayern verstanden es im 15. Jahrhundert zu wirtschaften – davon erzählt ihre unzerstörte Burg bis heute.
Gut 70 Meter unter dem Burgberg hatten die Einwohner Burghausens immer wieder mit Übergriffen zu kämpfen. Die Salzach trat regelmäßig über die Ufer und riss auch schon mal die wichtige Brücke mit. Ein Jahr nach dem Tod Georgs des Reichen verwüstete ein Brand die Stadt, danach entstanden die Häuser in schönster Salzach-Inn-Bauweise. Bis heute zeigen die Gebäude um den Stadtplatz ihre bunten Schaufassaden.
INFO: burghausen.de

STELL- UND CAMPINGPLÄTZE

WOHNMOBILSTELLPLATZ BURGHAUSEN

Berghamer Str., 84489 Burghausen, GPS: 48.154512, 12.808073. Kleiner Stellplatz in ruhiger Lage am Ortsrand. Strom sowie Ver- und Entsorgung vorhanden. Guter Ausgangspunkt für Fahrradtouren.

Hoch über der Salzach thront die Burg von Burghausen, sicher vor Feinden und Hochwasser.

TOP ★ ERLEBNISSE

★ BURGENTOUR

Von der weltlängsten Burg radelt man am Stellplatz vorbei nach Tittmoning, wo sich eine weitere Burganlage befindet. Nach 40 Kilometern hat man auf der Burgentour eine wunderbare Rundfahrt gemacht, die am Wohnmobil wieder endet.

★ EINKEHR IN ALTÖTTING

Ob mit dem Bike über den Inntalradweg oder zu Fuß auf dem Benediktweg, der sich insgesamt 245 Kilometer durch die Region Inn-Salzach und den Chiemgau erstreckt: Burghausen und Altötting trennen nur 15 Kilometer. Nach Altötting pilgern jedes Jahr eine Million Gläubige, um bei der der »Schwarzen Madonna« Segen zu erbitten.

Weitere Informationen
altoetting.de

99 HISTORISCHES GASSENGEWIRR – REGENSBURG

Schmuckstück an der Donau

Seit die UNESCO Regensburgs Altstadt 2007 zum Welterbe ernannte, ist die Stadt aus dem Schatten von Nürnberg und Bamberg getreten. In der mittelalterlichen Handelsstadt lassen sich die historischen Entwicklungsstufen und die bauliche Kontinuität der urbanen Strukturen aus 2000 Jahren Stadtgeschichte nachvollziehen.

Obwohl die Vergangenheit überall präsent ist, wirkt Regensburgs Altstadt nicht museal. Im Gegenteil: Dank der zahllosen Kneipen, Läden und Galerien herrscht hier das ganze Jahr über ein munteres Treiben. Der Haidplatz, einer der ältesten Plätze Regensburgs, ist Treffpunkt von Jung und Alt. Im Mittelalter fanden hier Ritterturniere statt, heute bilden die historischen Bauten die Kulisse für Auftritte von Straßenmusikanten und Gauklern.

Die Ostseite des Platzes beherrscht die »Neue Waag«, ein gotisches Patrizierhaus, das der Rat der Stadt 1441 kaufte und zur Stadtwaage bestimmte. Genau 100 Jahre später fand hier das Religionsgespräch zwischen Philipp Melanchthon und Johannes Eck statt. Das »Goldene Kreuz« im Nordosten des Haidplatzes zählt zu den mittelalterlichen Patrizierburgen Regensburgs. Der siebengeschossige Turm mit angeschlossenem Wohntrakt wurde bereits im 16. Jahrhundert als Gasthof und Herberge genutzt. Illustre Persönlichkeiten wie Karl V. oder Ludwig I. sollen hier abgestiegen sein.

Toskana in der Oberpfalz

Bei einem Bummel durch die Gassen und engen Straßen fallen die hohen Wohntürme auf, die zwischen dem 12. und dem 15. Jahr-

Zeitzeugen aus 1200 Jahren Stadtgeschichte: die Basilika St. Emmeram (rechts oben), ausgeschmückt von den Gebrüdern Asam, und der Dom St. Peter (unten). Die Walhalla ist ein beliebter Treffpunkt (rechts unten).

hundert von den Patriziern der Stadt errichtet wurden. Sie sind den Geschlechtertürmen, die die mittelalterlichen Städte der Toskana überragen, nachempfunden und gelten heute als Wahrzeichen der Stadt. Historiker vermuten, dass der städtische Adel mit dem Bau der Türme seinen Reichtum zur Schau stellen wollte. Der um 1260 entstandene Goldene Turm an der Wahlenstraße etwa ragt 50 Meter auf und ist damit der höchste Geschlechterturm nördlich der Alpen. Regensburgs bedeutendstes profanes Bauwerk ist die Steinerne Brücke. In nur elf Jahren, von 1135 bis 1146, errichtet, gilt sie als wegweisend für die mittelalterliche Brückenbaukunst und als Vorbild der Prager Karlsbrücke.

Der Regensburger Dom

Bis der Regensburger Dom St. Peter fertiggestellt war, dauerte es Jahrhunderte. 1273 gaben die Patrizier der Stadt den Anstoß zum Bau einer gotischen Kathedrale, die nach französischem Vorbild errichtet werden und die alte Bischofskirche ersetzen sollte. Mehrmals wurden die Bauarbeiten unterbrochen und 1540, kurz vor der Vollendung, ganz eingestellt. Erst König Ludwig I. sorgte dafür, dass St. Peter im 19. Jahrhundert seine beiden, 105 Meter hohen Türme erhielt. Der Monarch veranlasste auch die Regotisierung der barock umgestalteten Vierungskuppel. Mit der Fertigstellung der Querhausgiebel war der Dom 1872 vollendet, 600 Jahre nach Baubeginn. Übrigens ist St. Peter die einzige Kathedrale Bayerns, die dem Freistaat gehört.
Am südlichen Rand der Altstadt befindet sich die Anlage des ehemaligen Benediktinerklosters Sankt Emmeram. Die Fürsten von Thurn und Taxis erwarben sie im Zuge der Säkularisation und ließen sie zur Residenz umbauen. Bundesweit bekannt wurde das Schloss, als die Hausherrin Fürstin Gloria nach dem Tod ihres Mannes Teile des Familienbesitzes an das Land Bayern verkaufte, um die anfallende Erbschaftssteuer bezahlen zu können. Seit 1998 sind die kostbaren Porzellane, Möbel, Waffen und Pretiosen in der Fürstlichen Schatzkammer Thurn und Taxis, einer Zweigstelle des Bayerischen Nationalmuseums, ausgestellt. Das Langhaus der zum Kloster gehörenden romanischen Basilika wurde im 18. Jahrhundert im Stil des Barock umgearbeitet und die Flachdecke durch ein Tonnengewölbe ersetzt. Die Brüder Cosmas Damian und Egid Quirin Asam versahen St. Emmeram von 1731 bis 1733 mit Malereien und Stuckdekorationen.

STELL- UND CAMPINGPLÄTZE

AZUR CAMPING REGENSBURG

Weinweg 40, 93049 Regensburg, azur-camping.com, GPS: 49.027924, 12.058887. Klassischer Campingplatz am südlichen Ufer der Donau. Am Fluss entlang gelangt man wunderbar einfach in die malerische Altstadt.

TOP ★ ERLEBNISSE

★ WELTENBURG

Der Zauber dieses Ortes erschließt sich gleich: Am Durchburch der Donau liegt das Kloster Weltenburg direkt am Wasser auf ein paar Schippen Kies. Vermutlich um 617 gegründet, eines der Urklöster Bayerns, besteht die Benediktinerabtei bis heute. Die Klosterkirche ist eine Barockschöpfung: Cosmas Damian Asam, der Wessobrunner Freskenmeister, malte St. Georg aus. Eine zwölf Kilometer lange Wanderung verbindet das Kloster Weltenburg mit der Befreiungshalle.

★ BEFREIUNGSHALLE

Begonnen von Friedrich von Gärtner und vollendet von Leo von Klenze steht die Befreiungshalle seit 1863 auf dem Michelsberg hoch über Kelheim. Ihre Architektur feiert den Sieg über Napoleon in den Befreiungskriegen 1813–15 – das klingt heute komisch, schuf im 19. Jahrhundert aber Verbundenheit. Mehrere Routen stehen zwischen den beiden Bauwerken zur Auswahl, unter anderen der Jakobsweg. Die mittelschwere Wanderung dauert etwa dreieinhalb Stunden.

Weitere Informationen
regensburg.de,
kloster-weltenburg.de,
kelheim.de

Die Steinerne Brücke in Regensburg, ein bautechnisches Meisterwerk aus dem 12. Jahrhundert, war jahrhundertelang der einzige Übergang über die Donau zwischen Ulm und Wien.

BLUMENPFAU UND RAUWUGGERL

Lichtblicke im Süden

Unter Dach und Fach

Sein charakteristisches Merkmal ist das Dach, gefertigt aus Roggenstroh, Knüppelholz oder Holzschindeln, wuchtig und weit herabgezogen, um seine Bewohner vor rauen Wetterlagen zu schützen: Der

Eindachhof mit dem Halbwalmdach gehört zu den Schwarzwald-Klischees wie die Kuckucksuhr und der Bollenhut. Wohnung und Stall lagen darin eng beieinander, im großen Dachgeschoss war die Scheune untergebracht. Das bekannteste Schwarzwaldhaus ist vermutlich der Vogtsbauernhof von 1612. Er bildet das Herzstück des Freilichtmuseums in Gutach, das aus mittlerweile neun Gebäuden besteht. Das älteste stammt von 1599: Der Hippenseppenhof stand ursprünglich in Furtwangen-Katzenstein und bereichert seit über 50 Jahren das älteste Freilichtmuseum Baden-Württembergs.

Dem Talvogt von Gutach verdankt der Vogtsbauernhof von 1612 seinen Namen (oben). Seit mehr als 100 Jahren klettert die Zahnradbahn auf den Wendelstein (rechts).

Schinken, Schnaps und Torte – Schlemmen im Schwarzwald

Not macht erfinderisch, Abgeschiedenheit auch – die Schwarzwald-Küche zehrt bis heute vom Einfallsreichtum der Bewohner, die oft weit weg vom nächsten Marktplatz über die Runden kommen mussten. Unabdingbar waren Methoden, die Lebensmittel haltbar zu machen, durch Räuchern, Kühlen, Dörren, Einlegen und Brennen: So blieb der Bibbeleskäs, ein Kräuterquark, durch die Verdunstungskälte frischen Wassers kühl, das man durch ein Milchhäusle leitete, und so entstand das berühmte Kirschwasser. Weil sich die Kirschen, anders als Äpfel, Zwetschgen oder Birnen, nicht dörren ließen, destillierte man sie zum Edelbrand. Der wiederum reichert die Schwarzwälder-Kirschtorte an, erfunden 1930 als Sahne-Kirsch-und-Schokolade-Sünde. Der Klassiker der Schwarzwald-Küche aber ist der geräucherte Schinken mit dem typischen Geschmack nach Wacholder, Koriander, Pfeffer, ein wenig Kümmel und Lorbeer.

Eine Blume im Bodensee – die Insel Mainau

Die drittgrößte Bodensee-Insel ragt heraus: nicht wegen des knapp 30 Meter hohen Buckels, der sie über das Seeniveau hebt, sondern aufgrund ihrer Anlage als botanisches Wunderwerk. Etwa 250 Gehölzarten stehen auf den 45 Hektar Fläche, 20 000 Stauden, 12 000 Dahlien, 500 Edelrosen, 200 Rhododendren und Azaleen. Verschlungene Wege führen zwischen den Beeten hindurch und verteilen die Besucher, jährlich kommen bis zu 1,6 Millionen. Sie sehen neben der arrangierten Pracht, etwa in der italienischen Blumenwassertreppe oder auf den bepflanzten Skulpturen in Pfau- und Entenform, auch

Kräuter- und Insektenwiesen und Areale mit Wild- und Strauchgewächsen. Je nach Saison kümmern sich rund 35 Gärtner darum, dass auf der Insel des Grafen Lennart Bernadotte alles wächst und gedeiht. Der ehemalige schwedische Prinz erhielt die verwilderte Mainau 1932 von seinem Vater. Heute gehört sie der Stiftung seiner Kinder.

Die Viehscheid im Allgäu beendet den Sommer auf der Alpe.

Zwischen schaurig und schön: Bayerns Bräuche

Was wie Folklore aussieht, ist gelebte Tradition: der Zug der Kühe, die beim Almabtrieb Mitte September zurück ins Tal gebracht werden, begleitet von den festlich gekleideten Sennern und Sennerinnen und den Hütebuben. Voran geht die Leitkuh, als »Kranzrind« besonders geschmückt mit Blumen und einer großen Glocke um den Hals. Ihr kunstvoll bestickter Riemen wird von Generation zu Generation weitergegeben. Im Allgäu heißt das Ereignis Viehscheid, nach der Übergabe der Tiere auf dem Scheidplatz an ihre jeweiligen Besitzer.

Den bösen Geistern und der Langeweile bieten die Winter-Bräuche die Stirn: In den Raunächten zwischen Weihnachten und dem Dreikönigstag ziehen die Perchten umher. Die Bandbreite dieser »Larven« ist enorm: Im Bayerischen Wald heißen die Protagonisten »Drud« und »Rauwuggerl«, im Chiemgau treibt die »Wuide G'joad« ihr Unwesen. Nahtlos schließt sich ab dem 6. Januar der Fasching an, wenn die Männer im Werdenfelser Land zur Maschkera ihre Holzlarven tragen und am Unsinnigen Donnerstag die Schellen »rühren«.

Gut genutzter Gipfel – der Wendelstein

Vielleicht hat sein unverwechselbarer Gipfel die Menschen immer schon gereizt, jedenfalls war die Zahnradbahn auf den 1838 Meter hohen Wendelstein 1912 die erste deutsche Hochgebirgsbahn. Eine technische Pionierleistung und echte Zeitersparnis: Dauerte die Wanderung zum Gipfel etwa fünf Stunden, erreicht die Bahn in 30 Minuten ihr Ziel. Das hat neben dem 1883 eröffneten Wendelsteinhaus, das als Filmkulisse in »Wer früher stirbt, ist länger tot« diente, auch noch die Aussichtskanzel Gacher Blick zu bieten mit Sicht auf über 200 Bergzacken. 100 Meter unterhalb des Gipfels steht seit 1889 das Wendelsteinkircherl. Die Zeiten als Wetterbeoachtungsstation sind dagegen vorbei. Gut 200 Jahre lang, von 1804 bis 2012, bestanden meteorologische Stationen an einem der niederschlagreichsten Orte Deutschlands. Den Betrieb des riesigen Fraunhofer-Teleskops im Gipfelobservatorium stört das nicht, genauso wenig wie die Besichtigung der Schauhöhle. Gut 170 Meter der 1864 entdeckten Höhle sind zugänglich. Fehlen zwei letzte Attraktionen: der Geo-Park mit Wanderlehrpfaden und zwei reichlich steile Skipisten.

Land mit Blaustich

Manchmal scheint es so, als läge ein bläulicher Schimmer über dem Murnauer Moos, oder als würde das Estergebirge tiefblaue Schatten werfen – oder vielleicht denkt man es auch nur, weil die Region seit 100 Jahren als »Das Blaue Land« bekannt ist. Franz Marc und Wassily Kandinsky gründeten die Künstergruppe »Der Blaue Reiter« 1912, zu der sich auch August Macke, Paul Klee, Marianne von Werefkin, Gabriele Münter und Alexej von Jawlensky zugehörig fühlten. Sie bezeichneten sich als »Redaktion«, veranstalteten gemeinsame Ausstellungen – und fanden im Alpenvorland zwischen Kochel und Murnau Wohnort und Motive. Gabriele Münter und Wassily Kandinsky lebten seit 1909 in einem Landhaus mit Walmdach, das die Murnauer Bevölkerung bald das »Russenhaus« nannte. Der »Blaue Reiter« löste sich mit Kriegsbeginn 1914 auf, Gabriele Münter blieb auch nach der Trennung von Kandinsky in ihrem Häuschen wohnen, das heute als Museum eingerichtet ist. Die Kunst der Malergemeinschaft stellt das Franz-Marc-Museum in Kochel aus, leicht erhöht überm Kochelsee gelegen.

100 NATIONALPARK BAYERISCHER WALD

Am äußersten Rand der Republik entstand am 7. Oktober 1970 der erste Nationalpark Deutschlands, der ein Vorreiter in vieler Hinsicht war: Hier musste Überzeugungsarbeit für den Tier- und Naturschutz geleistet werden und hier überließ man schon früh den Wald sich selbst.

TOP ★ FIVE

★ Glasarche
Eine Holzhand hält ein Boot aus Glas – die Skulptur mit viel Symbolcharakter steht am Lusen.

★ Auswandererschicksal
»Ins« Amerika zog es die Dichterin Emerenz Meier – ein Museum in ihrem Geburtshaus in Waldkirchen-Schiefweg erinnert an sie.

★ Baumwipfelpfad
Drei hohe Bäume sind Teil des 1300 Meter langen Wipfelpfads bei Neuschönau, vom 44 Meter hohen Turm reicht der Blick bis zu den Alpen.

★ Bauernmöbel
Zwei stattliche Holzhäuser in Grafenau stecken voller Bauernmöbel und dem schweren Arbeitsgerät der Waidler.

★ Goldener Steig
Ein Museum in Waldkirchen, untergebracht in einem der Wehrtürme, beleuchtet die Geschichte des einstigen Saumwegs.

Auch wenn es Amerika längst vorgemacht hatte – zu dieser Zeit an dieser Stelle den ersten deutschen Nationalpark einzurichten, war eine Leistung. Sie hatte Auswirkungen nicht nur auf die Natur, sondern auch auf die Einstellung der Anwohner wie der Besucher zum Wert des Waldes und den natürlichen Ansprüchen von Wildnis. Das (verglichen mit den Nachfolgern) frühe Datum seiner Einrichtung, die Höhenlage von bis zu 1450 Meter und die schiere Größe von über 24 000 Hektar bedingen, dass sich unter dem Park-Dach viele Lebensräume versammeln. Das dominante Gewächs im zweithöchsten deutschen Mittelgebirge ist, mit 80 Prozent des Bestands, die Fichte – noch. Denn keine andere Baumart leidet so stark unter dem Borkenkäfer wie der einstige Liebling der Forstwirte. Auch hier wird der Bayerische Wald Pionier sein, wenn es darum geht, welche Gehölze der Klimaerwärmung am besten trotzen. Unter den hohen Gipfeln aus Granit und Gneis, dem Urgestein dieser erdgeschichtlich alten Berge, wechseln sich die Vegetationszonen ab: von den Hoch- über die Hanglagen bis in die Täler. Meist dichte Nadelwälder, darunter lichte Laubwälder, unzählige Bäche und kühle Hochmoore – der Reichtum an Naturräumen ist groß. Längst profitiert die ganze Region davon: Der Tourismus wächst stetig auf inzwischen 1,3 Millionen Besucher pro Jahr. Ihnen steht ein Netz von 320 Kilometern Wanderwegen, 200 Rad- und 170 Loipenkilometer zur Verfügung. Gemeinsam mit dem Böhmerwald, Šumava, bildet der Bayerische Wald das größte zusammenhängende Waldgebiet Mitteleuropas.

Vor 150 Jahren wurde der Luchs im Bayerischen Wald ausgerottet. Nach der Wiederansiedlung leben heute knapp 30 Tiere im Nationalpark.

1 Großer Falkenstein Das 1315 hohe Gneismassiv zählt seit 1997 zum Nationalpark: Seine Hänge bedeckt ein Urwald aus Fichten und Tannen, am Gipfel wachsen Bergkiefern, in tieferen Lagen auch Buche und Ahorn. Vom Zwiesler Waldhaus dauert der Aufstieg über 600 Höhenmeter zwischen zwei und gut vier Stunden.

2 Tierfreigelände II Am Haus der Wildnis im Falkenstein-Rachel-Gebiet leben in drei naturnah gestalteten Gehegen Luchse, Wölfe, Auerochsen und Wildpferde. Eine Steinzeithöhle bildet die südfranzösische Grotte Chauvet mit ihren Höhlenmalereien nach.

3 Höllbachgespreng Die Region unterhalb des Falkensteins steht schon seit 1914 unter Schutz. Der Name Gespreng umschreibt das unwegsame Felsgelände. Längst erschließt ein Wandersteig das Höllbachtal, den rauschenden Wasserfall und die urwaldartige Wildnis, die den Menschen einst so finster wie die Hölle erschien.

4 Urwald-Erlebnisweg Watzlik-Hain Der zwei Kilometer lange Pfad zwischen dem Zwiesler Waldhaus und dem Schwellhäusl stellt nur moderate Anforderungen an Kondition und Trittsicherheit. Das trifft sich gut, weil man den Kopf oft in den Nacken legt, um die bis zu 500 Jahre alten Baumriesen anzuschauen, die 50 Meter aufragen. Die Dicke Tanne mit zwei Meter Stammdurchmesser gilt als stattlichster Baum im Park.

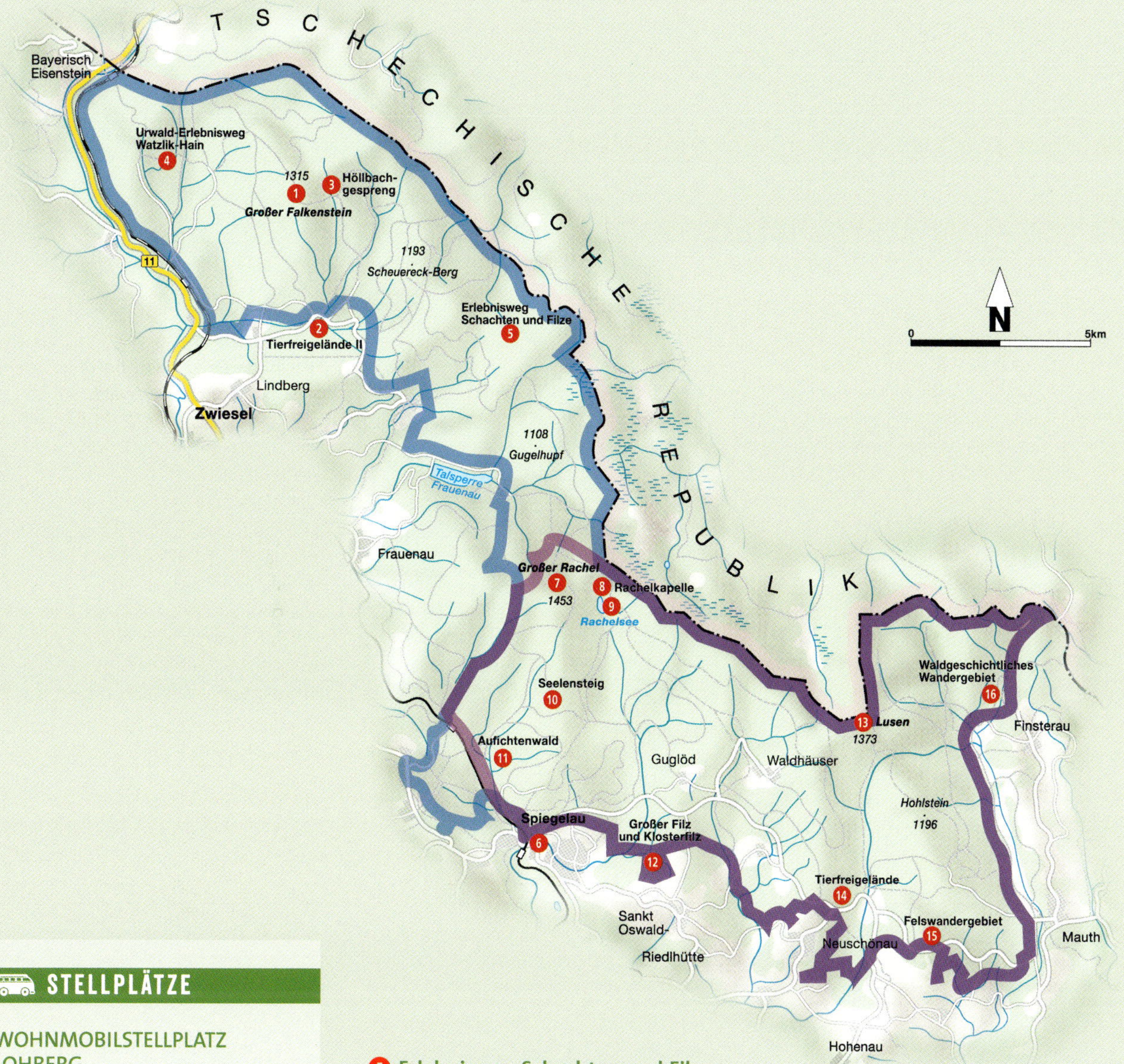

STELLPLÄTZE

WOHNMOBILSTELLPLATZ LOHBERG

Sommerauer Str. 1A, 93470 Lohberg, wohnmobilstellplatz-lohberg.de, GPS: 49.169312, 13.092049. Etwas außerhalb des Nationalparks gelegener Stellplatz in ungewöhnlicher Lage mitten in einem Wohngebiet. Aber tolles Sanitärgebäude, geschotterte Flächen und Ver- und Entsorgung. Zufahrt durch eine Schranke.

CAMPING AM NATIONALPARK

Bergstraße 44, 94518 Spiegelau, camping-nationalpark.de, GPS: 48.916667, 13.330929. Schöner Campingplatz in ruhiger Waldrandlage und mit besten Möglichkeiten, direkt ab der Parzelle zu den Wanderwegen in den Nationalpark aufzubrechen.

5 Erlebnisweg Schachten und Filze
Schachten heißen hier die Weideflächen, Filze die Moore – sie verbindet eine Wanderung, die an der Talsperre Frauenau beginnt. Auf den Almen des Bayerischen Waldes in Höhenlagen um 1000 Meter weideten früher Jungrinder und Ochsen. Jetzt erobert sich die Natur die Almen, die wie Inseln im Waldmeer liegen, zurück.

6 Spiegelau Einst sorgte das Kristallglas für Umsatz, heute punktet die Gemeinde mit ihrer klaren Luft und als Ausgangsort vieler Strecken: zum Seelensteig, durch den Aufichtenwald oder hinauf zum Großen Rachel. Das weitläufige Waldspielgelände vereint Spielplätze, einen Erlebnispfad und eine große Wiese.

Anfahrt A3 bis Kreuz Deggendorf, weiter B11 über Regen und Zwiesel; Bahnverbindungen nach Zwiesel und Spiegelau.

Lage In den Landkreisen Regen und Freyung-Grafenau im Inneren Bayerischen Wald entlang der tschechischen Grenze.

Größe 243 km²

Höchste Erhebung Großer Rachel (1453 m)

Gründung 1970; 1997 erweitert

Information Nationalparkverwaltung, Freyunger Str. 2, 94481 Grafenau

Internet nationalpark-bayerischer-wald.de

7 Großer Rachel Der höchste Berg im Nationalpark ist das Ziel vieler Wanderungen – eine führt vom Parkplatz Gfäll über 500 Höhenmeter auf den 1453 Meter hohen Gipfel. Wachsen in niedrigeren Lagen Rotbuchen, Weißtannen, Bergahorn und -ulmen, Eschen und sogar Eiben, dominieren Fichtenbestände die höher gelegenen Hänge. Der Borkenkäfer hat hier kräftig zugeschlagen und auf dem Block-Humus-Boden gelingt die Waldverjüngung nur langsam. Latschenkiefern, Vogelbeerbäume, Flechten und Farne besiedeln den oft windumtosten Gipfel.

8 Rachelkapelle Die kleine Kapelle steht auf 1212 Meter Höhe zum Dank für eine glückliche Fügung: Das Pferd des Forstmeisters ging im dichten Nebel keinen Schritt weiter und bewahrte so seinen Reiter vor dem Absturz über eine Felswand. Die erste Kapelle von 1885 brannte ab, auch der Nachbau ist aus Holz gefertigt.

9 Rachelsee Als einer von drei Karseen gilt der Rachelsee auf 1070 Meter Höhe als besonders still und idyllisch. Die schroff abfallenden Felswände und der seit Jahrzehnten unangetastete Urwald bilden einen starken Kontrast zum glatten See. In seinem schwefelhaltig-sauren Wasser gedeihen kaum Wasserpflanzen.

10 Seelensteig Der Holzsteg führt durch scheinbar unwegsame Wildnis, hebt den Wanderer über das grüne Chaos aus gestürzten Bäumen und sprudelnden Bächen. Ein schwerer Gewittersturm vor über 35 Jahren ist verantwortlich für das Fichtenmikado.

11 Aufichtenwald Auf unsicherem Grund stehen die Fichten bei Spiegelau: Ihre Wurzeln finden kaum Halt in dem feuchten Untergrund. Ein Steg bringt die Wanderer trockenen Fußes voran.

12 Großer Filz Das Kerngebiet des Hochmoors ist für Menschen tabu, doch vom Aussichtsturm zeigt sich sehr anschaulich, wie der Filz nach und nach zuwächst. Ein Bohlenweg ermöglicht einen Blick auf die Details, auf Sonnentau, Wollgras und Torfmoose.

13 Lusen Der Aufstieg zum zweithöchsten Berg im Nationalpark verläuft zunächst gemütlich über den schnurgeraden Sommerweg, kurz vorm Gipfel führt dann die Himmelsleiter über steile Steintreppen bergan. Die baumlose Kuppe auf 1373 Metern wirkt, als haben hier Riesen gewürfelt. Tatsächlich hat der schnelle Wechsel von Erwärmung und Abkühlung den Granit während der letzten Eiszeit gesprengt. Das Blockmeer gilt geowissenschaftlich als besonders wertvolles Geotop. Der Ausblick vom Gipfelkreuz ist fantastisch und wer genau hinsieht, erkennt zwischen den vielen vom Borkenkäfer zerstörten Altfichten die aufstrebenden jungen Bäume.

14 Tierfreigelände Größere Tiere haben es schwer, im dichten Wald genügend Nahrung zu finden – zudem fliehen sie den Menschen: Bleibt das Gehege bei Neuschönau, um gut 45 Tierarten zu beobachten, die hier vor 150 Jahren noch in freier Wildbahn lebten. Der sieben Kilometer lange Rundweg entlang von Bär, Luchs, Wolf, Wisent und anderen erfordert mindestens drei Stunden Zeit.

15 Felswandergebiet Kein Schritt gleicht dem anderen an den Vorbergen des Lusen: Mal rauben steile Treppen aus Steinblöcken den Atem, mal gilt es, enge Felspassagen zu durchqueren; da federt leichter Waldboden nach, dort muss man an großen Wurzeltellern vorbei. Der Weg zu den Aussichtspunkten Große und Kleine Kanzel beansprucht knapp zwei Stunden.

16 Waldgeschichtliches Wandergebiet Gegründet 1991, als der Fußweg über die Grenze öffnete, aber immer noch ein interessantes Ziel: Das grenzüberschreitende Wandergebiet bei Finsterau fasst drei bayerische, drei böhmische und zwei Routen ins Moor

Die Rachelkapelle blickt auf den Rachelsee (links). Auf 27 Kilometer Länge plätschert die Kleine Ohe durch den Bayerischen Wald (rechts oben). Am Gipfel des Lusen wird das Nationalparkprinzip deutlich – der Mensch greift nicht ein (rechts unten).

101 »VENEDIG BAYERNS« – PASSAU

Drei Flüsse, eine Stadt

Die niederbayerische Provinzmetropole Passau, an der Mündung von Ilz und Inn in die Donau gelegen, hat ihr konservatives Image erfolgreich abgestreift. Jeder fünfte Passauer ist Student und so herrscht in den Gassen der Dreiflüssestadt meist buntes Treiben.

Dass Passau den Beinamen »Venedig Bayerns« trägt, ist den italienischen Baumeistern zu verdanken, die nach dem verheerenden Brand von 1662 der zerstörten Stadt ein neues Gesicht gaben. Unter Federführung von Carlo Lurago (1615–1684) erhielt der ursprünglich gotische Dom St. Stephan eine hochbarocke Westfassade. Weithin sichtbar überragen seine mit Kuppeln bekrönten Türme seither die Altstadt Passaus. Rings um die Bischofskirche, in der die größte Domorgel der Welt steht, verleihen die Barockbauten der Stadt südliches Flair.
Auch in den Gassen, die vom Dom zur Donau hinunterführen, glaubt man sich in eine italienische Stadt versetzt.

Auf der Insel am Dreiflüsseeck von Donau, Inn und Ilz ragt der mächtige barocke Dom mit dem dreischiffigen Langhaus auf.

Wechselvolle Geschichte

Hier liegt Passaus Trendviertel mit Kneipen, Galerien und interessanten Läden. Die Höllengasse öffnet sich im Osten zum Rathausplatz. Am Turm des Rathauses erinnern Markierungen an Hochwasserkatastrophen, bei der letzten 2013 stieg der Pegel auf 12,89 Meter.

An dem der Altstadt gegenüberliegenden Donauufer steht seit 1219 die Veste Oberhaus auf. Sie bezeugt die Macht der Fürstbischöfe, die fast 600 Jahre in Passau herrschten und von hier aus die Aufstände Passauer Bürger niederschlugen. Nach der Säkularisation übernahm die bayerische Armee die Festungsanlage, die bis 1918 als Staatsgefängnis diente. Heute beherbergt sie das Oberhausmuseum zur Geschichte Passaus. Die Batterie Linde, eine Terrasse auf der Veste Oberhaus, bietet den besten Ausblick auf das Dreiflüsseeck.

INFO: tourismus.passau.de

STELL- UND CAMPINGPLÄTZE

WOHNMOBILSTELLPLATZ ILZBRÜCKE

Halser Straße, 94034 Passau
(GPS: 48.578134, 13.473560. Zwischen Parkhaus und dem Fluss Ilz gelegener ruhiger Stellplatz. Zum Dreiflüsseeck und in die Altstadt ist es zu Fuß nur ein kurzer Spaziergang. Ver- und Entsorgung sowie Strom vorhanden.

TOP ★ ERLEBNISSE

★ SCHÖN SCHAUEN

Eigentlich misst der Donau-Panoramaweg 220 Kilometer – um einen guten Blick auf die Stadt zu werfen, reicht es aber, das vier Kilometer lange Stück zwischen der Veste Oberhaus und dem Hacklberg entlangzuspazieren. In Passau beginnt auch der Donau-Steig, der bis ins österreichische Grein führt.

★ GEMÜTLICH RADELN

Wer von Passau aus auf dem Innradweg fährt, rollt das Feld von hinten auf, denn der Inn entspringt ja 520 Kilometer entfernt am Maloja-Pass in der Schweiz. Etwa die Hälfte der Strecke verläuft am deutschen Inn-Ufer entlang, über Marktl, Wasserburg und Rosenheim bis Kiefersfelden.

★ DREI-FLÜSSE-SCHIFFFAHRT

Ganz klar, bei so vielen Flüssen muss man einfach an einer Schifffahrt teilnehmen. Rund 45 Minuten dauert eine Fahrt, auf der man Donau, Ilz und Inn gleichzeitig kennenlernt. Ganz nebenbei blickt man auf die herrliche Kulisse der Passauer Altstadt.

Weitere Informationen
donauschifffahrt.eu

Die Landshuter Hochzeit ist alle vier Jahre das Hauptereignis in Niederbayerns Hauptstadt (oben). Vor Burg Trausnitz ragt der hohe Kirchturm von St. Martin in den abendlichen Himmel (rechts).

102 AN ISAR UND DONAU – NIEDERBAYERISCHE PERLEN

In Bayerns Osten findet man Naturschätze und kostbare Kunst

Niederbayern erstreckt sich zu beiden Seiten der Donau bis an die Grenzen von Österreich und Tschechien. Der Bayerische Wald östlich der Donau wurde erst spät besiedelt, im fruchtbaren Land zwischen Donau und Inn lebten jedoch schon vor Jahrtausenden Menschen. Burgen, Klöster und mittelalterliche Städte zeigen, dass die Region einst in Politik und Wirtschaft eine wichtige Rolle spielte.

Im Jahr 1177 hatte es sich Heinrich der Löwe mit Kaiser Friedrich I. Barbarossa so gründlich verdorben, dass er nach England ins Exil gehen musste. Dabei verlor er auch sein Herzogtum Bayern an die Wittelsbacher, die das Land von 1180 bis 1918 als Herzöge, Kurfürsten und Könige regierten. In dieser langen Zeit gab es bisweilen Probleme mit der Erbfolge, weshalb das Territorium einige Male aufgeteilt und wieder vereint wurde. 1255 erfolgte zum ersten Mal eine Trennung von Ober- und Niederbayern, wobei die damaligen Regionen nicht ganz den heutigen Regierungsbezirken entsprachen. So gehörten z. B. die Gebiete des Bistums Passau damals noch gar nicht zu Bayern. Wenn man heute von Niederbayern spricht, gehören dazu, grob gesagt, der Bayerische Wald östlich der Donau, der Gäuboden, der sich bei Straubing westlich der Donau erstreckt, und das Niederbayerische Hügelland zwischen Kelheim im Norden, Simbach im Süden und der Donau im Osten.

Ewige Hochzeiter

Zwischen Donau und Isar klettern in Niederbayerns Westen im Sommer grüne Ranken an den Stangen der endlosen Hopfengärten der Hallertau in die Höhe. Südlich dieses weltweit größten zusammenhängenden Hopfenanbaugebiets wacht in hügeliger Landschaft die mächtige Burg Trausnitz seit mehr als 800 Jahren über das 1204 gegründete Landshut. Schon im 13. Jahrhundert war die Burg ein wichtiges politisches und kulturelles Zentrum und bis 1503 der Sitz

Farbenfrohe gotische Bürgerhäuser prägen Landshuts Altstadt.

niederbayerischer Herzöge. Danach brachte der bayerische Erbprinz Wilhelm noch einmal Glanz in die alten Gemäuer und baute die Burg im 16. Jahrhundert in ein Renaissanceschloss um.

Das herzogliche Landshut war eine wichtige und reiche Stadt, die vor allem vom Salzhandel profitierte. Zwischen 1380 und 1500 entstand unterhalb der Burg die gotische Kirche St. Martin, deren Turm als höchster Backsteinturm der Welt gut 130 Meter hoch aufragt. Von dort erstreckt sich die Altstadt mit den schönen gotischen Bürgerhäusern bis zur Isar und nicht weit entfernt steht mit der Stadtresidenz Ludwigs X. aus dem 16. Jahrhundert einer der ältesten Renaissancepaläste nördlich der Alpen.

Bekannt ist Landshut durch ein großes Fest, das in Erinnerung an eine historische Hochzeit alle vier Jahre mit fantastischem Aufwand gefeiert wird. An der »Landshuter Hochzeit« nehmen stets weit über 2000 begeisterte Landshuter aktiv teil; sie ist ein gigantisches Dokumentarspiel über die prunkvolle Hochzeit Herzog Georgs des Reichen, der 1475 in Landshut mit der polnischen Königstochter Hedwig vermählt wurde. Selbst Kaiser Friedrich III. gab sich die Ehre auf dieser hochpolitischen Vereinigung, durch die bedeutende Bündnisse geschmiedet wurden.

Im wilden Delta

Wer von Landshut aus dem Lauf der Isar folgt, erreicht zwischen Plattling und Deggendorf das Mündungsgebiet des Flusses in die Donau, die zwischen Straubing und Vilshofen noch frei fließen darf. Das Isardelta ist eine facettenreiche Auenlandschaft und ein international bedeutendes Refugium für Hunderte teils bedrohte Tier- und Pflanzenarten. Hier, wo sich Isar und Donau vereinen, leben Wasserinsekten und wunderschön gebänderte Donaukahnschnecken, Moor- und Springfrösche sowie mindestens 35 Fischarten, in den Röhrichten brüten Schnatterenten, Halsbandschnäpper und Blaukehlchen. Silberweiden, Grauerlen und Schwarzpappeln wurzeln im nassen Boden der Auwälder, die von der Isar bis zu 200 Tage im Jahr überflutet werden. Dazwischen sind die feuchten Au- und Streuwiesen in der warmen Jahreszeit mit einem bunten Blütenteppich bedeckt, zu dem der seltene Lungenenzian sein Dunkelblau beiträgt. Im dichten Laub flechten gelbe Pirole ihre Nester, und wo die reißende Isar Kies und Sand aufgeschüttet hat, flattern Schmetterlinge zwischen Federgräsern, Sumpfgladiolen und Orchideen. Ganz besondere »Gärtner« kümmern sich zudem um die Kulturwiesen des Gebiets: Hier grasen urtümliche Heckrinder, die den ausgestorbenen Auerochsen sehr ähnlich sind.

Deggendorf ist das Tor zum Bayerischen Wald und uraltes Siedlungsgebiet: Auf dem Natternberg am südlichen Donauufer lebten bereits vor über 7000 Jahren Menschen und später am Nordufer keltische Familien genau dort, wo heute die barocke Pfarrkirche Mariä Himmelfahrt mit dem prächtigen Hochaltar aus dem Eichstätter Dom steht.

Im 13. Jahrhundert erhielt Deggendorf von den Wittelsbachern das Stadtrecht und eine Stadtmauer. Vom Bürgerstolz der Handelsstadt zeugt das Alte Rathaus, dessen Turm aus dem 14. Jahrhundert mitten auf dem Straßenmarkt steht. Die beiden Steinkugeln am Rathaus sind keine Knödel, wie manche behaupten, sondern stellen wohl Schandkugeln dar, die im Mittelalter »unzüchtigen« Frauen am Pranger umgehängt wurden.

Die Knödelvermutung ist jedoch nicht so weit hergeholt in einer Stadt, deren berühmteste Legende die Knödelsage ist. Der Sage zufolge belagerten 1266 böhmische Truppen schon wochenlang Deggendorf, als ein Spion der Angreifer über die Stadtmauer lugte. Dabei wurde er von einer Frau erwischt, die ihm einen Knödel mitten ins Gesicht pfefferte. Zurück bei seinen Truppen, berichtete er, dass es in Deggendorf noch so viele Lebensmittel gäbe, dass damit geworfen werde, man könne es also nicht aushungern. Daraufhin zogen die Böhmen ab. Zwar gab es weder die Belagerung noch die Knödelwerferin, aber die Geschichte ist so schön, dass man in Deggendorf eine knödelwerfende Brunnenfigur in der Altstadt genauso liebt wie die süßen Deggendorfer Knödel aus Biskuit.

Mittelalterliche Macht- und Kulturzentren

Von Deggendorf donauabwärts liegt die Benediktinerabtei Niederaltaich mit der imposanten Basilika St. Mauritius und Nikolaus seit 741 zwischen Feldern und Wiesen direkt am Strom. Niederaltaich war jahrhundertelang ein bedeutendes kulturelles, politisches und wirtschaftliches Zentrum sowie eine kirchliche Eliteschmiede, aus der drei Erzbischöfe sowie acht Bischöfe hervorgingen.

Das Mündungsgebiet der Isar an der Donau ist eine faszinierende wilde Flusslandschaft (oben). Vom Deggendorfer Luitpoldplatz fällt der Blick auf das hübsche Alte Rathaus (unten).

Als es 1803 säkularisiert wurde, galt es als reichstes Benediktinerkloster in Bayern. Es hatte Besitztümer in Niederbayern, Tschechien und Niederösterreich, darunter allein rund 16 000 Hektar Wald und sogar Weinberge in der Wachau.
Donauaufwärts bietet das 766 gegründete Benediktinerkloster Metten künstlerischen Hochgenuss. Seine opulente Klosterkirche St. Michael wurde im frühen 18. Jahrhundert im Stil des Rokoko erneuert. Das Deckenfresko im Altarraum malte Cosmas Damian Asam, von ihm stammt auch das Altarbild mit dem Kirchenpatron St. Michael, der die gefallenen Engel aus dem Himmel vertreibt. Für das Altarblatt erhielt Asam 500 Gulden, seinerzeit ein Vermögen. Noch spektakulärer als die Kirche ist jedoch die Bibliothek der Abtei, deren Deckengewölbe von Atlanten und Engeln getragen wird – ein bayerisch-barocker Himmel der Wissenschaften.

Die Kirche St. Michael des Benediktinerklosters wurde von Cosmas Damian Asam und anderen Künstlern im 18. Jahrhundert ausgestaltet (unten). Im sanft gewellten Rottal steht St. Veit bei Bad Birnbach (rechts).

Ein eiskalter Politmord

Von Metten ist es nicht weit nach Straubing, über das der niederbayerische Aufklärer Johann Pezzl 1784 in seinem respektlosen Briefroman Reise durch den Baierschen Kreis (in Bayern wurde das Buch sofort verboten) notierte: »Die Mädchen von Straubingen sind fast durchgehends sehr schön. Sie haben etwas weniger Fett als die Passauerinnen, und etwas mehr Geist als dieselben.« Auch die Stadt gefiel ihm, nicht zuletzt wegen des guten und reichlichen Essens. Gespeist wird in Straubing immer noch gut, schließlich liegt es im fruchtbaren Gäuboden. Diesen glücklichen Umstand feiert man jeden Sommer auf dem Gäubodenfest mit rund 1,4 Millionen Gästen und hervorragendem niederbayerischen Bier.
Berühmt ist Straubing zudem als Schauplatz eines Mordes, der seit fast 600 Jahren die Gemüter bewegt. Albrecht, der Sohn des Herzogs Ernst von Bayern-München, hatte sich in eine junge Schönheit namens Agnes Bernauer verliebt und sie vielleicht sogar heimlich geheiratet. Der Herzog war über die Liaison seines Sohnes mit der angeblichen Baderstochter wenig erbaut. Er fürchtete dynastische Verwicklungen, die in Bayern damals bemerkenswerte Blüten trieben. So gab es von 1353 bis 1425 aufgrund komplizierter Erbfolgen sogar ein Herzogtum Straubing-Holland, das von Straubing und Den Haag aus regiert wurde. Um politischen Ärger gar nicht erst aufkommen zu lassen, ließ Ernst das »böse Weib« 1435 vom Henker bei Straubing in der Donau ertränken. Albrecht war erst untröstlich, heiratete aber kurz darauf standesgemäß und erhielt so die

Dynastie. Der Herzog stiftete zur Sühne für die Ermordete eine Kapelle und rettete sein Seelenheil. Das war dem religiösen Sohn sehr wichtig, ging er doch als Albrecht der Fromme in die Geschichte ein – und als jener Herzog, der 1442 die Juden aus seinem Reich vertrieb.

Dem gemeinen Mord an der »Bernauerin« gedenken die Straubinger alle vier Jahre mit einem Festspiel in historischen Kostümen im Herzogsschloss, das aus der holländischen Ära stammt. Und Romantiker legen Blumen an ihr Epitaph in ihrer Kapelle auf dem historischen Friedhof von St. Peter. Die romanische Basilika, zu der auch die Seelenkapelle mit Felix Hölzls Totentanzfresken aus dem 18. Jahrhundert gehört, steht auf geschichtsträchtigem Boden. Auf ihrem Kirchberg standen schon eine karolingische Kirche, ein römisches Kastell und eine keltische Siedlung.

Tatsächlich muss man in Straubing nur zu graben anfangen, um Relikte aus längst vergangenen Epochen zu finden. Das heutige Stadtgebiet war schon ab der Jungsteinzeit vor über 7000 Jahren bis zu den Kelten der Zeitenwende fast ununterbrochen besiedelt. Die Römer, die um 70 n. Chr. in Straubing an die Donau kamen, übernahmen die Infrastruktur der keltischen Großsiedlung und auch deren Namen: Sorviodurum.

Einen Eindruck vom Straubinger Leben in der Antike vermittelt der Römerpark Sorviodurum, der zum Gäubodenmuseum gehört. Straubings schönstes Museum präsentiert auch den einzigartigen Römerschatz mit Paraderüstungen, Statuetten von Hausgöttern und Waffen sowie eisernen Werkzeugen und Geräten. Es beschäftigt sich zudem mit den Bajuwaren, die im 5. Jahrhundert von den Römern im damit bayerischen Strupinga das Ruder übernahmen, und erzählt Straubings weitere Geschichte bis 1918. Die ist erstaunlich spannend, denn die Regierungsstadt des unteren Niederbayerns wurde erst im bayerischen Königreich ab 1806 zum Provinzort degradiert. Seine einstige Bedeutung zeigt sich im mittelalterlichen Stadtkern mit den schönen Patrizierhäusern und dem gotischen Stadtturm, aber auch mit seinen prächtigen Kirchen, allen voran die gotische Basilika St. Jakob und die Ursulinenkirche. Sie ist das letzte barocke Meisterwerk der Brüder Cosmas Damian und Egid Quirin Asam.

STELL- UND CAMPINGPLÄTZE

WOHNMOBILSTELLPLATZ DEGGENDORF

Sandnerhofweg 4-6, 94469 Deggendorf, elypso.de, GPS: 48.820811, 12.910049. Die Stellplätze gehören zum angrenzenden Freibad und sind jeweils einzeln mit einer Kette versperrt. Daher ist man bei der Anreise auf die Öffnungszeiten des Elypso-Schwimmbads angewiesen. Ruhige Lage, Strom vorhanden.

TOP ★ ERLEBNISSE

★ BERGBLICK

Östlich von Deggendorf schiebt sich der südlichste Höhenzug des Bayerischen Waldes der Donau entgegen, der Brotjacklriegel. Vom Aussichtsturm auf dem Gipfel und vom 832 Meter hohen Büchelstein bietet sich ein herrlicher Blick über Gäuboden und Bayerischen Wald. Bei Föhn rücken die Alpen nah heran. Die Wanderstrecke über 17 Kilometer beginnt und endet an der Kirche in Grattersdorf.

★ DONAUFEST

Rund 100 000 Besucher strömten zuletzt in den Deggendorfer Donaupark – das ist eine tolle Bilanz für ein Fest, das es erst seit 2015 gibt. Allerdings wird viel geboten: An fünf Tagen spielt auf vier Bühnen 144 Stunden Musik, dazu kommen ein Kulturprogramm und das große Feuerwerk überm Fluss. Das Fest findet alle zwei Jahre statt.

★ RADELN ENTLANG DER FLÜSSE

Bei Deggendorf mündet die Isar in die Donau. Wie praktisch, denn so kann man mit dem Fahrrad entweder an der Donau entlang nach Straubing radeln oder man entscheidet sich für eine Tour an der Isar, um nach Landshut zu gelangen.

Weitere Informationen
landshut.de,
deggendorf.de, straubing.de,
region-sonnenwald.de

Die Landeshauptstadt präsentiert sich: Bronze-Bavaria vor der Ruhmeshalle (oben), Altstadtensemble aus Neuem Rathaus am Marienplatz und der Frauenkirche (rechts).

103 GRÜSS GOTT, ISARFLIMMERN! – MÜNCHEN

Hightech und Traditionen

Millionendorf, Weltstadt mit Herz – Bayerns Landeshauptstadt wird ihren Beinamen auch im 21. Jahrhundert gerecht. Obwohl München im Ranking internationaler Wirtschaftszentren eine Spitzenposition einnimmt, hat sich die Stadt ihren eigenen Charakter bewahrt. Allerdings wächst sie rasant – und mit den Einwohnerzahlen steigen auch die kulturellen Angebote in der Isarmetropole.

Als im August 2012 in Schwabing ein Blindgänger aus dem Zweiten Weltkrieg kontrolliert gesprengt werden musste und einen Millionenschaden verursachte, wurde der Schrecken der Bombardierung fast noch einmal spürbar. Wobei Münchens zu 90 Prozent zerstörte Altstadt zumindest nach 1945 Glück hatte: Ihre Rekonstruktion verlief behutsam. Die überkommene Straßenführung blieb erhalten, viele historische Gebäude wurden nach alten Plänen wieder aufgebaut und Neubauten dem alten Stadtbild angepasst.

Wohl jeder München-Besucher steuert zunächst den Marienplatz im Herzen der Altstadt an. Vor dem neogotischen Rathaus, das die Nordseite des Platzes schmückt, recken jeden Tag um 11 und um 12 Uhr Menschen aus aller Welt die Köpfe nach oben, um den 32 Glockenspiel-Figuren bei ihrem Auftanz zuzusehen. Hinter dem spätgotischen Alten Rathaus an der Ostseite des Marienplatzes geht es durch ein Gewirr enger Straßen zum Hofbräuhaus, eine Ur-Münchner Institution, die dank der unzähligen Touristen, die hier täglich stranden, international geworden ist. In der Nähe des Alten Rathauses steht leicht erhöht die Pfarrkirche St. Peter, Münchens ältestes Gotteshaus. Die gotische Basilika ist im 14. Jahrhundert aus den Ruinen eines ausgebrannten Vorgängerbaus entstanden. Dessen zwei Türme wurden abgeschrägt und durch einen Einzelturm in der Mitte der Westfassade ersetzt. Der »alte Peter«, wie er liebevoll genannt wird, besitzt eine Aussichtsplattform, die den besten Blick über Mün-

Im Englischen Garten ist der Monopteros seit jeher ein beliebter Treffpunkt.

chen bietet und bei Föhn die Alpen ganz nah erscheinen lässt. Gleich gegenüber lockt der Viktualienmarkt mit einem breiten Angebot an frischem Gemüse, Obst und exotischen Früchten, an Fleisch- und Fischspezialitäten.

Avantgarde am St.-Jakobs-Platz

Südlich vom Viktualienmarkt erstreckt sich die Schrannenhalle, eine ehemalige Getreidehalle, in der sich nach etlichen Vermietungswirren eine italienische Feinkostkette etabliert hat. Wenige Gehminuten entfernt öffnet sich am St.-Jakobs-Platz das Häuserspalier. Lange Zeit ein in städtebaulicher Hinsicht trostloser Ort, hat er sich seit der Einweihung des neuen jüdischen Gemeindezentrums zu einem beliebten Treffpunkt entwickelt. Wie ein Fels in der Brandung steht die Synagoge, ein Kubus aus schweren Steinquadern, über den sich eine dunkel glänzende Stahlkonstruktion erhebt, die mit einem bronzefarbenen Metallgewebe verhängt wurde. Im gut 500 Jahre alten Zeughaus an der Nordseite des Jakobsplatzes residieren das Münchener Stadt- und das ihm angeschlossene Filmmuseum, das mit Klassikern der Filmgeschichte ein buntes Publikum anlockt.

In der Fußgängerzone zwischen Marienplatz und Karlsplatz (Stachus genannt), Deutschlands meistfrequentierter Shoppingmeile mit den höchsten Ladenmieten, fällt zwischen all den großen Kaufhäusern und kleinen Geschäften ein architektonisches Highlight Münchens fast gar nicht auf: Hinter der reich mit Figurenschmuck ausgestatteten Fassade des Gebäudes an der Ecke Neuhauser/Ettstraße verbirgt sich die Jesuitenkirche St. Michael. Das größte renaissancezeitliche Gotteshaus nördlich der Alpen und steingewordene Symbol der Gegenreformation inspirierte die Sakralbaukunst in Süddeutschland. Der Innenraum der Kirche beeindruckt durch seine lichte Weite und das zweitgrößte Tonnengewölbe der Welt. In der Wittelsbachergruft unterhalb des Chors liegt Ludwig II. begraben.

Geschichtsträchtige Mitte

Im Nordwesten des Marienplatzes ragen die beiden knapp 99 Meter hohen Türme des Liebfrauendoms auf. Diese Höhe ist die

Richtschnur für Gebäude innerhalb des Mittleren Rings: Weil kein Bauwerk die Marke von 100 Meter Höhe überschreiten darf, prägt die Frauenkirche bis heute das Stadtbild. Der mächtige, spätgotische Backsteinbau lässt die Gebäude ringsumher winzig klein erscheinen. Dennoch wirkt der Dom schlicht. Die für gotische Kathedralen typischen Türmchen, Zierpfeiler und der Figurenschmuck fehlen. Die Strebepfeiler wurden nach innen verlegt.
Der berühmt-berüchtigte Odeonsplatz, an dem 1923 der Hitler-Ludendorff-Putsch im Kugelhagel der bayerischen Polizei endete, liegt nur einen kurzen Spaziergang vom Marienplatz entfernt. Das Ziel der Putschisten, die Feldherrnhalle, ist ein Werk Friedrich von Gärtners, das zwischen 1841 und 1844 nach dem Vorbild der Loggia dei Lanzi in Florenz entstand. Noch eine weitere Hommage an Italien ziert den Odeonsplatz: die in barockem Gelb gehaltene Theatinerkirche, deren wuchtige, zweitürmige Fassade die Westseite des Platzes beherrscht. Das Gotteshaus wurde nach dem Vorbild der Mutterkirche des Theatinerordens in Rom errichtet. Am Odeonsplatz beginnt auch die schnurgerade Ludwigstraße, die von der Feldherrnhalle zum Siegestor führt. Die klassizsistisch strengen Bauten, die sie säumen, sind italienischen Renaissancepalästen nachempfunden.

Bayerische Prachtentfaltung

Die Münchner Residenz hat sich über die Jahrhunderte aus der Neuveste, einer Wasserburg, die die Wittelsbacher Herzöge ab 1385 nutzten, entwickelt. Generationen bayerischer Herrscher haben die ursprüngliche Festung im Stil ihrer Epoche erweitert, verändert und umgebaut. Im Laufe der Zeit entstand ein repräsentativer Schlosskomplex, der sich um zehn Innenhöfe gruppiert. Die jüngsten Erweiterungen gehen auf König Ludwig I. zurück. Unter Federführung seines Architekten Leo von Klenze entstanden an der Hofgartenseite der Festsaalbau und im Süden zum Max-Joseph-Platz hin der nach dem Vorbild des Florentiner Palazzo Pitti gestaltete Königsbau.
Nach dem Ende der Wittelsbacher Herrschaft wurde die Residenz in ein Museum umgewandelt. Den Zweiten Weltkrieg überstanden nur die vor den ersten Bombenangriffen ausgelagerten Kunstschätze unversehrt. Die Anlage selbst musste wiederaufgebaut werden. Heute präsentiert sich die Residenz in altem Glanz. Mehr als 100 prunkvoll ausgestattete Räume und Säle laden zum Schauen und Staunen ein. Unter all der Pracht ragt das Antiquarium, der größte profane Renaissancesaal nördlich der Alpen, heraus. Wände

Attraktionen der Ludwigstraße: Theatertinerkirche und Feldherrnhalle am Odeonsplatz (oben) stehen genau einen Kilometer vom Siegestor (unten) entfernt.

und Decken des 70 Meter langen Saals sind mit Fresken bedeckt.

Große Kunst von der Antike bis zur Gegenwart

Wohl nirgendwo sonst in Deutschland findet sich so viel Kunst auf so engem Raum: Die drei Pinakotheken und das Museum Brandhorst auf dem Museumsareal in der Maxvorstadt decken alle Epochen der europäischen Kunstentwicklung vom Mittelalter bis zur Gegenwart ab. Die antiken Sammlungen am Königsplatz liegen auch nur einen Steinwurf weit entfernt.

Die im Stil eines italienischen Renaissancepalastes errichtete Alte Pinakothek zählt zu den weltweit bedeutendsten Galerien für die Werke alter Meister. Künstler wie Dürer, Raffael oder Leonardo da Vinci sind hier mit mindestens einem Meisterwerk vertreten. Die Rubens-Sammlung des Hauses gilt als größte der Welt. Bei ihrer Eröffnung im Jahr 1836 war die Pinakothek das modernste Museum der Welt.

Meisterwerke europäischer Maler des 19. Jahrhunderts zeigt der postmoderne Bau der Neuen Pinakothek. Ihre Anfänge gehen wie die der Alten Pinakothek auf Ludwig I. zurück, der in den 1850er-Jahren am gleichen Ort ein Haus für seine Sammlung zeitgenössischer Kunst errichten ließ. Bei ihrer Eröffnung war die Neue Pinakothek das erste Museum für moderne Kunst überhaupt. Das Gebäude wurde im Zweiten Weltkrieg zerstört, bis zur Eröffnung des Neubaus 1981 waren Teile der Sammlung im Haus der Kunst ausgestellt.

Die im Jahr 2002 eröffnete Pinakothek der Moderne ist das größte Museum für die Kunst des 20. und 21. Jahrhunderts in Deutschland. Der lichte, offene Bau des Architekten Stefan Braunfels beherbergt vier hochkarätige Sammlungen, die das ganze Spektrum modernen Kunstschaffens repräsentieren. Im Untergeschoss nennt das Museum für Angewandte Kunst die weltweit bedeutendste Sammlung von Industrial Design sein Eigen. Die Ausstellungsräume des Erdgeschosses teilen sich die Graphische Sammlung und das Architekturmuseum der Technischen Universität, das über neueste Tendenzen in der Architektur informiert. Im Obergeschoss wird die Entwicklung der modernen Kunst nachgezeichnet. Die Ausstellung umfasst herausragende Werke von Meistern der klassischen Moderne und der Gegenwart.

Kunst am Bau zeigt das 2009 eröffnete Museum Brandhorst: Seine Außenhülle besteht aus 36 000 farbigen Keramikstäben. Die Sammlung der Kunstmäzene Udo und

Museen für jeden Geschmack: die Alte Pinakothek mit Chillida-Skulptur (oben). Bier für jeden Geschmack im Oktoberfestzelt (unten). Blick auf den Heiligen Berg mit Kloster Andechs – ein Wallfahrtsort auch für Biertrinker (rechts oben). Auch baulich ein Beispiel städtischer Kunst: das Museum of Urban and Contemporary Art in der Hotterstraße (rechts unten).

Anette Brandhorst präsentiert Werke von Andy Warhol, Mario Merz, Sigmar Polke und anderen Künstlern der Avantgarde.
Ein kurzer Spaziergang führt von den Pinakotheken zum 2013 neu eröffneten Ägyptischen Museum und weiter zum Königsplatz mit seinen klassizistischen Museumsbauten: Die Glyptothek an der Nordseite präsentiert eine Sammlung griechischer und römischer Skulpturen, das Gebäude an der Südseite Zeugnisse antiker Kleinkunst. Die Propyläen im Westen sind dem gleichnamigen Torbau auf der Athener Akropolis nachempfunden. Nur wenige Schritte hinter den Propyläen prunkt ein weiterer Tempel der modernen Kunst: Das um einen Anbau von Foster & Partners erweiterte Lenbachhaus vereint die umfassendste Sammlung von Werken der Künstlergruppe Blauer Reiter unter einem Dach.

STELL- UND CAMPINGPLÄTZE

DULIPPHOF

Hochstraße 11, 82024 Taufkirchen, dulipphof.de, GPS: 48.039610, 11.621562. Camping am Bauernhof funktioniert auch im Umfeld der Landeshauptstadt München. Zehn Parzellen in ruhiger Vorortlage mit Ver- und Entsorgung, Strom und Brötchenservice.

Unter König Ludwig I., einem bekennenden Philhellenen, angelegt, wurde der Königsplatz von den Nazis als Schauplatz für monströse Aufmärsche missbraucht. Im Osten des Platzes ließen sie Prunkbauten wie den Führerbau, in dem heute die Hochschule für Musik und Theater residiert, einrichten. Nebenan erinnert das im Mai 2015 eröffnete NS-Dokumentationszentrum daran, dass der Nationalsozialismus in München seinen Anfang nahm. Die Ausstellung fordert die Besucher zu einer Auseinandersetzung mit dem NS-Regime, seiner Ideologie und ihrem Nachleben in der Gegenwart heraus.

Ein Dorado für Technikfans

Schenkt man Statistikern Glauben, so führt das weltweit größte Wissenschafts- und Technikmuseum (Deutsches Museum) mit alljährlich rund 1,5 Millionen Besuchern auch die Liste der beliebtesten Museen Deutschlands an. Auf einer Ausstellungsfläche von 73 000 Quadratmetern werden historische Autos, Schiffe und Flugzeuge ebenso wie die neuesten Errungenschaften der Bio- und Nanotechnologie gezeigt. Im Kinderreich des Museums können sich die Kids im Labor als Forscher versuchen oder spielend den Umgang mit Maschinen erlernen. In vielen Abteilungen des Deutschen Museums laden interaktive Erlebniswelten zum Experimentieren und Anfassen ein.

TOP ★ ERLEBNISSE

★ EISBACHWELLE

Wer es sich zutraut, der sollte mit seinem Surfboard den südlichen Teil des Englischen Gartens besuchen. Dort befindet sich die Eisbachwelle, die ganzjährig dazu einlädt seine Surfkünste unter Beweis zu stellen. Aber auch für Nichtsurfer ist der Blick auf die Wassersportler immer wieder ein besonderer Spaß.

★ FLOSSFAHRTEN

Die Isar einmal anders erleben: In zünftig-uriger Fahrt auf einem Floß genießt man eine Ganztagestour von Wolfratshausen bis in die Landeshauptstadt, wo die Gaudi mit viel Musik neben dem Münchener Campingplatz endet.

★ SCHÖNES ZIEL

Das Pilgern ins Kloster Andechs hat zweierlei Geschmack: einerseits nach Kunst und Einkehr in der Klosterkirche, andererseits nach den klostereigenen Bieren. Ihre süß-herben Sorten zählen zu den besten der Welt – eine Millionen Gäste überzeugen sich im Biergarten, dem Klostergasthof oder im Bräustüberl davon.

Weitere Informationen
muenchen.de,
andechs.de

104 SISIS HEIMAT – FÜNFSEENLAND

Südlich von München schuf die Eiszeit eine traumhafte Seenlandschaft

In der hügeligen Moränenszenerie südlich von München bilden der Starnberger See im Osten, der Ammersee im Westen und dazwischen die kleineren Gewässer Weßlinger See, Pilsensee und Wörthsee das wunderschöne Fünfseenland.

Am 13. Juni 1886 ertrank der bayerische König Ludwig II. bei Berg im Starnberger See. Die Stelle markiert heute ein Kreuz im Wasser und jedes Jahr wird zu Ludwigs Todestag ein Gedenkgottesdienst abgehalten. Selbstmord, Mord, Unfall? Ebenso rätselhaft wie Ludwigs Tod ist aber auch für manchen Skeptiker, warum es gerade der eher unfähige Monarch zum »Märchenkönig« gebracht hat – trotz der schönen Schlösser. Der Starnberger See ist aber auch für Sisi-Fans ein »heiliges Gewässer«. Die spätere österreichische Kaiserin Elisabeth wuchs hier als Herzogin in Bayern im Schloss Possenhofen auf. Im Ort berichtet ein kleines Museum über ihr Leben.

Romantisch im Abendlicht: am Ufer des Ammersees, im Sommer ein Segelparadies (rechts). Mitten in der Natur ist man an den Osterseen, hier am Fohnsee (rechts oben).

Nicht nur für Millionäre

Der Starnberger See ist das bekannteste Gewässer des Fünfseenlands, wenngleich heute weniger der Hochadel für Glamour sorgt als die hier gar nicht so wenigen bürgerlichen Happy Few: Die hiesige Millionärsdichte ist deutschlandweit ungeschlagen. Das Badevergnügen und der Wind für die Segler sind jedoch für alle gleich, weshalb auch die Münchner und Gäste aus aller Welt an schönen Tagen den See und das Alpenpanorama genießen – und wenn nicht am Starnberger, dann am Ammersee, der unter Surfern und Seglern besonders beliebt ist, oder an den drei hübschen kleineren Gewässern des Fünfseenlands. Dazwischen findet man in der reizvollen Hügel- und Seenlandschaft außerdem noch idyllische Moorseen und Weiher, gepflegte Dörfer oder reich geschmückte Barockkirchen wie das meisterhafte Marienmünster in Dießen am Ammersee.

INFO: fuenfseenland.de

STELL- UND CAMPINGPLÄTZE

WOHNMOBILSTELLPLATZ ANDECHS

Seefelder Str. 21, 82346 Andechs, wohnmobilstellplatz-andechs.de, GPS: 47.974949, 11.186019. Strom und Verzehrgutschein für die dazugehörige Brauerei in der Nähe des Ammersees.

TOP ★ ERLEBNISSE

★ RUHE SUCHEN

Als Badwanne Münchens herrscht an Sommertagen ordentlich Betrieb im Fünfseenland – ein wenig mehr Abstand finden Wanderer rund um die Osterseen. Insgesamt 24 Eiszeitseen verteilen sich südlich des Starnberger Sees, unterbrochen von Mooren, kleinen Wäldern und Streuwiesen. Um den größten der Osterseen mit genau diesem Namen sowie um den Fohn- und den Sengsee führt ein 13 Kilometer langer Weg ab und bis Staltach.

★ FISCHERSTECHEN

Die größte Schwierigkeit beim jahrhundertealten Brauch ist heute nicht, genügend freiwillige haupt- und nebenamtliche Fischer aufzutreiben – sondern die 70 mal 26 Zentimeter schmalen Flachschiffe. Auf ihnen balancieren die Kontrahenten, während sie sich mit gepolsterten Holzststecken bearbeiten. Seit 1907 finden die Wettkämpfe nur alle fünf Jahre statt.

Weitere Informationen
bayregio.de,
trachtenverein-starnberg.de

Den 1218 Meter hohen Heigelkopf im Tölzer Land erklimmen Wanderer und Mountainbiker (unten). Weithin sichtbar und ein Wahrzeichen von Bad Tölz ist die Doppelkirche Hl. Kreuz auf dem Kalvarienberg, neben ihr die Leonardikapelle (rechts oben). Die Bad Tölzer Marktstraße ist das von prächtigen Patrizierhäusern gesäumte Schaufenster der Stadt (rechts unten). Eine der beliebtesten Wanderungen im Alpenvorland führt vom Herzogstand zum Heimgarten (ganz rechts unten).

105 KURZ VOR DER STEILWAND – BAD TÖLZ

Die hübsche Kurstadt ist ein beliebtes Tor zu den bayerischen Alpen

Zwischen Tegernsee und Schliersee im Osten, Staffelsee, Walchensee und Kochelsee im Westen liegt Bad Tölz am Eingang zum Isarwinkel, der direkt in die Voralpen führt. Damit genießt das Städtchen eine oberbayerische Lage de luxe.

Bad Tölz florierte bis zum Dreißigjährigen Krieg durch den Salzhandel am Fernhandelsweg von Reichenhall Richtung Westen und durch die Flößerei auf der Isar. Auf wildem Fluss wurden Holz aus den umliegenden Wäldern getriftet und sonstige Waren bis nach München oder sogar zur Donau transportiert. Später brachte die Bierbrauerei reichlich Geld in die Stadt, doch ist diese Tradition mittlerweile in Tölz selbst versiegt – der bekannteste Bierproduzent im Umland ist heute die wunderschön gelegene Klosterbrauerei Reutberg. Ab dem 19. Jahrhundert begann in Tölz der lukrative Kurbetrieb durch die jodhaltigen Quellen.

Im Isarwinkel

Den jahrhundertealten Tölzer Wohlstand kann man heute in der Marktstraße mit den prächtigen barocken Patrizierhäusern sehen. Warum die Stadt seit weit über 100 Jahren Kur- und andere Gäste begeistert, versteht man nach einem Spaziergang auf den Kalvarienberg, den die barocke Heilig-Kreuz-Kirche krönt. Von dort oben hat man einen herrlichen Blick auf Bad Tölz und über das Isartal Richtung Süden bis in den Isarwinkel und das Karwendel.

Der Isarwinkel ist die landschaftlich reizvolle Region, die sich von Bad Tölz entlang der Isar bis hinein in die Voralpen zur österreichischen Grenze zieht. Hier kommen Sportler und Naturfreunde beim Wandern, Klettern, Wintersport oder Gleitschirmfliegen auf ihre Kosten – und bei einer deftigen Brotzeit mit Panoramablick auf einer der zahlreichen Berghütten, die hier zur Einkehr einladen.

INFOS: bad-toelz.de

STELL- UND CAMPINGPLÄTZE

WOHNMOBILSTELLPLATZ AN DER ISAR

Königsdorfer Str. 67, 83646 Bad Tölz, GPS: 47.763001, 11.550247. Im hinteren Teil eines Parkplatzes mit freiem Blick auf die Isar. Direkt am Radweg, aber man kann auch bequem zu Fuß in die Altstadt gehen. Allerdings ohne Ausstattung, nur zur Übernachtung.

TOP ★ ERLEBNISSE

★ MAJESTÄTISCH

Die Wanderung vom Herzogstand zum Heimgarten gehört zu den klassischen Wandertouren im Alpenvorland – zum Schwärmen schön ist von hier der Blick in alle vier Himmelsrichtungen von München bis zum Großvenediger und vom Wilden Kaiser bis zum Stubaier Gletscher. Kein Wunder, dass sich in dieses Panorama schon die Könige Max II. Joseph und Ludwig II. verliebten und ein Jagd- bzw. Königshaus auf 1575 Meter Höhe errichten ließen. Der Gratweg zum 1790 Meter hohen Nachbarberg Heimgarten verlangt Trittsicherheit, Ausgangspunkt der neun Kilometer langen Runde ist die Bergstation der Herzogstandbahn in Walchensee.

★ SPORTLICH

Auch wenn es ein wenig anstrengender ist, als mit dem Strom zu radeln: Auf dem Isarradweg lohnt es, in Richtung Berge zu fahren – vor allem ab der Landeshauptstadt. Denn dann rückt das Alpenpanorama mit jedem Meter näher, bis bei Scharnitz in Österreich der Isar-Ursprung erreicht ist. Insgesamt misst der Isarradweg 299 Kilomter, er endet an der Mündung in die Donau bei Deggendorf.

Weitere Informationen
isarradweg.de

106 GRASBERGE UND BAUERNLAND – DAS ALLGÄU

Sehnsuchtsziel im Süden

Mehr als ein geografisch klar umgrenzter Raum ist das Allgäu eine Landschaft wie aus dem Bilderbuch: Der Name ruft Vorstellungen von majestätischen Gipfeln und sanft geschwungenen Hügelketten, von saftigen Wiesen, hübschen Dörfern und barocken Kirchen wach.

Tatsächlich kommt die Wirklichkeit einem Postkartenidyll sehr nahe. Die Landschaft im Südwesten Bayerns und im äußersten Südosten Baden-Württembergs hat viele Gesichter. In den stark zerklüfteten, bis auf 2600 Meter ansteigenden Allgäuer Alpen erheben sich begrünte, steile Flanken, die sogenannten Allgäuer Grasberge, neben Felswänden. Etliche Almen bzw. Alpen oberhalb der Baumgrenze werden bis heute bewirtschaftet. Jedes Jahr im September wird überall im Allgäu der Almabtrieb mit einem großen Fest gefeiert.
Der schnelle Wechsel von Wald, Wiesen, Feldern und Weiden macht den besonderen Reiz des Allgäuer Alpenvorlandes aus. Es ist

Malerische Motive: Der Weiler Einödsbach auf 1113 Meter Höhe, zu Füßen von Trettachspitze und Mädelegabel, ist der südlichste bewohnte Ort des Landes (rechts).
Bis zu 100 Meter ragen die Felswände der dramatisch schönen Breitachklamm auf (rechts oben).

seit Jahrhunderten Bauernland, in dem immer wieder Einödhöfe zwischen den Hügeln auftauchen. Unter den vielen Sakralbauten ragt das Benediktinerkloster Ottobeuren heraus. Es zählt zu den größten barocken Klosteranlagen der Welt und gilt als »schwäbisches Escorial«. Im Allgäu herrscht stets Hochsaison. Orte wie Oberstdorf, Hindelang oder Pfronten sind als Sommer- wie als Wintersportzentren beliebt.

STELL- UND CAMPINGPLÄTZE

CAMPING OBERSTDORF

Rubinger Str. 16, 87561 Oberstdorf, camping-oberstdorf.de, GPS: 47.422990, 10.276764. Einer von zwei Campingplätzen, die sich gleich gegenüber liegen und nur durch den schmalen Fluss Trettach getrennt sind. Beide Plätze bieten volle Ausstattung und besten Blick auf die Berge.

Durch die wilde Breitachklamm

DIe Klamm in der Nähe von Oberstdorf ist eines der großen Naturwunder des Allgäus. Die Breitach zwängt sich hier durch die tiefste Felsenschlucht Mitteleuropas. Bis zu 150 Meter ragen die Steilwände über dem Gebirgsfluss auf. Bereits 1905 wurde am Grund des Canyons ein befestigter Weg angelegt, der ihn auf seiner ganzen Länge von 2,5 Kilometern durchquert und leicht zu bewältigen ist.
INFO: allgaeu.info

TOP ★ ERLEBNISSE

★ HALDENWANGER ECK

Der südlichste Punkt Deutschlands lässt sich in einer Kombination aus Rad- und Wandertour ab Oberstdorf erreichen. Zunächst radelt man auf ruhigen Wegen bis zur Schwarzen Hütte im Rappenalptal. Von dort geht es dann weiter stets bergauf bis zum 1931 Meter hohen Haldenwanger Eck. Kondition und Erfahrung sind jedoch notwendig.

★ UNTER EINEM HUT

Die Queen wäre entzückt: Ein ganzes Museum, fast 1000 Quadratmeter Ausstellungsfläche, und alles dreht sich nur um Hüte in allen Farben, Formen und Materialien; für Breitschädel, Hutgesichter und gekrönte Häupter. Die Hutfabrik Ottmar Reich produzierte um das Jahr 1900 vier Millionen Strohhüte. Heute erinnert das 2014 eröffnete und mit dem Bayerischen Museumspreis ausgezeichnete Hutmuseum an 300 Jahre Huttradition in Lindenberg; stilsicher untergebracht im ehemaligen Fabrikgebäude, 1923 errichtet von Philipp Jakob Manz.

Weitere Informationen
deutsches-hutmuseum.de

107 NATIONALPARK BERCHTESGADEN

Deutschlands südlichster Nationalpark ist in vieler Hinsicht einmalig: der einzige alpine, der einzige mit Süßwasserfjord, der einzige, der über 2100 Höhenmeter fast alle Vegetationszonen vereint. Zwischen Königssee und Watzmann zeigt sich die Natur von ihrer schönsten Seite.

TOP ★ FIVE

★ Hutschn
Bis Januar 2019 ein Traum für Kinder jeden Alters: die Schaukel an der Marxenhöhe vis-à-vis des Watzmanns. Hoffentlich hängt sie bald wieder!

★ Haus der Berge
Das moderne Infozentrum zeigt die Ausstellung »Vertikale Wildnis« – Wasser, Wald, Alm und Fels vom Grund des Königssees bis zu den Gipfeln.

★ Hängebrücke
Unberührt vom Wasserstand schwebt die 55 Meter lange Hängebrücke über dem Klausbach.

★ Wimbachklamm
Ein Triftsteg führt durch die romantische Schlucht – nur 200 Meter lang, aber mit das Schönste, was Bayern zu bieten hat.

★ Watzmann Therme
Bald soll ein Infinty-Pool die Bad-, Sauna- und Solelandschaft des Familienbads ergänzen – große Investitionen sind geplant.

Diese Optik macht dem einzigen alpinen Nationalpark Deutschlands so leicht keiner nach: Über dem blaugrünen Wasser des Königssees, der sich wie ein Fjord durch die Bergwelt schlängelt, erhebt sich die schroffe Watzmann-Ostwand – 1800 Meter hoch und die längste der Ostalpen. Zu Füßen der Felswand liegen das Kirchlein St. Bartholomä mit den roten Kuppeln und die sogenannte Eiskapelle, das tiefste permanente Eisfeld im Alpenraum. Hier beginnt der Aufstieg zum 2713 Meter hohen Gipfel für geübte Alpinisten, alle anderen finden auf einem 250 Kilometer langen Wegenetz genügend Alternativen.
Das Leben im Nationalpark ist bunt und vielfältig. Seit der Gründung 1978 bietet er einen Rückzugsort für einheimische Tiere, für die ganz seltenen, etwa den Steinadler, wie für die recht ungefährdeten Murmeltiere, für Steinböcke, Gämsen, Auerhuhn, Alpensalamander, Kreuzotter, Apollofalter und andere. Grundsätzlich alle Arten sind geschützt, vom Rothirsch bis zum winzigen Buchdrucker: 55 Säugetier-, 15 Fisch- und mehr als 100 Vogelarten. Auf ihren Lebensraum wirken nur die Elemente. Deren Kräfte sorgen regelmäßig für Veränderungen – sei es durch Felsstürze, Lawinen oder Erosion. Ein Beispiel für ihre ungebremste Macht gibt das Wimbachgries, ein Strom aus verwittertem Gestein, zwischen dem nur wenige, darunter auch seltene Pflanzen wurzeln.

1 Königssee Er ist einer der saubersten Seen in Deutschland, gelegen auf 603 Meter Höhe, geschaffen von einem 1000 Meter mächtigen Gletscher, gespeist aus reinen Bergquellen. Gut sieben Kilometer lang und bis zu 190 Meter tief erreicht seine Wassertemperatur maximal 17 Grad, Seesaibling, Barsch, Hecht und Seeforelle genügt's.

2 Bootsfahrt Elektroboote schnurren über den Königssee und machen die Bergwelt für alle erlebbar. Zu den Highlights gehören die Darbietungen der Bootsführer an der Echowand.

3 Malerwinkel Eine See-Sicht, die schon Künstler inspirierte: Ein Rund-

Die Mönche von St. Bartholomä hatten einen Sinn für Postkartenmotive.

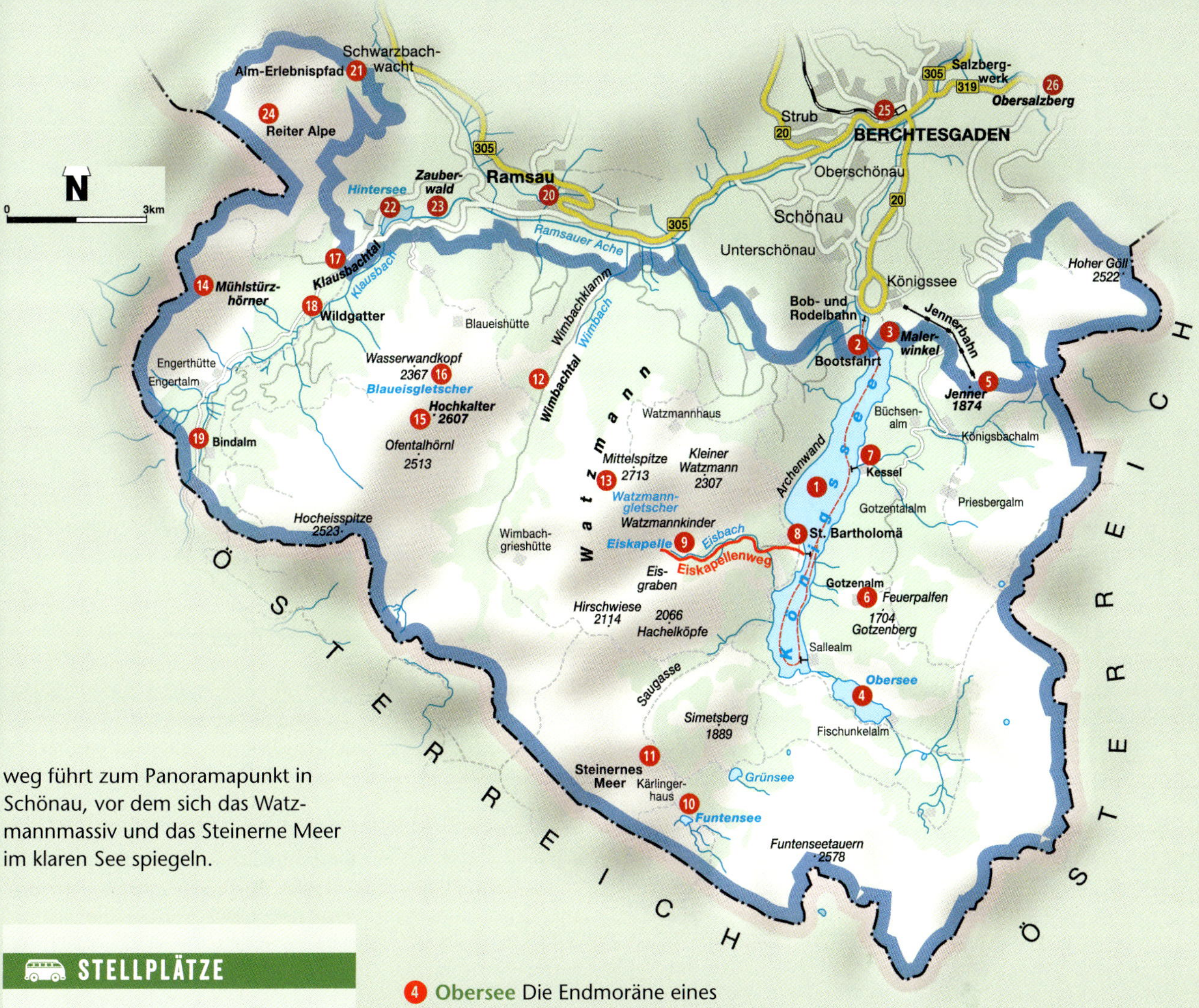

weg führt zum Panoramapunkt in Schönau, vor dem sich das Watzmannmassiv und das Steinerne Meer im klaren See spiegeln.

STELLPLÄTZE

CAMPINGPLATZ SIMONHOF

Alte Reichenhaller Str. 110, 83486 Ramsau bei Berchtesgaden, camping-simonhof.de, GPS: 47.626815, 12.870769. Ruhiger, von Bäumen umgebener Campingplatz in einem Tal, von dem aus man den westlichen Teil des Nationalparks gut zu Fuß erkunden kann.

CAMPINGPLATZ GRAFENLEHEN

Königsseer Fußweg 71, 83471 Schönau am Königssee, camping-grafenlehen.de, GPS: 47.594935, 12.986082. Großer Campingplatz mit allem Komfort am Ufer der Königsseer Ache. Für abendliche Besuche des Malerwinkels ideal. Auch der Anleger für eine Fahrt auf dem Königssee ist nur einige Gehminuten entfernt. Ebenfalls ideal für Bergbesteigungen in Richtung Watzmann oder für Fahrten hinauf zum Kehlsteinhaus.

4 Obersee Die Endmoräne eines Gletschers hat die Seen getrennt: Von der Königssee-Endhaltestelle Salet ist es nur ein kurzer Fußweg zum stillen Obersee. An seinen Ufern verwittern die Felsen eines Bergsturzes von 1172.

5 Jenner Der Berg zählt sommers wie winters zu den beliebtesten Zielen. Eine Seilbahn führt auf den Gipfel auf 1802 Metern, von dem sich ein fantastischer Blick auf Watzmann, Großen Hundstod, Schönfeldspitze und in der Ferne das Hochkönig- und Dachsteinmassiv bietet, während tief unten der Königssee funkelt.

6 Gotzenalm Die Hochfläche ist Murmeltierrevier. Zwischen den Lärchen auf der über viele Jahrhunderte beweideten Alm blühen Arnika und der Punktierte Enzian. Nur zehn Minuten von der Berggaststätte Gotzenalm entfernt, öffnet sich eine spektakuläre Sicht auf den Königssee.

Anfahrt Von München über die A8 bis zur Abfahrt 115 Bad Reichenhall; dann ca. 20 km auf der B20 nach Berchtesgaden und weiter zum Königssee; auch die Deutsche Bahn fährt nach Berchtesgaden.

Lage Im äußersten Südosten Bayerns; der Nationalpark umfasst im Wesentlichen den deutschen Anteil an den Salzburger Alpen.

Größe 210 km²

Höchste Erhebung Watzmann (2713 m)

Gründung 1978

Information Nationalpark-Informationszentrum, Hanielstr. 7–11, 83471 Berchtesgaden

Internet nationalpark-berchtesgaden.bayern.de

7 Kessel Über der Bootsanlegestelle am östlichen Ufer haben sich die heimischen Baumarten angesiedelt: Bergahorn, Rotbuche, Weißtanne und Fichte.

8 St. Bartholomä Auf einer kleinen Halbinsel in feinster Seelage und doch in sicherer Entfernung von der Watzmann-Ostwand: Im Jahr 1134 wurde das Wallfahrtskirchlein geweiht.

9 Eiskapelle Das Firneisfeld besteht das ganze Jahre über, obwohl weit unter der Schneegrenze gelegen: ständigen Nachschub liefern die Lawinen aus der Ostwand. Bis zu 30 Meter breit und 15 Meter hoch ist der Eingang zur Eiskapelle, ein Hohlraum über dem Austritt des Eisbachs.

10 Funtensee Einsam und eiskalt liegt der See in 1600 Meter Höhe, entstanden durch den Einbruch einer Höhle. Einem langen Winter folgen die anderen drei Jahreszeiten kurz und intensiv. Eine Enzianbrennhütte verarbeitet hier die Wurzeln des Punktierten und des Pannonischen Enzians.

11 Steinernes Meer Dolinen, Höhlen und Rinnen prägen das Gesicht der rauen Hochgebirgslandschaft, in deren Felsnischen sich Gräser und Blumenpolster klammern. Der Name hat seine Berechtigung: Hier lag vor 200 Millionen Jahren der Meeresboden.

12 Wimbachtal Mal liegt der zehn Kilometer lange Schuttstrom über, mal unter Wasser – je nach dem Pegel des Wimbachs. Es bilden sich ständig neue Böschungen und Inseln, auf denen Sträucher und Bäume, u. a. die seltene Spirke, wachsen.

13 Watzmann Der König des Nationalparks und sein 2713 Meter hoher Gipfel. Mittel-, Südspitze und Hocheck, der Kleine Watzmann und die fünf »Kinder« bilden seine Felsphysiognomie.

14 Mühlsturzhörner Sie überragen die Reiter Alm: Beide Mühlsturzhörner erreichen weit über 2000 Meter Höhe.

15 Hochkalter Auch der zweithöchste Gipfel des Nationalparks, markante 2607 Meter hoch, ist eine immer felssturzgefährdete Mischung aus Ramsau-Dolomit und Kalkstein.

16 Blaueisgletscher Bald wird vom nördlichsten Gletscher der Alpen nur noch der Name übrig sein: Vom ehedem bläulich schimmernden Schneefeld im Gebiet des Hochkalter bestehen nur noch Reste.

17 Klausbachtal Das Tal, das sich nach einem riesigen Felssturz im Jahr 1999 gerade neu bildet, ist Steinadler-Heimat.

18 Wildgatter Im abgezäunten Winterquartier bekommt das Rotwild Futter – und muss sich nicht an den Bäumen bedienen. Eine gute Gelegenheit, die scheuen Tiere zu beobachten.

19 Bindalm Am Ende des Klausbachtals liegen auf der Hochalm vier Kaser, so heißen die Senner-Hütten, zwei von ihnen sind im Sommer bewirtschaftet.

20 Ramsau Zwiebelturm-Kirchlein, Ramsauer Ache und die kleine Brücke sind zeitlos schöne Fotomotive im Bergsteigerdorf Ramsau.

21 Alm-Erlebnispfad Die elf Kilomter lange Wanderung führt von der Schwarzbachwacht über die Mordau-, die Lattenberg- und die Moosenalm bis zur Karschneid auf 1530 Meter Höhe.

22 Hintersee Der stille See inspirierte die Künstler: 26 Tafeln ihrer Bilder schmücken den 1,5 Kilometer langen Malerweg einmal ringsum.

Hoch über dem zauberhaften Hintersee erhebt sich der 2607 Meter hohe Hochkalter.

Rings um Deutschlands erstes Bergsteigerdorf Ramsau reihen sich die Ziele: der markante Hochkalter (oben) und die liebliche Bindalm (unten).

23 Zauberwald Riesige Felsen, dichtes Grün, der See, die Berge – romantischer können gemütliche Spazierwege kaum sein.

24 Reiter Alpe An den Steilhängen unterhalb des Hochplateaus haben sich uralte Waldreste erhalten. Den nördlichen Teil der 1500 Meter hohen Alpe bedecken Almweiden, Latschen und Zirben, das größte Vorkommen des Nadelbaums in Deutschland.

25 Berchtesgaden Der Ort unterm Watzmann besteht schon seit mehr als 900 Jahren. Sehenswert sind das älteste Lüftlbild Bayerns, die Stiftskirche mit dem romanischen Kreuzgang und der Soleweg.

26 Obersalzberg Das bedenkliche Gelände steht hoch in der Besuchergunst. Hitler war hauptsächlich im Kehlsteinhaus, um sich vor ewig schöner Kulisse ablichten zu lassen. Heute bereitet die Dokumentation Obersalzburg die NS-Geschichte des Ortes auf.

108 TIEFES BLAU VOR BERGKULISSE – DER CHIEMSEE

Ein See mit Charakter

Der Chiemsee bildet das Zentrum einer alten Kulturlandschaft mit den im 8. Jahrhundert gegründeten Insel-Klöstern. Die Herreninsel verdankt ihren Namen den Mönchen, die bis 1803 hier lebten. Im Kloster auf der Fraueninsel wohnen noch heute Benediktinerinnen.

Mag die Klosteranlage auf der Fraueninsel kunsthistorisch bedeutender sein, die touristische Hauptattraktion ist zweifellos das Schloss, das König Ludwig II. auf der Herreninsel nach dem Vorbild von Versailles errichten ließ. Es verklärt das absolutistische Königtum – und gilt als Anachronismus. Denn als der Monarch das Projekt 1878 in Angriff nahm, war der Sonnenkönig längst Geschichte. Das neue Schloss auf der Herreninsel zählt zu den Märchenschlössern, mit deren Bau der »Kini« seine Scheinwelt erschuf. Da die Regierung dem König ab 1885 jede finanzielle Unterstützung verweigerte, wurde die Anlage niemals fertigstellt.
Weit mehr als in Ludwigs Traumschloss

Der frei stehende Glockenturm ist das Wahrzeichen der Fraueninsel im Chiemsee (rechts). Viele Chiemseefischer üben ihren Beruf schon in der dritten oder gar vierten Generation aus. (rechts oben).

wurde im Kloster Herrenchiemsee an der Nordspitze der Insel Geschichte geschrieben. In dem Bau aus dem 17. und 18. Jahrhundert, der zu Beginn des 19. Jahrhunderts in ein Schloss umgewandelt wurde, beriet im August 1948 der Verfassungskonvent über das Grundgesetz für die Bundesrepublik Deutschland.

STELL- UND CAMPINGPLÄTZE

WOHNMOBILHAFEN AM CHIEMSEE

Rasthausstraße 15, 83233 Bernau am Chiemsee, wohnmobilhafen-am-chiemsee.de, GPS: 47.831175, 12.385226. Nur wenige Schritte bis zum Seeufer. Ver- und Entsorgung sowie Sanitäreinrichtung und Strom vorhanden. Einziger Wermutstropfen: die Lage direkt neben der Autobahn.

Klosterinsel und Sommerfrische

Die Fraueninsel ist gerade mal zwölf Hektar groß und zählt doch 300 Einwohner. Auf dem idyllischen Eiland stört kein Autolärm. Tagestouristen schippern mit Booten über das maximal 73 Meter tiefe Wasser. Der Klosterbezirk nimmt ungefähr ein Drittel der Inselfläche ein. Nicht nur die Abteikirche, auch eine Torhalle aus karolingischer Zeit kann besichtigt werden. Der mit einer Zwiebelhaube bekrönte Glockenturm des Klosters gilt als Wahrzeichen des Chiemgaus.

INFO: chiemsee-alpenland.de

TOP ★ ERLEBNISSE

★ FELSIGES WAHRZEICHEN

Von ferne sieht sie aus wie der Zackenkamm eines Drachens, von dem ein winziges Kreuz leuchtet, am Ostgipfel der Kampenwand drehen sich die Verhältnisse um: Dann wirkt das zwölf Meter hohe solarbeleuchtete Chiemgaukreuz riesengroß und die hügelige Chiemgaulandschaft spielzeugklein. An der Bergstation der Kampenwand startet ein schöner Wanderweg von acht Kilometer Länge bis zur Talstation in Aschau. Er führt in etwa zweieinhalb Stunden über die Steinlingalm, bei Trittsicherheit bis auf den Ostgipfel, über den Sultensattel und die Schlechtenberger Alm.

★ LUDWIG FESSLER

Der Schaufelraddampfer Ludwig Fessler wurde 1926 gebaut und in den 1970er-Jahren auf Dieselbetrieb umgestellt. Eine Faszination ist es bis heute immer noch, damit auf dem Chiemsee zu verkehren. Kombiniert werden kann eine Schiffstour auf dem See mit einer Fahrt auf der zwei Kilometer langen Schmalspurtrasse der Chiemsee-Bahn in Prien.

Weitere Informationen
chiemsee-schifffahrt.de

109 AUF DER DEUTSCHEN ALPENSTRASSE

Vom Watzmann bis zum Bodensee

Auf der einen Seite die Alpen, auf der anderen ihr hügeliges Vorland und dazwischen eine Reihe idyllischer Ortschaften und klarer Seen – von Berchtesgaden bis Lindau zeigt sich Bayern von seiner postkartenschönen Seite, während man das Wohnmobil auf der Deutschen Alpenstraße von Ost nach West bewegt. Und als würde die Landschaft nicht genug bieten, liegen architektonische Schmuckstücke wie Schloss Linderhof oder Kloster Ettal am Weg.

Auf der Traumroute Nummer 8 legt man rund 410 Kilometer Strecke zurück – theoretisch. Ob sie auch in Wirklichkeit so lang wird oder doch einige Schlenker enthält, wie die Abstecher nach München oder über Bad Tölz, liegt ganz im Ermessen der Wohnmobilinsassen. Gelegenheiten, die Strecke sinnvoll zu verlängern, bestehen im schönsten Oberbayern an beinahe jeder Kreuzung. Also am besten genügend Zeit und viel Lust auf Land und Leute mitbringen! Stell- und Campingplätze für Zwischenübernachtungen bietet die Region mehr als genug

Von Berchtesgaden bis Aschau Einen verheißungsvolleren Auftakt kann es kaum geben als die Bootsfahrt auf dem Königssee: Am grünblauen Fjord läuft die Kamera das erste Mal heiß und die mächtige Watzmann-Ostwand rückt die Dimensionen zurecht – hier die Berge, da der Mensch. Nach dem Verlassen des Campingplatzes in Seenähe kommt hinter Berchtesgaden mit dem Ramsauer Kirchlein ein bekanntes Fotomotiv in Sicht; ein Stück weiter zwängt sich die Straße hinter Weißbach durch eine enge Schlucht. Über Inzell und Ruhpolding verläuft die Strecke durch die Chiemgauer Alpen, die bis auf 1800 Meter ansteigen. Über Reit im Winkl geht es ab Marquartstein an der Tiroler Ache entlang zum Chiemsee. Nach gut 90 Kilometern Distanz ist Aschau erreicht.

Von Aschau bis zum Tegernsee Das »Bayerische Meer« ist ein Wassersportparadies für das komplette Umland bis nach München. Wer wollte es den Bayern verdenken? Deutschlands drittgrößter See eignet sich zum Segeln, Rudern, Tretbootfahren, für Stand-up-Paddler und Schwimmer. Ausflüge auf die Inseln Herren- und Frauenchiemsee weiten den kulturellen Horizont. Von Aschau dauert die Fahrt – je nach Motivation und Verkehrslage – nach München oder über die Deutsche Alpenstraße am Schliersee vorbei nach Tegernsee jeweils etwa eine Stunde.

Vom Tegernsee bis Mittenwald
Beinahe türkis leuchtet der Tegernsee an manchen Tagen, und die Berge des Mangfallgebirges eignen sich perfekt zum Wandern. Die Ufer sind dicht und teuer bebaut, aber an vielen Stellen erreichbar – etwa in Tegernsee an der Klosterbrauerei mit schönem Biergarten. Vom Edelsee aus bieten sich drei Routen nach Mittenwald an: entweder über Bad Tölz, das Kloster Benediktbeuern und Kochel oder von Bad Tölz über Lenggries und eine Mautstraße zum Walchensee. Die dritte und direkte Variante führt über Kreuth und den Sylvenstein-Stausee.

Von Mittenwald nach Garmisch-Partenkirchen So massiv baut sich das Karwendelgebirge auf, dass man den Stellplatz am Bahnhof von Mittenwald fast übersehen könnte – als wollten sie dem grauen Fels trotzen, schmücken sich viele Häuser mit Lüftlmalerei, manche Fassadenkunst ist weit über 100 Jahre alt. Vom Geigerdorf Mittenwald, dessen Violinenbaukunst über die Berge aus Italien in den wichtigen Handelsort an der Isar gelangte, dauert es keine halbe Stunde auf der Bundesstraße zu den Campingplätzen und zum Stellplatz in Garmisch-Partenkirchen oder alternativ im angrenzenden Grainau.

Von Garmisch-Partenkirchen zum Kloster Ettal Der Ort verdankt seinen Bindestrich den Olympischen Spielen 1936 – der Strich verknüpft, was recht

unterschiedlich gewachsen ist: die Römergründung Partenkirchen und das Germanendorf Garmisch. Beiden gemeinsam sind hier an der Ludwigstraße, dort in der Frühlingstraße und der Fußgängerzone die Lüftlmalerei an geraniengeschmückten Häusern.

Vom Kloster Ettal bis Füssen Keine 15 Kilometer entfernt, zum Schluss über Serpentinen, schmiegt sich das 1330 gegründete Kloster Ettal in die Ammergauer Alpen – die Rokokokirche der Benediktinerabtei mit der großen Kuppel ist ein wahres Wunder. Gegen diese Prachtdemonstration nimmt sich das Schlösschen Linderhof fast bescheiden aus. Mitten im Graswangtal träumte sich Ludwig II. ins absolutistische Frankreich. Nach einem Schlenker über Tirol endet die Etappe in Füssen. Die längere Variante über die Deutsche Alpenstraße macht den Bogen über Oberammergau und die Wieskirche.

Von Füssen nach Oberstaufen Als Mittelpunkt des Königswinkels baut sich Füssen mitsamt dem Hohen Schloss über dem grünen Lech auf, der südlich der Stadt am 1787 als Stauwehr errichteten Lechfall in die Tiefe rauscht. Am Übergang der Ammergauer zu den Allgäuer Alpen ändern die Berge ihr Erscheinungsbild: weniger schroff, stattdessen wald- und wiesengrün ragen die typischen Grasberge auf. Vom Urlaubsort Bad Hindelang führt eine Mautstraße über 106 steile Kehren nach Oberjoch auf 1132 Metern Höhe in eines der höchstgelegenen Dörfer Deutschlands.

Von Oberstaufen bis Lindau Im Winter eine Herausforderung, im Sommer herrlich: die Passstraße von Oberstaufen hinauf zum Paradies. Nach diesem Höhepunkt lässt die B308 das Oberallgäu und Oberreute hinter sich und schlängelt sich durch liebliches Hügelland, das bald den Blick freigibt auf das blau-glitzernde Ziel der Traumroute – den Bodensee.

STELL- UND CAMPINGPLÄTZE

1 CAMPINGPLATZ GRAFENLEHEN

Königsseer Fußweg 71, 83471 Schönau am Königssee, camping-grafenlehen.de, GPS: 47.595512, 12.986666

2 REISEMOBILSTELLPLATZ MOBILER ALPENGENUSS

Allweggasse 4, 83471 Berchtesgaden, allweglehen.de, GPS: 47.648104, 13.039998

3 WOHNMOBILPARK AN DER RUPERTUS THERME

Hammerschmiedweg 1, 83435 Bad Reichenhall, rupertustherme.de, GPS: 47.734237, 12.875845

4 CAMPINGPLATZ SCHLIERSEE

Westerbergstraße 27, 83727 Schliersee, camping-schliersee.de, GPS: 47.728186, 11.851160

5 WOHNMOBIL-STELLPLATZ KARWENDEL

Albert-Schott-Straße 35, 82481 Mittenwald, karwendelstellplatz.de, GPS: 47.437985, 11.264331

6 CAMPING ERLEBNIS ZUGSPITZE

Griesener Str. 2, 82491 Grainau, pure-camping.de, GPS: 47.480156, 11.054676

7 WOHNMOBILSTELLPLATZ PFRONTEN

Am Wiesele 7, 87459 Pfronten, wohnmobilstellplatz-pfronten.de, GPS: 47.598129, 10.551787

8 WOHNMOBILSTELLPLATZ NESSELWANG

An der Riese, 87484 Nesselwang, GPS: 47.620008, 10.497845

9 WOHNMOBILSTELLPLATZ BAD HINDELANG

Ostrachstraße 23, 87541 Bad Hindelang, wohnmobil-stellplatz-hindelang.de, GPS: 47.499668, 10.372458

10 WOHNMOBILSTELLPLATZ IMMENSTADT

Badeweg, Viehmarktpl., 87509 Immenstadt im Allgäu, GPS: 47.561759, 10.208580

Vom Wohnmobilstellplatz am Wank in Garmisch blickt man direkt auf Deutschlands höchsten Gipfel.

Adlerblick: Höher als bis zur 2962 Meter hohen Zugspitze geht es in Deutschland nicht (unten). Kühe vor dem Weltkulturerbe: Die Wieskirche wirkt von außen bescheiden, überwältigt aber im Inneren (rechts). Brotzeit auf der Skihütte auf dem Zugspitzplatt (rechts unten).

110 SÜDZIPFEL – ZUGSPITZE UND PFAFFENWINKEL

Gipfelerlebnis leicht gemacht!

Als höchster Berg Deutschlands ist die Zugspitze eine Touristenattraktion. Mittlerweile stürmen jährlich mehr als eine halbe Million Menschen den 2962 Meter hohen Gipfel im Wettersteingebirge. Auf sie warten eine Aussichtsplattform und gastronomischer Service.

Südwestlich von Garmisch-Partenkirchen erhebt sich die 2962 Meter hohe Zugspitze, auf deren Westgipfel die Grenze zwischen Deutschland und Österreich verläuft. Wer nicht die Bayerische Zugspitzbahn oder die Eibseeseilbahn benutzen möchte, braucht für die Besteigung des Gipfels viel Kondition – und sollte schwindelfrei sein. Die letzten 200 Meter sind steil und durch Drahtseile sowie Steigeisen gesichert. Wer sich die Kraxelei nicht zutraut, kann aber die Seilbahn, die vom Restaurant Sonnalpin am Zugspitzplatt auf den Gipfel führt, nehmen.

Symbol bayerischer Frömmigkeit

Das Wettersteingebirge und die Ammergauer Alpen bilden die majestätische Kulisse für den von sanft geschwungenen Höhen durchzogenen Pfaffenwinkel mit mehr als 100 Kirchen und Klöstern. Am bekanntesten ist die Wallfahrtskirche zum gegeißelten Heiland auf der Wies, in aller Welt als »Wieskirche« bekannt. Das Gotteshaus gilt als Höhepunkt süddeutscher Rokokoarchitektur und steht seit 1983 auf der UNESCO-Welterbeliste. Das Meisterwerk des Dominikus Zimmermann (1685–1766), das zwischen 1745 und 1754 errichtet wurde, überwältigt durch seine reiche Innenausstattung. Die von Johann Baptist Zimmermann (1680–1758), dem Bruder des Architekten, geschaffenen Deckenfresken und die verschwenderischen Stuckverzierungen nehmen jeden Blick gefangen. Die weiß gehaltenen Wände und großen Fenster lassen den Kirchenraum hell und heiter erscheinen.

STELL- UND CAMPINGPLÄTZE

WOHNMOBILSTELLPLATZ AM WANK

Parkplatz, Wankbahnstraße 2, 82467 Garmisch-Partenkirchen, alpencamp-gap.de, GPS: 47.504628, 11.106787. An der Talstation der Wankbahn. Sanitär und Strom vorhanden. Große asphaltierte Anlage mit tollem Blick auf die Zugspitze.

TOP ★ ERLEBNISSE

★ KLEINE SEERUNDE

Für die Muskeln nur etwas zum Warmwerden, für die Augen echt anstrengend: Die acht Kilomter lange Runde um den Eibsee führt direkt am grünblauen Wasser entlang und bietet eine atemberaubende Sicht auf die Zugspitze und das Wettersteingebirge. Weil auch viele Wanderer den Weg nutzen, empfiehlt sich ein früher oder sehr später Aufbruch ab dem Parkplatz an der Ostseite. Der Eiszeitsee erreicht eine Tiefe von 32,5 Metern. Seine acht Inseln verdanken sich einem geomorphologischen Brutalereignis: einem Bergsturz vor etwa 3500 Jahren, die Inseln sind Trümmerstücke.

★ PARTNACHKLAMM

Man muss ja nicht gleich auf die Zugspitze wandern. Aber auf dem Weg dorthin durchquert man die Partnachklamm, die sich auch im Rahmen einer kleineren Wandertour erleben lässt. Die enge Schlucht ist ein besonderes Abenteuer und hin und wieder muss man mal den Kopf einziehen.

Weitere Informationen
zugspitze.de,
eibsee.de

111 MÄRCHENPALAST – SCHLOSS NEUSCHWANSTEIN

Ein Traum von einem Schloss

Ein Postkarten-, Puzzle- und Plakatmotiv par excellence: Neuschwanstein ist idealisiertes Mittelalter, erbaut nach den Wünschen des Märchenkönigs Ludwig II. (1845–1886). In Sichtweite von Füssen lockt das Schloss alljährlich weit mehr als eine Million Touristen an.

Für die einen ist es das Produkt einer irregeleiteten Fantasie, die sich mit dieser Ritterburg ihr persönliches Disneyland erschuf. Andere loben es als herausragendes Zeugnis historistischer Baukunst, das mit den Stilelementen mittelalterlicher Festungsarchitektur spielt. Ludwig II. selbst wollte mit Neuschwanstein dem Komponisten Richard Wagner ein Denkmal setzen. Einige Teile der Burganlage nach Entwürfen des Münchner Theatermalers Christian Jank (1833–1888) sind Bühnenbildern von Wagneropern nachempfunden. Der Thronsaal versinnbildlicht Ludwigs Auffassung vom absoluten Königtum: In der nach dem Vorbild der Münchner Allerheiligen-Hofkirche und byzantinischen

Rückansicht von Ludwigs »deutscher Ritterburg«: Von der Marienbrücke hoch über der Pöllatschlucht (rechts oben) bietet sich dieses Bild von Schloss Neuschwanstein (rechts).

Kirchen ausgestalteten Halle sollte der Thron an der Stelle des Altars stehen. Sinnigerweise fehlt er bis heute.

Auf ewig unfertig

Ludwig II. erlebte die Fertigstellung seines Schlosses nicht mehr. Am 11. Juni 1886 wurde der kurz zuvor entmündigte König nach Berg am Starnberger See verbracht, wo er zwei Tage später umkam. Bereits sechs Wochen danach öffnete Schloss Neuschwanstein seine Tore für die Öffentlichkeit. Im Palas sind heute 15 prunkvoll ausgestattete Zimmer und Säle zu besichtigen. Neben dem Thronsaal ist der Sängersaal der repräsentativste Raum. Bei seiner Ausstattung ließ sich König Ludwig vom Fest- und Sängersaal der Wartburg inspirieren. Die Wandgemälde zeigen die Sage von Parzival und dem Heiligen Gral. Die Schlossküche ist mit damals modernster Technik ausgestattet – dasselbe gilt für die königlichen Badezimmer.

STELL- UND CAMPINGPLÄTZE

WOHNMOBILPLATZ FÜSSEN CAMPER'S STOP

Abt-Hafner-Straße 9, 87629 Füssen, wohnmobilplatz.de, GPS: 47.581984, 10.701050. Nur einer von gleich drei Stellplätzen, die direkt nebeneinander in einem Gewerbegebiet liegen. Restaurants und Einkaufsmöglichkeiten vorhanden.

TOP ★ ERLEBNISSE

★ WANDERN WIE LUDWIG

Die Wanderung ist bergsteigerisch so einfach wie optisch dramatisch: Von der Ortsmitte von Schwangau-Hohenschwangau aus geht es über neun Kilometer und 250 Höhenmeter zur Pöllatschlucht und rings um den kristallklaren Alpsee – Ludwig-II.-Kernland sozusagen. In Schloss Hohenschwangau wuchs er auf, mit Neuschwanstein plante er sein Märchenschloss, schon sein Vater Maximilian ließ Wege und Aussichtspunkte anlegen und die Marienbrücke über die Pöllatschlucht, eine 44 Meter hohe Holzbrücke, die Sohn Ludwig durch eine Eisenkonstruktion ersetzte.

★ FORGGENSEE

Fünf kleine und drei große Rundfahrten werden jeden Tag auf dem Forggensee angeboten. Alle starten in Füssen und ermöglichen nicht nur eine gemütliche Seefahrt, sondern auch besten Blick auf die nahen Berge der Alpen.

Weitere Informationen
neuschwanstein.de

Bornholm
Nordsee
Ostsee
DÄNEMARK
Sylt
Nordfriesische Inseln
Flensburg
Schleswig
Husum
Kieler Bucht
Fehmarn
Fehmarnbelt
Kiel
Rendsburg
Sassnitz
Rügen
Stralsund
Helgoland
Deutsche Bucht
366
367
368
369
Rostock
Greifswald
Usedom
Świnoujście
Wismar
Itzehoe
Cuxhaven
Ostfriesische Inseln
Lübeck
Schwerin
Wilhelms-
haven
Bremer-
haven
Elbe
Neu-
brandenburg
Szczecin
HAMBURG
Emden
Weser
Neustrelitz
Müritz
Prenzlau
Groningen
Lüneburg
Ludwigslust
Oder
Havel
Oldenburg
BREMEN
Soltau
Wittenberge
NIEDER-
LANDE
Meppen
Aller
Oranien-
burg
POL
Ems
Celle
BERLIN
Zwolle
Wolfsburg
HANNOVER
Brandenburg
Potsdam
Frankfu
Oder
Osnabrück
Enschede
370
371
372
373
Braunschweig
Magdeburg
Arnhem
Hildes-
heim
Salzgitter
Bielefeld
Münster
Dessau
Cottbus
Nijmegen
Rhein
Saale
Paderborn
Gelsen-
kirchen
DORTMUND
Bottrop
Senftenberg
Göttingen
Nordhausen
Halle
ESSEN
Bochum
Elbe
Kassel
LEIPZIG
DÜSSELDORF
Gör
Leverkusen
DRESDEN
Bad
Hersfeld
Gotha
Erfurt
Weimar
Gera
Maastricht
KÖLN
Siegen
Eisenach
Jena
Chemnitz
Aachen
Zwickau
Li
Werra
Bonn
Gießen
Fulda
BELGIEN
Koblenz
Limburg
Coburg
Hof
FRANKFURT
a. Main
Karlovy
Vary
PRAG
374
375
376
377
Mosel
Wiesbaden
Offenbach
Schweinfurt
Bayreuth
TSCHECHISCHE
LUXEM-
BOURG
Mainz
Main
Darm-
stadt
Würzburg
Bamberg
Plzeň
Trier
Nahe
Erlangen
REPUBLIK
Kaisers-
lautern
Mannheim
Luxem-
bourg
Klatovy
Tabor
Fürth
NÜRNBERG
Saar
Ludwigs-
hafen
Heidelberg
Rothenburg
o. d. Tauber
Schwandorf
Saarbrücken
Pirmasens
Regens-
burg
Metz
Karlsruhe
Heilbronn
České
Budějovice
Regen
Straubing
Deggendorf
Ludwigsburg
Pforzheim
STUTTGART
Ingolstadt
Donau
Nancy
Lech
Isar
Passau
Strasbourg
Freising
Offen-
burg
Linz
Ulm
Neu-
Ulm
Augsburg
FRANK-
REICH
378
379
380
381
Inn
Altötting
MÜNCHEN
Memmingen
Landsberg
a. Lech
Chiem-
see
Freiburg
Rosenheim
Mulhouse
Salzburg
Kempten
Friedrichs-
hafen
Belfort
Liezen
Konstanz
Bodensee
Lindau
Füssen
Garmisch-
Partenkirchen
Kufstein
Basel
ZÜRICH
Besançon
ÖSTERREICH
Innsbruck
Solothurn
SCHWEIZ
Vaduz
Luzern
BERN

LEGENDE

- Autobahn (9)
- Schnellstraße (17)
- Fernstraße (471)
- Nebenstraße
- Sonstige Straße
- Fahrweg
- Eisenbahn
- Flüsse
- See
- Bebauung
- Natur-, Nationalpark
- Staatsgrenze

- Sehenswürdigkeit - Kultur
- Sehenswürdigkeit - Natur
- Sehenswürdigkeit
- Kirche, Kloster
- Schloss
- Schlossruine
- Museum
- Höhle
- Windmühle
- Leuchtturm
- Aussichtspunkt
- Flughafen

HUBER KARTOGRAPHIE

N

0 30 km

1 : 900.000

N O R D S E E
Deutsche
Bucht
Helgoland
"Lange Anna"
Düne
Ostfriesische Inseln
Westfriesische Inseln
Nationalpark Nieders. Wattenmeer
Ostfriesland
Ammerland
Nordseebad Wangerooge
Wangerooge
Minsener Oog
Spiekeroog
Langeoog
Baltrum
Norderney
Juist
Memmert
Borkum
Lütje Hörn
Rottumeroog
Rottumerplaat
Schiermonnikoog
Ameland
Nes
Buren
Leybucht
Dollart
Harle
Minsen
Hohenkirchen
Carolinensiel
Werdum
Neuharlingersiel
Bensersiel
Dornumersiel
Neßmersiel
Esens
Holtgast
Dornum
Nesse
Junkersrott
Altfunnixsiel
Freizeitpark Lütje Land
Tettens
Hooksiel
Wadde-warden
Sengwarden
Jever
Wittmund
Burhafe
Stedesdorf
Ochtersum
Utarp
Arle
Westerholt
Blomberg
Norddeich
Norden
Hage
Großheide
Berumerfehn
Westermarsch I
Neuwesteel
Osteel
Upgant-Schott
Victorbur
Leerhafe
Heidmühle
Schortens
Sande
Greetsiel
Zwillingsmühlen
Wirdum
Südbrookmerland
Plaggenburg
Wiesedermeer
Aurich
Brockzetel
Reepsholt
Friedeburg
Ostfries. Freilichtmus.
Schiefer Turm v. Suurhusen
Großes Meer
Westerende
Ems-Jade-Kanal
Pewsum
Hinte
Loppersum
Kirchloog
Holtrop
Wiesmoor
Horsten
Marx
Zetel
Riepe
Mittegroßefehn
Ihlow
Neukamperfehn
Bagband
Neuenburg
Oltmannsfehn
Bockhorn
Altjührden
Bockhorner-feld
Emden
Oldersum
Neermoor
Firrel
Hesel
Schwerinsdorf
Remels
Pogum
Ditzum
Jemgum
Brinkum
Filsum
Westerstede
Linswege
Spohle
Wiefelstede
Bunderhee
Bunde
Leer
Detern
Apen
Deholt
Zwischenahner Meer
Bad Zwischenahn
Godensholt
Folmhusen
Collinghorst
Boen
Wymeer
Weener
Ihrhove
Rhauderfehn
Barßel
Stapelmoor
Rhaudermoor
Ostrhauderfehn
Strücklingen
Westerscheps
Edewecht
Harkebrügge
Oldenburg
Ramsloh
Suddorf
Kampe
Husbäke
Rhede
Papenburg
Aschendorf
Burlage
Scharrel
Vlagtwedde
Wedde
Eemshaven
Roodeschool
Usquert
Menkemaborg
Pieterburen
Warffum
Baflo
Middelstum
't Zandt
Spijk
Loppersum
Rysum
Delfzijl
Wybelsum
Appingedam
Stedum
Bedum
Ten Post
Steendam
Ten Boer
Winsum
Sauwerd
Adorp
Groningen
Slochteren
Nieuwolda
Hoogkerk
Oostwold
Zuidhorn
Grootegast
Leens
Zoutkamp
Lauwersmeer
Oldehove
Burum
Buitenpost
Surhuisterveen
Lauwersoog
Wierum
Holwerd
Metslawier
Engwierum
(Dongeradeel)
Dokkum
Hallum
Rinsumageest
Birdaard
Aldtsjerk
Stiens
Twijzel
Leeuwarden
Hurdegaryp
Burgum
Warten
Eernewoude
Nijega
Drachten
Beets
Ureterp
Bakkeveen
Marum
Leek
Roden
Peize
Eelde
Roderesch
Haren
Hoogezand-Sappemeer
Zuidlaren
Veendam
Winschoten
Bellingwolde
Hunebert
Wildervank
Annen
Vries
Norg
Haulerwijk
Donkerbroek
Beetsterzwaag
Tijnje
Oosterwolde
Sint Jacobiparochie
Oudebildtdijk
Ronrijp
Grou
Dronrijp
A31
A7
A28
A31

366

370

DANEMARK
Sylt-Ost
Westerland
Tønder
Aabenraa
Sønderborg
Als
Flensburg
Harrislee
Glücksburg
Nationalpark
Schleswig-Holsteinisches Wattenmeer
Föhr
Pellworm
Niebüll
Nordfriesland
Husum
Schleswig
Angeln
Kappeln
Eckernförde
Kieler Bucht
Kiel
Eiderstedt
Rendsburg
Neumünster
Heide
Dithmarschen
Meldorf
Plön
Eutin
Segeberg
Lübeck
Itzehoe
Brunsbüttel
Elbe
Cuxhaven
Land Hadeln
Kehdingen
Stade
Elmshorn
Pinneberg
HAMBURG
Norderstedt
Ahrensburg
Bremerhaven
Altes Land
Buxtehude
Buchholz
Winsen (Luhe)
Lüneburg
Geesthacht
Lauenburg/Elbe
Lüneburger Heide
Teufelsmoor
Worpswede
Osterholz-Scharmbeck
Zeven
Rotenburg
BREMEN
Delmenhorst
Nordsee-Kanal
Fehmarn
Ærø
Marstal
Rudkøbing
367
368
371

Sjælland
Smålandsfarvandet
Vordingborg
Langeland
Langelands Bælt
Rudkøbing
Marstal
Ærøskøbing
Ærø
Nakskov
Lolland
Maribo
Nykøbing
Falster
Rødbyhavn
Fehmarnbelt
Kieler Bucht
Fehmarn
Burg auf Fehmarn
Heiligenhafen
Hohwachter Bucht
Mecklenburger Bucht
Oldenburg i. Holst.
Wagrien
Holsteinische Schweiz
Plön
Eutin
Neustadt
Grömitz
Lübecker Bucht
Timmendorfer Strand
Travemünde
Lübeck
Bad Segeberg
Bad Oldesloe
Ratzeburg
Wismar
Poel
Ostseebad Kühlungsborn
Bad Doberan
Rostock
Warnemünde
Güstrow
Schwerin
Mecklenburg
Parchim
Ludwigslust
Grabow
Hagenow
Wittenburg
Gadebusch
Mölln
Geesthacht
Lauenburg/Elbe
Boizenburg
Lüneburg
Ahrensburg
Bargteheide
Plau
Malchow
Lübz
Pritzwalk
Perleberg
Hitzacker
Dannenberg (Elbe)

367

372

O S T S E E
Kap Arkona
Putgarten
Wittow
Dranske
Altenkirchen
Breege
Tromper Wiek
Wiek
Lohme
Nationalpark Kreideküste
Stubbenkammer Königsstuhl
Glowe
Kloster
Hiddensee
Vitte
Neuenkirchen
Sagard
Jasmund
Neuendorf
Trent
Rappin
Großer Jasmunder Bodden
Lietzow
Sassnitz
Schaprode
Kluis
Patzig
Rügen
Freesenort
Gingst
Bergen
Ostseebad Binz
Jagdschloss Granitz
Ostseebad Sellin
Ostseebad Baabe
Ostseebad Göhren
Kubitzer Bodden
Dreschvitz
Karow
Sehlen
Zirkow
Samtens
Putbus
»Rasender Roland«
Lancken-Granitz
Rambin
Kasnevitz
Lauterbach
Gager
Altefähr
Garz
Gustow
Poseritz
Thiessow
Rathaus
Stralsund
Brandshagen
Zudar
Greifswalder Bodden
Reinberg
Miltzow
Grimmen
Greifswald
Dom
Mesekenhagen
Neuenkirchen
Lubmin
Spandowerhagen
Hist. techn. Museum
Peenemünde
Freest
Usedom
Karlshagen
Wusterhusen
Kröslin
Trassenheide
Zinnowitz
Koserow
Wolgast
Hohendorf
Lütow
Ückeritz
Seebad Bansin
Seebad Heringsdorf
Seebad Ahlbeck
Świnoujście
Pommersche Bucht
Międzywodzie
Dziwnów
Dziwnówek
Pobierowo
Rewal
Niechorze
Trzebiatów
Kamień Pomorski
Gostyń
Wisełka
Kołczewo
Warnowo
Międzyzdroje
Wolin
Lubin
Karsibór
Zalew Szczeciński
Stettiner Haff
Anklam
O.-Lilienthal-Gedenkstätte
Demmin
Jarmen
Gützkow
Lassan
Usedom
Ueckermünde
Altwarp
Nowe Warpno
Eggesin
Torgelow
Pasewalk
Strasburg (Uckermark)
Friedland
Altentreptow
Neubrandenburg
Penzlin
Burg Stargard
Woldegk
Prenzlau
Schwedt/Oder
Police
SZCZECIN
Goleniów
Brama Wolińska
Nowogard
Stargard Szczeciński
Gryfino
Banie
Pyrzyce
Nationalpark Unteres Odertal
Uckermark
Mecklenburgische Seenplatte
Neustrelitz
Nationalpark Müritz
Fürstenberg
KZ-Gedenkstätte
Ravensbrück
Templin
Schloss Rheinsberg
Rheinsberg
Reuterstadt Stavenhagen
Dargun
Malchin
POLEN
Odra

373

366

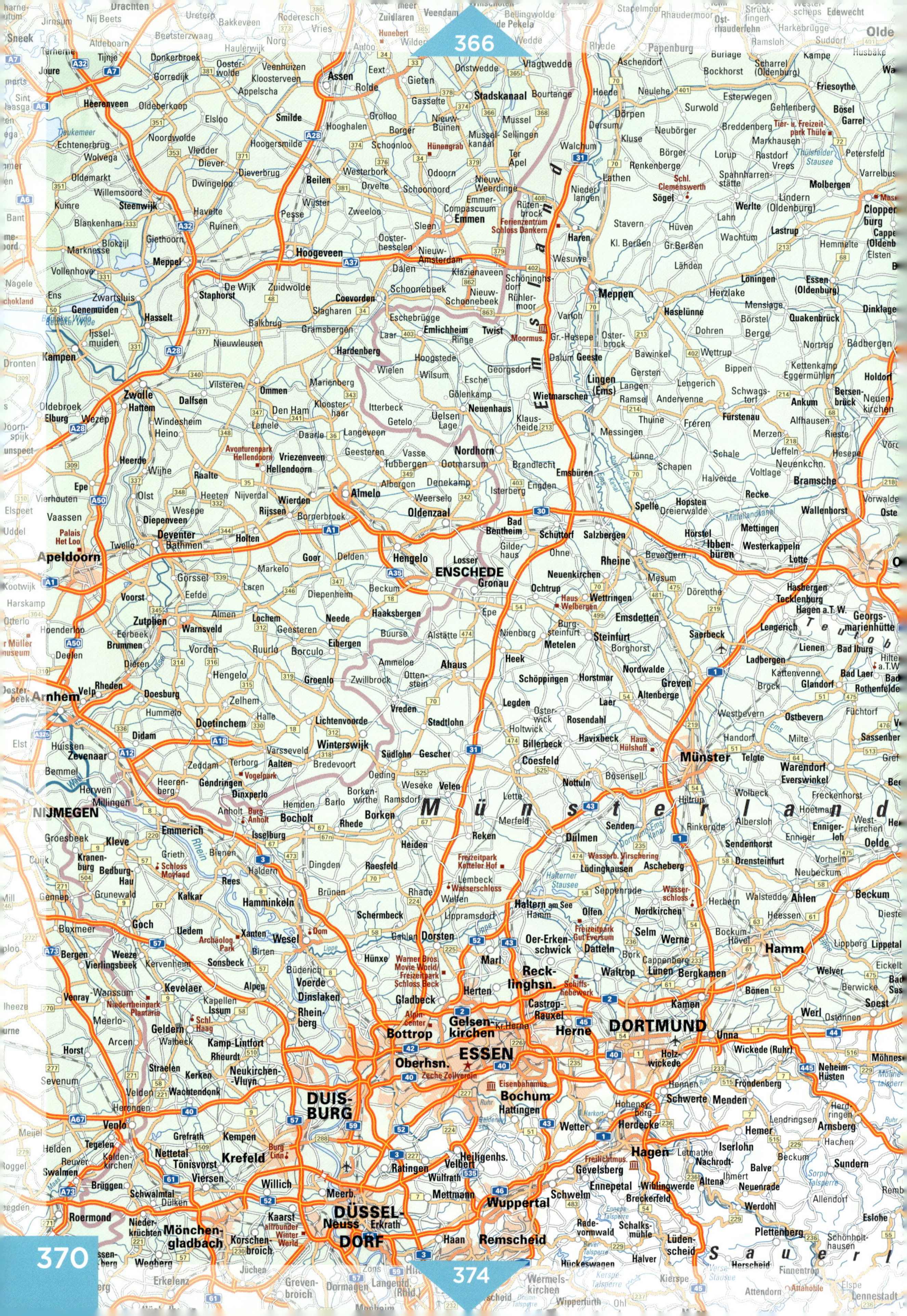
Assen
Emmen
Hoogeveen
Meppel
Steenwijk
Heerenveen
Kampen
Zwolle
Coevorden
Hardenberg
Almelo
Oldenzaal
Hengelo
ENSCHEDE
Gronau
Deventer
Apeldoorn
Zutphen
Doetinchem
Arnhem
NIJMEGEN
Winterswijk
Bocholt
Borken
Emmerich
Kleve
Goch
Wesel
Dorsten
Haltern am See
Coesfeld
Münster
Rheine
Lingen (Ems)
Meppen
Nordhorn
Bad Bentheim
Emsbüren
Ibbenbüren
Lengerich
Warendorf
Ahlen
Beckum
Hamm
Lünen
Dülmen
Recklinghausen
Gelsenkirchen
Herne
Bottrop
Oberhausen
ESSEN
DORTMUND
Unna
Bochum
Hattingen
Witten
Hagen
Iserlohn
Menden
Schwerte
DUISBURG
Moers
Krefeld
Venlo
Roermond
Mönchengladbach
Viersen
Willich
Ratingen
Velbert
Mettmann
Wuppertal
Remscheid
DÜSSELDORF
Neuss
Lüdenscheid
Emsland
Münsterland
Teutoburger Wald
Sauerland

370
374

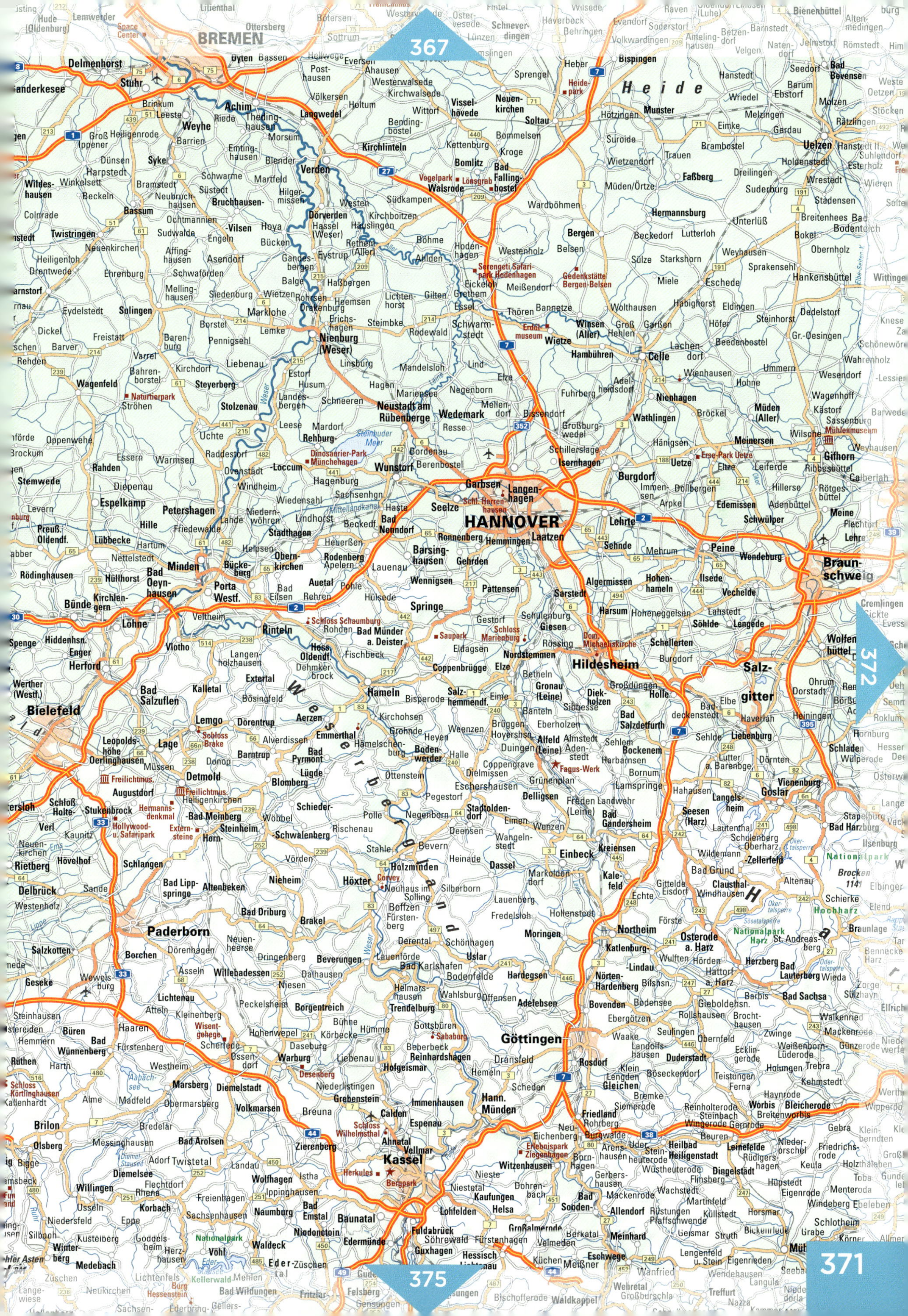

367
372
375
371
BREMEN
HANNOVER
Hildesheim
Braunschweig
Salzgitter
Göttingen
Kassel
Paderborn
Bielefeld
Hameln
Minden
Celle
Nienburg (Weser)
Verden
Achim
Delmenhorst
Herford
Detmold
Lemgo
Goslar
Peine
Gifhorn
Wolfenbüttel
Northeim
Osterode a. Harz
Holzminden
Höxter
Rinteln
Bad Oeynhausen
Stadthagen
Walsrode
Soltau
Heide
Weserbergland
Harz

Wendland
Altmark
Harz
Nationalpark Harz
Hochharz
Brocken 1141
Uelzen
Salzwedel
Wittenberge
Stendal
Gardelegen
Gifhorn
Wolfsburg
Braunschweig
Helmstedt
Magdeburg
Salzgitter
Wolfenbüttel
Goslar
Wernigerode
Halberstadt
Quedlinburg
Aschersleben
Bernburg
Köthen
Schönebeck
Staßfurt
Nordhausen
Sangerhausen
Eisleben
Halle (Saale)
Merseburg
Weißenfels
Leipzig
Dessau
Mühlhausen/Thür.

368
371
376

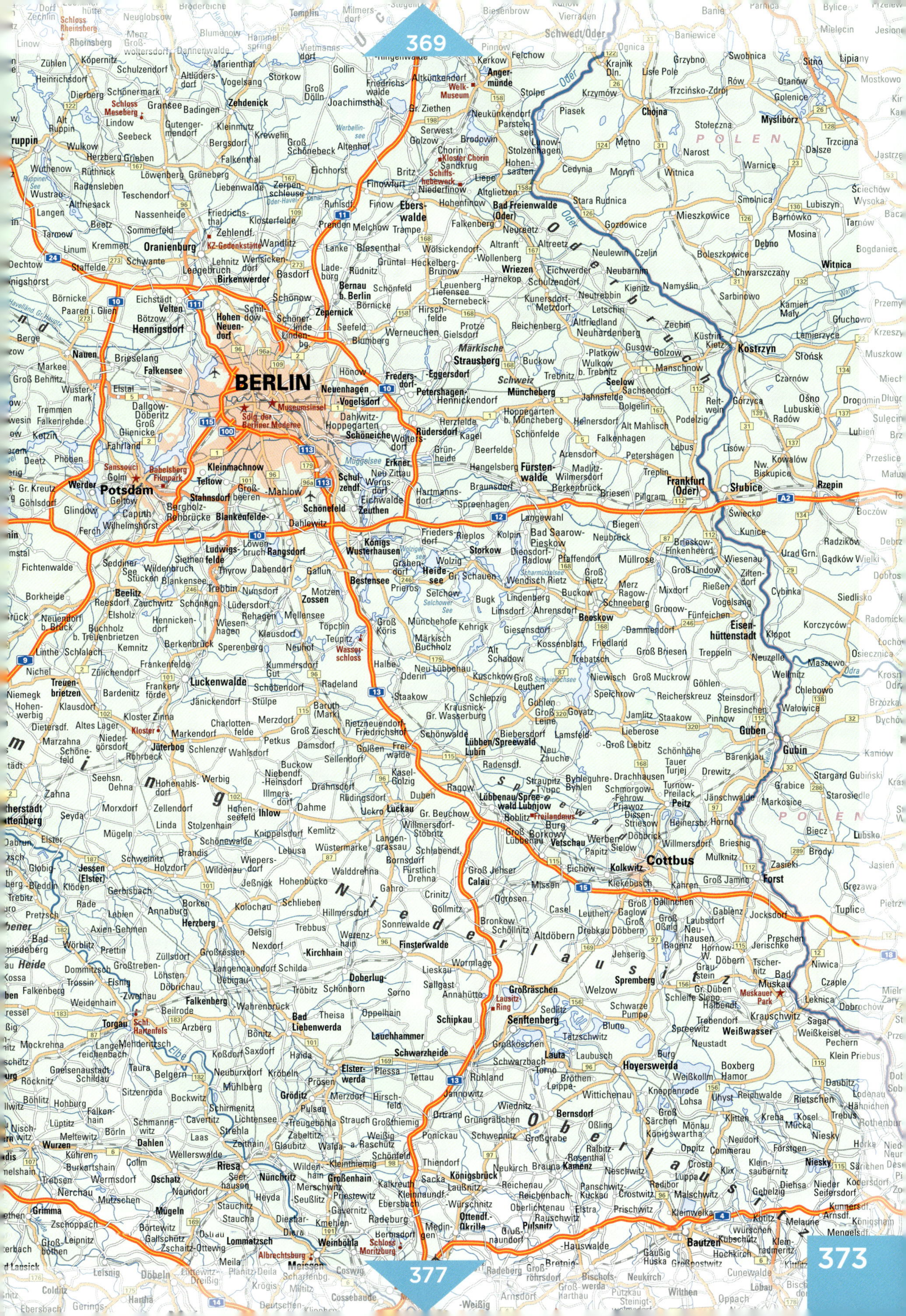

BERLIN
Potsdam
Oranienburg
Hennigsdorf
Nauen
Falkensee
Teltow
Ludwigsfelde
Zossen
Königs Wusterhausen
Fürstenwalde
Frankfurt (Oder)
Słubice
Eisenhüttenstadt
Guben
Gubin
Cottbus
Forst
Spremberg
Senftenberg
Hoyerswerda
Weißwasser
Bautzen
Lübben/Spreewald
Lübbenau/Spreewald
Luckau
Luckenwalde
Jüterbog
Herzberg
Finsterwalde
Bad Liebenwerda
Torgau
Riesa
Großenhain
Meißen
Strausberg
Bad Freienwalde (Oder)
Eberswalde
Bernau b. Berlin
Angermünde
Schwedt/Oder
Kostrzyn
Seelow
Müncheberg
Beeskow
Zehdenick
Templin
Gransee
Chojna
Dębno
Myślibórz
POLEN
Oderbruch
Niederlausitz
Oberlausitz
Spreewald
Märkische Schweiz
Fläming
Oder
Neiße
Elbe
Spree

369

377

370

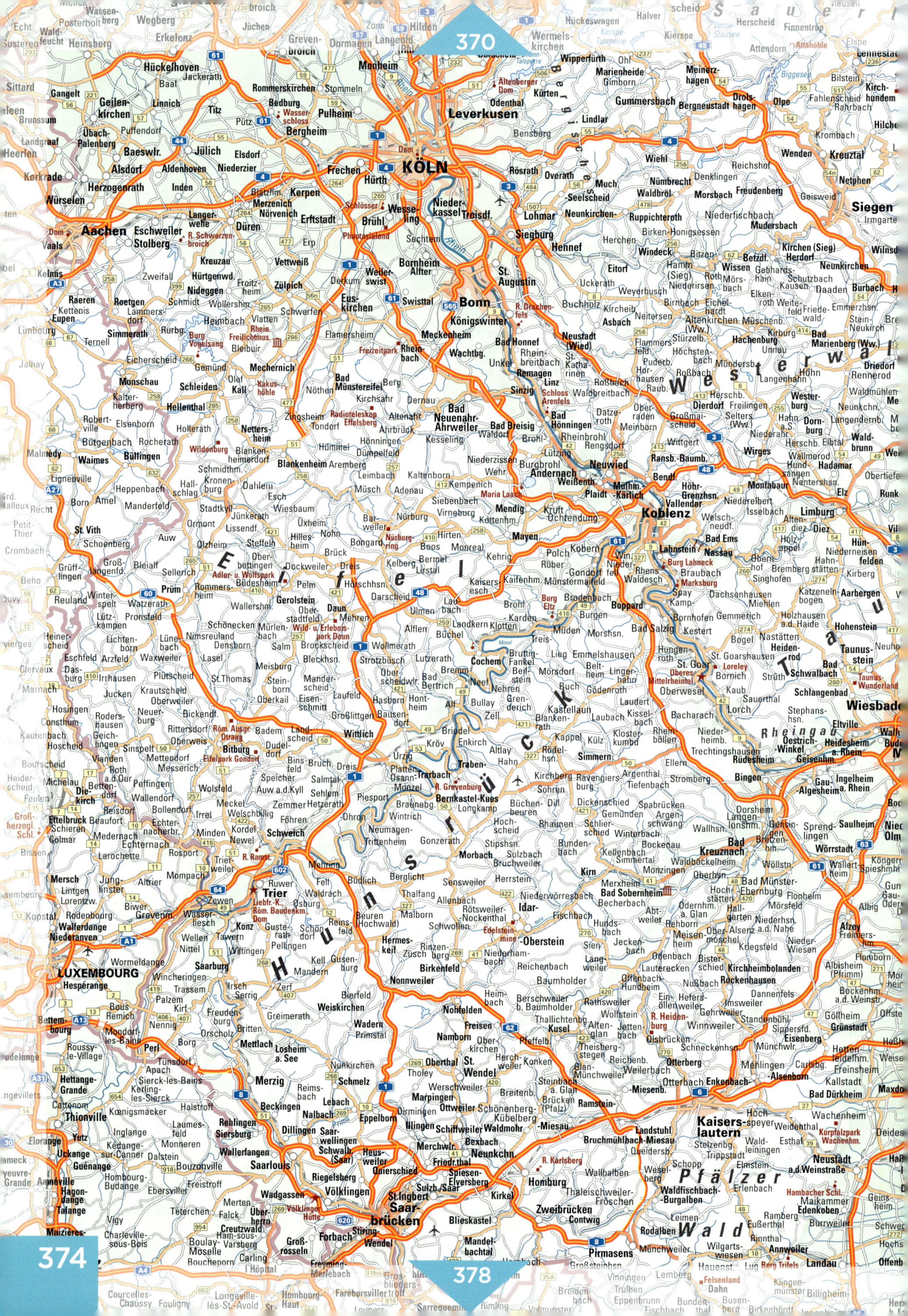
KÖLN
Leverkusen
Bonn
Koblenz
Aachen
Trier
LUXEMBOURG
Saarbrücken
Kaiserslautern
Siegen
Wiesbaden
Neuwied
Bergheim
Frechen
Hürth
Brühl
Düren
Euskirchen
Siegburg
Andernach
Mayen
Idar-Oberstein
Saarlouis
Völklingen
Homburg
Zweibrücken
Pirmasens
Bingen
Rüdesheim
Neunkirchen
St. Ingbert
Merzig
Wittlich
Bitburg
Prüm
Cochem
Boppard
Bad Kreuznach
Montabaur
Limburg
Bad Ems
Lahnstein
Remagen
Bad Neuenahr-Ahrweiler
E i f e l
H u n s r ü c k
W e s t e r w a l d
T a u n u s
Pfälzer Wald
Rheingau
Sauerland

374

378

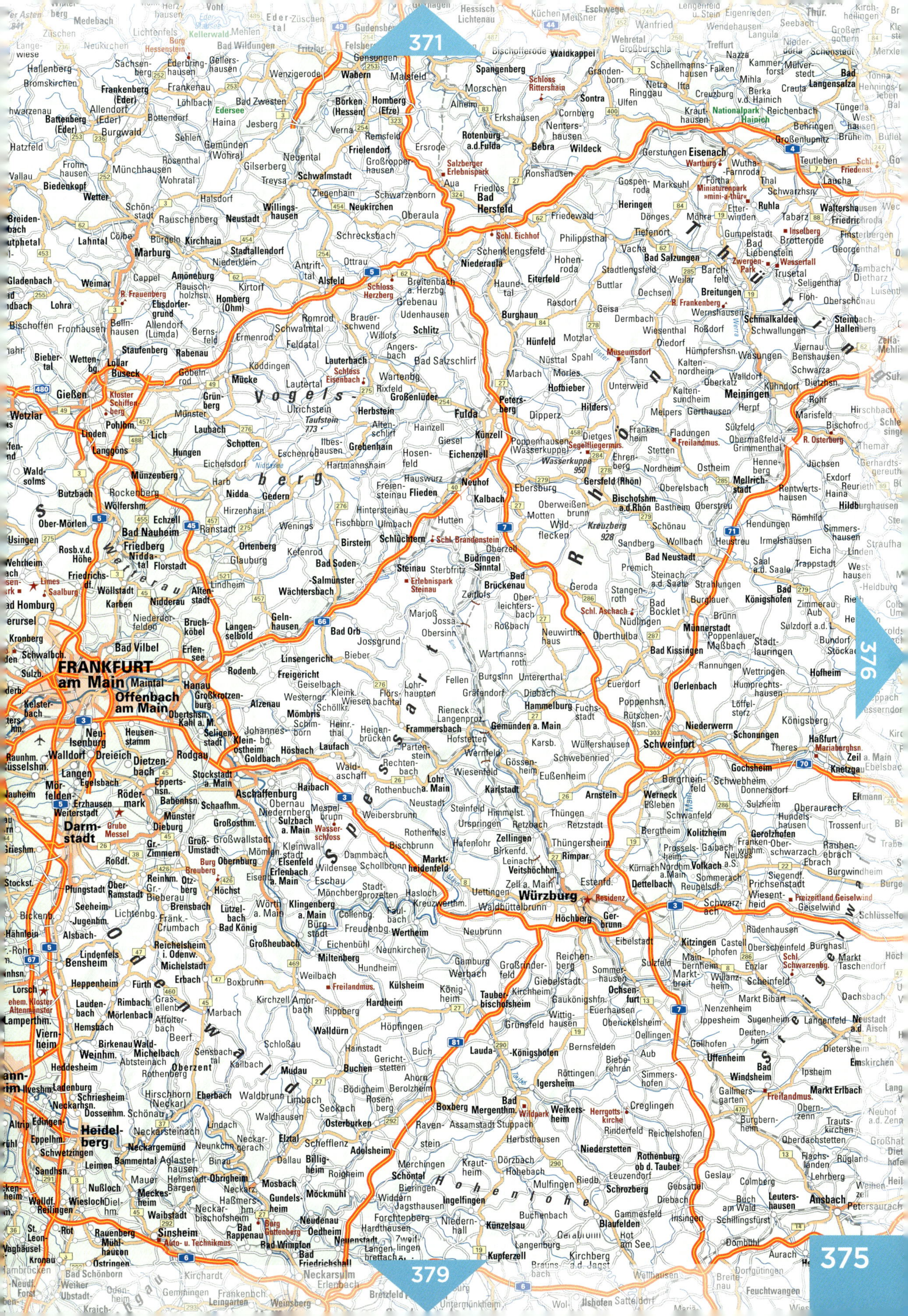
371
376
379
375
FRANKFURT am Main
Offenbach am Main
Darmstadt
Heidelberg
Würzburg
Schweinfurt
Fulda
Bad Hersfeld
Eisenach
Marburg
Gießen
Wetzlar
Hanau
Aschaffenburg
Meiningen
Bad Kissingen
Alsfeld
Schlüchtern
Gelnhausen
Friedberg
Bad Nauheim
Wertheim
Miltenberg
Mosbach
Sinsheim
Ansbach
Rothenburg ob d. Tauber
Bad Mergentheim
Kitzingen
Haßfurt
Vogelsberg
Spessart
Odenwald
Rhön
Thüringer Wald
Wetterau
Hohenlohe
Steigerwald
Wasserkuppe 950
Kreuzberg 928
Taufstein 773

372
375
376
380
Erfurt
Weimar
Jena
Gera
Eisenach
Gotha
Arnstadt
Ilmenau
Suhl
Meiningen
Saalfeld
Rudolstadt
Hof
Plauen
Greiz
Coburg
Kulmbach
Bayreuth
Bamberg
Erlangen
Fürth
Nürnberg
Schwabach
Ansbach
Amberg
Weiden i.d.OPf.
Naumburg
Apolda
Sonneberg
Lichtenfels
Schweinfurt
Thüringer Wald
Fichtelgebirge
Fränkische Schweiz
Steigerwald
Vogtland
Oberpfälzer Wald
Nationalpark Hainich

Dresden
Chemnitz
Freiberg
Pirna
Meißen
Riesa
Nationalpark Sächs. Schweiz
Elbsandsteingeb.
Erzgebirge
Děčín
Ústí nad Labem
Teplice
Most
Chomutov
Litoměřice
Česká Lípa (Böhm. Leipa)
Mělník
Louny
Žatec
Karlovy Vary
Sokolov
Cheb
Mariánské Lázně
Kladno
Slaný
Rakovník
PRAHA
Beroun
Příbram
PLZEŇ
Rokycany
Klatovy
Domažlice
Strakonice
Písek
Tábor
Stará Boleslav
Brandýs nad Labem
Benešov
Sušice
T S C H E C H I S C H E
R E P U B L I K
Bayerischer Wald
Cham
Furth i. Wald
Waldmünchen
Fichtelberg 1214
Zittau
Annaberg-Buchholz
Aue
Marienberg

373
377
381

374

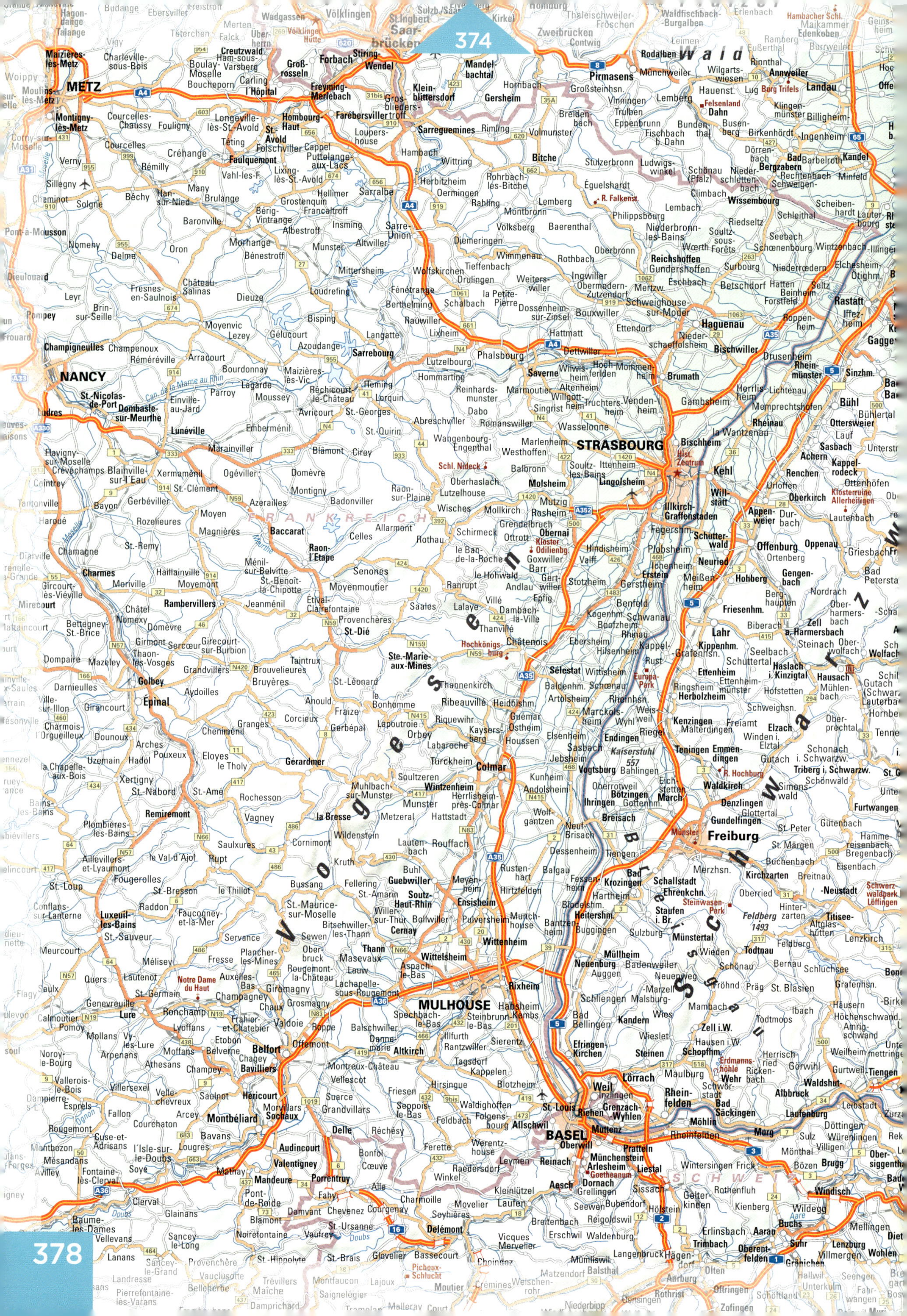
METZ
NANCY
STRASBOURG
MULHOUSE
BASEL
Freiburg
Colmar
Saarbrücken
Pirmasens
Landau
Sarreguemines
Sarrebourg
Saverne
Haguenau
Offenburg
Kehl
Lunéville
Épinal
St.-Dié
Remiremont
Belfort
Montbéliard
Lörrach
Delémont
Vogesen
Schwarzwald
FRANKREICH
SCHWEIZ
Kaiserstuhl
Feldberg 1493
Zweibrücken
Bitche
Wissembourg
Sélestat
Guebwiller
Thann
Lure
Luxeuil-les-Bains
Toul
Charmes
Rambervillers
Baccarat
Château-Salins
Forbach
St. Avold
Lahr
Emmendingen
Müllheim
Rheinfelden
Waldshut
Titisee-Neustadt

378

375
380
STUTTGART
Heilbronn
Pforzheim
Reutlingen
Tübingen
Ulm
Neu-Ulm
Schwäbisch Hall
Crailsheim
Aalen
Heidenheim
Göppingen
Esslingen
Ludwigsburg
Waiblingen
Böblingen
Sindelfingen
Herrenberg
Rottenburg
Balingen
Albstadt
Sigmaringen
Biberach
Memmingen
Kempten (Allgäu)
Ravensburg
Friedrichshafen
Konstanz
Singen
Tuttlingen
Bregenz
Lindau
St. Gallen
Winterthur
ZÜRICH
Schaffhausen
Bodensee
Schwäbische Alb
Schwäbisch-Fränkischer Wald
Kraichgau
Allgäuer Alpen

376
379

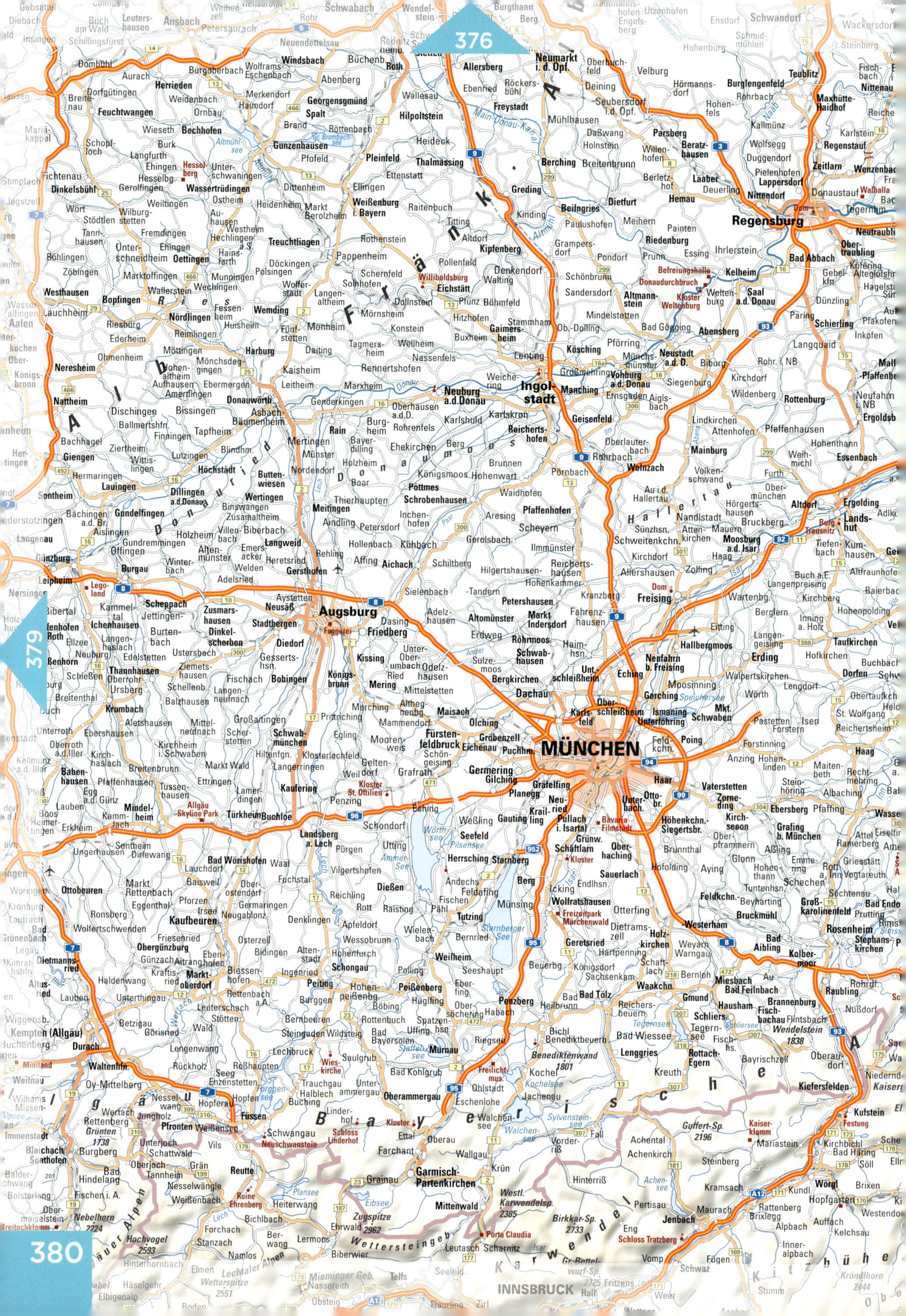

MÜNCHEN
Augsburg
Ingolstadt
Regensburg
Neuburg a.d.Donau
Eichstätt
Donauwörth
Nördlingen
Dinkelsbühl
Gunzenhausen
Weißenburg i. Bayern
Landsberg a. Lech
Kaufbeuren
Kempten (Allgäu)
Füssen
Garmisch-Partenkirchen
Mittenwald
Freising
Erding
Landshut
Dachau
Fürstenfeldbruck
Starnberg
Weilheim
Bad Tölz
Rosenheim
Kufstein
Wörgl
Schwaz
INNSBRUCK
Fränkische Alb
Ries
Donauried
Donaumoos
Hallertau
Bayerische Alpen
Karwendel
Wettersteingeb.
Zugspitze 2962
Kitzbühel

377

T S C H E C H I S C H E
R E P U B L I K
Ö S T E R R E I C H
České Budějovice
Český Krumlov
Passau
Deggendorf
Nationalpark Bayer. Wald
LINZ
Wels
SALZBURG
Steyr
Ried
Vöcklabruck
Gmunden
Bad Ischl
Salzkammergut
Totes Gebirge
Sengsengebirge
Dachsteingeb.
Hoher Dachstein 2995
Nationalpark Berchtesgaden
Watzmann 2713
Steinernes Meer
Hochkönig 2941
Berchtesgaden
Hallein
Bischofshofen
Liezen
Bosrucktunnel
Tennengau
Donau
Inn

Idylle pur: das Bootshaus am Obersee vor den Hachelköpfen und dem Watzmann

Freizeit, Freiheit, Leidenschaft
REISE MOBIL INTERNATIONAL
IN JEDER AUSGABE:
• neutrale Fahrzeugtests und detaillierte Service-Checks
• spannende Reisereportagen und umfassende Stellplatzberichte
• praxisnahe Tipps in allen Reisemobil-Lagen
Fordern Sie hier Ihre GRATIS-AUSGABE an:
www.reisemobil-international.de/jetzt-probieren
Hier testen
MACHT PAARE GLÜCKLICH

Textnachweis

Eva Becker, München: S. 176-181, 195, 203-207, 210-217, 228-233, 258-265, 272-275, 280-281, 286-287, 292-301, 314-320, 322-325, 332-333, 340-345, 350-351, 356-357, 360-363;
Britta Mentzel, München: S. 60-61, 102-103, 108-109, 112-113, 124-125, 132-133, 174-175, 188-189, 208-209, 224-225, 266-267, 282-285, 321, 326-331, 352-355;
Michael Moll, Nordkirchen: S. 12-17, 32-33, 72-73, 154-155, 182-183, 254-255, 278-279, 312-313, 358-359, Aktualisierungen und Stell- und Campingplätze;
Axel Pinck, Hamburg: S. 20-23, 34-49, 76, 92-97, 104-107, 116-123, 150-153, 156-171;
Barbara Rusch, München: S. 24-31, 50-59, 62-71, 74-75, 77-91, 98-101, 110-111, 126-131, 134-149, 184-187, 190-194, 196-202, 218-223, 226-227, 234-253, 256-257, 268-271, 276-277, 288-291, 302-311, 334-339, 346-349.

Bildnachweis

Alle Bilder des Innenteils und des Umschlags stammen von der Bildagentur LOOK, München, außer:
Picture Alliance: S. 57 u. (Ingo Wagner), 60 o. (blickwinkel/AGAMI/ O. Diez), 61 (Carsten Leuzinger), 107 u. (Stefan Sauer), 111 o. (Patrick Pleul), 121 u. (imageBROKER/ Jürgen Henkelmann), 137 u. (Sebastian Kahnert), 141 o. (Peter Endig), 149 o. (Heritage-Images), 149 (Jan Woitas), 160/161 (Thomas Schulze), 198 u. (Arco Images GmbH), 221 u. (Rolf Kosecki), 223 u. (dpa), 243 u. (Uwe Anspach), 277 o. (Christoph Schmidt), 291 u. (Stefan Puchner), 333 (allOver/Karl Thomas), 345 u. (SZ Photo/Robert Haas); Bildagentur Huber: S. 58 (Hans-Peter Huber); Carolus Thermen Bad Aachen: 217 u.; Mauritius Images: 35 u. (Ohde/ Alamy), 102 (Dietmar Najak), 108 (imageBROKER/Andre Kohls), 124 o. (imageBROKER/Frank Bienewald), 154 (Patrick Pleul), 156 (Günter Gräfenhain), 174 (Travel Collec-tion/Walter Schmitz), 188 (K. Schlierbach), 253 u. (Hans-Peter Merten), 266 (imageBROKER/ Horst Jegen), 311 u. (Westend61/Martin Siepmann), 319 u. (Martin Siepmann), 327 (Hans-Peter Merten), 330 (volkerpreusser/Alamy), 349 u. (Markus Lange), 363 o. (Christian Bäck); Shutterstock: S. 21 o. (Pawel Kazmierczak), 22 u. (Pawel Kazmierczak), S. 23 u. (foto-select), 27 u. (Lina Zavgorodnia), 29 o. (Juergen Wackenhut), 37 o. (Art Konovalov), 39 u. (Roland Sili), 43 u. (Bouke Atema), 44/45 (M Kunz), 48 (Doris Oberfrank-List), 49 (panoglobe), 60 u. (Raymond Thill), 87 o. (Mapics), 87 u. (Takashi Images), 93 u. (DR pics), 96 o. (photobeginner), 117 u. (Noppasin Wongchum), 123 (Elena Krivorotova), 124 u. (Olivades), 131 (Anyaivanova). 132 (Patrick Pleul), 139 u. (manfredxy), 152/153 (Schmid, R.), 193 (Circumnavigation), 208 o. (Astor57), 209 (Jule_Berlin), 227 o. (Nailia Schwarz), 247 u. (travelview), 304 (LianeM), 326 u. (KC Keller), 332 (Siebig); 341 (STLJB); 349 o. (FooTToo); Michael Moll: S. 4 M., 5 l., 6 r., 7 l., 13 o., 14, 15 u., 16, 19 u., 33, 43 o., 46, 72, 73, 81, 156, 168, 173 u., 183, 194, 203, 210, 215, 263 u., 278, 279, 309 o., 311 o., 359; Ernst Wrba: 294, 295 u., 302 u.

Der Abdruck der nachfolgend genannten Bilder erfolgte mit freundlicher Genehmigung von:
Hessisches Landesmuseum, S. 236 u.; Klassik Stiftung Weimar, S. 177; Museumslandschaft Hessen Kassel, S. 191 u.; Staatliche Museen zu Berlin, S. 118; Staatliche Schlösser und Gärten Baden-Württemberg, Kloster Maulbronn, S. 268, 269; Wilhelma S. 273; Bayerische Schlösserverwaltung, Schloss- und Gartenverwaltung Würzburg, S. 294, 295 u.; Schloss- und Gartenverwaltung Bayreuth-Erimitage, S. 302, 303; Bayerische Schlösserverwaltung, Schloss- und Gartenverwaltung München, S. 242, 362/63; Vereinigte Domstifter zu Merseburg und Naumburg und des Kollegiatstifts Zeitz, S. 147; © VG Bildkunst, S. 87 u.

Umschlagvorderseite: Am Wasser steht es sich hier wunderbar mit dem Wohnmobil (©Hobby-Wohnwagenwerk)
Umschlagrückseite: Weinberge an der Mosel (mauritius images/ Novarc Images/Dennis Schmelz)
S. 1: Roadtrip im Erzgebirge (mauritius/Dennis Schmelz);
S. 2/3: Blick über die Elbe, Nationalpark Sächsische Schweiz;

Impressum

Verantwortlich: Kerstin Thiele
Lektorat: Joachim Hellmuth, Christian Schneider
Layout: VerlagsService Gaby Herbrecht/Eva-Maria Klaffenböck
Repro: LUDWIG:media
Kartografie: Astrid Fischer-Leitl, Heidi Schmalfuss, Huber Kartographie
Herstellung: Bettina Schippel
Printed in Slovenia by Florjancic

Sind Sie mit diesem Titel zufrieden? Dann würden wir uns über Ihre Weiterempfehlung freuen. Erzählen Sie es im Freundeskreis, berichten Sie Ihrem Buchhändler, oder bewerten Sie beim Onlinekauf. Und wenn Sie Kritik, Korrekturen, Aktualisierungen haben, freuen wir uns über Ihre Nachricht an Bruckmann Verlag, Postfach 40 02 09, D-80702 München oder per E-Mail an lektorat@verlagshaus.de.

Unser komplettes Programm finden Sie unter www.bruckmann.de

Alle Angaben dieses Werkes wurden von den Autoren sorgfältig recherchiert und auf den neuesten Stand gebracht sowie vom Verlag geprüft. Für die Richtigkeit der Angaben kann jedoch keine Haftung übernommen werden. Sollte dieses Werk Links auf Webseiten Dritter enthalten, so machen wir uns die Inhalte nicht zu eigen und übernehmen für die Inhalte keine Haftung.

In diesem Buch wird aus Gründen der besseren Lesbarkeit das generische Maskulinum verwendet. Weibliche und anderweitige Geschlechteridentitäten werden dabei ausdrücklich mitgemeint, soweit es für die Aussage erforderlich ist.

Die Deutsche Nationalbibliothek verzeichnet diese Publikation in der Deutschen Nationalbibliografie; detaillierte bibliografische Daten sind im Internet über http://dnb.d-nb.de abrufbar.

ISBN 978-3-7343-2513-7